Norm
in Spä

VSWG

Vierteljahrschrift für
Sozial- und Wirtschaftsgeschichte

Beihefte · Nr. 189

Herausgegeben von
Günther Schulz,
Christoph Buchheim,
Gerhard Fouquet,
Rainer Gömmel,
Friedrich-Wilhelm Henning,
Karl Heinrich Kaufhold,
Hans Pohl

Sebastian Schmidt / Jens Aspelmeier (Hg.)

Norm und Praxis der Armenfürsorge in Spätmittelalter und früher Neuzeit

Franz Steiner Verlag Stuttgart 2006

Bibliografische Information der Deutschen Bibliothek
Die Deutsche Bibliothek verzeichnet diese Publikation
in der Deutschen Nationalbibliografie; detaillierte
bibliografische Daten sind im Internet über
<http://dnb.ddb.de> abrufbar.

ISBN-10: 3-515-08874-1
ISBN-13: 978-3-515-08874-9

ISO 9706

INHALTSVERZEICHNIS

VORWORT

„Die Abstellung des in absicht auf alle Stände nachtheiligen bettlens, sowohl alß die Beförderung des nöthigen unterhalts deren wahrhafft notleidenden Unterthanen ist ein vornehmer Gegenstand der ruhmwürdigsten landesvätterlichen Fürsorge."[1] Mit dieser Aussage beginnt ein Briefwechsel mit Überlegungen zur kurmainzischen Armenfürsorge und erinnert zugleich an die Aktualität des hier zu behandelnden Themas. Können doch nach wie vor in weltweiter aber auch nationaler Perspektive Themen wie Armut, Zugang zu Ressourcen und richtige Verteilung von Gütern nicht als obsolet betrachtet werden, sondern die Fragen einer geeigneten Fürsorge- und Sozialpolitik stellen sich so dringlich wie eh und je. Wer soll staatliche Unterstützung erhalten, wer nicht? Soll der Staat die Unterstützung zentral verwalten, d. h. die Gelder einziehen und austeilen, oder soll er nur den geeigneten Rahmen für private Hilfe oder gar Selbsthilfe schaffen? Welche Vorgaben müssen die Unterstützungsempfänger erfüllen, um als unterstützungswürdig zu gelten? Wie ist jemand zur Arbeit zu motivieren, der nicht arbeiten möchte, oder wie es im 18. Jahrhundert ein nassauischer Amtmann ausdrückte: „Wie man faule und träge Menschen thätig und fleisig macht, ist noch ein großes Staatsarcanum [...]".[2]

Es war jedoch nicht zu allen Zeiten üblich, Armut vornehmlich unter der Perspektive des „Müßigganges" zu betrachten. Das Deutungsmuster „arm" gleich „faul" und „reich" gleich „arbeitsam" errang erst seit dem Spätmittelalter Deutungshoheit bzw. wurde erst zu diesem Zeitpunkt im Hinblick auf die gemeinschaftliche Fürsorge ein handlungsrelevantes Motiv.

Mit den Wandlungsprozessen, die die städtische und ländliche Bevölkerung seit dem Spätmittelalter beschleunigt erfuhren, änderten sich auch die Wahrnehmung von Armut sowie die Maßnahmen der Armenunterstützung bzw. der Bettelbekämpfung.

Armut ist das – zumeist ungewollte – Produkt sozialer Differenzierung, d.h. Armut ist ein gesellschaftliches Konstrukt, das aus Ungleichheit resultiert, die als solche auch wahrgenommen und thematisiert wird. Versteht man Armut als die „Kosten" des sozialen Differenzierungsprozesses[3] und Armenfürsorge als Maßnahmen der „Kostenbegrenzung" bzw. des Verdeckens dieser Kosten, so ist der

---

1   Hessisches Hauptstaatsarchiv Wiesbaden (im Folgenden HHStA Wiesbaden), Abt. 108, Nr. 2667. Brief aus dem Jahr 1770.
2   Zitiert nach Ulrich Eisenbach: Zuchthäuser, Armenanstalten und Waisenhäuser in Nassau. Fürsorgewesen und Arbeitserziehung vom 17. bis zum Beginn des 19. Jahrhunderts. Wiesbaden 1994, S. 63.
3   Helmut Bräuer: Statt einer Einführung. Feststellungen, Sichtweisen und Diskussionsaufforderungen zum Thema „Kommunale Armut und Armutsbekämpfung vom Spätmittelalter bis zur Gegenwart", in: Ders. (Hg.): Arme – ohne Chance? Kommunale Armut und Armutsbekämpfung vom Spätmittelalter bis zur Gegenwart. Leipzig 2004, S. 29–38, hier S. 29.

Umgang mit Armut zu den zentralen Bestandteilen gesellschaftlichen Selbstverständnisses zu rechnen. Somit eröffnet die Erforschung der Armenfürsorge immer auch einen Einblick in die Vorstellung von gesellschaftlicher Ordnung der jeweiligen Zeit. Dabei muss deutlich unterschieden werden zwischen obrigkeitlichen Konzepten sowie deren Wahrnehmung durch andere Bevölkerungsgruppen und den Auswirkungen dieser Fürsorgevorstellungen. Wenn von „Norm" und „Praxis" der Armenfürsorge als Bezugsrahmen des vorliegenden Bandes gesprochen wird, soll dies nicht als ein dichotomisches Gegenüber verstanden werden, sondern als wechselseitiger Austauschprozess. So ist die Entstehung einer Norm als Reaktion auf praktische Gegebenheiten zu verstehen und selbst Bestandteil einer Rechtspraxis. Norm und Praxis sind somit als komplementäre Endpunkte eines reziproken Austauschprozesses zu verstehen, an dem verschiedene Akteure und Institutionen mit ihren unterschiedlichsten Interessen beteiligt sind. Welche diese genau sind und welche Konzepte von ihnen diskutiert, aufgegriffen und durch- bzw. umgesetzt wurden und wie diese wiederum auf die unterschiedlichen interessengeleiteten Konstrukte zurückgewirkt haben, gilt es in den folgenden Beiträgen des Sammelbandes in ganz unterschiedlicher Weise darzustellen. Die vorliegenden Aufsätze gehen auf eine Tagung zurück, die am 7. und 8. November 2002 am Lehrstuhl für Mittlere und Neuere Geschichte von Prof. Dr. Ulf Dirlmeier an der Universität Siegen stattfand und thematisch der Frage nach dem Verhältnis von Norm und Praxis der Armenfürsorge in Spätmittelalter und Früher Neuzeit unter dem Eindruck zeitgenössischer Konzepte, breiter sozioökonomischer Veränderungen und gewandelter (Moral-)Vorstellungen nachging. Die Referenten berichteten hier von neuen Ergebnissen universitärer Forschungsschwerpunkte sowie aus aktuellen Dissertations- und Habilitationsarbeiten. Die Aufsätze stellen überarbeitete Fassungen der verschiedenen Vorträge dar, wobei der erste Beitrag von Bernd Fuhrmann den Rahmen der bisherigen Forschungen zur Armenfürsorge in seinen einleitenden Bemerkungen umreißt, Forschungsschwerpunkte beleuchtet und auf Forschungsdesiderate verweist. Die Herausgeber können sich daher in ihren einleitenden Worten darauf beschränken, die mit den Tagungsbeiträgen verknüpften Fragen sowie den Ertrag, der aus der Zusammenstellung der verschiedenen Aufsätze nach Maßgabe der Herausgeber hoffentlich evident wird, deutlich zu machen.

Die Reihe der folgenden Fachbeiträge folgt dabei dem damaligen Anspruch der Tagung, sowohl die Normgebungsseite als auch die praktische Umsetzung herauszuarbeiten und beginnt mit einem Blick auf erstere. Dass die Frühe Neuzeit eine Umbruchsphase gesellschaftlicher Ordnung darstellt ist in der Geschichtswissenschaft ebenso ein Gemeinplatz wie die damit verbundene Einschränkung, dass sich dieser Wandlungsprozess auf den unterschiedlichsten Ebenen und Bereichen sehr verschieden dargestellt hat. Wie der Begriff Frühe Neuzeit impliziert, besteht dennoch vor allem in den älteren – aber für die Geschichtswissenschaft nach wie vor prägenden – theoretischen Ansätzen die Vorstellung, dass es ab 1500 gesellschaftliche Umwälzungen gegeben hat, die mit mittelalterlichen Vorstellungen und Traditionen brachen und für die Herausbildung der „Moderne" richtungsweisend waren. Dass der Epochenbegriff als analytisches Konstrukt dabei immer wieder

Kritik erfährt[4] und dass in vielen Bereichen der Bruch mit mittelalterlichen Traditionen nur deshalb postuliert werden konnte, weil man über die mittelalterliche Praxis kaum hinreichend informiert war, soll an dieser Stelle nicht weiter ausgeführt werden, aber dass mit Luther der „Abschied vom Mittelalter" stattfand, wie es Ende 2003 der Titel der Zeitschrift „Der Spiegel" postulierte, ist je nach Perspektive und Interpretation mehr als zweifelhaft, selbst wenn man ausschließlich die Normebene betrachtet. Die verschiedenen Beiträge belegen dies, indem sie nicht nur auf die Veränderungen der spätmittelalterlichen städtischen Fürsorge verweisen, sondern auch auf Konzepte, die im Zusammenhang mit der Fürsorge stehen und auf wesentlich älteren Vorstellungen beruhen, wie z. B. den scholastischen Armutsdiskursen oder früh- und hochmittelalterlichen Armen- und Krankenstatuten. Erst das Weiterwirken dieser Vorstellungen vermag viele frühneuzeitliche Normvorstellungen ausreichend zu erklären. Auf diese Kontinuitäten, aber auch die Brüche im Bereich der Rechtslehre und Rechtsordnungen geht der Rechtshistoriker Alexander Wagner in seinem Beitrag im Besonderen ein. Erst ein umfassendes Bild juristisch-normativer Konzepte erlaubt es, die Dynamik der Formierungsprozesse sowie die Unterschiede von Konzepten und Alltag der Armenfürsorge, die in den folgenden Beiträgen anhand von „Fallbeispielen" dargestellt werden, angemessen zu beurteilen. Im Bereich des Rechts stellt sich die wichtige Frage der Entwicklung der Normgebungspraxis auf dem Gebiet der Armenfürsorge und deren Wechselwirkung mit der theoretischen Durchdringung durch Theologen, Humanisten und Juristen. Einen gewichtigen Beitrag zur Entstehung territorialer Armenordnungen in den katholischen Reichsterritorien leistete hierzu Anfang des 16. Jahrhunderts Juan Luis Vives. Die juristische Diskussion wurde darüber hinaus von Ahasver Fritsch mitgeprägt. Im Zusammenhang mit der Betrachtung territorialer Armenordnungen können diese Autoren dazu dienen, der Frage nach der juristischen Legitimation von Normierungskompetenz sowie der Finanzierung von Fürsorgemaßnahmen und schließlich der Herleitung des Bettelverbotes nachzugehen.

Altbekannte Schlagworte wie „Kommunalisierung" und „Säkularisierung" sind nur bedingt geeignet, die Entwicklungslinien der Fürsorge nachzuzeichnen, gibt doch der zeitgleich ablaufende frühneuzeitliche Territorialisierungsprozess der Entwicklung des Armenwesens ganz eigene Impulse, und bleiben Theologie und Kirchen für Wahrnehmung und Praxis der Armenfürsorge relevant. Neben der Rechtsetzung ist nicht nur im Mittelalter, sondern ebenso in der Frühen Neuzeit der Bereich der Religion vornehmlich für die Produktion und Stabilisierung gesellschaftlicher Normen maßgeblich. In diesem Sinn fragt Sebastian Schmidt in seinem Beitrag inhaltlich unmittelbar an die Rechtsthematik anschließend, welche Gemeinsamkeiten und konfessionsspezifischen Unterschiede frühneuzeitlicher Armenfürsorge sich in einem direkten Vergleich der beiden Reichsterritorien Kurtrier und Nassau-Dillenburg auf der Verordnungsebene und in der Praxis erkennen lassen. Hierbei zeigt sich, dass entgegen älteren Vorstellungen zum Fürsorgewesen

---

4   Hierzu z. B. Walter Demel: „Fließende Epochengrenzen". Ein Plädoyer für eine neue Periodisierungsweise historischer Zeiträume, in: Geschichte in Wissenschaft und Unterricht 48 (1997), S. 590–598.

in katholischen Reichsterritorien bereits zu einem sehr frühen Zeitpunkt Bettelverbote erlassen und „fremde" und „starke" Bettler von der Unterstützung ausgeschlossen wurden. Bei der Betrachtung der Umsetzung der Verordnungen wird
an einigen ausgewählten Beispielen aber ebenso deutlich, dass weder in Kurtrier
noch in Nassau-Dillenburg von einer wirklich geregelten Armenfürsorge geredet
werden kann. Die „staatliche" Fürsorge war eher symbolischer Natur und konnte
die Armut kaum wirksam bekämpfen. Dies galt auch für die in beiden Territorien
im 18. Jahrhundert eingerichteten Spinn- und Arbeitshäuser. Die Veruntreuung und
Zweckentfremdung, zumindest aber die mangelhafte Buchführung und Abrechnung
von Stiftungsgeldern war eher die Regel als die Ausnahme. Die Antwort auf die
Frage, ob man in den protestantischen Reichsterritorien mit den zentral organisierten Armenkästen ein effizienteres System der offenen Armenfürsorge besaß als die
katholischen Territorien mit der Vielzahl unterschiedlicher Fürsorgeeinrichtungen,
bleibt demnach ein Forschungsdesiderat.

Neben dem Blick auf die beiden großen Normproduzenten „Recht" und „Religion" sowie deren Bedeutung für die Armenfürsorge gilt jedoch, wie eingangs
erwähnt, das besondere Interesse den Akteuren und Institutionen, die Einfluss auf
den Austauschprozess von Norm und Praxis haben. Wie beurteilten beispielsweise
die städtischen Pfarrer die kommunalen Fürsorgekonzepte und was hatten sie selbst
für Vorstellungen. In ihrem Beitrag zu Johannes Geiler von Kaysersberg und das
Straßburger Fürsorgewesen widmet sich Rita Voltmer dieser Frage. Armut, Almosen und Bettelei gehörten dabei zu jenen Themenkomplexen, die der Münsterprediger am häufigsten ansprach und die auf der seit Thomas von Aquin entwickelten
scholastischen Almosenlehre fußten. Immer wieder setzte sich Geiler in Predigten,
persönlichen Gesprächen, Briefen, Gutachten und Gravamina mit der Straßburger
Bettel- und Fürsorgepraxis auseinander, forderte vom Rat durchgreifende Reformen
und machte weitreichende Verbesserungsvorschläge. Der streitbare Pater Pauperum
Johannes Geiler von Kaysersberg zeigte in der Auseinandersetzung mit der städtischen Obrigkeit wenig pragmatisches Verständnis für die Politik der Ratsherren
und resignierte am Ende seines Lebens angesichts der Ergebnisse der städtischen
Armutspolitik.

Wie gingen aber nun einzelne Institutionen mit der Frage der Fürsorge um?
Wie reagierten sie beispielsweise auf Normbrüche? Vielfach war die geschlossene
Fürsorge mit der Vergabe von Pfründen verbunden. Stiftungswille und tatsächliche
Besetzung der Pfründe standen dabei allerdings oft nicht im Einklang. In seinem
Beitrag zum Pfründenmissbrauch in mittelalterlich-frühneuzeitlichen Hospitälern
und Leprosorien untersucht Kay Peter Jankrift das bunte Spektrum von Missbräu-
chen in der anstaltlichen Fürsorge. Die Vielfalt der Formen des Missbrauchs sowie
die Strategien der Akteure riefen eine breite Skala von Gegenmaßnahmen hervor,
der in der frühen Neuzeit festzustellende Funktionswandel der Spitäler ist letztlich
jedoch nicht durch Betrüger, sondern allein durch die Einflussnahme der reichen
Pfründner zu erklären.

Der Beziehung von Norm und Praxis in der Leprosen-Fürsorge geht in einem
weiteren Beitrag Martin Uhrmacher nach und analysiert diesbezüglich die Statuten
rheinischer Leprosorien. Dabei geht er am Fallbeispiel von Statuten Trierer Lepro-

senhäuser der Frage nach, ob die einzelnen Paragraphen Aspekte des allgemeinen Leprosenrechts widerspiegeln, das sich im kirchlichen und weltlichen Bereich bereits aus der Antike heraus entwickelt hatte, oder ob die jeweilige Norm als Reaktion auf Probleme, die sich aus der Praxis des Zusammenlebens im Leprosorium ergeben hatten, gedeutet werden können. Deutlich wird hierbei der praxisnahe Bezug der Regelungen, die zum Teil vielfach überlieferten Verboten für Leprose widersprachen. In der lokalen (Norm-)Praxis galten diese Vorschriften offensichtlich nicht. Vielmehr sind die Statuten wegen ihres deutlichen Praxisbezuges mit consuetudines vergleichbar, die in einem Kloster die Ordensregel ergänzen. Für die Erforschung des Alltagslebens in den Leprosorien besitzen sie damit einen besonderen Wert.

Sind Leprosorien als hochspezialisierte Fürsorgeeinrichtungen anzusprechen, so verhielt es sich ganz anders mit den städtischen Spitälern. Wie die Forschung zeigen konnte, handelte es sich hierbei um Multifunktionsanstalten, die vielfältigste Aufgaben wahrnahmen. Die Armen- und Krankenversorgung bildete dabei nur einen Ausschnitt der Tätigkeiten. Welche Bedeutung diese für die Wirtschaftsführung tatsächlich besaß, ist indes gerade für Hospitalanstalten der zahlenmäßig häufigeren kleineren Städte bisher kaum untersucht worden. Auf welcher wirtschaftlichen Basis landstädtische Hospitäler in Klein- und Mittelstädten in der Lage waren, den normativen Anspruch auf Versorgung der Armen, Alten, Waisen und Kranken tatsächlich zu übernehmen, legt Jens Aspelmeier in seinem Beitrag zu Norm und Praxis der Wirtschaftsführung in klein- und mittelstädtischen Hospitälern am Beispiel von Siegen und Meersburg dar. Bei der Betrachtung der Praxis anhand der Rechnungsbücher und der daraus abzuleitenden Strategien und Prozesse der Wirtschaftsführung drängt sich die Frage auf, ob Spitäler primär überhaupt der Armenfürsorge dienten. Vielmehr wird einmal mehr deutlich, dass bei genauerer Betrachtung der Wirtschaftsführung der Versorgungsauftrag in ganz unterschiedlicher Weise interpretiert und ausgefüllt wurde. Die vorliegenden Ergebnisse lassen verallgemeinernd vermuten, dass weit mehr die jeweiligen örtlichen finanziellen Handlungsspielräume und Strukturen als obrigkeitliche Konzepte zur Armenfürsorge maßgeblich waren. Insgesamt veränderte sich der Charakter bzw. die hauptsächliche Zweckbestimmung der Hospitalneugründungen im Verlauf der Frühen Neuzeit. Jutta Grimbach untersucht in ihrem Beitrag zu den Hospitalgründungen des 15. und 16. Jahrhunderts in den niederrheinischen Territorien und im Herzogtum Westfalen, in welcher Weise sich die Hospitallandschaft vor dem Hintergrund der sich zugleich wandelnden Einstellung zu Armut und Armenfürsorge und der damit verbundenen obrigkeitlichen Normsetzungen veränderte. Dabei kann als Ergebnis festgehalten werden, dass die Gründungen allgemeiner Hospitäler, wie sie in den vorangegangenen Jahrhunderten vollzogen wurden, zurückgingen, während kleinere Armen-, Waisen- und Pesthäuser vermehrt eingerichtet wurden. Jedoch kann hier nicht von einer konsequenten Umsetzung der obrigkeitlichen Normen in die Praxis der Armenfürsorge gesprochen werden, da diese Entwicklung erheblich von der jeweils gegebenen finanziellen Lage bestimmt wurde.

Einen kenntnisreichen Einblick in die frühneuzeitliche Armenfürsorge und die Sozialbeziehungen in der Stadtrepublik Hamburg gibt Frank Hatje mit seinem Beitrag „Dieser Stadt beste Maur undt Wälle" und weitet somit nochmals den Blick von den einzelnen Institutionen auf die verschiedenen Akteure und Netzwerke. Ausgangspunkt für seine Überlegungen ist eine Kritik an etatistisch ausgerichteten Darstellungen der Fürsorgeregelungen, die nach Hatje zum einen die Möglichkeiten frühmoderner Staaten über-, zum anderen die Leistungsfähigkeiten der Kommunen jedoch unterschätzten. In Erweiterung des Kommunalismuskonzeptes Blickles erscheint es Hatje vielmehr sinnvoll, auf den komplexeren sozialwissenschaftlichen Institutionenbegriff bei der Analyse des Fürsorgesystems zurückzugreifen, da dieser Ansatz den Blick nicht nur auf das Verhältnis von Norm und Praxis lenke, sondern ebenso auf die Wertorientierungen und Sinnvorstellungen, aus denen heraus sich die Institutionalisierung vollzieht. Am Beispiel des Hamburger Gast- und Krankenhauses wird dies deutlich: Der Gedanke des Herkommens, des „Gabentausches" sowie die Vorstellung der Stadt als Heilsgemeinschaft bildeten hier die drei zentralen Argumente für ein wohlgeordnetes Armenwesen. Die Einrichtung der hamburgischen Armenkästen war nicht Ergebnis städtischer Ratspolitik, sondern von den lutherischen Kirchspielgemeinden selbständig organisiert. Die aus der Praxis heraus abgeleiteten Notwendigkeiten führten auch hier in viel stärkerem Maß zu dieser verdichteten Institutionalisierung als normative Erlasse. Zudem waren es vor allem Sozialbeziehungen, die auf der Geberseite die Armenfürsorge alltagspraktisch verankerten. Ausschlusspraktiken sind demnach immer auch als Praktiken symbolischer Vergemeinschaftung zu lesen. Bei einer Untersuchung über die Motive von Fürsorge bzw. deren Nichtleistung sollte dieser Aspekt immer mit berücksichtigt werden. Der Beitrag verdeutlicht zugleich nochmals die Problematik des Historikers, wenn er sich der Untersuchung der Praxis frühneuzeitlicher Armenfürsorge verschreibt, da viele Almosengaben quellenmäßig gar nicht zu erfassen und in geeigneter Weise zu quantifizieren sind.

Dass bei weitem nicht alle Fürsorgekonzepte umgesetzt wurden, die Versuche aber dennoch ihren Niederschlag in der politischen Praxis fanden, ist Thema des abschließenden Beitrages von Fritz Dross, der den Versuch einer Krankenhausgründung zu Ende des 18. Jahrhunderts näher untersucht. Der Beitrag verdeutlicht, dass viele Idealvorstellungen von Fürsorge trotz großen Engagements letztlich doch an den politischen und lokalen Gegebenheiten scheitern konnten. In diesem Sinn plädiert Dross dafür, anstatt immer wieder die Selbstverständlichkeit des Auseinandergehens von Norm und Praxis herauszuarbeiten, sich stärker mit der Darstellung der „normalen Praxis" zu beschäftigen.

Die verschiedenen Beiträge geben damit einen Einblick in die Entwicklung von Konzepten der Armen- und Krankenfürsorge sowie der Bettelbekämpfung vom Ausgang des Spätmittelalters bis in die Neuzeit. Sie zeigen darüber hinaus paradigmatisch, wie sehr sich Norm und Praxis gegenseitig bedingten. Beide Seiten sind demnach zwar analytisch zu unterscheiden, aber nur beide zusammen spiegeln die Komplexität gesellschaftlicher Realität auch im Bereich der Armenfürsorge wider und sind damit bei allen Untersuchungen immer gleichwertig zu berücksichtigen. Das im Titel implizierte Spannungsfeld von Norm und Praxis erweist sich damit zwar als konstruiert, aber, wie die verschiedenen Beiträge belegen, dennoch nicht als obsolet, sondern nach wie vor als konstruktiv, wenn es darum geht, historische

Vorstellungen und Handlungen in ihrer Genese miteinander in Beziehung zu setzen. Dass es sinnvoll erscheint, den Beziehungsrahmen unter verschiedenen theoretischen Ansätzen, wie z. B. akteurs- bzw. institutionenzentrierten oder kommunikationstheoretischen Zugängen, zu betrachten, können die nachfolgenden Beiträge nach Meinung der Herausgeber zeigen.

Abschließend sei an dieser Stelle nochmals ganz herzlich Herrn Prof. Dr. Ulf Dirlmeier gedankt, der die Tagung als Grundlage für die verschiedenen nachfolgenden Beiträge erst möglich gemacht hat. Zusätzliche Unterstützung hat die Tagung durch das Fach Geschichte sowie den Fachbereich 1 der Universität Siegen, vertreten durch Herrn Prof. Dr. Thomas Naumann, erfahren, denen dafür unser Dank gilt.

Ebenso möchten wir uns beim Sonderforschungsbereich 600 „Fremdheit und Armut. Wandel von Inklusions- und Exklusionsformen von der Antike bis zur Gegenwart" der Universität Trier bedanken, der die Drucklegung des Sammelbandes finanziert hat und aus dessen Forschungen einige der hier veröffentlichten Aufsätze hervorgegangen sind. Außer den bereits genannten Personen sei außerdem Frau Carolin Schmitz und Herrn Raphael Emanuel Dorn für die Durchsicht des Manuskriptes und letzterem zudem für die Erstellung der Druckfassung Dank gesagt.

Weiterhin möchten wir den Herausgebern der VSWG-Beihefte für die Aufnahme des Bandes in ihre Schriftenreihe danken.

Sebastian Schmidt/Jens Aspelmeier

NORM UND PRAXIS DER ARMENFÜRSORGE IN SPÄTMITTELALTER UND FRÜHER NEUZEIT – EINE EINLEITUNG[1]

BERND FUHRMANN

Dass es grundlegende Veränderungen in der Armenfürsorge seit dem 15. Jahrhundert gegeben hat, steht weitgehend außer Zweifel. Wie diese aber im Detail ausgesehenen haben – der Unterschied zwischen Norm und Praxis wird in den verschiedenen Beiträgen zur Sprache kommen – lässt sich, auch bedingt durch regionale Besonderheiten und Unterschiede, schon nicht mehr so klar verfolgen.

Über die grundsätzlichen Fragen nach dem Armutsbegriff vom Früh- bis zum Spätmittelalter, nach primärer und sekundärer Armut, nach einer Armutsdefinition, die nach den standesgemäßen Bedürfnissen und den Möglichkeiten ihrer Befriedigung fragt, braucht hier nicht näher gehandelt zu werden. Auch die spätmittelalterliche – und diese Epochenabgrenzung zeigt während der Tagung wiederum ihre nur ausgesprochen begrenzte Reichweite – Vorstellung, dass die Vergabe von Almosen dem Spender den Weg in das Jenseits und möglichst in das Paradies erleichtert, ist allen bekannt. Zu diesem Bereich zählt auch die Vielzahl von Stiftungen vermögender und weniger vermögender Bürger, wir beschränken uns ohnehin weitgehend auf die besser erforschte städtische Armut,[2] für wohltätige Zwecke, seien es direkte Lebensmittelspenden, die an bestimmten Tagen ausgeteilt wurden, seien es Legate zugunsten von Hospitälern oder anderen Einrichtungen mit sozial-karitativem Hintergrund. In diesem Zusammenhang sei auf die Nürnberger Annalen von Müllner verwiesen, die Stiftungen breiten Raum widmen und dieses zeitlich deutlich nach der Durchsetzung der Reformation in der oberdeutschen Reichsstadt.[3] Daneben dienten die Stiftungen sicherlich auch der Selbstdarstellung im kollektiven Bewusstsein wie im Gebetsgedächtnis; freilich zeigen die Stiftungen im jeweiligen Einzelfall ein hochgradig ambivalentes Verhältnis der genannten und auch der unerwähnten Gründe.[4]

Wie diese religiös motivierte Mildtätigkeit aber sukzessive von Kriterien der Almosenvergabe wie Arbeitsfähigkeit, der Charakterisierung des Bettelns als

---

1 Der Vortragsstil wurde beibehalten, die Anmerkungen nachträglich eingefügt. Ein Literaturrüberblick ist keinesfalls angestrebt.

2 Vgl. zur ländlichen Armut den Beitrag von Sebastian Schmidt im vorliegenden Band.

3 Johannes Müllner: Die Annalen der Reichsstadt Nürnberg von 1623, Teil 1: Von den Anfängen bis 1350, Teil 2: Von 1351–1469, hrsg. von Gerhard Hirschmann. Nürnberg 1972–1984; Tl. III: 1470–1544, bearb. von Michael Diefenbacher (Quellen und Forschungen zur Geschichte und Kultur der Stadt Nürnberg 8, 11 u. 32). Nürnberg 2003.

4 Vgl. zuletzt Ralf Lusiardi: Stiftung und städtische Gesellschaft. Religiöse und soziale Aspekte des Stiftungsverhaltens im spätmittelalterlichen Stralsund (Stiftungsgeschichten 2). Berlin 2000.

Müßiggang etc. überlagert und schließlich in einem keineswegs geradlinigen Prozess abgelöst wurde, muss weiter thematisiert werden. Die Wurzeln dieser neuen Kriterien lassen sich immerhin bis ins späte 14. Jahrhundert verfolgen. Armut galt in unterschiedlicher Akzentuierung und mit regionalen Abweichungen sukzessive als Nicht-Arbeit, so dass Arbeit in dieser Sichtweise ein Mittel gegen Armut war, so Otto Gerhard Oexle, und schon seit dem 11./12. Jahrhundert fand auch (Hand-) Arbeit als solche eine Neubewertung, galt als notwendig und nützlich.[5]

Die Vielzahl von Armen-, Bettel und Almosenordnungen wie die Einrichtung von Almosenkästen kennzeichnen sicherlich einen Prozess der Verschriftlichung, ihre tatsächliche Umsetzung und Überwachung auch einen solchen der Bürokratisierung und einer gesteigerten Einflussnahme der Obrigkeiten. Ob diese nun aber einen oder zwei Schritte auf einem noch nicht einmal zielgerichteten Weg zum frühmodernen Territorialstaat, wie es in dem bekannten Band von Sachße/Tennstedt durchscheint,[6] oder gar zur moderner Armenfürsorge, zum Sozialstaat heutiger Prägung, führen, ist in den letzten Jahren doch wieder vielfach diskutiert und zu Recht in Frage gestellt worden. Die retrospektive Sicht auf die Entwicklungen lässt eben doch mehr klare Linien erkennen als sie einerseits den Zeitgenossen in irgendeiner Weise eindeutig waren und sie andererseits hätten durch Mikrostudien bestätigt werden können.

Grundsätzlich ist zu bemerken, dass in der überwiegenden Mehrzahl der bisher untersuchten Kommunen die Ausgaben für den, modern gesprochen, Sozialsektor marginal und zumeist auf einzelne Unterstützungsberechtigte begrenzt waren. Für das 15. und 16. Jahrhundert lässt sich aus den kommunalen Finanzaufzeichnungen keinerlei systematische Armenfürsorge erkennen: Die städtischen Räte reagierten mit kommunalen Mitteln in Teuerungszeiten, bei Seuchen oder auch bei Brandkatastrophen, auch wenn diese in der Nachbarschaft auftraten, aber eben punktuell und in Fällen primärer Armut.[7] Für den breiten Rest waren andere Kassen zuständig, wenngleich zumeist unter kommunaler Regie, und hier gewinnen Almosenkästen und Aufzeichnungen über die potentiellen und tatsächlichen Empfänger an Gewicht. Arbeitsbeschaffungsmaßnahmen konnten nur wenige Städte wie Ulm, Basel, Konstanz, Straßburg oder Augsburg im Zuge der Neuerrichtung der Befesti-

---

5   Otto Gerhard Oexle: Armut, Armutsbegriff und Armenfürsorge im Mittelalter, in: Christoph Sachße/Florian Tennstedt (Hg.): Soziale Sicherheit und soziale Disziplinierung. Beiträge zu einer historischen Theorie der Sozialpolitik. Frankfurt a. M. 1986, S. 73–100, hier S. 91f. Vgl. nunmehr Ernst Schubert: „Hausarme Leute", „starke Bettler". Einschränkungen und Umformungen des Almosengedankens um 1400 und um 1500, in: Otto Gerhard Oexle (Hg.): Armut im Mittelalter (Vorträge und Forschungen 58). Ostfildern 2004, S. 283–347.

6   Christoph Sachße/Florian Tennstedt: Geschichte der Armenfürsorge in Deutschland, Bd. 1: Vom Spätmittelalter bis zum 1. Weltkrieg. 2. erw. u. verb. Aufl. Stuttgart u. a. 1998.

7   Vgl. z. B. Bernd Fuhrmann: Der Haushalt der Stadt Marburg in Spätmittelalter und früher Neuzeit (1451/52–1622) (Sachüberlieferung und Geschichte. Siegener Abhandlungen zur Entwicklung der materiellen Kultur 19). St. Katharinen 1996, S. 245 ff.; Andreas Bingener/Gerhard Fouquet/Bernd Fuhrmann: Almosen und Sozialleistungen im Haushalt deutscher Städte des späten Mittelalters und der frühen Neuzeit, in: Peter Johanek (Hg.): Städtisches Gesundheits- und Fürsorgewesen vor 1800 (Städteforschung A/50). Köln u. a. 2000, S. 41–62.

gung und der Umgestaltung der Stadt zwischen 1590 und 1630 finanziell überhaupt verkraften.

Auch soll nicht grundsätzlich die Metatheorie der „Sozialdisziplinierung" in Frage gestellt werden, wie sie vor allem durch Gerhard Oestreich in Anlehnung an Überlegungen Max Webers zwischen 1968 und 1977 begründet wurde.[8] Die zunehmende Kontrolle in der frühen Neuzeit mit ihren Aspekten Kriminalisierung und Repression einerseits sowie Erziehung und Integration andererseits ist offensichtlich.[9] Angewandt hat Oestreich den Begriff bekanntlich auf den absoluten Fürstenstaat mit seinem umfangreichen „Policey-" und Verordnungswesen, das Veränderungen des individuellen Verhaltens als Ziel hatte.[10] Doch selbst der Begriff Absolutismus mit seinen implizierten Bedeutungsinhalten geriet zuletzt verstärkt in die Kritik.[11] Für den Streit um die Einbeziehung der Armenfürsorge in die Theorie der Sozialdisziplinierung mit ihren zahlreichen Facetten sei die Auseinandersetzung zwischen Dinges und Jütte Anfang der 90er Jahre genannt.[12] Die strukturhistorischen Untersuchungen Michel Foucaults spitzen die Diskussion nochmals zu. Dazu trat der Diskurs über Eliten- und Volkskultur und beide, deren Entstehen gleichfalls der frühen Neuzeit zugeordnet worden ist, sollten einander nicht allzu dichotomisch entgegengesetzt werden, doch wollen wir dieses nicht weiter verfolgen.

Allerdings brauchen sich Mikro- und Makrohistorie und ihre Ergebnisse nicht gegenseitig auszuschließen, sie sind, so nicht nur Kaspar von Greyerz, aufeinander

8   Vgl. aus der Vielzahl von Publikationen Gerhard Oestreich: Strukturprobleme des europäischen Absolutismus, in: Vierteljahrschrift für Sozial- und Wirtschaftsgeschichte 55 (1968), S. 329–347.

9   Robert Jütte: Disziplinierungsmechanismen in der städtischen Armenfürsorge der Frühneuzeit, in: Sachße/Tennstedt (Hg.): Sicherheit (wie Anm. 6), S. 101–118, hier S. 103.

10 Zur Kontroverse um die Rolle des Staates vgl. zuletzt Heinz Schilling: Disziplinierung oder „Selbstregulierung der Untertanen"? Ein Plädoyer für die Doppelperspektive von Makro- und Mikrohistorie bei der Erforschung der frühmodernen Kirchenzucht, in: Historische Zeitschrift 264 (1997), S. 675–691; Heinrich Richard Schmidt: Sozialdisziplinierung? Ein Plädoyer für das Ende des Etatismus in der Konfessionalisierungsforschung, in: Historische Zeitschrift 265 (1997), S. 639–682. Vgl. Hans-Jörg Gilomen: Bemerkungen zu einem Paradigmenwechsel in der Erforschung der vormodernen Armenfürsorge, in: Ders./Sébastien Guex/Brigitte Studer (Hg.): Von der Barmherzigkeit zur Sozialversicherung. Umbrüche und Kontinuitäten vom Spätmittelalter bis zum 20. Jahrhundert. De l'assistance à l'assurance sociale. Ruptures et continuités du Moyen Age au XXe siècle (Schweizerische Gesellschaft für Wirtschafts- und Sozialgeschichte 18). Zürich 2002, S. 11–20.

11 Vgl. Ronald G. Asch/Heinz Duchhardt: Einleitung. Die Geburt des „Absolutismus" im 17. Jahrhundert. Epochenwende der europäischen Geschichte oder optische Täuschung, in: Dies. (Hg.): Der Absolutismus – ein Mythos? Strukturwandel monarchischer Herrschaft in West- und Mitteleuropa (ca. 1550–1700). Köln u. a. 1996, S. 3–24; Ernst Hinrichs: Abschied vom Absolutismus. Eine Antwort auf Nicholas Henshall, in: Asch/Duchhardt (Hg.): Absolutismus, S. 353–371.

12 Martin Dinges: Frühneuzeitliche Armenfürsorge als Sozialdisziplinierung? Probleme mit einem Konzept, in: Geschichte und Gesellschaft 17 (1991), S. 5–29; Robert Jütte: „Disziplin zu predigen ist eine Sache, sich ihr zu unterwerfen eine andere" (Cervantes). Prolegomena zu einer Sozialgeschichte der Armenfürsorge diesseits und jenseits des Fortschritts, in: Geschichte und Gesellschaft 17 (1991), S. 92–101.

angewiesen.[13] Doch setzt dieses voraus, dass Strukturen und Prozesse sich gegenüber dem menschlichen Handeln – und der Mensch und sein Handeln in ihren historischen Entwicklungen ist schließlich ein zentraler Arbeitsbereich der Historiographie – und den historischen Ereignissen nicht verselbständigen, und sei es vielleicht unbeabsichtigt, sondern dass Strukturen zwar Rahmenbedingungen für menschliches Handeln vorgeben, aber letztlich selbst durch Handlungsvorgänge geschaffen worden sind und verändert werden können. Dieses reduziert auch die Möglichkeit der Vorstellung einer linear-zielstrebigen Geschichtsentwicklung, lässt die Prozesshaftigkeit der Entwicklungen wie graduelle und partikulare unterschiedliche Charaktere des sozialen Wandels deutlicher werden. Unter dem Dach von Meta-Theorien können dann durchaus unterschiedliche Entwicklungen vereint werden, selbst wenn im Einzelfall die Ergebnisse das erwartete Bild nicht bestätigen.

Doch nun zurück zum engeren Tagungsthema: Einen Schwerpunkt der Tagung bildet das kommunale Hospitalwesen in seinen differenzierten Ausbildungen.[14] Geboren aus der christlichen Caritas hatte zunächst die Kirche die Fürsorge für Bedürftige vorangetrieben. Nach ersten bescheidenen Anfängen in den Städten, häufig noch unter kirchlicher Regie, lässt sich zunehmend verfolgen, dass die Hospitäler neben ihrer Funktion als Aufnahmestätte für Arme oder für mittellose Durchreisende als, der moderne Begriff sei gestattet, Altenheime genutzt wurden, in welche sich zumindest Bürger zu verschiedenen Konditionen einkaufen konnten. Die weitere bauliche Differenzierung der Anlagen schuf die Möglichkeit zur getrennten Unterbringung der zahlenden Pfründner und der sonstigen Insassen. Fester Bestandteil der Hospitäler zumindest noch im Spätmittelalter waren die Kapelle und die regelmäßige Versorgung durch einen Geistlichen.

Auch die wachsende Kritik an der Amtskirche des Spätmittelalters trug dazu bei, einen Prozess der Kommunalisierung der Fürsorge und des Hospitalwesens zu initiieren und zu beschleunigen. Dieser begann im 13. Jahrhundert, indem Pfleger zunehmend die Verwaltung der Häuser übernahmen.[15] Während des Spätmittelalters trat zudem die Fürsorge gegenüber alleinstehenden Frauen und auch Pilgern zurück. Neue Aufgabenfelder deckten gesonderte Einrichtungen für Kranke, besonders Pest- und Blatternhäuser sowie Leprosorien ab, aber nicht überall konnte man die Betroffenen getrennt von den übrigen Insassen unterbringen. In der Neuzeit entstanden dann eine Vielzahl von Einrichtungen für besondere Zwecke, seien es nun Waisen- oder Findelhäuser, Arbeits- und Zuchthäuser sowie Krankenhäuser.

Unsere Kenntnisse über die Hospitäler sind in den letzten Jahren durch eine Reihe von Einzelstudien deutlich erweitert worden.[16] Neben dem Süden des Rei-

---

13 Kaspar von Greyerz: Religion und Kultur. Europa 1500–1800. Göttingen 2000, S. 19f.

14 Vgl. knapp Uta Lindgren: Artikel „Hospital", IV: Abendländischer Bereich, in: Lexikon des Mittelalters 5. München/Zürich 1991, Sp. 134 ff.

15 Ulrich Knefelkamp: Stadt und Spital im späten Mittelalter. Ein struktureller Überblick zu Bürgerspitälern süddeutscher Städte, in: Johanek (Hg.): Fürsorgewesen (wie Anm. 7), S. 19–40, hier S. 25.

16 Vgl. z. B. Herbert Aderbauer: Das Tübinger Spital und der Wandel seiner sozialen Funktion in der frühen Neuzeit (Beiträge zur Tübinger Geschichte 9). Stuttgart 1997; Wolfgang F. Reddig: Bürgerspital und Bischofsstadt. Das St. Katharinen- und das St. Elisabethenspital in Bamberg

ches mit seinen reichstädtischen Traditionslinien rückte auch der Norden stärker in das Blickfeld der Historiker, ohne dass an dieser Stelle ein Überblick folgen soll. Über normative Quellen und rechtsgeschichtliche Untersuchungen hinaus, die Hospitalordnungen liegen in größerer Anzahl gedruckt vor, zentrierten sich die Untersuchungen zunächst noch stark auf die Besitzentwicklung der Institutionen, wobei Besitzungen in zahlreichen Dörfern außerhalb der Mauern den städtischen Einflussbereich vergrößern konnten. Immobilienschenkungen und –erwerb spielten auch innerstädtisch eine wichtige Rolle. In den letzten Jahrzehnten finden sich dann verstärkt Monographien und weniger umfangreiche Schriften zu den ökonomischen Entwicklungen der Anstalten. Thematisiert wurden beispielsweise die Getreideversorgung, die Hospitäler konnten als Folge guter Erntejahre ihre Marktfrequenz als Verkäufer von Naturalien in Mangeljahren deutlich erhöhen; im Süden und Südwesten trat der Weinbau hinzu. Häufiger untersucht ist die Funktion der Hospitäler als Geldgeber, einerseits mussten sie Kredite für die Stadtkasse bereitstellen, andererseits übernahmen sie die Funktion einer Bank für weite Kreise der Einwohnerschaft, leisteten derart ihren Beitrag zur Geldversorgung.

Weitere Untersuchungsgegenstände sind die sozial- und alltagsgeschichtlichen Aspekte, die Fragen nach der tatsächlichen Versorgung der Insassen, nach ihren konkreten Lebensbedingungen angesichts der oft penibel und scharf formulierten Anstaltsordnungen, nach dem Verhältnis von Pfründnern und sonstigen Insassen, nach den Arbeitsbedingungen und der Binnenstruktur des Personals. Ulrich Knefelkamp untersuchte das Nürnberger Heilig-Geist-Spital u. a. hinsichtlich der Zusammensetzung der Bewohner, ihrer regionalen Herkunft und ihrer Verweildauer; eine umfangreiche prosopographische Abhandlung liegt weiterhin zu Soest vor.[17] Bau- und medizingeschichtliche Ansätze lieferten weitere Ergebnisse. Derartige Forschungen sind keineswegs auf den deutschen Sprachraum beschränkt, sondern werden europaweit vorangetrieben, wobei sich der zeitliche Schwerpunkt vom Mittelalter hin zur Neuzeit verlagert hat.

Auch zur städtischen Armut allgemein und zur Armenfürsorge liegen jüngere Monographien vor, die auch mentalitätsgeschichtliche Aspekte wie solche der materiellen Kultur der Armen abdecken, verwiesen sei z. B. auf Jütte, Dinges und Groebner.[18] Einbezogen werden auch die quellenmäßig kaum fassbaren informellen

---

vom 13.–18. Jahrhundert. Vergleichende Studie zu Struktur, Besitz und Wirtschaft. Bamberg/ Frankfurt (Oder) 1998.

17 Ulrich Knefelkamp: Das Heilig-Geist-Spital in Nürnberg vom 14.–17. Jahrhundert. Geschichte, Struktur, Alltag (Nürnberger Forschungen 26). Nürnberg 1989; ders.: Stiftungen und Haushaltsführung im Heilig-Geist-Spital in Nürnberg, 14.–17. Jahrhundert. Bamberg 1989; Beate Sophie Gros: Das Hohe Hospital in Soest (ca. 1178–1600). Eine prosopographische und sozialgeschichtliche Untersuchung (Veröffentlichungen der Historischen Kommission für Westfalen 25, Urkunden-Regesten der Soester Wohlfahrtsanstalten 5). Münster 1999.

18 Martin Dinges: Stadtarmut in Bordeaux 1525–1675. Alltag, Politik, Mentalitäten (Pariser Historische Studien 26). Bonn 1988; Robert Jütte: Arme, Bettler, Beutelschneider. Eine Sozialgeschichte der Armut in der Frühen Neuzeit. Weimar 2000; Valentin Groebner: Ökonomie ohne Haus. Zum Wirtschaften armer Leute in Nürnberg am Ende des 15. Jahrhunderts (Veröffentl. d. Max-Planck-Instituts für Geschichte 108). Göttingen 1993; vgl. Friedrich-Arnold Lassotta: Formen der Armut im späten Mittelalter und zu Beginn der Neuzeit. Untersuchungen vornehm-

sozialen Sicherungssysteme.[19] Unlängst erschien zudem eine zusammenfassende
Abhandlung zur Lebenswelt und Kultur der Unterschichten im Reich der frü-
hen Neuzeit.[20] Diesem Bereich zuzuordnen sind, allerdings nicht im Rahmen der
Tagung thematisiert, die Randgruppen der städtischen Gesellschaft, die ebenfalls
zu Objekten der Armenfürsorge werden konnten, und Fürsorge konnte in diesem
Zusammenhang eindeutig negative Folgen für die Betroffenen haben.[21]

Die Tagung befasst sich, um konkreter zu werden, mit theoretischen Konzepten
der und praktischen Anforderungen an die Armenfürsorge bzw. die Hospitäler, mit
möglichen konfessionsspezifischen Unterschieden, den Differenzen von Norm und
Praxis einschließlich des Normbruchs, mit Wirtschaftsführung und Gründung von
Hospitälern, mit dem Beispiel einer Stadtrepublik sowie der Nichterrichtung eines
Krankenhauses.

lich an Kölner Quellen des 14. bis. 17. Jahrhunderts. 2 Bde. Köln 1993; Martin Rheinheimer:
Arme, Bettler und Vaganten. Überleben in der Not 1450 – 1850. Frankfurt a. M. 2000; vgl. jetzt
auch Katharina Simon-Muscheid: Die Dinge im Schnittpunkt sozialer Beziehungsnetze. Reden
und Objekte im Alltag (Oberrhein, 14. bis 16. Jahrhundert) (Veröffentl. d. Max-Planck-Institus
für Geschichte 193). Göttingen 2004.
19 Vgl. Martin Dinges: Neues in der Forschung zur spätmittelalterlichen und frühneuzeitlichen
Armut?, in: Gilomen/Guex/Studer (Hg.): Barmherzigkeit (wie Anm. 10), S. 21–43, hier
S. 25f.
20 Robert von Friedeburg: Lebenswelt und Kultur der unterständischen Schichten in der frühen
Neuzeit (Enzyklopädie deutscher Geschichte 62). München 2002.
21 Vgl. beispielsweise Wolfgang von Hippel: Armut, Unterschichten, Randgruppen in der frühen
Neuzeit (Enzyklopädie deutscher Geschichte 34). München 1995; Frank Rexroth: Das Milieu
der Nacht. Obrigkeit und Randgrupppen im spätmittelalterlichen London (Veröffentlichungen
des Max-Planck-Instituts für Geschichte 153). Göttingen 1999.

ARMENFÜRSORGE IN (RECHTS-)THEORIE UND RECHTSORDNUNGEN DER FRÜHEN NEUZEIT

ALEXANDER WAGNER

Dass die Frage nach Art und Weise der Versorgung von Armen Gegenstand rechtlicher Regelungen und theoretischer Betrachtungen war und noch immer ist, kann angesichts der fortwährenden Existenz von Armut in der Entwicklung menschlicher Gesellschaften nicht verwundern. Ebenso wie am Beispiel der Einführung des Sozialgesetzbuches 1975 erkennbar, bei welcher sich die rechtswissenschaftliche Aufarbeitung dieser Art der Sicherung der menschlichen Existenz sehr rasch anschloss und einen eigenständigen Gegenstand der Rechtswissenschaft entstehen ließ, sind bereits in der Frühen Neuzeit für den Gegenstand des Armen- und Bettlerrechts Wechselwirkungen zwischen Normgebung und theoretischer Durchdringung zu erkennen. Unterschiede und Gemeinsamkeiten des kirchlichen Ansatzes einer Organisation der Fürsorge, des Fürsorgekonzeptes des Humanismus und der Theorie einer staatlichen Fürsorge in der Rechtswissenschaft des 17. Jahrhunderts treten hervor. Rechtsnormen und Theorie, insbesondere die Rechtstheorie, lassen sich als gegenseitig beeinflussend darstellen. Armut als soziale und sozialpolitische, aber auch ethische Problemstellung[1] erfuhr schon in der Antike im Codex Justinians und im frühen Mittelalter in den Kapitularien Karls des Großen normative Ausgestaltung.[2] Im Reichsgebiet begann die Entwicklung städtischer Bettel- und Armenordnungen mit der Nürnberger Ordnung von 1370,[3] der sich zahlreiche Ordnungen im Verlaufe des 15. Jahrhunderts anschlossen.

---

1 So Karl Otto Scherner: Das Recht der Armen und Bettler im Ancien régime, in: Zeitschrift der Savigny-Stiftung für Rechtsgeschichte. Germanische Abteilung 96 (1979), S. 55–99, hier S. 56.

2 Vgl. zu den Kapitularien Karls des Großen Karl Otto Scherner: „Ut propriam familiam nutriat". Zur Frage der sozialen Sicherung in der karolingischen Grundherrschaft, in: Zeitschrift der Savigny-Stiftung für Rechtsgeschichte. Germanische Abteilung 111 (1994), S. 330–362.

3 Franz Ehrle: Die Armenordnungen von Nürnberg (1522) und Ypern (1525), in: Historisches Jahrbuch der Görres-Gesellschaft 9 (1888), S. 450–479; Ulrich Knefelkamp: Sozialdisziplinierung oder Armenfürsorge? Untersuchung normativer Quellen in Bamberg und Nürnberg vom 14. bis zum 17. Jahrhundert, in: Helmut Bräuer/Elke Schlenkrich (Hg.): Die Stadt als Kommunikationsraum. Beiträge zur Stadtgeschichte vom Mittelalter bis ins 20. Jahrhundert. Festschrift für Karl Czok zum 75. Geburtstag. Leipzig 2001, S. 515–533; Willi Rüger: Mittelalterliches Almosenwesen. Die Almosenordnungen der Reichsstadt Nürnberg (Nürnberger Beiträge zu den Wirtschafts- und Sozialwissenschaften 31). Nürnberg 1932; Christoph Sachße/Florian Tennstedt: Geschichte der Armenfürsorge in Deutschland, Bd. 1: Vom Spätmittelalter bis zum Ersten Weltkrieg. Stuttgart u. a. 1980, hier S. 33; Otto Winckelmann: Die Armenordnungen von Nürnberg (1522), Kitzingen (1523), Regensburg (1523) und Ypern (1525), in: Archiv für

Kernpunkte dieser Ordnungen waren die Regulierung und Einschränkung des Bettels, die Kontrolle der Bettler, die Kennzeichnung Almosenberechtigter und die Einrichtung einer zuständigen Verwaltungsorganisation. Die durch diese Normen angestoßene Verrechtlichung der bisher der privaten und kirchlichen Mildtätigkeit obliegenden Armenfürsorge führte an der Schwelle zum 16. Jahrhundert zu einer auffallenden „Wandlung der Anschauungen" in der „Theorie der Fürsorge".[4] Praktiker wie Geiler von Kaysersberg, der an der Pariser theologischen Fakultät lehrende Occamist Mayor, Luther in seiner Schrift „An den christlichen Adel deutscher Nation" und Humanisten wie Vives beschäftigten sich mit der Frage, wie der Aufbau einer funktionierenden Armenfürsorge zu gestalten sei.[5] Dass diese Entwicklung nicht ohne Auswirkungen auf die Normebene blieb, zeigt schon der Blick auf die einschlägige Reichsgesetzgebung. Diese hatte ihren Anfangspunkt im Wormser Reichstag von 1495, der fortgesetzt wurde mit den Reichsabschieden 1497 und 1500. Diese bildeten die Vorstufen zur Regelung des Bettler- und Armenrechts durch die Reichspolizeiordnung von 1530, die ihrerseits den Anlass und die Legitimation für erste territoriale Normen darstellte.

Festzustellen ist, dass die wissenschaftliche Auseinandersetzung mit den Rechtsordnungen gerade auch der katholischen Territorien unvollständig ist oder noch aussteht.[6] Die immer wiederkehrende Ansicht, dass viele katholische Territorien die Armenfürsorge auch weiterhin der Kirche überließen,[7] erscheint überarbeitungsbedürftig schon angesichts der Trierer Almosenordnung von 1533, welche eine der ersten territorialen Ordnungen im Anschluss an die 1530 verabschiedete Reichspolizeiordnung war. Teilweise erforscht sind das Herzog-/Kurfürstentum Bayern,[8]

Reformationsgeschichte. Texte und Untersuchungen 10 (1912/13), dort S. 242–280 und 11 (1914), dort S. 1–18.

4   Hans Scherpner: Theorie der Fürsorge. Göttingen 1962, hier S. 48ff.; Scherner: Recht der Armen, (wie Anm. 1), S. 56.

5   Scherner: Recht der Armen (wie Anm. 1), S. 60ff.

6   Konrad Dussel: Katholisches Ethos statt Sozialdisziplinierung Die Armenpolitik des Hochstifts Speyer im 18. Jahrhundert, in: Zeitschrift für die Geschichte des Oberrheins 143 (1995), S. 221–244, hier S. 222; sowie Scherner: Recht der Armen (wie Anm. 1), S. 70, der in Fn. 50 auf die bisher vernachlässigte rechtshistorische Aufarbeitung der Armengesetzgebung hinweist. Zu den in der Zwischenzeit veröffentlichten Arbeiten vgl. Anm. 8.

7   J. Friedrich Battenberg: Obrigkeitliche Sozialpolitik und Gesetzgebung. Einige Gedanken zu mittelrheinischen Bettel- und Almosenordnungen des 16. Jahrhunderts, in: Zeitschrift für Historische Forschung 18 (1991), S. 33–70, hier S. 50; Scherner: Recht der Armen (wie Anm. 1), S. 70ff., insbesondere S. 75; Susanne Schlösser: Die kurpfälzische Armenordnung von 1574 im Spiegel des Armenwesens der Oberamtsstadt Alzey, in: Pfälzer Heimat 38 (1987), S. 108–111, hier S. 108.

8   Elisabeth Schepers: Als der Bettel in Bayern abgeschafft werden sollte. Staatliche Armenfürsorge in Bayern im 16. und 17. Jahrhundert (Studien zur Geschichte des Spitals-, Wohlfahrts- und Gesundheitswesens; Schriftenreihe des Archivs des St. Katharinenspitals Regensburg 3). Regensburg 2000. Als Ergebnis zu hinterfragen ist allerdings der von Schepers sogenannte Anspruch des einheimischen Bedürftigen gegenüber seiner Gemeinde, so etwa auf S. 22 und 39. Der Wortlaut der Verordnung auf S. 266 gibt dies jedoch nicht her. Weitere Arbeiten zu Bayern: Elisabeth Hauser: Die Geschichte der Fürsorgegesetzgebung. München 1986; Ange-

das Hochstift Speyer[9] und das geistliche Kurfürstentum Mainz.[10] Demgegenüber fehlt bisher der Blick auf die geistlichen Kurfürstentümer Trier und Köln. Gerade die Aufarbeitung der Normen der geistlichen Kurfürstentümer lässt jedoch interessante Ergebnisse erwarten, schon insofern, als die geistlichen Kurfürsten aufgrund ihrer Sonderstellung eine dem protestantischen Landesherrn vergleichbare Position als weltlicher Landesherr und geistliches Oberhaupt einnahmen. Andererseits stellt sich bei den Maßnahmen der geistlichen Kurfürsten die Frage, wie sich das im Vergleich zum Protestantismus anders geartete konfessionelle Verständnis des Almosens auf die Regelung des Bettelwesens, die Einführung einer Almosensteuer oder auf den Umgang mit den Mendikantenorden auswirkte. Ein weiterer bisher nur wenig beachteter Gegenstand der Rechtsgeschichte ist nach einem Befund Karl Otto Scherners die Aufarbeitung der einschlägigen juristischen Dissertationen der Frühen Neuzeit, speziell des 17. Jahrhunderts.[11] In einer von Scherner betreuten, jüngst erschienenen Doktorarbeit untersucht Sabine Begon die juristischen Dissertationen dieser Zeit zum Rechtsgebiet des Hospitalwesens.[12] Die ebenfalls von Scherner angeregte Untersuchung der Dissertationen zum Themengebiet der Armenfürsorge ist bislang über seinen Beitrag hinaus nicht erfolgt. Angesichts der zu vermutenden Auswirkungen dieser theoretischen Durchdringung der Materie im 17. Jahrhundert auf die Normgebung im 18. Jahrhundert bleibt das von Scherner konstatierte Desiderat weiter bestehen.[13]

Dieser Aufsatz möchte einige bereits getroffene Erkenntnisse aufgreifen und in Verbindung mit der Betrachtung ausgewählter Verordnungen der geistlichen Kurfürstentümer den Blick auf Entwicklungspunkte und -linien in der wechselseitigen Durchdringung von Norm und Theorie lenken. Dabei sollen die Grundlagen der Normgebungskompetenz und der (Selbst)Legitimation ebenso wie die Auseinandersetzungen zwischen den konkurrierenden Zuständigkeiten und Aspekten der Organisation und Finanzierung der Armenfürsorge betrachtet werden. Insbesondere stehen das Spannungsfeld zwischen der Freiwilligkeit des Almosens und der Armensteuer sowie die Schwierigkeit eines auf das Verbot jeglichen Bettelns abzielenden obrigkeitlichen Handelns mit dem (noch) nicht gesteuerten privaten Almosenspenden im Blickpunkt. Näher beleuchtet werden sollen weiterhin die im 17. Jahrhundert entwickelten rechtstheoretischen Grundlagen zum Armenrecht. Die zeitgenössische Rechtswissenschaft ist über die Rezeption und Kommentierung des

---

lika Baumann: Armuth ist hier wahrhaft zu Haus. Vorindustrieller Pauperismus und Einrichtungen der Armenpflege in Bayern um 1800. München 1984.

9   Dussel: Katholisches Ethos (wie Anm. 6), insbesondere S. 227ff.

10 Friedrich Rösch: Die Mainzer Armenreform vom Jahre 1786. Berlin 1929.

11 Karl Otto Scherner: Arme und Bettler in der Rechtstheorie des 17. Jahrhunderts. Der ‚Tractatus de mendicantibus validis' des Ahasver Fritsch, in: Zeitschrift für neuere Rechtsgeschichte 10 (1988), S. 129–151.

12 Sabine Begon: De Iure Hospitalium. Das Recht des deutschen Spitals im 17. Jahrhundert. Unter Berücksichtigung der Abhandlungen von Ahasver Fritsch und Wolfgang Lauterbach. Marburg 2002.

13 Karl Otto Scherner: Sozialrechtsgeschichte der Neuzeit. Stand der Forschung und offene Fragen, in: Zeitschrift für neuere Rechtsgeschichte 18 (1996), S. 102–148, hier S. 147.

römischen Zivilrechts hinaus zu einer „Rechtstheorie der Armen und Bettler" vor-
gedrungen. Diese umfasst unter anderem die Grundlagen und die Herleitung der
Kompetenz einer staatlichen Armenfürsorge.[14] Die Rechtstheorie beschäftigt sich
auch mit der Frage nach der Finanzierung durch die Erhebung von Almosensteuern
und mit Vorschlägen zur praktischen Regelung des Armenwesens durch Vorgabe
von Definitionen und Kriterien zur differenzierten Behandlung von Bettlern, Armen
und Bedürftigen. Um den damaligen Stand nachvollziehen zu können, richtet sich
der Blick auf das bereits in einem ersten Zugriff von Scherner[15] untersuchte Werk
des Ahasver Fritsch mit dem Titel „Tractatus de mendicantibus validis".[16]

Theorie und Norm im Spätmittelalter
Kirchliche Lehre des Almosens

Um die Entwicklung und Änderung der Armenfürsorge und ihrer Normierung besser beurteilen zu können, ist es zunächst angebracht, einen Blick auf die geistesge-
schichtliche Herkunft der Grundsätze der Armenpflege zu werfen. Die mittelalterliche Interpretation der Pflicht zur christlichen Nächstenliebe fand hinsichtlich der
Armenpflege ihre Erscheinungsformen vornehmlich in der Spitalfürsorge und der
Austeilung von Almosen. Da die ersten Normen zumindest an die Empfängerseite
des Almosens anknüpfen, ist nach dem Verständnis des Almosens im Mittelalter zu
fragen.[17] Verankert ist das Almosen im Bußsakrament als eine der drei Möglichkeiten der „satisfactio". Diese Genugtuung für begangene Sünden tritt nach der
christlichen Lehre an die Stelle der zeitlichen Sündenstrafen. Die unbedingte religiös-ethische Pflicht zum Almosengeben ist jedoch unabhängig von der Verknüpfung mit dem Bußsakrament.[18] Das Almosen ist aus diesen Beweggründen heraus
während des gesamten Mittelalters eine Massenerscheinung, es wurde sowohl von
Klöstern und Herrschern, aber auch zunehmend von reichen Bürgern verteilt.[19] Die
anerkannten theologischen Voraussetzungen der Verdienstlichkeit wurden in den
verschiedenen Systemen der Scholastiker entwickelt. Dass sich dort Unterschiede
feststellen lassen zu den volkstümlichen, vereinfachten Verkündigungen von den

---

14 Ebenda, S. 123.
15 Scherner: Arme und Bettler (wie Anm. 11), S. 129ff.
16 Ahasver Fritsch: Tractatus theologico-nomico-politicus de mendicantibus validis, in quo officio
    magistratuum circa pauperes, eorum cura & sustentatione; eleemosynarum distributione, exu-
    lantibus Lutheranis, vagantibus Scholaribus eorumque studiis stipendiis, otio & mendicitate
    licita illicita, Ordinibus mendicantium Religiosorum, Zigensis, erronibus, aliisqque imposto-
    ribus, variis fraudibus ac technicis, Item de modis coercendi, censuri publica, operis publicis,
    Ergasteria, & de poenis falsarorum ac stellionum & c. disseritur. Jena 1659.
17 Dass diese Vorstellungen Auswirkungen auf die Spendenbereitschaft des Einzelnen hatten,
    lässt sich kaum von der Hand weisen, so auch Ingomar Bog: Über Arme und Armenfürsorge in
    Oberdeutschland und in der Eidgenossenschaft im 15. und 16. Jahrhundert, in: Alfred Wende-
    horst (Red.): Festschrift für Gerhard Pfeiffer (Jahrbuch für fränkische Landesforschung 34/35).
    Neustadt (Aisch) 1975, S. 983–1001, hier S. 986.
18 Scherpner: Theorie der Fürsorge (wie Anm. 4), S. 26.
19 Bronislaw Geremek: Geschichte der Armut. Elend und Barmherzigkeit in Europa. München
    1991, hier S. 47.

Kanzelpredigern, mindert nicht die Bedeutung der kirchlichen Lehren.[20] In ihnen finden sich Unterscheidungen hinsichtlich des Nutzens des Almosens, welche an eine Differenzierung zwischen den einzelnen Empfängern anknüpfen.[21] Bedeutsam ist die Rolle der Kirche als Institution bei der Gewährung von Almosen, bei der sie als Vermittler zwischen Arm und Reich auftritt.[22] Hierin ist die Kompetenz der Kirche auf dem Gebiet der Armenfürsorge zu verorten. Nach der Deutung Brian Tierneys, der zutreffend das kanonische Recht als ein Rechtsgebiet wie jedes andere ansieht und damit den Rechtscharakter der Almosenlehre verstärkt in den Vordergrund stellt, handelt es sich bei der Almosenpflicht um eine mit Zwang durch das Verfahren der „denuntiatio evangelica" durchsetzbare Rechtspflicht.[23]

Den ausgeprägtesten Ausdruck erhalten die mittelalterlichen kirchlichen Vorstellungen über die Armen als Stand und die Funktion und Voraussetzungen des Almosens bei Thomas von Aquin in seiner „Summa theologica".[24] Bezugsraum der Soziallehren des Aquinaten ist die agrarisch-gewerbliche Stadt des Mittelalters, die ihn als seinen eigenen Lebensraum prägte.[25] Dem „superfluum", also das über das zum standesgemäßen Lebensunterhalt erforderliche hinausgehende Gut des Spenders, aus welchem das Almosen zu spenden ist, steht auf Seiten des Empfängers die „extrema necessitas", die wirkliche Not, gegenüber. Die Gabe selbst muss aus „Mitleiden um Gottes Willen" heraus erfolgen, um verdienstlich zu sein.[26] In der Soziallehre des Thomas von Aquin findet sich die Betonung der Arbeitspflicht der Armen und die scharfe Ablehnung des Bettels aus Faulheit.[27] Zwar ist echte Not Voraussetzung des Almosens, eine Pflicht des Helfenden, die Bedürftigkeit zu überprüfen, lässt sich jedoch nicht ausdrücklich feststellen.[28] Erfolgt die Almosengabe unter den aufgestellten Voraussetzungen, so erfolgt sie „de praecepto", also nach Vorschrift. Demgegenüber ist die Gabe vom Gut, welches zum eigenen Lebensunterhalt notwendig ist, freiwillig und über das Vorgeschriebene hinausgehend.

20 Scherpner: Theorie der Fürsorge (wie Anm. 4), S. 25f.
21 Geremek: Geschichte der Armut (wie Anm. 19), S. 35.
22 Ebenda, S. 51; Scherpner: Theorie der Fürsorge (wie Anm. 4), S. 25.
23 So Scherner: Recht der Armen (wie Anm. 1), S. 58 mit Verweis auf Brian Tierney: Medieval Poor Law. A Sketch of Canonical Theory and its Application in England. Berkeley/Los Angeles 1959, S. 34ff. bzgl. der fehlenden Berechtigung zur Ausübung des Eigentums für das superfluum, bzgl. der nach Ansicht Joannes Teutonicus, Huguccio, Alanus bestehenden „denuntiatio evangelica" siehe S. 126ff. Zur „denuntiatio evangelica" vgl. Carl Gerold Fürst: Denuntiatio evangelica, in: Adalbert Erler/Ekkehard Kaufmann (Hg.): Handwörterbuch zur deutschen Rechtsgeschichte. 5 Bde. Berlin 1978–1998, hier Bd. 1, S. 679f.: Förmliches kirchenrechtliches Verfahren, welches mit einer Strafe als Buße zur Besserung des Schuldigen und zur Wiedergutmachung beendet werden konnte.
24 Vgl. Scherpner: Theorie der Fürsorge (wie Anm. 4), S. 23ff., S. 26 Fn. 2.
25 Ebenda, S. 39 Fn. 41; so auch Scherner: Recht der Armen (wie Anm. 1), S. 57.
26 Scherpner: Theorie der Fürsorge (wie Anm. 4), S. 26f.
27 Ebenda, S. 29ff, S. 35.
28 Ebenda, S. 36; gleicher Ansicht wie Thomas von Aquin ist Gratian vgl. Tierney: Medieval Poor Law (wie Anm. 23), S. 55.

Beginn der städtischen Normgebung im Spätmittelalter

Seit der Nürnberger Bettelordnung von 1370 ändert sich die den städtisch-obrig-keitlichen Normen zugrundeliegende Wahrnehmung von Armut. Die herkömm-liche kirchlich-theologische Vorstellung der Notwendigkeit der Armut als Stand zur Bewährung christlicher Nächstenliebe und das Almosengeben als religiös-ethische Pflicht und Mittel zur Buße wurde offenbar nicht mehr als ausreichend angese-hen, die Probleme des sozialen Zusammenlebens zu lösen.[29] Sichtbares Zeichen des Wandels ist die stetige Zunahme von Bettelordnungen in vielen Städten des Reiches, in denen die fremden Bettler von der städtischen Almosenverteilung aus-genommen wurden.[30]

Die rechtshistorisch bemerkenswerten Änderungen werden offenbar, wenn man den Kompetenzbereich der Fürsorge bedenkt, welcher innerhalb des städtischen Kooperationsrechtes der Zünfte und des Rechtes der Bruderschaften und Stiftungen des profanen und vor allem des kirchenrechtlich-moraltheologischen Bereiches lag.[31] Hier greifen die städtischen Normen ein und beginnen Regelungen zu treffen bzgl. der Feststellung der Voraussetzungen der Bettelberechtigung, der Festlegung zeitlicher und örtlicher Beschränkungen und der Einrichtung von diesbezüglichen Kontrollorganen. Auffallend ist die Übertragung einer Pflicht zur Überprüfung der Bedürftigkeit auf einen für die Stadt Handelnden, wobei dies den Anfangspunkt bil-det für ein allmähliches personelles Anwachsen der zuständigen Almosenämter.[32] Ein weiterer Eingriff in kirchliche Zuständigkeitsbereiche stellt die Übernahme der Oberaufsicht über Hospitäler und Stiftungen dar.[33] Naheliegende Motivation ist die Sicherung eines Teilnahmerechts bei der Verwaltung der durch Mittel der Bürgerschaft geschaffenen Kirchengüter, mit dem Ergebnis einer Einschränkung

---

29 Battenberg: Obrigkeitliche Sozialpolitik (wie Anm. 7), S. 36f.; Knefelkamp: Sozialdiszipli-nierung oder Armenfürsorge (wie Anm. 3), S. 518; Scherner: Recht der Armen (wie Anm. 1), S. 58f.; zur geänderten Auffassung hinsichtlich der Klassifizierung von Armen und deren Aus-wirkung auf die Gestalt des Almosens gerade in Almosenstiftungen: Ernst Schubert: Gestalt und Gestaltswandel des Almosens im Mittelalter, in: Gerhard Rechter/Jürgen Schneider (Hg.): Festschrift für Alfred Wendehorst zum 65. Geburtstag gewidmet von seinen Kollegen, Freun-den, Schülern (Jahrbuch für fränkische Landesforschung 52). Neustadt (Aisch) 1992, S. 241–262, hier S. 260.

30 Ernst Schubert: Der „starke Bettler". Das erste Opfer sozialer Typisierung um 1500, in: Zeit-schrift für Geschichtswissenschaft 48 (2000), S. 869–893, hier S. 888.

31 So auch Lion Feuchtwanger: Geschichte der sozialen Politik und des Armenwesens im Zeit-alter der Reformation (1. Teil), in: Schmollers Jahrbuch für Gesetzgebung, Verwaltung und Volkswirtschaft im Deutschen Reich 32 (1909), S. 167–204, hier S. 170f.; Scherner: Recht der Armen (wie Anm. 1), S. 62f.

32 So u. a. Sachße/Tennstedt: Geschichte der Armenfürsorge (wie Anm. 3), S. 33; Schubert: Gestalt und Gestaltswandel des Almosens im Mittelalter (wie Anm. 29), S. 261; genauer zur Nürnberger Ordnung Knefelkamp: Sozialdisziplinierung oder Armenfürsorge (wie Anm. 3), S. 522.

33 Begon: De Iure Hospitalium (wie Anm. 12), S. 24ff.; Scherpner: Theorie der Fürsorge (wie Anm. 4), S. 45.

kirchlicher Befugnisse.[34] Getragen werden diese Normen vom kaufmännisch-ökonomischen und rationalen Denken der städtischen Administration.[35] Damit erfährt die Frage nach dem Umgang mit der Armut und dem Bettel, welche bisher eher ein sozialpolitisches und kirchenrechtliches Problem darstellte, eine normative Ausformung. Durch diese Schritte bestätigt sich die städtische Obrigkeit als Gesetzgeber, bzw. sie entsteht erst durch diese Aufgabe.[36] Der Griff der weltlichen Obrigkeiten nach der Kompetenz für einen bisher ihrer Regelungssphäre entzogenen Sachverhalt, welcher theologisch-kanonischer Beurteilung unterlegen hatte, ist getan.[37]

Positionen der kirchlichen und weltlichen Rechtswissenschaft im Mittelalter

Das Rechtsproblem der Bettler- und Armutsfrage war indes schon im Bewusstsein der Kanonisten wie z. B. bei Bernardus Parmensis, Hostiensis, Huguccio, Johannes Teutonicus, Panormitanus und Raymundus de Pennaforte vorhanden. Deren Ausführungen werden von Brian Tierney als „Medieval poor Law" charakterisiert.[38] Auf dem Boden der Scholastik stand die Sanktionierung der gesunden, arbeitsfähigen Bettler mit Strafe aufgrund des bürgerlich-weltlichen Gesetzes (jura civilia) in C 11, 25, worauf sich schon Thomas von Aquin in seiner „Summa theologica" bezog: „Lex autem civilis imponit poenam validis mendicantibus".[39] Die Heranziehung des römischen Rechts lässt sich auch bei Johannes Teutonicus „Glossa Ordinaria" der Dekrete feststellen.[40] Die Möglichkeit der Regelungskompetenz des weltlichen Normgebers ist für das Vorgehen gegen starke Bettler demnach den Kanonisten des Mittelalters bekannt.

Mit diesem Gegenstand beschäftigte sich ebenfalls bereits im 13. und 14. Jahrhundert der weltliche Teil der Rechtswissenschaft, die Legistik. Geprägt ist die legistische Jurisprudenz der Kommentatorenzeit (auch als Postglossatorenzeit bezeichnet) von der Mitte des 13. Jahrhunderts bis hin zum Beginn des 16. Jahrhunderts bei der wissenschaftlichen Bearbeitung des „corpus iuris civilis" von der Hinwendung zur Praxis.[41] Die Heranziehung des römischen Zivilrechts, insbesondere der Stellen C 11, 25 (Bestrafung starker Bettler) oder Nov 80, 5 (Zwang zu öffentlichen Arbei-

---

34 Begon: De Iure Hospitalium (wie Anm. 12), S. 27; Siegfried Reicke: Das deutsche Spital und sein Recht im Mittelalter, Bd. 1: Das deutsche Spital. Geschichte und Gestalt (Kirchenrechtliche Abhandlungen 111; ND der Ausgabe Stuttgart 1932). Amsterdam 1970, hier S. 196ff.; Scherner: Arme und Bettler (wie Anm. 11), S. 140.

35 Scherner: Recht der Armen (wie Anm. 1), S. 59.

36 Battenberg: Obrigkeitliche Sozialpolitik (wie Anm. 7), S. 38; Scherner: Recht der Armen (wie Anm. 1), S. 63.

37 Scherner: Recht der Armen (wie Anm. 1), S. 63.

38 Tierney: Medieval Poor Law (wie Anm. 23), S. 2ff.

39 Nachweis bei Scherpner: Theorie der Fürsorge (wie Anm. 4), S. 33: Summa Theo. II 2 q. 187 a. 5 ad 3; Scherner: Recht der Armen (wie Anm. 1), S. 66.

40 Tierney: Medieval Poor Law (wie Anm. 23), S. 58f.; weitergehend zu den Dekretisten und deren Ausführungen zum bedürftigen Armen: Ders.: The Decretists and the „Deserving Poor", in: Comparative Studies in Society and History (1958). Bd. 1, S. 360–373.

41 Vgl. Norbert Horn: Die Legistische Literatur der Kommentatoren und der Ausbreitung des Gelehrten Rechts, in: Helmut Coing (Hg.): Handbuch der Quellen und Literatur der neueren

ten) ist den Kommentatoren wie auch schon den Glossatoren vertraut. Die Ausführungen stehen nicht alleine auf dieser Grundlage, sondern sind darüber hinaus in den damaligen Rechts- und Moralvorstellungen verwurzelt. Erkennbar wird dies an den Ausführungen von Azo, der die fehlende Erlaubnis zum Betteln für Arbeitsfähige daran festmacht, dass diese den wirklich Bedürftigen die für diese bestimmten Gaben wegnähmen. Dies wird mit dem Beispiel des einen verkrümmten Galeerensklaven vortäuschenden Bettlers erläutert.[42] Bartolus stützt seine Ausführungen[43] zu C 11, 25 und die Frage nach dem Grund des Bettelverbots für starke und zu Unrecht almosenheischende Bettler zum einen auf eine diesbezügliche Verfehlung der Absicht des Almosengebers, zum anderen weist er auf die theologische Richtigkeit seiner Ausführungen hin. Ausgenommen vom Bettelverbot sollen die „verschämten Armen", die Sammlungen zugunsten von Hospitälern sowie die Bettelorden sein.[44] Diese Eingrenzung des Anwendungsbereichs berücksichtigt die bereits den Kirchenvätern[45] und der mittelalterlichen Kanonistik[46] bekannten Kategorien.

Stellten die Ausführungen der Legisten schon einen Griff nach der bisherigen Domäne der Kirche dar, so ist in der Belegung des Bettels mit strafrechtlichen Sanktionen eine weitere Verfestigung zu erkennen. Der Bettel wird zum einen unter dem Gesichtspunkt des Betruges erfasst, den ein Bettler durch Vortäuschung eines zum Bettel berechtigenden Tatbestandes begeht, zum anderen soll bei Zuwiderhandlungen der „rector civitatis" eine „poena extraordinaria" verhängen können.[47] Trotz der Zuordnung der Frage des Bettelverbots durch die Kanonisten zur Materie des Kirchenrechts lässt sich der selbstbewusste Umgang der Legistik mit diesem Rechtsproblem schon aus diesen wenigen Beispielen erkennen.[48] Die Entstehung und Entwicklung der städtischen Rechtsordnungen fanden ihre Entsprechung in der weltlichen Rechtswissenschaft. Die Unterscheidung von Bettlern und die Bezeichnung gewisser Bettler als „starke Bettler" durch Legistik und städtische Normen verstärkte sich im weiteren Verlauf des 15. Jahrhunderts zu einer Typisierung, deren Gegenstück der sogenannte „Hausarme" wurde.[49]

europäischen) Privatrechtsgeschichte. Bd. 1: Mittelalter (1100–1500). München 1973, S. 261–267, bzgl. Traktat S. 342–347, hier S. 261f.

42 Nachweis des Werks Azos bei Scherner: Arme und Bettler (wie Anm. 11), S. 131 Fn. 15: Summa perutilis excellentissimi iuris monache domini Azoni ...., Lugduni 1525, zu C 11, 25 fol. 333, R 334.

43 Nachweis der Fundstelle bei Scherner: Arme und Bettler (wie Anm. 11), S. 131 Fn. 17: Bartoli interpretum iuris civilis coriphaei in duodecim libris codicis commentaria. Basiliae 1562, zu C 11, 25, p 912 s.

44 Vgl. Scherner: Arme und Bettler (wie Anm. 11), S. 131; dort bzgl. der theologischen Richtigkeit der Ausführungen von Bartolus das Zitat: cum dare eleemosynam iniuste petendi non sit deo acceptum.

45 Georg Ratzinger: Geschichte der kirchlichen Armenpflege. 2., umgearbeitete Aufl., Freiburg i. Br. 1884, hier S. 156, S. 165 mit Hinweis auf Basilius, Hieronymus Ambrosius und Augustin.

46 Tierney: Medieval Poor Law (wie Anm. 23), S. 55ff.

47 Nachweis der Fundstelle nach Scherner: Arme und Bettler (wie Anm. 11), S. 131 Fn. 21: Bartolus (wie Anm. 43), n 1–3 und Fn. a.

48 Scherner: Arme und Bettler (wie Anm. 11), S. 132.

49 Vgl. Schubert: Der „starke Bettler" (wie Anm. 30), S. 885.

Ursachen des Entstehens der Armen- und Bettelordnungen im Spätmittelalter und in der Frühen Neuzeit

Die Beantwortung der Frage nach den Ursachen und dem Anlass zu dieser Entwicklung wird unterschiedlich gegeben. In der älteren, stark konfessionell geprägten Forschung des 19. Jahrhunderts wird der Grund im religiös-erzieherisch motivierten Anstoß der Reformatoren gesehen.[50] Gegen eine solche Verortung spricht jedoch schon die länger andauernde Entwicklung und die Tatsache, dass sich Regelungselemente auch in altkirchlichen bzw. vorreformatorischen Ordnungen finden lassen. Demgegenüber werden zum einen als Ursache konjunkturelle Gründe und die Verschiebung der Bevölkerungsstruktur[51] oder die Auswirkungen der ökonomischen Umbruchssituation des ausgehenden Spätmittelalters bzw. der beginnenden Neuzeit angeführt.[52] Zum anderen wird gerade die Änderung der Wahrnehmung der Armut und des Bettlers als solche hervorgehoben, die auf einer neuen Ordnungsvorstellung beruhend zunächst im Anspruch der städtischen Obrigkeiten auf die Allzuständigkeit zur Bekämpfung von Missständen bei der Ordnung des Allgemeinwesens zum Ausdruck kommt.[53] Als Ausdruck dieses gewandelten Blicks auf die Armut kann die Figur des als anstößig empfundenen betrügerischen Bettlers in gesellschaftskritischen Schriften wie dem liber vagatorum, dem Narrenschiff oder vergleichbaren anderen Schriften gesehen werden.[54] Inwiefern die Erklärungsansätze zu gewichten

---

50 So etwa Gerhard Uhlhorn: Die christliche Liebestätigkeit in der alten Kirche. 3 Bde. (ND der Ausgabe Stuttgart 1882–1890). Darmstadt 1959, hier S. 520ff.; dieser Ansatz ist bereits durch Ratzinger: Kirchliche Armenpflege (wie Anm. 45), S. 451–486 widerlegt worden, zuletzt u. a. durch Robert Jütte: Arme, Bettler, Beutelschneider. Eine Sozialgeschichte der Armut in der Frühen Neuzeit. Weimar 2000, dort S. 134ff.

51 Thomas Fischer: Städtische Armut und Armenfürsorge im 15. und 16. Jahrhundert. Sozialgeschichtliche Untersuchungen am Beispiel der Städte Basel, Freiburg i. Br. und Straßburg (Göttinger Beiträge zur Wirtschafts- und Sozialgeschichte 4). Göttingen 1979, hier S. 155 bzgl. des Anschauungswandels. Vgl. S. 166ff. bezüglich der strukturellen Ursachen, wobei Fischer auch das kumulative Zusammenwirken mit anderen Ursachen betont.

52 So Scherner: Recht der Armen (wie Anm. 1), S. 58f.; Scherpner: Theorie der Fürsorge (wie Anm. 4), S. 45ff., wobei darüber hinaus auch der Wille und das Bedürfnis der kaufmännisch-ökonomisch und rational denkenden Bürgerschaft nach Regelung des sozialen Problems in den Blick gerückt wird.

53 Battenberg: Obrigkeitliche Sozialpolitik (wie Anm. 7), S. 37f.; ein Indiz, dass es sich nicht zwingend um eine Änderung der wirtschaftlichen Situation gehandelt haben muss, ist auch die Untersuchung zu Nürnberg bei Bog: Arme und Armenfürsorge (wie Anm. 17), S. 993; bzgl. der Änderung der Wahrnehmung der Armut vgl. Geremek: Geschichte der Armut (wie Anm. 19), S. 212ff.; Sachße/Tennstedt: Geschichte der Armenfürsorge (wie Anm. 3), S. 34, S. 36f.; Schepers: Bettel in Bayern (wie Anm. 8), S. 56.

54 Sachße/Tennstedt: Geschichte der Armenfürsorge (wie Anm. 3), S. 36, mit Auszügen aus dem Narrenschiff und dem liber vagatorum S. 49ff.; Scherner: Recht der Armen (wie Anm. 1), S. 59 mit Verweis auf Scherpner: Theorie der Fürsorge (wie Anm. 4), S. 48ff.; zu möglichen Auswirkungen der Äußerungen Brants gegen die Bettelmönche im liber vagatorum vgl. Schubert: Der „starke Bettler" (wie Anm. 30), S. 882, sowie zu weiteren Beispielen ähnlicher Schriften S. 871, S. 881. Bedenkt man die Regelung im Reichsabschied 1497 zur Eingrenzung der Betätigung der Bettelmönche ist jedenfalls eine Änderung des Bildes der freiwilligen geistlichen Bettelarmut feststellbar.

sind, ob also die wirtschaftlichen Veränderungen stärker betont werden oder der Wahrnehmungswandel herausgestellt wird, kann und soll an dieser Stelle nicht weiter vertieft werden. Angesichts der Existenz der Armut begründenden Faktoren wie Wirtschaftskrisen und Hungersnöte infolge der Abhängigkeit von Klima und Witterung auch im Mittelalter, spricht vieles für eine stärkere Gewichtung der Änderung der Wahrnehmung.[55] Für die weiteren Ausführungen relevant ist eine in der Entwicklung festzustellende Änderung der Wahrnehmung des Umgangs mit Bettelei und Armut.

Entwicklungen im 16. Jahrhundert

Verstärkt wird der Eindruck eines Wandels der Wahrnehmung durch die Zunahme der städtischen, aber gerade auch der reichsrechtlichen und territorialen Normgebung auf dem Gebiet der Armenfürsorge am Anfang des 16. Jahrhunderts. Beeinflusst werden die an die bisherigen Bestimmungen anknüpfenden Ordnungen durch humanistische[56] und reformatorische Ideen[57]. Nicht auszuschließen sind Wechselwirkungen in der Entwicklung dieser Normen, sei es aus dem Bedürfnis nach Abgrenzung zur anderen Konfession heraus, sei es durch Übernahme oder Angleichung an als wirksam erkannte Regelungen. Als gemeinsame Elemente der Ordnungen lassen sich die Zentralisation der Fürsorge unter der Aufsicht weltlicher städtischer Verwaltung und der damit verbundene möglichst lückenlose Regelungsanspruch der Obrigkeit erkennen, der in den bereits aus früheren Vorschriften bekannten Definitionen von Armut, der Überprüfung der Armen und der Einteilung in von obrigkeitlicher Seite anerkannter unterstützungswürdiger bedürftiger Armut zum Ausdruck kam. Das sich abzeichnende Finanzierungskonzept beruht auf der zentralisierten Verteilung der Mittel, welche sich zunächst aus der zentralen Sammlung der Almosen und darüber hinaus in den reformierten Städten und Territorien aus der Miteinbeziehung ehemals kirchlicher Güter ergeben.[58]

Neben diesen Finanzierungsquellen werden ansatzweise Schritte zu einer regelmäßigen und verpflichtenden, vom Almosen selbst gelösten Finanzierung unternommen. In der Leisniger Verordnung von 1523 lässt sich das Modell einer subsidiären Zulagepflicht für den gemeinen Kasten und damit letztlich auch für

---

55 Battenberg: Obrigkeitliche Sozialpolitik (wie Anm. 7), S. 38; gleicher Ansicht auch Sachße/ Tennstedt: Geschichte der Armenfürsorge (wie Anm. 3), S. 36, S. 39.

56 So gerade die in Ypern, Gent, Brügge und weiteren in den habsburgischen Niederlanden erlassenen Verordnungen.

57 Vgl. Battenberg: Obrigkeitliche Sozialpolitik (wie Anm. 7), S. 39, der allein für die Jahre 1522–1529 Wittenberg, Augsburg, Nürnberg, Leisnig, Regensburg, Straßburg, Kitzingen, Breslau, Magdeburg, Königsberg, Danzig, Altenburg, Stralsund, Halle, Braunschweig und Hamburg aufführt.

58 Ebenda, S. 41f.; Sachße/Tennstedt: Geschichte der Armenfürsorge (wie Anm. 3), S. 31, S. 33ff.; die Bildung einer zentralen Kasse lässt sich auch in der noch zu behandelnden Trierer Verordnung von 1533 finden.

die aus diesem Kasten mitzufinanzierende Armenpflege finden.[59] In Venedig wird 1528 anlässlich der Gefahr einer Epidemie ein Beitrag zum Unterhalt der Spitäler eingeführt, welcher vom Pfarrer und zwei weltlichen Beisitzern eingezogen wurde. Dies stellte jedoch nur eine vorläufige Maßnahme dar, da man in der Folgezeit am Prinzip der freiwilligen Leistungen festhält, weshalb diese von Geremek als Steuer[60] bezeichnete Leistung eher eine einmalige Abgabe darzustellen scheint. In Paris wird nach Angaben von Jütte 1551 eine Armensteuer eingeführt, die jedoch typischerweise nur aus gegebenem Anlass erhoben wird und im 17. Jahrhundert zum Erliegen kommt.[61] Ein Heraustreten aus den Bahnen herkömmlicher Finanzierung durch die Einführung einer ständigen und pflichtigen Almosensteuer ist hierin noch nicht zu erkennen.[62]

Theoretische Hintergründe

Die in den ersten Jahrzehnten des 16. Jahrhunderts auftretende Verdichtung der Verrechtlichung des Fürsorgewesens steht nicht isoliert, sondern hat ihre Entsprechung in der theoretischen Durchdringung der Problemstellung. Die Wechselwirkungen zwischen theoretischen Ansätzen und der Normgebung treten in dieser Zeit offen zu Tage. Die theoretische Vertiefung kommt dabei auch von einer Seite, die sich den Rückwirkungen nicht entziehen konnte: der Theologie. So ist schon bei dem Straßburger Prediger Johannes Geiler von Kaysersberg (1445–1510) in seiner Denkschrift an den Straßburger Rat die Ablehnung des betrügerischen Bettels und die Verpflichtung der weltlichen Obrigkeit zur Versorgung der Armen festzustellen. Bemerkenswert ist, dass Geiler von Kaysersberg in engem Kontakt zum Verfasser des Narrenschiffs Sebastian Brant stand.[63] Noch weiter geht in dieser Richtung der in Paris an der theologischen Fakultät der Sorbonne lehrende John Mayor (1470–

---

59 Scherner: Recht der Armen (wie Anm. 1), S. 84; Text nach Jütte: Arme, Bettler, Beutelschneider (wie Anm. 50), S. 141: „ein jeder Erbarman, burger und bawer, yn dem kirchspiell wohnhafftig, nachdem er hat und vermag, fur sich, sein weib und kinder, ierlichen ein gelt zulegen solle, damit die heubtsumma, so sich eine gemeine eingepfarte versammlunge yn yrem bedencken und ratschlage aus der yarrechnung, als fur notturfftig und gnugsam, belernen und erkunden wurde, fur folh aus zubrengen und zuerlangen sein moge"; Jütte charakterisiert diese subsidiäre Zulagepflicht letztlich unzutreffend über den Wortlauf hinaus als Armensteuer. Dass dies so nicht zutreffend ist, zeigt neben Scherners Ausführungen schon Uhlhorn: Christliche Liebestätigkeit (wie Anm. 50), S. 563, der diese Formulierung der Leisniger Ordnung ebenfalls nicht als Armensteuer ansieht.

60 Geremek: Geschichte der Armut (wie Anm. 19), S. 162,164. Entgegen Geremeks Interpretation als Steuer deutet vieles darauf hin, dass es sich hier um eine Form einer freiwilligen Subskription gehandelt haben könnte, wofür unter anderem das Verlesen der Nichtzahler in der Messe spricht sowie die später jährlich erfolgten periodischen Aufrufe durch die Pfarrer mit dem Inhalt, sich zu einer freiwilligen Abgabe zugunsten der Armen zu entschließen.

61 Jütte: Arme, Bettler, Beutelschneider (wie Anm. 50), S. 157.

62 So auch Scherner: Recht der Armen (wie Anm. 1), S. 85.

63 Vgl. hierzu den Beitrag von Rita Voltmer im vorligenden Band; darüber hinaus Sachße/Tennstedt: Geschichte der Armenfürsorge (wie Anm. 3), S. 36; Scherner: Recht der Armen (wie Anm. 1), S. 60; Scherpner: Theorie der Fürsorge (wie Anm. 4), S. 54ff., S. 59ff.

1550). In seinem Sentenzenkommentar von 1509 stellt er nicht nur die Kompetenz der Obrigkeit zur Einschränkung des Bettels fest, sondern erkennt sogar das allgemeine Verbot des Bettels an. Dies stellt Mayor allerdings unter die Voraussetzung, dass jedem Bedürftigen angemessene Arbeit verschafft und das Almosen so geordnet wird, dass eine Versorgung gewährleistet ist.[64]

Gestalt der Armenfürsorge bei Vives

Den ausgeprägtesten und progressivsten Ausdruck[65] erhielten die neuen Ideen bei dem spanischen Humanisten Juan Luis Vives in dessen 1526 für den Rat der Stadt Brügge bestimmten Schrift „de subventione pauperum".[66] Das erste Buch enthält grundsätzliche Ausführungen über Ursachen der Armut sowie von Pflichten der Armen und der Reichen und handelt von der privaten Armenpflege.[67] Dagegen beschäftigt sich das zweite Buch mit praktischen Vorschlägen zur Gestaltung der öffentlichen Armenpflege,[68] deren Ausgestaltung weitgehende Übereinstimmungen mit der bereits 1525 erlassenen Yperner Ordnung aufweist.[69] Tragende Motivation sowohl der privaten als auch öffentlichen Armenpflege ist für Vives die christliche Nächstenliebe, wobei dem Almosen und seinem himmlischen Lohn in den Schlussworten eine besondere Stellung zugewiesen wird.[70] Die Pflicht des Magistrates zum Handeln wird erstens auf die aus dem Gegensatz Arm und Reich resultierende soziale Gefahr zurückgeführt, zweitens auf die Gefahr der Übertragung von Krankheiten sowie drittens auf die aus der Vernachlässigung der Armut resultierende zunehmende Unsittlichkeit. Für die zentrale Aufsicht über die von ihm vorgeschla-

---

64 Scherpner: Theorie der Fürsorge (wie Anm. 4), S. 64ff., Nachweis der Textstelle auf S. 211; ebenso bei Scherner: Recht der Armen (wie Anm. 1), S. 60 Fn. 21; ebenfalls als Auszug aus der 2. Edition von 1521 Nachweis der Textstelle bei Franz Ehrle: Beiträge zur Geschichte und Reform der Armenpflege. Freiburg i. Br. 1881, hier S. 39.

65 So Scherner: Recht der Armen (wie Anm. 1), S. 60.

66 Die Verbreitung dieses Werks ist schon an der zügigen Übersetzung in verschiedene Sprachen zu erkennen: z. B. ins Niederländische: „Vande armen toe onderholden Johannis Lodouici Vivis twee boecken / ut den latijn ind duyts ghestelt deur Henricum Geldorpium". Antwerpen 1566 (Standort u. a. Stadtbibliothek Trier) und ins Deutsche „Von Almusen geben. Zwey büchlin Ludouici Viuis / Auff disz new xxxiij. Jar durch D. Casparn Hedion verteütscht vnd eim Ersamen Radt vnnd frummer burgerschafft zu Straßburg zugeschriben. Allen Policeyen nutzlich zu lesen". Straßburg 1533 (Standort u. a. Universitätsbibliothek München), vgl. zur Übersetzung ins Spanische, Französische und Italienische Ehrle: Geschichte und Reform der Armenpflege (wie Anm. 64), S. 29, Fn. 1; zur Straßburger Ausgabe Jütte: Arme, Bettler, Beutelschneider (wie Anm. 50), S. 142.

67 Näher hierzu Feuchtwanger: Geschichte der sozialen Politik 1 (wie Anm. 31), S. 194.

68 Hierzu ausführlich Ehrle: Geschichte und Reform der Armenpflege (wie Anm. 64), S. 29ff.; Ratzinger: Kirchliche Armenpflege (wie Anm. 45), S. 437ff., der Ehrle auf S. 438ff. wörtlich zitiert; Scherpner: Theorie der Fürsorge (wie Anm. 4), S. 80f.

69 Ehrle: Geschichte und Reform der Armenpflege (wie Anm. 64), S. 33; Geremek: Geschichte der Armut (wie Anm. 19), S. 225; vgl. Jütte: Arme, Bettler, Beutelschneider (wie Anm. 50), hier S. 113.

70 Scherpner: Theorie der Fürsorge (wie Anm. 4), S. 81 mit Textnachweis in Fn. 44.

genen Maßnahmen sind Mitglieder des Magistrats vorgesehen, denen die Kontrolle der einzelnen Pfarreien obliegt.[71]

Ausgangspunkt der öffentlichen Armenfürsorge ist dabei die Annahme einer Arbeitspflicht jedes Menschen gemäß des göttlichen Gebotes.[72] Diese jedem Menschen auferlegte Pflicht erfasst nach Vives auch die Alten, Kranken und Gebrechlichen, welche den bei niemand gänzlich fehlenden Rest an Arbeitsfähigkeit gebrauchen sollen. Hierdurch wird die Arbeitspflicht für Arme über die bereits von der alten Terminologie erfassten, voll arbeitsfähigen Bettler, der „mendicantes validi", auf alle Armen ausgedehnt.[73] Aus der Ausdehnung der Arbeitspflicht auf begrenzt Arbeitsfähige, die von sich aus kaum eine Arbeitsmöglichkeit zu finden in der Lage sind, resultiert die Aufgabenstellung und die Pflicht der Obrigkeit, zunächst die Arbeitsfähigkeit zu prüfen und dann jedem einheimischen Armen nach seiner Fähigkeit eine Tätigkeit zu verschaffen. Die zur Arbeit tauglich befundenen Fremden sollen mit dem nötigen Zehrgeld in ihre Heimat zurückgeschickt werden. Kennzeichnend für die Erreichung dieses Ziels ist die an sich nicht innovative Erfassung in Listen, neu daran ist die individualisierte Erfassung der arbeitsfähigen Armen zur Arbeitszuweisung als ein noch vor der Unterstützung der Armen anzuwendendes Mittel. Beabsichtigt ist von Vives durch die Arbeitsvermittlung nicht die Zuweisung einer beliebigen Arbeit sondern möglichst einer Berufsarbeit.[74] Zur Erreichung dieses Ziel finden sich detaillierte Anweisungen, die von der Untersuchung der Armen bis zur Betrachtung einzelner unterschiedlicher Gruppen von Armen reicht. Eine weitere wesentliche Maßnahme zur Verhinderung des Bettels ist die Ausbildung und Erziehung der armen Kinder in Schule und Handwerk.[75] Ausgangspunkt seiner Überlegungen ist die im Rückblick so nicht zutreffende Annahme, dass genügend Arbeits- und Ausbildungsplätze zur Verfügung stehen.

Zwingend mit der Annahme einer uneingeschränkten Arbeitspflicht verbunden ist bei Vives das absolute Verbot des Bettels, den er ablehnt, ohne sich jedoch zum religiösen Bettel zu äußern.[76] Die eigentlichen Maßnahmen der Fürsorge, zu denen neben der Unterbringung von Pflegebedürftigen in den Hospitälern auch die vorsorgende Unterstützung von Familien zum Schutz vor Verarmung gehört, sind ebenfalls geprägt durch individuelle und planvolle Herangehensweise. Der nicht durch die eigene Arbeitsleistung zu erbringende Teil des Unterhalts soll nach den

---

71 Ehrle: Geschichte und Reform der Armenpflege (wie Anm. 64), S. 29f.; Feuchtwanger: Geschichte der sozialen Politik 1 (wie Anm. 31), S. 195; Geremek: Geschichte der Armut (wie Anm. 19), S. 223.

72 Ehrle: Geschichte und Reform der Armenpflege (wie Anm. 64), S. 30 mit Textauszug Vives in Fn. 1; Scherpner: Theorie der Fürsorge (wie Anm. 4), S. 88f.

73 Feuchtwanger: Geschichte der sozialen Politik 1 (wie Anm. 31), S. 195; Scherpner: Theorie der Fürsorge (wie Anm. 4), S. 91f.

74 Scherpner: Theorie der Fürsorge (wie Anm. 4), S. 93f.

75 Ehrle: Geschichte und Reform der Armenpflege (wie Anm. 64), S. 30ff.; Feuchtwanger: Geschichte der sozialen Politik 1 (wie Anm. 31), S. 195; Scherpner: Theorie der Fürsorge (wie Anm. 4), S. 94ff.

76 Ehrle: Geschichte und Reform der Armenpflege (wie Anm. 64), S. 30; Scherpner: Theorie der Fürsorge (wie Anm. 4), S. 92.

Vorstellungen Vives durch Zuschüsse aufgebracht werden.[77] Vives lehnt eine regellose Verteilung des Almosens ab und erklärt, dass nicht das Verlangte gegeben werden solle, sondern das, was den Armen fördere.[78] Die Finanzierung der Maßnahmen zur Fürsorge stellt sich für Vives nicht als Problem dar. Er geht davon aus, dass die Spitäler reich ausgestattet seien und fordert bei fehlenden Mitteln die Abgabe von Überschüssen an die weniger vermögenden Spitäler und sieht darüber hinaus die Möglichkeit der Finanzierung durch das Aufstellen von Opferstöcken. Die Einführung einer Almosensteuer wird von Vives aufgrund der Freiwilligkeit des Almosens abgelehnt.[79]

Auswirkungen der Schriften Vives und der Yperner Armenordnung

Diese Grundzüge finden sich bereits in der Neuregelung des Armenwesens in Ypern von 1525, die im weiteren Verlauf des 16. Jahrhunderts in weiteren flämischen Städten wie in Gent 1534 und in der kaiserlichen Residenzstadt Brüssel 1538 durch Erlass Karl V. als Vorlage dient. Demgegenüber kommt es erst im Jahre 1562 zur Reorganisation der Armenpflege in der Stadt Brügge, der die Schrift des Vives eigentlich gewidmet ist.[80] Grundlage dieser Ordnungen ist das Aufgreifen der Yperner Armenordnung durch die Ordnung für die habsburgisch-niederländischen Provinzen durch Karl V. von 1531, welche bis auf die ausnahmsweise Genehmigung des Bettels für bestimmte Bedürftige den Yperner Vorgaben folgte. Beabsichtigt war die Vorgabe eines Rahmens innerhalb dessen die Städte eigene Verordnungen erlassen sollten.[81] Die Festlegung einer Almosensteuer oder die Regelung einer landesweiten Finanzierung der Armenpflege fehlt auch in der kaiserlichen

---

77 Ebenda, S. 31f.; Feuchtwanger: Geschichte der sozialen Politik 1 (wie Anm. 31), S. 197; Scherpner: Theorie der Fürsorge (wie Anm. 4), S. 102.

78 Feuchtwanger: Geschichte der sozialen Politik 1 (wie Anm. 31), S. 194.

79 Zur Finanzierung bei Vives: „Von Almusen geben" dt. Übersetzung (wie Anm. 56), Kapitel 6, S. 50ff.; dort wird insbesondere die Ermahnung an Sterbende zum Almosengeben betont; weiterhin zum Finanzierungskonzept bei Vives vgl. Ehrle: Geschichte und Reform der Armenpflege (wie Anm. 64), S. 32; Geremek: Geschichte der Armut (wie Anm. 19), S. 224; zur ablehnenden Haltung Vives zur Almosensteuer vgl. Feuchtwanger: Geschichte der sozialen Politik 1 (wie Anm. 31), S. 196.

80 Die Yperner Armenordnung findet sich bei Winckelmann: Armenordnungen (wie Anm. 3), S. 13ff.; vgl. hierzu Ehrle: Geschichte und Reform der Armenpflege (wie Anm. 64), S. 41; Feuchtwanger: Geschichte der sozialen Politik 1 (wie Anm. 31), S. 199; zur weiteren Auswirkung vgl. Jütte: Arme, Bettler, Beutelschneider (wie Anm. 50), S. 108; Wolfgang von Hippel: Armut, Unterschichten, Randgruppen in der Frühen Neuzeit (Enzyklopädie deutscher Geschichte 34). München 1995, hier S. 106.

81 Nachweise dieser Verordnung nach Battenberg: Obrigkeitliche Sozialpolitik (wie Anm. 7), S. 40: Recueil des ordonnnances du Pay Bas, 2. Folge, Brüssel 1893, S. 157–161: Urkunde vom 6 Mai 1531. In der Ordnung ist das Gutachten der Sorbonne enthalten; Unterschiede treten beim Abgleich des Datums mit der bei Ehrle: Geschichte und Reform der Armenpflege (wie Anm. 64), S. 40, Fn. 3 angegebenen Fundstelle: Annales parlamentaires 1854, Doc. P. 1294–1295 auf, wobei Ehrle das Datum des 6.10.1531 angibt; weiterhin vgl. Geremek: Geschichte der Armut (wie Anm. 19), S. 174ff.

Ordnung, obgleich denkbare Unterschiede in den finanziellen Möglichkeiten der Städte Anlass dazu geboten haben könnten.

Dem kaiserlichen Erlass vorangegangen war das aufgrund der Kritik an der Yperner Armenordnung durch Mitglieder der vier Mendikantenorden Ende 1530 beantragte Gutachten der Pariser theologischen Fakultät.[82] In dem am 16. Januar 1531 datierten Bescheid der Sorbonnne wurde die Ordnung grundsätzlich bestätigt.[83] Diese wird unter die Beachtung verschiedener Punkte gestellt, auffallend dabei vor allem die Wiederkehr der Gedanken des an der Sorbonne lehrenden John Mayor,[84] dessen Anschauungen Vives in seiner Zeit an der Pariser Universität kennen lernte.[85] So wird das Verbot des Bettels unter die bereits aus dem Sentenzenkommentar Mayors bekannte Forderung gestellt, dass kein Armer der Not anheimfalle. Betont wurde zudem, dass der privaten Barmherzigkeit keine Schranken auferlegt werden dürften und den anerkannten Mendikantenorden das Betteln nicht zu verbieten sei.[86] Dies legt den Schluss nahe, dass es sich bei den Ausnahmen des Bettelverbotes in der Ordnung Karl V. von 1531 um die Berücksichtigung der Vorbehalte der Sorbonne handelt. Bemerkenswert ist weiterhin die Anforderung des Gutachtens, dass die Regelung des Armenwesens in der Stadt auch die Bedürfnisse der umliegenden Dörfer berücksichtigen müsse. So müssten deren Arme entweder zum Bettel zugelassen werden oder durch die städtische Armenkasse Unterstützung erfahren.[87] Ansatzweise lässt sich hier also eine Ausweitung des Blickfelds über das Stadtgebiet hinaus auf den umliegenden Raum erkennen, ohne jedoch schon eine Lösung anzubieten, welche auf eine Finanzierung der Armenpflege im gesamten Territorium abzielt.

Wie eng sich Normsetzung, theoretischer Diskurs und das Bestreben nach Legitimierung der Norm durch Rückkopplung an durch anerkannte Autoritäten gesicherte theoretische Positionen verzahnen, ist an dieser Entwicklung beispielhaft zu erkennen. Dass dies keinen Endpunkt der Diskussion zur Armenfürsorge darstellte und dieser Prozess kein Einzelfall blieb, ist an der Wiederkehr der Auseinander-

---

82 Lion Feuchtwanger: Geschichte der sozialen Politik und des Armenwesens im Zeitalter der Reformation. 2. Teil, in: Schmollers Jahrbuch für Gesetzgebung, Verwaltung und Volkswirtschaft im Deutschen Reich 33 (1909), S. 191–228, hier S. 221. Die Pariser Universität spielte bereits im sogenannten Mendikantenstreit von 1252–1257, in der es um die sündentilgende Kraft des Almosens und die Frage nach dem Entzug des Almosen für die wahrhaft Bedürftigen durch die arbeitsfähigen Beginen ging, eine entscheidende Rolle; vgl. hierzu Schubert: Der „starke Bettler" (wie Anm. 30), S. 880f.

83 Abdruck des Gutachtens u. a. bei Ehrle: Geschichte und Reform der Armenpflege (wie Anm. 64), S. 37f. Fn. 1; Ratzinger: Kirchliche Armenpflege (wie Anm. 45), S. 444 Fn. 1.

84 Vgl. Ehrle: Geschichte und Reform der Armenpflege (wie Anm. 64), S. 41, der anführt, dass sich der Yperner Magistrat gerade auf die Ausführungen Mayors berief.

85 Vgl. Scherpner: Theorie der Fürsorge (wie Anm. 4), S. 78.

86 Vgl. Ehrle: Geschichte und Reform der Armenpflege (wie Anm. 64), S. 37, S. 39; Scherpner: Theorie der Fürsorge (wie Anm. 4), S. 78.

87 Ehrle: Geschichte und Reform der Armenpflege (wie Anm. 64), S. 37; dass eine solche „Ausfallregelung" für den Fall der nicht ausreichenden Vorsorge vorgesehen wird, ist nicht unbekannt. So kannte die Nürnberger Ordnung von 1370 ebenfalls eine ähnliche Lösung, vgl. Knefelkamp: Sozialdisziplinierung oder Armenfürsorge (wie Anm. 3), S. 523.

setzung um die Neuordnung der spanischen Armenfürsorge und an der verspäteten
Umsetzung der Reform in Brügge 1562 zu sehen. Ähnlich wie in den habsburgischen
Niederlanden setzt in Spanien die städtische Normsetzung auf Grundlage der seit
1534 in Vorbereitung befindlichen und 1540 durch Karl V. erlassenen Armengesetzgebung ein. Diese wurde 1544 in Medina unter Zufügung von Detailbestimmungen
hinsichtlich der Durchführung veröffentlich. Dem darin enthaltenen Auftrag an die
Städte, sich mit Regulierung des Armenwesens zu befassen, wird nur in Einzelfällen Folge geleistet. In Zamora wird eine Verordnung verabschiedet, die nach der
Vorlage durch den Magistrat in einem Gutachten der Theologen von Salamanca, zu
denen auch der Theologe Domingo de Soto gehört, bestätigt wird.

Dem Beispiel Zamoras folgen bald darauf Valladolid und Salamanca. Anlässlich der Vorbereitung der Armenordnung für Valladolid kommt es zu einem Gegen-
gutachten de Sotos, der den Entwurf nun in einigen Punkten in Frage stellt. Grundsätzlich bestätigt er die bestehenden obrigkeitlichen Verbote des arbeitsscheuen
Bettels, spricht sich jedoch gegen die Unterscheidung der unterstützungsberech-
tigten Armen mittels der Kategorien Fremde und Einheimische aus. Im Ergebnis
befürwortet de Soto die Freizügigkeit der Bettler. Zwar erkennt de Soto an, dass es
„wahre" und „falsche" Arme gäbe, hält aber gerichtliche Sanktionen bei der Ausübung der Barmherzigkeit für nicht anwendbar. Die Begründung liegt nach de Soto
im Risiko der Nichtversorgung bedürftiger Armer durch die generelle Vertreibung
von Landstreichern und starken Armen. Verbunden damit sei das zu hohe mora-
lische Risiko, weshalb de Soto die Armenfürsorge aufgrund gefestigter Tradition
als Sache der Kirche sieht.[88]

De Sotos Bemühen, die alte Vorstellung der Almosenvergabe ohne prüfenden
Blick auf die Person auch in einer veränderten Vorstellungswelt zu erhalten, tritt
deutlich zutage. Des weiteren stützt er seine Argumentation durch die Aussage, dass
die städtischen Verordnungen den vom kaiserlichen Edikt vorgegebenen Rahmen
überschreiten.[89] Eine Almosensteuer lehnt er generell ab, da die Obrigkeit aufgrund
des göttlichen Gebotes zum Almosengeben keinerlei derartige Kompetenz besäße.
Deutlich tritt das Spannungsfeld auf zwischen dem Bemühen, den Bettel insgesamt zu verbieten, und der Vorstellung des privaten Almosens als freiwilliger Akt
und Bußsakrament. Die an Philipp II. gerichtete Schrift fand jedoch durch diesen
beim Erlass der „Pragmaticia" 1565 keine Beachtung, da gerade die von de Soto

---

88 Zur spanischen Armengesetzgebung und De Soto vgl. Ehrle: Geschichte und Reform der
    Armenpflege (wie Anm. 64), S. 43–46, auf S. 43 Nachweis des Orginalwerkes von De Soto:
    Ad maximum atque adeo clarissimim Hispaniarum principem D. Philippum invictissimi Cae-
    saris Caroli V. primogenitum Fr. Dominici Soto Segobiensis in causa pauperum deliberatio.
    Salamanca 1545. Dieser ist als Neudruck Fray Domingo de Soto, O.P.: Deliberación en la
    causa de los pobres. Colección Civitas, Instituto de Estudios Politicos. Madrid 1965 erschie-
    nen; vgl. auch Feuchtwanger: Geschichte der sozialen Politik 2 (wie Anm. 82), S. 223f.; Gere-
    mek: Geschichte der Armut (wie Anm. 19), S. 234ff.; Jütte: Arme, Bettler, Beutelschneider
    (wie Anm. 50), S. 151f.
89 Geremek: Geschichte der Armut (wie Anm. 19), S. 234.

beanstandeten Regelungen des Armengesetzes von 1544 unverändert aufgegriffen wurden.[90]

Anlässlich der Brügger Armenordnung von 1562 kommt es zu einem ähnlichem Ablauf wie bei den Auseinandersetzungen um die Yperner Ordnung. Die Brügger Ordnung wird im Jahr ihres Erlasses aufgrund der Proteste von Mitgliedern der Mendikantenorden der theologischen Fakultät der Universität Löwen vorgelegt, welche zwar unter Einschränkungen aber im Ergebnis wie die Sorbonne 1531 die Ordnung billigt.[91] Trotz dieses Ergebnisses erscheint die Schrift des Augustiners Lorenzo de Villavincentio,[92] in der er unter anderem Vives und Gilles Wyts, den Verteidiger der Brügger Ordnung von 1562, scharf angreift und die Aufsicht über karitative Einrichtungen alleine der kirchlichen Jurisdiktion unterstellt.[93] Die zur Beurteilung dieses Streits wiederum angerufene Löwener Universität betont zwar die Verdienstlichkeit beider Schriften, rügt jedoch die Art und Weise der Auseinandersetzung und bestätigt im Ergebnis die Organisation der Armenpflege.[94] Der Spruch der Löwener Universität indes hatte ebenso wie die bisherigen gesetzgeberischen Akte keineswegs das Versiegen des Diskurses zur Folge. Davon zeugen die einschlägigen Abhandlungen von Joannes de Medina, Gabriel Vasquez, Tho-

---

90 Ehrle: Geschichte und Reform der Armenpflege (wie Anm. 64), S. 48.

91 Die Vorlage an die theologische Fakultät wurde durch den Brügger Bischof veranlasst. Unter Berücksichtigung der teilweise auseinanderfallenden und den jeweiligen Standpunkten des ausgehenden 19. Jahrhunderts geschuldeten Interpretationen der Vorgänge vgl. Ehrle: Geschichte und Reform der Armenpflege (wie Anm. 64), S. 50ff.; Feuchtwanger: Geschichte der sozialen Politik 2 (wie Anm. 82), S. 224; Uhlhorn: Christliche Liebestätigkeit (wie Anm. 50), S. 618f. Als Reaktion wandte sich der Brügger Magistrat in der Frage der Zulässigkeit an den Hohen Rat in Brüssel, wo durch die Statthalterin die Zulässigkeit bejaht wurde. Der Brügger Rechtsgelehrte Gilles Wyts (Egidius Wiitsius) verfasste bereits 1562 eine Verteidigungsschrift des Armenedikts: De continendis et alendis domi pauperibus et in ordinem redigendis validis mendicantibus Egidii Wiitsii, Jureconsulti Brugensis, consilium. Ad Reverendissimum Dominum Episcopum et amplissimum Senatum Brugensem. Antwerpen 1562 (dieses Werk ist u. a. in der Kölner und der Bonner Universitätsbibliothek vorhanden, dort als Ausgabe Bremen 1651). Bemerkenswert ist darüber hinaus zur Vorgeschichte und zum Umfeld dieser Entscheidung die Rolle des Professors an der Löwener Universität für griechische Sprache und Redekunst, Christian Cellarius, der zunächst 1530 in einer Schrift die Neuorganisation des Armenwesens in Ypern ablehnte und in einer 1531 erschienen Schrift die genaue Gegenposition unter Widerrufung seiner bisherigen Schrift bezog; vgl. hierzu Feuchtwanger: Geschichte der sozialen Politik 2 (wie Anm. 82), S. 222f.

92 De oeconomia sacra circa pauperum curam a Christo instituta, apostolis tradita et in universa ecclesia inde ad nostra usque tempora perpetua religione observata cum quarundam propositionum, quae huic sacrae oeconomiae adversantur, confutatione libri 3. auctore fr. Laurentio a villavincentio, Herezano, D. Theol. Aug. Erem. Antwerpiae. Plantius 1564. kl. 8°, 296 p. (Angaben nach Ehrle: Geschichte und Reform der Armenpflege (wie Anm. 64), S. 52, Fn. 3. Diese Schrift entstand aufgrund des durch den Bischof übermittelten Befehls der Statthalterin an den Augustinermönch Villavincentio zur schriftlichen Niederlegung seiner Bedenken.

93 Ehrle: Geschichte und Reform der Armenpflege (wie Anm. 64), S. 52–56; Feuchtwanger: Geschichte der sozialen Politik 2 (wie Anm. 82), S. 225f.; Geremek: Geschichte der Armut (wie Anm. 19), S. 238ff.; Jütte: Arme, Bettler, Beutelschneider (wie Anm. 50), S. 113f., Uhlhorn: Christliche Liebestätigkeit (wie Anm. 50), S. 619.

94 Vgl. Ehrle: Geschichte und Reform der Armenpflege (wie Anm. 64), S. 56f.

mas Peltanus und Adam Tanner,[95] die wiederholt die bestätigten oder verworfenen Grundsätze aufgreifen. Ihrerseits findet die diesen Schriften zugrundeliegende Fragestellung eine Fortsetzung der Erörterung in dem noch näher zu betrachtenden Schrifttum des 17. Jahrhunderts.

Reichsgesetzgebung des 16. Jahrhunderts

Im Zuge dieser Entwicklungen kommt es im Laufe des 16. Jahrhunderts infolge der überregionalen Bedeutung der Problemstellung auch auf Reichsebene zu gesetzgeberischen Aktivitäten. Angestoßen werden diese durch den Beginn der Reichsreform auf dem Gebiet der Policeygesetzgebung durch den Reichstag 1495 zu Worms.[96] Unter § 20 des Lindauer Reichsabschieds von 1497 findet sich erstmals die Festlegung allgemeiner Grundsätze zur Behandlung der Bettler und Armen. Im Vordergrund stehen repressive Maßnahmen: das Verbot des Bettelns für starke Bettler, die Zuweisung der bettelnden Kinder in eine Handwerksausbildung und die Aufgabe des Erlasses einer entsprechenden Ordnung. Angemahnt bei den Erzbischöfen, Bischöfen und Stiftsherren wird in § 26 die Einschränkung des Almosensammelns durch Bettelmönche. Im Gegensatz zu diesen Maßnahmen gegen umherziehende Bettler und Vagabunden, welche aufgrund der überregionalen Bedeutung des Problems auf der übergeordneten reichsrechtlichen Ebene geregelt werden konnten, fehlte es dagegen an dem Aufgreifen und der Vorgabe bestimmter Formen der Organisation des Armen- und Almosenwesens. Der Grund dafür liegt in den zu großen Unterschieden zwischen den jeweiligen landesherrlichen und städtischen Obrigkeiten und der daher fehlenden Kompetenz der Reichsstände.[97] Entscheidend ist, dass durch den Reichsabschied die durch die städtischen Initiativen begonnene Ausweitung der obrigkeitlichen Kompetenzen als für das ganze Reich verbindliches Recht erklärt wird und so eine erste reichsweite Legitimationsbasis findet.[98] Ob den Armenordnungen die Funktion zukam, soziale Probleme im Sinne eines einheitlichen Untertanenverbandes zu lösen, um auf diese Weise Herrschaft intensivieren zu können,[99] oder ob eine effektive Sozialpolitik nicht doch im Vordergrund stand, ist eine hier nicht zu entscheidende Wertungsfrage, deren einseitige Beantwortung

---

95 Ebenda, S. 57f.; Geremek: Geschichte der Armut (wie Anm. 19), S. 236ff.; Ratzinger: Kirchliche Armenpflege (wie Anm. 45), S. 448ff. Insbesondere die Werke von Juan de Robles (auch Joannes de Medina genannt: wie De Soto ebenfalls Theologe aus Salamanca): De la orden que en algunos pueblos de Espana se a puesto en la lismosna, para remedio de los verdaderos pobres (ND der Ausgabe Salamanca 1545). Madrid 1965 und von Gabriel Vasquez: Opusculum de eleemosyna. (als Druck Antwerpen 1617 u. a. in der Stadtbibliothek Trier vorhanden) sind im zeitlichen Kontext mit der Schrift de Sotos von Bedeutung.

96 Karl Härter/Michael Stolleis (Hg.): Repertorium der Policeyordnungen der frühen Neuzeit, Bd. 1: Deutsches Reich und geistliche Kurfürstentümer (Kurmainz, Kurköln, Kurtrier), (Ius Commune Sonderhefte, Studien zur Europäischen Rechtsgeschichte 84). Frankfurt a. M. 1996, hier S. 38.

97 Battenberg: Obrigkeitliche Sozialpolitik (wie Anm. 7), S. 45.

98 Ebenda, S. 50; Scherner: Recht der Armen (wie Anm. 1), S. 65.

99 Battenberg: Obrigkeitliche Sozialpolitik (wie Anm. 7), S. 41.

im Sinne der Herrschaftsintensivierung und Sozialdisziplinierung zumindest einige Zweifel weckt.[100]

Ausgehend von der grundsätzlichen Festlegung allgemeiner Prinzipien in Lindau werden diese durch den Augsburger Reichsabschied von 1500 unter Punkt XXVII bestätigt und in den sich anschließenden Reichspolizeiordnungen von 1530, 1548 und 1577 wiederholt.[101] Die Reichspolizeiordnung von 1530 beschränkt sich jedoch nicht auf das bloße Wiederholen der bestehenden Regelung, sondern ergänzt und erweitert diese unter Punkt XXXIV um für die territoriale Gesetzgebung wesentliche Elemente. Als grundlegend ist es den Obrigkeiten aufgegeben, starke Bettler zu bestrafen, für eine ausreichende Ernährung der eigenen Armen durch die Städte und Kommunen zu sorgen (das sogenannte Heimatprinzip), außer bei Vorlage von Bettelbriefen grundsätzlich keinen Fremden zum Bettel zuzulassen und schließlich die Kontrolle und Unterhaltung der Spitäler zu gewährleisten.[102]

Bekannt war das Heimatprinzip der Versorgungsverpflichtung unter anderem aus dem römischen Recht, worauf sich bereits Geiler von Kaysersberg beruft.[103] Genauer betrachtet handelt es sich bei dieser möglichen Quelle um zwei Stellen aus dem Corpus iuris, nämlich zum einen C 1,2,12 § 2, in der die Kaiser Valentinian und Martinian ihre Pflicht anerkennen, die Armen und Bedürftigen zu versorgen und daher die Kirchen mit Mitteln auszustatten. Auffallend bei dieser Stelle ist die Zwiespältigkeit zwischen staatlicher Übernahme christlicher Pflichten und dem Belassen der eigentlichen Fürsorge bei der Kirche. In der anderen Textstelle in Nov 80,4ff wird festgelegt, dass jede Stadt ihre Armen zu unterstützen habe und den Arbeitsfähigen öffentliche Arbeiten zuzuweisen seien.[104] In diesem Zusammenhang ist es angesichts des Abgabenbewilligungsrechts der Landstände bedeutsam, dass infolge der Reichspolizeiordnung neben der Aufsicht über die Armenpflege die

---

100 In dieser Richtung auch Karl Härter: Soziale Disziplinierung durch Strafe? Intentionen frühneuzeitlicher Policeyordnungen und staatliche Sanktionspraxis, in: Zeitschrift für Historische Forschung 26 (1999), S. 365–379, insbesondere S. 371.

101 Johann Jakob Schmauss/Heinrich Christian Freiherr von Senckenberg (Hg.): Neue und vollständigere Sammlung der Reichs-Abschiede, welche von den Zeiten Kayser Conrad des II. bis jetzo, auf den Teutschen Reichs-Tägen abgefasset worden, sammt den wichtigsten Reichs-Schlüssen, so auf dem noch fürwährenden Reichs-Tage zur Richtigkeit gekommen sind. 4 Bde. (ND der Ausgabe Frankfurt a. M. 1747). Osnabrück 1967; hier zum Reichsabschied 1497 in Teil 2, S. 29–35; Reichsabschied von 1500 in Teil 2, S. 63–91; RPO 1530 in Teil 2, S. 332–345; RPO 1548 in Teil 2, S. 587–606; RPO 1577 in Teil 3, S. 379–398; allgemein zu den Polizeiordnungen: Josef Segall: Geschichte und Strafrecht der Reichspolizeiordnungen von 1530, 1548 und 1577 (Strafrechtliche Abhandlungen 183). Breslau 1914, insbesondere S. 35ff. zu der Entstehungsgeschichte der RPO.

102 Battenberg: Obrigkeitliche Sozialpolitik (wie Anm. 7), S. 46; Scherner: Recht der Armen (wie Anm. 1), S. 64f.

103 Geiler beruft sich auf C 1, 2, 12 § 2; vgl. die Nachweise bei Sachße/Tennstedt: Geschichte der Armenfürsorge (wie Anm. 3), S. 56; Scherpner: Theorie der Fürsorge (wie Anm. 4), S. 61; Scherner: Recht der Armen (wie Anm. 1), S. 60 Fn. 20.

104 Scherner: Recht der Armen (wie Anm. 1), S. 66f.; ders.: Arme und Bettler (wie Anm. 11), S. 130.

fiskalrechtliche Legitimation zur Abwälzung der Kosten der Armenpflege auf die Kommunen dem Inhaber der Territorialgewalt zukommt.[105]

Das Gegenstück zum Versorgungsgebot für die eigenen Armen bildet das Bettelverbot für fremde Bettler. Eine Ausnahme soll nur dann gelten, falls die Versorgung am eigenen Ort nicht möglich ist, wobei für diesen Fall Bettelscheine auszustellen sind. Bekannt war diese Ausnahme schon aus Martin Luthers Vorrede zum „Liber vagatorum". Dieser Grundsatz sollte verhindern, dass die Last der Armenfürsorge auf einen kleinen Kreis beschränkt blieb, allerdings mit der Folge, dass die Möglichkeiten zur Umgehung des Bettelverbotes von der Handhabung der Ausstellung solcher Bettelscheine abhingen.[106] Im direkten Zusammenhang mit den ersten beiden Grundsätzen steht die Ermächtigung der Obrigkeit zur Bestrafung starker Bettler. Diese bereits bekannte Unterscheidung zwischen starken und schwachen, d.h. als bedürftig angesehenen Bettlern sollte in den nachfolgenden Ordnungen ein nach außen griffig erscheinendes Merkmal bilden, anhand dessen sich Bedürftigkeit zumindest normativ bestimmte. Die Kontinuität zum „mendicans validus" im „ius civile" und den Betrachtungen des Thomas von Aquin wird hier deutlich sichtbar. Die vorgesehenen Strafen sollten durch Abschreckung generalpräventiv starke Bettler vom Missbrauch des Almosens abhalten.[107] Die Festlegung der obrigkeitlichen Kompetenz zur Kontrolle und Aufsicht der Spitäler stärkte zusätzlich die Position der Obrigkeiten und legitimierte die bereits erfolgten städtischen Eingriffe in den ursprünglich kirchlichen Kompetenzbereich der Anstaltpflege.[108]

Die Reichspolizeiordnung von 1530 hatte den Erlass der ersten territorialen Armenordnungen zur Folge, welche die dargestellten Grundsätze bis hin zur wörtlichen Übernahme der Regelungen umsetzten.[109] Aufgrund der durchaus vorhandenen Signalwirkung und der Aufnahme der Regelungen in territoriale Normen können die reichsrechtlichen Bestimmungen auch als Anfang eines „Reichsgrundgesetzes", als Rahmen einer lex fundamentalis des Armen- und Bettlerrechtes betrachtet werden.[110] Diese Rahmenregelung wurde im Laufe des 16. Jahrhunderts

---

105 Scherner: Recht der Armen (wie Anm. 1), S. 67.

106 Zur Fundstelle der Vorrede (1528) vgl. Martin Luther: Von der falschen Bettler Büberei, in: D. Martin Luthers Werke. Kritische Gesamtausgabe. Bd. 26. (ND der Ausgabe Weimar 1909). Graz 1964, S. 634–654; insbesondere S. 639; vgl. hierzu Battenberg: Obrigkeitliche Sozialpolitik (wie Anm. 7), S. 49; vgl. auch Scherner: Recht der Armen (wie Anm. 1), S. 80 mit Nachweisen zu Regelungen von Ausstellung und Kontrolle der Bettelbriefe.

107 Battenberg: Obrigkeitliche Sozialpolitik (wie Anm. 7), S. 48; Scherner: Recht der Armen (wie Anm. 1), S. 65, S. 67.

108 Battenberg: Obrigkeitliche Sozialpolitik (wie Anm. 7), S. 47; Scherner: Recht der Armen (wie Anm. 1), S. 65.

109 Vgl. Battenberg: Obrigkeitliche Sozialpolitik (wie Anm. 7), S. 45; Schepers: Bettel in Bayern (wie Anm. 8), S. 56, S. 77ff., mit Hinweis auf Umsetzung der reichsrechtlichen Vorgaben in Bayern 1551; darüber hinaus vgl. die folgenden Ausführungen zu Trier und Köln.

110 Scherner: Recht der Armen (wie Anm. 1), S. 51; ders.: Sozialrechtsgeschichte (wie Anm. 13), S. 123; Beispiele für Ordnungen bei Battenberg: Obrigkeitliche Sozialpolitik (wie Anm. 7), S. 45, der jedoch die Bedeutung der Reichspolizeiordnungen als Rahmengesetzgebung einschränkt bezüglich der altkirchlichen Territorien. Dass diese Einschränkung so nicht zutreffend ist, zeigt schon die von Schepers: Bettel in Bayern (wie Anm. 8), S. 75ff. dargestellte Gesetz-

durch die Reichspolizeiordnungen von 1548 und 1577 erneut wiederholt. Die reichs-
rechtliche Legitimationsbasis bot somit zumindest die Möglichkeit weitreichender
Eingriffe durch die territoriale Gesetzgebung in herkömmliche Zuständigkeitsbereiche. Deren Rahmen war soweit gesteckt, dass Raum für unterschiedliche Refor-
mansätze der Konfessionen zur Inklusion und Exklusion von Armen und Bettlern
blieb. Die Grenzen der reichsrechtlichen Gesetzgebung zeigten sich bei jeweiligen
territorialen Umsetzung, deren Geltungskraft sich auf den Bereich der jeweiligen
Landesherrschaft und des jeweiligen Untertanenverbands beschränkte.[111]

Territoriale Normen des 16. Jahrhunderts

Eingehender erforscht sind bislang nur die Maßnahmen protestantischer Obrigkeiten,[112] die ausgehend von der durch Luther beeinflussten Leisniger Ordnung von
1523[113] ein von den Kommunen getragenes Armenpflegesystem aufbauten, verbunden mit Bettelverboten und der Zusammenfassung kirchlicher Einnahmen in einem
gemeinen Kasten. Die Einnahmen des gemeinen Kastens sollten der Finanzierung
des Unterhalts der Armen ebenso dienen wie dem Unterhalt der Geistlichkeit und
der Finanzierung des kirchlichen Bauwesens, wobei die Armenpflege oftmals nicht
die höchste Bedeutung hatte. So konnte das Interesse des Landesherren an einem
ausgebildeten Predigernachwuchs dazu führen, dass die eigentlichen Adressaten
vernachlässigt wurden.[114] Mit der Erfassung der wirklich Bedürftigen sowie der
Verteilung der Mittel wurde eine Armenadministration, meist unter dem Vorstand
des Pfarrers, betraut. Rechtshistorisch interessant ist dabei die Tatsache, dass der
protestantische Landesherr als Obrigkeit elegant den Auftrag sich der Armen anzu-
nehmen mit dem Grundsatz des Heimatprinzips und der überkommenen kirch-

---

gebung 1550/1551 in Bayern sowie die hier noch näher zu betrachtende Trierer Ordnung von
1533.

111 Battenberg: Obrigkeitliche Sozialpolitik (wie Anm. 7), S. 52.

112 Vgl. allgemein Uhlhorn: Christliche Liebestätigkeit (wie Anm. 50), S. 554ff.; zu einzelnen
Ordnungen vgl. u. a. Wilhelm Borst: Armenpflege und Anfänge der Sozialfürsorge im Territorium Nassau-Weilburg von der Reformation bis zum Beginn des 19. Jahrhunderts, Diss.
Mainz. Offenbach a. M. 1952; Helmut Bräuer: Der Leipziger Rat und die Bettler. Quellen
und Analysen zu Bettlern und Bettelwesen in der Messestadt bis ins 18. Jahrhundert. Leipzig
1997; Karl E. Demandt: Die Anfänge der staatlichen Armen- und Elendenfürsorge in Hessen,
in: Hessisches Jahrbuch für Landesgeschichte 30 (1980), S. 176–235; Hans-Joachim Ernst:
Das württembergische Armenwesen im 18. Jahrhundert. Tübingen 1951; Heinrich Nobbe: Die
Regelung der Armenpflege im 16. Jahrhundert nach den evangelischen Kirchenordnungen
Deutschlands, in: Zeitschrift für Kirchengeschichte 10 (1889), S. 569–617; Felix Pischel:
Die ersten Armenordnungen der Reformationszeit, in: Deutsche Geschichtsblätter 17 (1916),
S. 317–239; Ernst Schubert: Die Antwort niedersächsischer Kirchenordnungen auf das Armuts-
problem des 16. Jahrhunderts, in: Jahrbuch der Gesellschaft für niedersächsische Kirchenge-
schichte 89 (1991), S. 105–132; Otto Winckelmann: Über die ältesten Armenordnungen der
Reformationszeit (1522–1525), in: Historische Vierteljahrsschrift 17 (1914/1915), S. 187–228
und S. 361–400;.

113 Vgl. hierzu Feuchtwanger: Geschichte der sozialen Politik 1 (wie Anm. 31), S. 171ff.

114 Battenberg: Obrigkeitliche Sozialpolitik (wie Anm. 7), S. 40, S. 51; Scherner: Recht der Armen
(wie Anm. 1), S. 77.

lichen Zuständigkeit verband. Erreicht wurde dies unter anderem durch die Einbindung der protestantischen Geistlichkeit in die Administration des Territoriums. Als bemerkenswert zu berücksichtigen ist, dass der Landesherr in seiner Eigenschaft als weltlicher Herrscher und oberster Kirchenherr die einschlägigen Kasten- und Kirchenordnungen erließ.[115] Die Vorstellung, dass es in den protestantischen Ordnungen generelle Bettelverbote im Gegensatz zu den generellen Bettelerlaubnissen mit Verbotsausnahmen in katholischen Ordnungen gab, lässt sich schon mit Blick auf die Ergebnisse Battenbergs verneinen, da auch protestantische Verordnungen Bettelerlaubnisse für einheimische Bedürftige vorsahen.[116]

Zur Armenfürsorge in den katholischen Territorien heißt es in der Forschungsliteratur seit dem 19. Jahrhundert, dass der Schwerpunkt nach wie vor auf der herkömmlichen Anstaltsarmenpflege unter kirchlicher Zuständigkeit gelegen habe und insbesondere in den geistlichen Territorien eine rein weltlich-obrigkeitliche Sozialpolitik verhindert wurde.[117] Darüber hinaus bleiben die Maßnahmen weltlicher katholischer Obrigkeiten unbeachtet, insbesondere die Gesetzgebung im Herzogtum und späteren Kurfürstentum Bayern, die sich bereits im 16. Jahrhundert durchaus der Regelung des Armenwesens annahm.[118] Die Maßnahmen der geistlichen Kurfürsten, die eine den protestantischen Landesherren ähnliche Stellung als geistliche und weltliche Herren innehatten, bleiben bisher gänzlich unberücksichtigt,[119] ebenso wie Hinweise Ratzingers und Feuchtwangers auf vorhandene Armenordnungen in den Residenzstädten der Bischöfe in Würzburg und Passau.[120] Ein Beleg für eine vergleichbare Stellung des protestantischen Landesherren mit der des geistlichen Kurfürsten ergibt sich schon aus dem Blick auf die gleichgeartete rechtliche Position in der Verwaltungsstruktur des Hospitals.[121]

Zum Nachweis der Aktivitäten geistlicher Territorien soll in einem ersten Zugriff ein Blick auf die Armenordnungen der Kurfürstentümer Trier und Köln geworfen

---

115 Scherner: Recht der Armen (wie Anm. 1), S. 77f.

116 Vgl. hierzu Battenberg: Obrigkeitliche Sozialpolitik (wie Anm. 7), S. 48, S. 53ff., der allerdings trotz der dort bestehenden Unterscheidung bezüglich des Bettelverbots zwischen starken und schwachen Bettlern diesen Schluss so nicht zieht. Dementsprechend ist auch die Aussage von Schepers: Bettel in Bayern (wie Anm. 8), S. 55, S. 57, so nicht zutreffend, dass alleine katholische Territorien den Bettel als letztes Mittel immer zuließen; zu beachten ist in diesem Zusammenhang die noch zu betrachtenden Ausführungen Ahasver Fritschs zum Bettelverbot.

117 Vgl. als Stimme des 19. Jahrhunderts Uhlhorn: Christliche Liebestätigkeit (wie Anm. 50), S. 619f.; Battenberg: Obrigkeitliche Sozialpolitik (wie Anm. 7), S. 50.

118 Vgl. hierzu Schepers: Bettel in Bayern (wie Anm. 8), S. 73ff., der zum Ergebnis kommt, dass in Bayern die Reichspolizeiordnungen umgesetzt wurden und sehr wohl eine von Battenberg: Obrigkeitliche Sozialpolitik (wie Anm. 7), S. 50 verneinte weltlich-obrigkeitliche Sozialpolitik vorlag.

119 Vgl. Dussel: Katholisches Ethos (wie Anm. 6), S. 222.

120 Ratzinger: Kirchliche Armenpflege (wie Anm. 45), S. 473f.; Feuchtwanger: Geschichte der sozialen Politik 2 (wie Anm. 82), S. 219.

121 Vgl. bezüglich der Stellung des katholischen Bischofs und des protestantischen Landesherren (als summus episcopus) an der Spitze der Verwaltungsorganisation Begon: De Iure Hospitalium (wie Anm. 12), S. 105ff. und S. 115ff.

werden. In Trier kam es bereits 1533 zu einer Armenordnung,[122] welche die Grundsätze der Reichsabschiede und der Reichspolizeiordnung von 1530 aufnimmt. Deutlich erkennbar ist darüber hinaus die Betonung altgläubiger Vorstellungen. Der Kurfürst und Erzbischof stellt die Verpflichtung zur Armenpflege und letztlich auch den Erlass der Ordnung auf eine religiöse Grundlage und betont die Verpflichtung aller Christen, den Armen zur Hilfe zu kommen. Der Bezug der Kompetenz zum Normerlass auf religiöse Vorstellungen ist jedoch beiden Konfessionen gemeinsam. So bezieht sich der Trierer Kurfürst Johann III. von Metzenhausen beim Erlass ausdrücklich auf göttlichen „geheiß" und „bevelch" und auf seine christliche Pflicht zur Vermeidung des Verlustes des ewigen Seelenheils. In gleicher Weise beruft sich der calvinistische Kurfürst Friedrich III. von der Pfalz in der Almosenordnung von 1574 darauf, dass es ihm als christlicher Obrigkeit obliegt, dem Befehl Gottes zum Unterhalt der Armen nachzukommen mit dem Ziel der Herstellung der christlichen Ordnung. Dieses Ziel soll neben der Unterstützung der rechten Armen durch die Abstellung des Missbrauchs des Almosens durch „faule, müssige Verschwender und Erbbettler" erreicht werden.[123]

Als Besonderheit im Vergleich zu protestantischen Ordnungen zu sehen ist in der Trierer Verordnung von 1533 die Hervorhebung der altgläubigen Vorstellung des Almosens als Bußsakrament und gutes Werk. Dies fasst die Ordnung anschaulich in die Worte „wir söllen unsere sündt mit der almosen erlösen und außtilgen, dann gleicherweiß als wasser das feuer, also verlösche almuse die sünd, also das on allen zweifel die steuer und handreichung der armen ein hoch verdienstlich werck, und dem almechtigen sunder angenehm und wolgefellig ist".[124] An erster Stelle aufgegriffen wird die Vorgabe der Reichspolizeiordnung, keine fremden Bettler zu dulden. Betont werden die Gefahren, die mit den Fremden nach Ansicht des Landesherren verbunden sind. Diese seien verantwortlich für Mord, Totschlag und Brandstiftung. Erreicht werden soll die Abwehr der Fremden durch die Abweisung bereits an den Grenzen des Territoriums und Ausweisung der Aufgegriffenen.[125] Korrespondierend mit dem Bettelverbot für Fremde ist das an die eigenen Untertanen gerichtete Verbot, in anderen Territorien zu betteln. Das Betteln innerhalb des Kurfürstentums selbst wird generell untersagt.[126] Ausnahmen sollen gelten für die in der jeweiligen Kommune in Listen als anerkannte Bedürftige geführten Armen, welche sich zudem durch ein Zeichen ausweisen müssen. Die Berechtigung zum

122 Ioannes Iacobus Blattau: Statuta Synodalia, Ordinationes et Mandata. Archidiocesis Trevirensis. Nunc primum collegit et edidit. 5 Bde. Trier 1844–1849, hier Bd. 2, S. 81–87; Johann Joseph Scotti: Sammlung der Gesetze und Verordnungen, welche in dem vormaligen Churfürstentum Trier über Gegenstände der Landeshoheit, Verfassung, Verwaltung und Rechtspflege ergangen sind. 3 Bde. Düsseldorf 1832, hier Bd. 1, S. 298–305. Vgl. auch den Beitrag von Sebastian Schmidt im vorliegenden Band.

123 Vgl. zu Trier Blattau: Statuta Synodalia Bd. 2 (wie Anm. 122), S. 81f.; zur Almosenordnung der Kurpfalz 1574 vgl. Battenberg: Obrigkeitliche Sozialpolitik (wie Anm. 7), S. 33; Schlösser: Kurpfälzische Armenordnung von 1574 (wie Anm. 7), S. 108ff.

124 Blattau: Statuta Synodalia Bd. 2 (wie Anm. 122), S. 81.

125 Ebenda, S. 82.

126 Ebenda, S. 83.

Almosenempfang ist auf die Dauer der Bedürftigkeit begrenzt.[127] Eine weitere reichsrechtlich vorgesehene Ausnahme, nämlich die Zulassung fremder Bettler mit Bettelscheinen aus anliegenden Territorien, ist in die Ordnung aufgenommen, ebenso wie die aus dem Reichsabschied 1497 bekannten Ausnahmeregelungen für bedürftige Schüler.[128] Auch eine ausnahmsweise Erlaubnis für die mit Urkunden versehenen Pilger hat in die Ordnung Aufnahme gefunden.[129] Die Kommunen werden beim Umgang mit Arbeitsfähigen wiederum parallel zu den reichsrechtlichen Vorgaben angewiesen, diese zur Arbeit und zur Ausbildung anzuhalten, um so präventiv gegen den Müßiggang zu wirken.[130]

Auffallend ist, dass sich die Ordnung nicht auf die bloße Umsetzung des Reichsrechts beschränkt, sondern über die reichsrechtlichen Vorgaben hinaus neben der bereits aufgezeigten besonderen Betonung altgläubiger Vorstellungen Elemente der Yperner Armenordnung und der Schriften von Vives aufnimmt. Belegen lässt sich dies mit der Ausnahmeregelung für die „vier Orden und andere geistlichen",[131] wodurch den Bedenken der Mendikantenorden gegen die Yperner Regelungen und dem Urteil der Sorbonne Rechnung getragen wurde. Dagegen ist das von Vives vorgeschlagene Reichen der Wegzehrung für fremde Bettler und deren anschließende Rückführung in ihre Heimat durch ausdrückliches Verbot gerade solchen Handelns ersetzt worden.[132] Zur Finanzierung der Armenpflege vorgesehen ist die Einrichtung eines durch Kollekten zu unterhaltenden Opferstocks in allen Pfarreien, aus dem die mit Bettelzeichen versehenen einheimischen Armen versorgt werden sollen. Zur Verwaltung des Armenstocks werden die Pfarrer bestimmt, denen zwei Almosenabgeordnete bei der Verteilung dieses Almosen und der Rechnungslegung zur Seite stehen.[133] Die Schaffung einer zentralen Kasse für fromme Gaben stellt den Beginn der Auflösung der persönlichen Beziehung zwischen Spender und Empfänger des Almosens dar.[134] Ob sich dieses Finanzierungssystem allerdings auf Dauer durchsetzen konnte, erscheint angesichts des Verzichts der Almosenordnung für die Stadt Trier von 1591 auf diese Regelung als zumindest zweifelhaft. Die durch diese Ordnung eingerichtete Kasse zur Versorgung der Bedürftigen finanzierte sich zu einem großen Teil aus Vermächtnissen der wegen Hexerei Angeklagten.[135]

---

127 Ebenda, S. 84f.
128 Ebenda, S. 82f. Die Begünstigung armer Schüler greift das Scholarenprinzip des Lindauer Reichsabschieds von 1497 auf; vgl. hierzu Battenberg: Obrigkeitliche Sozialpolitik (wie Anm. 7), S. 45.
129 Blattau: Statuta Synodalia Bd. 2 (wie Anm. 122), S. 83.
130 Ebenda, S. 83.
131 Blattau, S. 85. Die Mendikantenorden werden vom Anwendungsbereich der Norm ausgenommen.
132 Bzgl. der Regelung der Trierer Verordnung siehe ebenda, S. 82; bzgl. der Vorgabe von Vives siehe Feuchtwanger : Geschichte der sozialen Politik 1 (wie Anm. 31), S. 195.
133 Blattau: Statuta Synodalia Bd. 2 (wie Anm. 122), S. 84.
134 Dass auch vom Würzburger Fürstbischof ähnliche Regelungen zur Finanzierung getroffen wurden, zeigt der Blick auf Knefelkamp: Sozialdisziplinierung oder Armenfürsorge (wie Anm. 3), S. 529f.
135 Vgl. Maria Ackels: Das Trierer städtische Almosenamt im 16. und 17. Jahrhundert. Ein Beitrag zur Analyse sozialer Unterschichten, in: Kurtrierisches Jahrbuch 24 (1984), S. 75–103, hier

Ungeachtet dessen ist schon an dieser Ordnung zu erkennen, dass die Annahme, in geistlichen Territorien habe es keine weltliche Sozialpolitik, sondern vielmehr ein Beharren auf althergebrachten Vorstellungen gegeben, so nicht zutreffend sein kann. Ähnliches lässt sich auch für das Kurfürstentum Köln belegen. Dort wurden 1538 durch den Kölner Kurfürsten und Erzbischof Hermann von Wied die Regelungen der Reichspolizeiordnung von 1530 in die Polizeiordnung für sein Kurfürstentum Köln übernommen. Es finden sich darin sowohl das Bettelverbot für fremde und starke Bettler, die begrenzte Erlaubnis des Bettels für einheimische, alte und kranke Bettler, die Zuweisung der Kinder zur Ausbildung, die Gültigkeit von auswärtigen Bettelscheinen und die Anweisung zur Aufsicht über das Hospitalwesen an die örtlichen Obrigkeiten.[136] Diese Maßnahmen stehen im zeitlichen Zusammenhang mit den Beschlüssen der vom Kölner Erzbischof Hermann von Wied einberufenen Provinzialsynode zu Köln im Jahre 1536. Dort wurde unter anderem die Reform des Hospitalwesens verabschiedet, um eine möglichst flächendeckende Versorgung sowohl Kranker als auch Armer zu gewährleisten.[137] Die Regelungen begrenzen den aufnahmeberechtigten Personenkreis auf die ortsansässigen Kranken und Armen (Capt. III; IV der Pars Undecima) und schließen für die „mendicantes validi" den Zugang ausdrücklich aus.[138] Inwiefern diese Maßnahmen zur Beschränkung des berechtigten Personenkreises miteinander harmonisierten, insbesondere mit der 1536 ebenfalls angemahnten klösterlichen Armenpflege, ist bisher noch nicht ausreichend erforscht.[139]

Gemessen am Postulat des Reichsrechts sind die Wirkungen der territorialstaatlichen „Cura pauperum" des 16. Jahrhunderts in der Bilanz bescheiden. Gerade was die Organisation des Almosenwesens anbelangt, sind die Maßnahmen zunächst gesetzgeberische Initiativen geblieben, deren Wirksamkeit schon strukturell einge-

---

S. 80, die diesen Schluss zieht angesichts der Finanzierung der Armenkasse über solche Vermächtnisse. Vgl. u. a. als Beispiel hierfür das Testament des ehemaligen Trierer Bürgermeisters Kestens bei Rita Voltmer: Zwischen Herrschaftskrise, Wirtschaftsdepression und Jesuitenpropaganda. Hexenverfolgungen in der Stadt Trier (15.–17. Jahrhundert), in: Jahrbuch für westdeutsche Landesgeschichte 27 (2001), S. 37–107, hier S. 82f.

136 Druck bei Johann Joseph Scotti: Sammlung der Gesetze und Verordnungen, welche in dem vormaligen Churfürstentum Cöln (im rheinischen Erzstift Coeln, im Herzogthum Westphalen und im Veste Recklinghausen) über Gegenstände der Landeshoheit, Verfassung, Verwaltung und Rechtspflege ergangen sind. Vom Jahre 1463 bis zum Eintritt der Königlichen Preußischen Regierung im Jahre 1816. Erste Abteilung in zwei Teilen. Düsseldorf 1830, hier Bd. 1, S. 60; der Abdruck der Vorrede der Verordnung erfolgt mit Verweis auf die wörtliche Erneuerung der Verordnung von 1538 im Jahr 1595 (dort unter Angabe der Erweiterungen), Bd. 1, S. 166ff.; bzgl. Bettel siehe Bd. 1, S. 179f.

137 Feuchtwanger: Geschichte der sozialen Politik 2 (wie Anm. 82), S. 210f.; vgl. auch Ratzinger: Kirchliche Armenpflege (wie Anm. 45), S. 470.

138 Joseph Hartzheim/Johann Friedrich Schannat (Hg.): Concilia Germaniae. In 11 Tomis. Tomus 6 Concilia 1500–1564 (ND der Ausgabe Köln 1765). Aalen 1982, hier S. 235ff., bzgl. Hospital insbesondere S. 301ff.

139 Vgl. zur Praxis klösterlicher Armenfürsorge im 18. Jahrhundert Rüdiger Nolte: Klösterliche Armen- und Krankenfürsorge im 18. Jahrhundert unter besonderer Berücksichtigung Westfalens und des Rheinlands, in: Georg Mölich/Joachim Oepen/Wolfgang Rosen (Hg.): Klosterkultur und Säkularisation im Rheinland. Essen 2002, S. 207–222.

schränkt war. Dies ergibt sich bereits aus der in den Ordnungen beider Konfessionen vorhandenen Möglichkeit von Bettelerlaubnissen für einheimische Arme, die verdeutlichen, dass es durchaus vorgesehen war, die staatlich organisierten oder beaufsichtigten Mittel durch Bettelei zu ergänzen.[140] Dafür spricht auch die sogar einkalkulierte Korruption[141] und die begrenzte Anwendung der vorgesehenen Konzepte, welche die Wirksamkeit der Regelungen beeinträchtigten.[142] Anders als im Bereich der Armenpflege wurde der Aufforderung zum grundsätzlichen Verbot des Bettels sowohl von katholischer, als auch von protestantischer Seite zumindest auf normativer Ebene verstärkt nachgekommen. Die Sanktionen waren dabei jedoch von unterschiedlicher Schärfe und reichten von Abweisung an den Landesgrenzen bis zur Ausweisung. Zunächst wurde nur bei Bettelei mit einem gefälschten Ausweis wegen des „crimen falsi" bestraft oder bei Bruch der bei Ausweisung beschworenen Urfehde. Die Beseitigung der Bettelei durch staatliche Maßnahmen als Endziel der Armenfürsorge wurde nicht durch Erziehung und Resozialisierung, sondern durch Verbot des Bettels zu erreichen versucht.[143] Durchbrochen wurden diese Regelungen zudem durch die zugelassenen Ausnahmen.

Entwicklung der territorialen Ordnungen im Kur-
fürstentum Trier im 18. Jahrhundert

Im Gegensatz zum Herzogtum/Kurfürstentum Bayern, wo es Anfang des 17. Jahrhunderts zu einer umfassenden Neuordnung des Armenrechts kommt,[144] lassen sich neue Armenordnungen in den geistlichen Kurfürstentümern erst zu Beginn des 18. Jahrhunderts finden, zu einer Zeit, die in protestantischen wie in katholischen Territorien durch eine rege Gesetzgebung auf dem Gebiet der Armenfürsorge geprägt ist. Nunmehr ist bei beiden Konfessionen eine deutliche Restriktion und ein Wechsel im Selbstverständnis des Normgebers erkennbar. Beispielhaft soll hier ein Schlaglicht auf die Gesetzgebung des Kurfürstentums Trier im 18. Jahrhundert geworfen werden, dessen Aktivitäten während des 17. Jahrhunderts sich auf repressive Maßnahmen gegenüber Umherziehenden beschränkten.[145]

---

140 Battenberg: Obrigkeitliche Sozialpolitik (wie Anm. 7), S. 51f.; Scherner: Recht der Armen (wie Anm. 1), S. 78f.

141 Vgl. Scherner: Recht der Armen (wie Anm. 1), S. 78, der als Beispiel die kurhessische Armenordnung von 1651 anführt.

142 Vgl. als Beispiel die Regelungen der Trierer Armenordnung von 1591 im Vergleich zur Armenordnung von 1533 und hierzu Ackels: Trierer städtische Almosenamt (wie Anm. 135), S. 80. Ein bezeichnendes Licht auf die Wirksamkeit werfen die Missverständnisse innerhalb der Verwaltung selbst. So kam es im 18. Jahrhundert zu wiederholten Anweisungen des Kurfürsten von Trier an seine Beamten zur richtigen Auslegung der Verordnungen (siehe Anm. 164); vgl. auch bei Scotti: Sammlung der Gesetze Bd. 3 (wie Anm. 122), S. 1215.

143 Scherner: Recht der Armen (wie Anm. 1), S. 78–81.

144 Vgl. hierzu Schepers: Bettel in Bayern (wie Anm. 8), S. 85ff.

145 Vgl. als Beispiele hierzu Scotti: Sammlung der Gesetze Bd. 1 (wie Anm. 122), S. 578 (Verordnung zur Verhaftung von Landstreicher durch die örtlichen Behörden) und S. 650 (Verordnung zur Aufgreifung und Ausweisung des „herrenlosen Gesindels").

Erst die Reform des Hospitalwesens Anfang 1729[146] und die Bettel- und Almosenordnung von 1736 lassen eine Neuordnung des Armenwesens erkennen.[147] Letztere hält eine Abkehr von bisherigen katholischen Vorstellungen bereit, ohne sich jedoch gänzlich davon lösen zu können. Bereits in der Angabe des Anlasses zur Ordnung ist eine Veränderung erkennbar. Stand 1533 die religiöse Herleitung an erster Stelle, so leitete der Kurfürst jetzt die Gründe zum Tätigwerden zum einen aus der Tatsache ab, dass die bestehenden Verordnungen ihre Wirksamkeit verloren haben. Zum anderen verursache der Zulauf fremder, aber auch einheimischer Bettler in die Ortschaften des Erzstiftes die Gefahr, dass die Bedürftigen durch die starken Bettler um ihren Unterhalt durch das Almosen gebracht würden. Diese Begründung, die bereits aus der Verordnung von 1533 bekannt ist, wird im Folgenden noch um ein weiteres Element ausgeweitet. Der Zustrom der Bettler bilde eine Gefahr „grober Laster" für die Städte und Ortschaften. Daher erfolgt der Erlass aus landesfürstlicher Sorge nicht nur zum Allgemeinwohl, sondern zur Beruhigung jedermanns. Erst an zweiter Stelle steht die biblische Herleitung der Pflicht zum Almosengeben unter besonderer Betonung des Lohns: „Almosen entledigt von aller Sünd und Tod". Bemerkenswert ist dabei, dass es der Obrigkeit obliegt, über die Einhaltung der christlichen Pflicht zu wachen. Darüber hinaus befiehlt der Kurfürst als geistliches Oberhaupt dem Klerus, verstärkt die Befolgung des Gebotes zum Almosengeben anzumahnen.[148]

Dass damit nicht mehr das Almosen des Gebers für den Bettler gemeint ist, wird aus den weiteren Regelungen ersichtlich. Zwischen berechtigten Empfänger und Spender sind obrigkeitlich bestellte Kollektoren geschoben. Begründet wird dies damit, dass so der Missbrauch des Almosen verhindert werden könne und durch Vermeidung des Gassenbettels Dieben, welche sich unter die Bettler mischen könnten, keine Gelegenheit gegeben werde und letztlich die „gemeine Ruhe und Ordnung" erhalten werde.[149] Das private Almosen wird sogar unter Geldstrafe gestellt und das Anzeigen desselben mit einem Anteil daran prämiert.[150] Berechtigt zum Almosenbezug sind nur Einheimische, die als bedürftig in den Armenlisten der jeweiligen Orte anerkannt wurden. Der Geburtsort als Unterstützungswohnsitz ergibt sich aus der Regelung, dass alle Armen und Bettler an dahin zu verweisen sind und auch nur dort zu unterstützen sind. Starke Bettler sind zur Arbeit anzuweisen, bei fehlender Befolgung bestehen verschiedene Sanktionsmöglichkeiten von

---

146 Verordnung vom 14. Jan. 1729, in: Blattau: Statuta Synodalia Bd. 4 (wie Anm. 122), S. 147–149; Verordnung vom 4. Feb. 1729, in: Blattau: Statuta Synodalia Bd. 4 (wie Anm. 122), S. 150–164. Kernelemente der Reform waren Bestandsaufnahme, Begrenzung des aufnahmeberechtigten Personenkreises (ausdrücklich ausgenommen von der Zugangsberechtigung waren Landstreicher und Fremde), Kontrolle durch standardisierte Visitationsfragebögen.
147 Blattau: Statuta Synodalia Bd. 4 (wie Anm. 122), S. 243–247; Scotti: Sammlung der Gesetze Bd. 2 (wie Anm. 122), S. 995–997.
148 Blattau: Statuta Synodalia Bd. 4 (wie Anm. 122), S. 243f.
149 Ebenda, S. 244, Punkt 2.
150 Ebenda, S. 246, Punkt 16.

der Verpflichtung zu öffentlichen Arbeiten bis hin zum Landesverweis.[151] Das Bettelverbot, für dessen Einhaltung die Wache und eigens dafür bestimmte Bettelvögte zu sorgen haben, besteht sowohl für einheimische als auch für fremde Bettler. Aus der Gesamtheit der Reglung ist klar erkennbar, dass eine Unterstützung nur durch die öffentliche Fürsorge beabsichtigt ist. Eingeschränkt wird die Gültigkeit von Bettelbriefen, die nur noch zur Reichung eines zum Weiterkommen erforderlichen Almosen berechtigen.[152] Die Regelungen lassen den Schluss zu, dass ungeachtet der Betonung des Grundes für das Almosengeben, das Almosen selbst dem Zugriff und der Steuerung durch die Obrigkeit unterworfen wird, und so seinen ursprünglichen Charakter als Gabe und Herstellung einer Beziehung zwischen Spender und Empfänger verloren hat.

Das Spannungsfeld zwischen religiöser Vorstellung und dem Bedürfnis, durch Normierung Armenfürsorge planbar und steuerbar zu machen, tritt auch bei der Frage nach einer zusätzlichen Finanzierung der Unterstützung der als bedürftig Anerkannten klar hervor. Ausgehend von einem freiwilligen Beitrag der Koblenzer Noblesse, des Klerus, der Räte und Bürger schließt der Kurfürst auf eine jährliche Wiederholung dieser Zahlungen. Zu diesem Zweck sollen Listen angelegt werden, in denen die Spender und die Höhe der Spenden aufgezeichnet werden. Begründet wird dies mit der besseren Planbarkeit der Ausgaben. Der Kurfürst behält sich vor, die Listen dahingehend zu überprüfen, ob und wie die Untertanen ihre Liebe zu Gott und ihren Mitmenschen und ihren Willen zur Erhaltung der Ordnung beweisen.[153] Dass hier mehr dahintersteht, wird offenbar, wenn unter Punkt 8 alle Bürger aufgefordert werden, einen ihrem Vermögen entsprechenden Beitrag zu leisten. Bei Nichtbefolgung soll dies an die Obrigkeit gemeldet werden, welche dann je nach Erforderlichkeit die notwendigen, offengehaltenen Maßnahmen zu ergreifen hat.[154] Diese bewusste offene Rechtsfolge ist nicht nur eine in Trier anzutreffende Erscheinung, sondern ist auch protestantischen Armenordnungen eigen.[155] Der schwierige Umgang mit dem Gegensatz zwischen einer steuerbaren und damit auf regelmäßige Einnahmen durch eine Armensteuer angewiesenen Armenfürsorge und der herkömmlichen Caritas, deren Grenzen sich durch die Freiwilligkeit des Almosens ergeben, ist erkennbar. Der Versuch auf dem Umweg der Überprüfung freiwilliger

---

151 Ebenda, S. 244f.; bzgl. der Verweisung an den Geburtsort Punkt 4 i. V. m. 9 und 10; Führen der Listen Punkt 5; Arbeitszwang Punkt 6; Kategorien der Berechtigten Punkt 7, wobei sich die Kategorien nach den bereits im 16. Jahrhundert üblichen Kriterien richten. Vgl. zur Strafart des Landesverweises Helga Schnabel-Schüle: Die Strafe des Landesverweises in der Frühen Neuzeit, in: Andreas Gestrich/Gerhard Hirschfeld/Holger Sonnabend (Hg.): Ausweisung und Deportation. Formen der Zwangsmigration in der Geschichte (Stuttgarter Beiträge zur Historischen Migrationsforschung 2). Stuttgart 1995, S. 73–82; Segall: Reichspolizeiordnungen (wie Anm. 101), S. 131f.

152 Blattau: Statuta Synodalia Bd. 4 (wie Anm. 122), S. 245f.; bzgl. Einheimischer vgl. Punkt 7, 9, 10, 11, 14.

153 Ebenda, S. 244, Punkt 3; hier wird wieder die Überwachung christlicher Pflichten durch den Landesherren festgelegt.

154 Ebenda, S. 245, Punkt 8.

155 Vgl. Scherner: Recht der Armen (wie Anm. 1), S. 88; Hinweis auf § 4 der mecklenburgischen Verordnung von 1798.

Beiträge und damit einer auf eine faktischen Selbstverpflichtung hinauslaufenden Leistung zu einer Finanzierung der Armenpflege zu gelangen, ohne offen mit den bisherigen Vorstellungen zu brechen, ist jedoch kein spezifisch katholisches Problem.[156]

Zusammengefasst kann gesagt werden, dass in der Ordnung von 1736 die Schwierigkeiten des Territorialherren in mehrerer Hinsicht offenbar werden. Auf der einen Seite bei der Regulierung des Aktes des Almosengebens sowohl des Spenders wie des Empfängers, auf der anderen Seite bei dem Problem der beständigen Finanzierung einer obrigkeitlichen Unterstützung. Dass sich der Kurfürst doch noch nicht ganz von hergebrachten Vorstellungen lösen kann, wird nicht zuletzt in den Ausnahmen vom Anwendungsbereich der Norm für Klöster und Mendikantenorden ersichtlich.[157]

Die weitere Entwicklung der Gesetzgebung im 18. Jahrhundert zeigt allerdings, dass sich die in der Ordnung von 1736 nachzuweisende Loslösung von den ursprünglichen Positionen fortsetzt, bis hin zur Umkehr der ursprünglichen Bedeutung in das Gegenteil. Wiederholt wird die Verordnung von 1736 durch den Erlass der Verordnung vom 15.11.1755, in der die Regelungen aufgegriffen und schärfere Aufsicht und Kontrollen gefordert werden. Deutlich wird die Betonung der restriktiven Maßnahmen in der Aufenthaltsbeschränkung für italienische Bettelmönche auf drei Tage.[158] Die Armenordnung vom 7. April 1768 nimmt ähnlich der Verordnung von 1736 den Zustrom von Landstreichern und Bettlern zum Anlass, betont aber neben der Gefährdung des Almosens für die einheimischen Armen die Bedrohung der allgemeinen Sicherheit durch die Überschwemmung des Landes mit fremden Müßiggängern.[159] Der Müßiggang wurde als Ursache für das Begehen von Straftaten gesehen, weshalb der Kurfürst aus „Landesvätterlicher Sorge und Liebe" sich zur Erneuerung des Armenrechts entschlossen hat.[160] Auf eine religiöse Herleitung der Almosenpflicht wird in dieser Ordnung völlig verzichtet. Das Gemeine Wohl wird sogar als einziges Ziel der Verordnung angegeben.[161] Inhaltlich greift die Verordnung die bereits bekannten Regelungen auf, wie etwa das generelle Bettelverbot, die Ausweisung aller fremden Bettler, den Geburtsort als Unterstützungsort. Die bereits bestehende Geldstrafe für privates Almosen wird dahingehend verschärft, dass bei Unvermögen des Täters eine Körperstrafe durch Schläge vorgesehen wird.[162] Um die Bereitschaft der Untertanen zum Ausliefern von fremden Bettlern zu erhöhen, wird eine Prämie von 5 fl. rheinisch ausgesetzt. Besonderer Wert wird zur Erreichung der Prävention und Durchsetzbarkeit der Strafen der Ver-

---

156 Vgl. Ebenda, S. 87; Verweis auf die brandenburgische Verordnung von 1708, in der die Freiwilligkeit des durch die Priester anzumahnenden Beitrags betont wird, bei Zuwiderhandlung allerdings eine Sanktion seitens der Administration vorgesehen wird.

157 Vgl. Blattau: Statuta Synodalia Bd. 4 (wie Anm. 122), S. 246, Punkt 18; die Ausnahme für die Mendikantenorden ist bereits aus der Verordnung von 1533 bekannt.

158 Scotti: Sammlung der Gesetze Bd. 2 (wie Anm. 122), S. 1095.

159 Blattau: Statuta Synodalia Bd. 5 (wie Anm. 122), S. 114–116.

160 Ebenda, S. 114.

161 Ebenda, S. 115, Punkt 9.

162 Ebenda, S. 115, Punkt 8.

öffentlichung der Ordnung beigemessen.[163] In der Gesamtheit betrachtet ist neben der Verschärfung der Sanktionen der Verzicht auf einen religiösen Bezug auffallend. Die Tatsache, dass diese Verordnung bereits am 30. August 1768 durch eine Zusatzbestimmung erläutert werden musste, zeigt, dass damit kein Endpunkt der Armengesetzgebung erreicht werden konnte.[164]

Das Bestreben, die bestehenden Ausnahmen des Anwendungsbereichs der Norm zu reduzieren, lässt sich an der Verordnung vom 19. November 1770 erkennen,[165] in der, ausgehend von einer Notzeit, nur noch den einheimischen Mendikanten-Klöstern das Terminieren, das Almosensammeln an bestimmten Terminen, gestattet wird. Bezeichnend ist, dass die Regelung bis auf Widerruf Geltung besitzt. Besonders auffallend spitzt sich die Entwicklung in der Argumentation der Bettelordnung vom 11. März 1776 zu.[166] Diese Regelung enthält die wesentlichen Elemente der Ordnung von 1736 und 1768 unter Berücksichtigung der Einrichtungen der Armen-, Arbeits- und Spinnhäuser. Ein Beispiel für das Bemühen um die Schaffung einer effektiveren Kontrolle des Bettelverbots ist die Beweislastverteilung zu Lasten der als Bettler durch die Bettelvögte Aufgegriffenen. Deren Aussagen wird unter Punkt 17 bei von ihnen festgestellten Verstößen die alleinige Wahrheit beigemessen, solange das Gegenteil nicht bewiesen ist.[167] Die Ordnung gipfelt im Verbot jeglichen Bettels unter Punkt 16 der Vorschriften.[168] Dabei liegt die Besonderheit keineswegs in der beständigen Wiederholung des Bettelverbots, sondern in der Begründung des damit korrespondierenden Verbots des privaten Almosens. Das Geben von Almosen durch den Spender direkt an den Bedürftigen wird unter Strafe gestellt, da „es nicht nur kein Gott gefälliges Werk seyn könne, sondern vielmehr für eine sündhafte Vergehung angesehen werden müßte, wenn Unterthanen der von Gott ihnen vorgesetzten Obrigkeit entgegen zu handeln sich kein Bedenken machen". Die Verrechtlichung privaten und religiösen Verhaltens findet in der Sinnumkehrung des Almosens einen Höhepunkt. Um der ursprünglichen Bedeutung des Almosens zu entgehen, wird über das Konstrukt des Verstoßes gegen den Willen des von Gott legitimierten Herrschers die Bedeutung des Almosens als Wohltat und Bußsakrament ins genaue Gegenteil verkehrt. Hier hat der stets schwierige Umgang mit der katholischen Vorstellung über die Bedeutung des Almosens beim gleichzeitigen Verbot des Bettels und damit eines zum Vollzug

---

163 Ebenda, S. 116, Punkt 11,12.
164 Ebenda, S. 120f. Bezeichnend für die Probleme alleine mit dem Verständnis und der Auslegung von Normen durch die Beamten sind die Schwierigkeiten, welche im Anschluss an diese Zusatzbestimmung auftreten. In dieser wurde angeordnet, die ursprünglich vorgesehene Vertreibung einheimischer Armer ohne Arbeit dahingehend zu begrenzen, dass Arme mit festem Wohnsitz und „guter Aufführ" zu dulden seien; die Verordnung vom 27. Mai 1769 (Ebenda, S. 155f.) muss ausdrücklich darauf hinweisen, dass mit der nun erfolgten Eingrenzung der Anwendung der Norm nicht auch die anderen Regelungen der Verordnung vom 7. April 1768 gemeint waren, insbesondere nicht diejenigen gegenüber fremden Bettlern.
165 Ebenda, S. 173.
166 Ebenda, S. 205–209.
167 Ebenda, S. 208.
168 Ebenda, S. 208.

des guten Werkes erforderlichen Empfängers ihren – wenn auch in den Widersinn gewandten – Abschluss gefunden.

Der erste Überblick über die Armengesetzgebung im Kurfürstentum Trier zeigt, dass die Entwicklung der Normen sich löst von religiösen Anschauungen und diese sogar ins Gegenteil pervertiert. Auf dem Weg zu einer planbaren Armenfürsorge werden Kontrollmechanismen geschaffen, bei der Frage nach der Finanzierung der Armenpflege gelingt es den Kurfürsten allerdings nicht, den Schritt zu einer pflichtigen Armensteuer zu machen.

Rechtstheoretischer Hintergrund der Armenfürsorge im 17. Jahrhundert

Diese Änderung der Auffassungen steht rechtstheoretisch nicht im leeren Raum. Wie schon die oben aufgezeigte Beschäftigung der mittelalterlichen Rechtswissenschaft mit dem Bettlerrecht gibt die Beschäftigung der Gemeinrechtswissenschaft, des „usus modernus pandectarum", im 17. Jahrhundert Anlass zur Ergründung der rechtstheoretischen Vorlagen zu den gesetzlichen Änderungen des 18. Jahrhunderts. Als „usus modernus" wird die sich an die Rezeption des Römischen Rechts anschließende Anwendung und theoretische Durchdringung desselben unter Einbeziehung des Partikularrechts und der forensischen Praxis bezeichnet.[169] Hinsichtlich der bereits geschilderten Auseinandersetzung der Kommentatoren mit der Problematik des weltlichen Bettelverbots betrat die Jurisprudenz des „usus modernus" kein Neuland. Allerdings hatte sich die Fragestellung neben der Aufarbeitung der Reichsgesetzgebung um das Problem der Kompetenz der Obrigkeit zur Regelung der Armenpflege erweitert. In den bedeutendsten Werken des „usus modernus", dem „Collegium theoretico-practicum" von Wolfgang Adam Lauterbach und dem „Usus modernus pandectarum" von Samuel Stryck, wird die unredliche Bettelarmut unter den Straftaten, unter den „delicta extraordinaria" erörtert. Als Rechtsgrundlage beziehen sich die Autoren neben dem römischen Recht auf die Reichspolizeiordnungen sowie territoriale Polizeiordnungen. Lauterbach verweist in seinen Ausführungen auf den hier näher in den Blick zu rückenden Traktat Ahasver Fritschs zur Thematik. Die Aufnahme als einzige Monographie in eins der prägendsten Werke des „usus modernus" zum Gebiet des Armenrechts weist auf eine herausragende Stellung hin.[170] Dieses Werk ist auch in der bedeutendsten juristischen Bibliographie des 18. Jahrhunderts, der des Lipenius, aufgeführt, die unter den Stichwörtern „eleemosyna", „hospitale", „mendicantes", „mendici", „miserabiles personae", „pauper", „paupertatis ius et privilegia", „pauperies" weitere Hinweise auf die einschlägigen Werke bietet. Bei der Sammlung der angegebenen Stellen und Schriften und deren Erschließung im Rahmen des Projektes B 3 „Katholische Armenfürsorge

---

169 Alfred Söllner: Die Literatur zum gemeinen und partikularen Recht in Deutschland, Österreich, den Niederlanden und der Schweiz, in: Helmut Coing (Hg.): Handbuch der Quellen und Literatur der neueren europäischen Privatrechtsgeschichte, Bd. 2: Neuere Zeit (1500–1800). Das Zeitalter des Gemeinen Rechts, 1. Teilbd. Wissenschaft. München 1977, S. 501ff.; insbesondere S. 512f.

170 Vgl. insgesamt zum folgenden Scherner: Arme und Bettler (wie Anm. 11), S. 132f.

in der Frühen Neuzeit zwischen staatlicher, kommunaler und kirchlicher Zuständigkeit" des SFB 600 „Fremdheit und Armut" an der Universität Trier bestätigte sich die schon durch die Untersuchungen Scherners hervorgehobene besondere Stellung des Werkes von Ahasver Fritsch.

Der „Tractatus de mendicantibus validis", erschienen 1659 in Jena, nimmt nicht ohne Grund besondere Aufmerksamkeit in Anspruch. Die besondere Stellung erklärt sich nicht allein aus der Tatsache, dass das Werk nicht nur zu den wenigen juristischen Spezialschriften des „usus modernus" gehört, die sich in den großen Kompendien zum Thema Armenrecht finden. Der Verfasser selbst ist von ebenso hohem Renommee. Ahasver Fritsch war nach Abschluss seines Studiums in Jena und Halle kurze Zeit Dozent der Universität Halle. Später stand er als Beamter in den Diensten des Grafen Schwarzburg-Rudolstadt und stieg bis zum Kanzler auf.[171] Fritsch war wie viele bedeutende Juristen seiner Zeit Protestant. Für seine literarische Fruchtbarkeit stehen zahlreiche theologische und geistlich-erbauliche Schriften neben seinem umfangreichen juristischen Werk.[172] Die Spannweite seines Schaffens reicht vom Sammeln und Zusammenstellen lokaler Ordnungen über kleinere staatsrechtliche Schriften und Werke zum Berufsrecht und Zunftrecht bis zu Themen des Wirtschaftsverwaltungs- und des allgemeinen Verwaltungsrechts. Für den vorliegenden Zusammenhang ist besonders auf das Werk über das Hospitalrecht hinzuweisen.[173] Seine umfassende Übersicht über das zeitgenössische Recht ist angesichts des Umfangs seiner Arbeit evident.[174]

Der Traktat selbst stellt eine seit dem Mittelalter wichtige monographische Literaturform dar, die es neben der auf Titel des „Corpus iuris civilis" bezogenen auch in der moderneren Form der titelunabhängigen Problembehandlung gibt. Der Traktat will entweder ein Rechtsproblem erörtern oder ein Rechtsgebiet darstellen.[175] Fritsch wählt trotz der Anknüpfung des Titels an C 11, 25 die titelunabhängige Abhandlung.[176] Die Fortsetzung des Titels weitet die Überschrift zunächst auf die Behandlung repressiver Maßnahmen gegen starke Bettler aus. Es wird die Behandlung der Sorge- und Unterhaltspflicht der Obrigkeit gegenüber den Armen, die Verteilung der Almosen und weiterer Fallgruppen angekündigt.[177] Als Rechts-

---

171 Ernst Landsberg/Roderich von Stintzing: Geschichte der deutschen Rechtswissenschaft. 3. Abt/1. Halbband (ND der Ausgabe München/Leipzig 1898). Aalen 1957, Anhang 25; Christian Gottlieb Jöcher (Hg.): Allgemeines Gelehrten Lexikon, 2. Teil (NDder Ausgabe Leipzig 1750). Heidelberg 1961, Sp. 772–776.

172 Michael Stolleis: Geschichte des öffentlichen Rechts in Deutschland. Bd. 1: Reichspublizistik und Policeywissenschaft 1600–1800. München 1988, hier S. 256.

173 Ahasver Fritsch: Diatribe juridica de jure ac privilegiis hospitalium. Jena 1672; diese Arbeit wurde ausgewertet durch Begon: „De Iure Hospitalium" (wie Anm. 12).

174 So auch Scherner: Arme und Bettler (wie Anm. 11), S. 134.

175 Söllner: Literatur zum gemeinen und partikularen Recht (wie Anm. 169), S. 501ff., S. 573ff.

176 Scherner: Arme und Bettler (wie Anm. 11), S. 135.

177 „de officio magistratuum circa pauperes, eorum cura & sustentatione; eleemosynarum distributione, exulantibus Lutheranis, vagantibus Scholaribus eorumque studiiis stipendiis, otio & mendicitate licita illicita, Ordinibus mendicantium Religiosorum, Zigensis, erronibus, aliisqque impostoribus, variis fraudibus ac technicis, Item de modis coercendi, censuri publica, operis publicis, Ergasteria, & de poenis falsarorum ac stellionum & c. disseritur".

quellen werden im Titel in dieser Reihenfolge die Heilige Schrift, die Sitten und Gebräuche der Völker, das justinianische Recht, die Reichsgesetze und die landesherrschaftlichen Ordnungen aufgeführt.

Im Vorwort nimmt Fritsch zum Anlass und Vorhaben des Werkes genauer Stellung. Er beklagt keinen neuen, akuten Missstand als Beweggrund seiner Schrift, vielmehr führt er diese auf bereits bekannte Umstände zurück, wie Hartherzigkeit, Hochmütigkeit und fehlende Gottesfurcht seiner Zeitgenossen,[178] das Vorliegen wahren Elends, das gerade die Kinder zum Bettel treibe sowie die Existenz betrügerischer Bettler.[179] Fritsch stellt die Existenz geeigneter reichsrechtlicher Sanktionen gegen Müßiggang fest, hinterfragt aber deren Beachtung und Überwachung.[180] Dem wohlwollenden Leser wird die Betrachtung der sich aufdrängenden Fragen angekündigt, wie im Staat mit der Armut zu verfahren sei, inwiefern in der Öffentlichkeit das Betteln zu verbieten oder zu erlauben sei und auf welche Weise die Almosen zu verteilen seien.[181]

Der Blick ins Inhaltsverzeichnis zeigt, dass sich der Verfasser nicht nur mit den allgemeinen Problemen auseinandersetzt, sondern auch Einzelfälle betrachtet und Ratschläge für die Praxis gibt. Dabei setzt sich das Werk zu Beginn mit den allgemeinen Fragen nach Zuständigkeit, Pflicht und Art der Armenfürsorge auseinander, um dann im weiteren auf die Unterscheidung zwischen erlaubter und unerlaubter Bettelei und auf die Frage eines gänzlichen Bettelverbots einzugehen. Anschließend werden einige besondere Fallgruppen in den Blick gerückt, wie die Scholaren oder die Mendikantenorden. Auffallend ist dabei, dass die aufgrund ihrer lutherischen Konfession Vertriebenen nicht von Fritsch unter die „mendicantes validi" gezählt werden.[182] An die Schilderung von Techniken des betrügerischen Bettels schließen sich Ausführungen an über die staatliche Aufsicht und Erfassung der starken Bettler, die Strafbarkeit der Bettelei und den Zwang zu öffentlichen Arbeiten sowie die Einweisung ins „Zucht- oder Werckshaus"(ergasteria).

Die eigentliche Neuheit ist in dem Werk Ahasver Fritschs die Herleitung der staatlichen Pflicht und Kompetenz für die „cura pauperum". Fritsch verdeutlicht zunächst im ersten Kapitel die allgemeine Aufgabe des idealen Fürsten, dessen Ziel das öffentliche Wohl ist.[183] Belegt wird dies mit Aussagen antiker Autoritäten von Cicero, Seneca, über Xenophon bis Plato und Sokrates und Stellen des „Corpus iuris civilis" (Nov 5 praefatio). Darüber hinaus werden auch die zeitgenössischen Staatstheoretiker Bornitius oder Bonin als Belege zitiert.[184] Der Zusammenhang

---

178 Fritsch: de mendicantibus validis (wie Anm. 16), Praefatio S. 1.
179 Ebenda, Praefatio S. 3.
180 Ebenda, Praefatio S. 2.
181 Ebenda, Praefatio S. 3.
182 Ebenda, Caput 9: „Validos mendicantes non esse, quos constans veretatis Evangelicae confeßio exules fecit".
183 Ebenda, Caput 1, Nr. 1: „scopus boni principis salus publica".
184 Ebenda, Caput 1, Nr. 1ff. Bemerkenswert, geradezu prophetisch (jedenfalls die zweite Aufforderung betreffend) und ausbaufähig bezüglich des aktuell allenthalben in der Kritik stehenden Verständnisses des Staates bei der Erhebung von Steuern in der Bundesrepublik Deutschland scheint die unter Nr. 5 getroffene Aussage zu sein, dass der Fürst Sorge zu tragen hat, dass seine

zwischen dem staatlichen Idealziel und der Beseitigung des misslichen Zustands
der Armenfürsorge wird erst durch den Hinweis auf die jeden Christen treffende
Pflicht zur Armenunterstützung hergestellt. Diese nicht im freien Belieben stehende
christliche Pflicht sei innerhalb des Staatswesen in erster Linie dem Fürst (princeps)
oder der Obrigkeit (magistratus) auferlegt, wie Fritsch unter Verweis auf ein Zitat
aus Charles Dumoulins Tractatus commerciorum anführt.[185] Auch diese Aussagen
werden zum einen auf antike Quellen gestützt, darunter Stellen des Talmud,[186]
und zum anderen auf die wörtliche Zitierung von Bibelstellen. Die Grundlagen
der obrigkeitlichen Armenfürsorge werden in Caput 2 Nr. 9 durch Frisch prägnant
zusammengefasst: der Auftrag Gottes, die Verpflichtung des Fürsten gegenüber
seinen Untertanen und die Vorbilder der besten Herrscher.[187] Auffallend ist, dass
Fritsch weniger eine juristische Begründung als vielmehr eine theoretische Rechtfertigung liefert. Beachtet man das Fehlen einer Armenfürsorge im Sinne Fritschs
in der staatsrechtlichen Lehre des frühen 18. Jahrhunderts, so ist Scherners Schluss
naheliegend, dass ein Praktiker wie Fritsch das Bedürfnis nach einer Theorie gesehen hatte nicht trotz, sondern gerade aufgrund des Anwachsens des einschlägigen
positiven Rechts.[188]

Die im dritten Kapitel aufgeworfenen Fragen nach der Art und Weise, wie den
Armen zu helfen sei, behandelt Fritsch unter drei Gesichtspunkten. Zunächst kommt
er auf das Verhältnis der staatlichen Armenfürsorge zur kirchlichen Armenfürsorge
zu sprechen. Dann wendet er sich in einem historischen Abriss der Pflicht der Kirche zur Armenfürsorge zu.[189] Dabei stützt Fritsch in der gleichen Art, wie er die
herkömmliche kirchliche Pflicht herleitet, die staatliche Kompetenz zur Aufsicht
über kirchliche Einrichtungen wie etwa die Hospitäler auf den Befund aus älteren
Rechtsquellen, insbesondere durch Stellen aus einem Kapitular Karls des Großen[190]
und abschließend auf die Reichsgesetzgebung in der Reichspolizeiordnung von
1577.[191]

Der zweite Punkt betrifft die Einrichtung und Organisation der Verwaltung
eines Gotteskastens, des „aerarium sacrum", dessen Existenz im öffentlichen Inte-

---

Untertanen reich und begütert sind, und er davon auszugehen hat, dass seine Schätze in den
Geldbeuteln seiner Untertanen liegen.

185 Ebenda, Caput 2, Nr. 1–5; wie Scherner: Arme und Bettler (wie Anm. 11), S. 136 nachweist,
betrifft der Hinweis auf Charles Dumoulins „tractatus commerciorum" die Gesetzwidrigkeit
des Verleihens gegen Wucherzinsen, da sonst die Armen ausgeplündert werden.

186 Fritsch: de mendicantibus validis (wie Anm. 16), Caput 2, Nr. 7f.

187 Unter den Vorbildern etwa Ludwig der Heilige König der Sachsen, Jakob V. als schottischer
König.

188 Vgl. hierzu Scherner: Arme und Bettler (wie Anm. 11), S. 138f.; zu Ansätzen der Fürsorgepflicht der weltlichen Obrigkeit bezogen auf den begrenzten Bereich des Hospitalwesens vgl.
Begon: De Iure Hospitalium (wie Anm. 12), S. 40f.

189 Fritsch: de mendicantibus validis (wie Anm. 16), Caput 3, Nr. 4–8.

190 Ebenda, Caput 3, Nr. 11–13; bzgl. des oströmischen Staatskirchenrechts vgl. Scherner, Arme
und Bettler (wie Anm. 11), S. 139f.; bzgl. der Kapitularen vgl. ders.: Ut propriam familiam
nutriat (wie Anm. 2).

191 Fritsch: de mendicantibus validis (wie Anm. 16), Caput 3, Nr. 14.

resse stehe.[192] Als über die traditionellen Grenzen hinausreichende Kernfrage des Traktats zu betrachten ist der von Fritsch erörterte dritte Punkt seiner Ausführungen zu Caput 3. Was geschieht, wenn das vom Fürsten einzurichtende „Aerarium sacrum" erschöpft ist, aber niemand zur freiwilligen Abhilfe gewillt ist? Hier fragt es sich, ob dann die Obrigkeit die Untertanen in Fällen extremer Not zwingen kann, irgendeinen Beitrag zum Unterhalt zu erbringen.[193] Der Tatbestand des „casus extremae necessitatis" gibt in der mittelalterlichen, aber auch in der neuzeitlichen Gesetzgebungsgeschichte unter anderem die Möglichkeit zum Erlass von Ausnahmegesetzen und ist von Fritsch bewusst gewählt.[194] Fritsch stützt dabei seine Ausführungen auf Gutachten von Georg Frantzkius.[195] Hinsichtlich der Almosensteuer muss sich Fritsch mit dem bedeutsamsten Gegenargument auseinandersetzen, ob nämlich die Freiwilligkeit des Almosens die Kompetenz des Staates insofern sperrt, als das Almosengeben als ein „actus internus" nicht von der „lex civilia" vorgeschrieben werden kann.[196]

Demgegenüber schließt sich Fritsch, ebenso wie Frantzkius, dem Zitat aus dem Werk des Conradus Theorodicus an, der bei Hungersnot oder großer Teuerung den Obrigkeiten das Recht zur zwangsweisen Erhebung zuerkennt.[197] Die Begründung weist eine zweigleisige Argumentation auf. Zum einen wird der Staat als Hüter der zehn Gebote in die Pflicht genommen, dem guten Recht Geltung zu verschaffen und die Untertanen zur Beachtung der Pflichten anzuhalten.[198] In dieselbe Richtung zielt die Aussage, das Almosen sei in der Heiligen Schrift vorgeschrieben und nicht eine Sache des Beliebens. Durch die anschließende Anführung von Beispielen, in denen religiöse Pflichten der Untertanen durch den Herrscher festgeschrieben werden,[199] wird die Befugnis, die Almosenpflicht der Untertanen durch eine Steuer durchzusetzen, nahegelegt.

192 Ebenda, Caput 3, Nr. 16–23.
193 Ebenda, Caput 3, Nr. 26f.
194 Scherner: Arme und Bettler (wie Anm. 11), S. 141.
195 Georg Frantzkius: libri duo variarum resolutionum in quorum priori materia censuum, seu annuorum, dedituum, cessionem ... tractantur; hier: liber secundus, in quo materia iuramentorum, collectarum propter depauperatos tempore necessitatis indicendarum, alienationibus & restitutionibus rerum furtivarum, usuris usarium, testamentis conjugum, poenis corruptorum judicum, a missonibus instrumentorum, exceptionibus & confessionibus simplicibus & qualificatis, duellis, alliisque rebus tractatur. 2. ed. Jena 1656.
196 Fritsch: de mendicantibus validis (wie Anm. 16), Caput 3, Nr. 26; neben der Zitierung einer Stelle des Neuen Testaments (2. Korinther Brief 8, 8) wird als Vertreter dieser Ansicht Diego Covaruvias benannt; in diesem Zusammenhang vgl. weiterführend zu älteren Argumenten gegen eine Almosensteuer die bereits von de Soto vorgebrachte Kritik.
197 Fritsch: de mendicantibus validis (wie Anm. 16), Caput 3, Nr. 27; unter Bezug auf quaestio 4 des „discursus de eleemosyna" des Conradus Theorodicus abgedruckt in Consilia illustrum jurisconsultorum, Francoforti p1 consil 86.
198 Frantzkius: lib. 2 (wie Anm.195), quaestio VII, Nr. 25; Fritsch: de mendicantibus validis (wie Anm. 16), Caput 3, Nr. 28.
199 Frantzkius: lib. 2 (wie Anm.195), quaestio VII, Nr. 26, 27; Fritsch: de mendicantibus validis (wie Anm. 16), Caput 3, Nr. 28.

Bezogen sich die vorherigen Argumente auf die Bedeutung religiöser Pflichten und deren Rolle im Staat, so zielen zum anderen die sich nun anschließenden Argumente auf weltliche Aspekte. Die Unterlassung der Pflicht zum Almosengeben schadet nach Ansicht von Fritsch und Frantzkius der Allgemeinheit außerordentlich.[200] Außerdem sei die Almosensteuer nicht nur als Akt der Nächstenliebe zu verstehen, sondern von Natur aus auch eine bürgerliche Pflicht. Belegt wird dies durch Berufung auf Stellen des römischen Rechts, der Lex Rhodia, sowie unter Berufung auf Thomas von Aquin und Hugo Grotius. Die unter die ausgleichende Gerechtigkeit fallende „caritas" sei Gegenstand des weltlichen Rechts.[201] Auffallend ist, dass die Argumentation Strukturen der mittelalterlichen Kanonistik zur Almosenpflicht aufgreift. Dies legt den Schluss Scherners nahe, dass das Vorbild der von den Protestanten Fritsch und Frantzkius als weltliches Recht begründeten allgemeinen Bürgerpflicht des Almosengebens das materielle mittelalterliche Kirchenrecht ist. Obgleich nach Begründung der Kompetenz zur Armensteuer nicht unbedingt erforderlich, weist Fritsch darüber hinaus die Kompetenz des Staates zum Erlass von Almosenordnungen nach.[202]

An diese Betrachtungen schließen sich die Ausführungen über den eigentlichen Titel an, über das Verbot der Bettelei der starken Bettler.[203] Anknüpfungspunkt ist zunächst die Frage nach der erlaubten Bettelarmut, bei der Fritsch der einstimmigen Ansicht von theologisch-kirchenrechtlicher und weltlicher Seite folgt. Hinsichtlich des Verbotes des Bettels weist Fritsch auf die bestehende Rechtslage hin, die er in der hierarchischen Abfolge vorstellt.[204] Der Frage nach der Kompetenzverteilung zwischen Kirche und Territorialstaat weicht Fritsch insofern aus, als er auf das verbindliche gemeinsame Handeln der weltlichen und geistlichen Obrigkeit nach sächsischem Recht hinweist.[205] Über die erfolgte positivistische Feststellung des

---

200 Frantzkius: lib. 2 (wie Anm.195), quaestio VII, Nr. 28. Frantzkius beklagt für den behandelten Notfall bei fehlender Almosensteuer sowohl den Schaden für die Religionsausübung als auch für den wirtschaftlichen Zustand des Staates; vgl. hierzu Fritsch: de mendicantibus validis (wie Anm. 16), Caput 3, Nr. 28.

201 Fritsch: de mendicantibus validis (wie Anm. 16), Caput 3 Nr. 28, Frantzkius: lib. 2 (wie Anm.195), quaestio VII, Nr. 30ff.; in diesen Stellen wird die Verpflichtung der Reichen gegenüber den Armen aus Gerechtigkeitsgründen angeführt, die Stellen des römischen Rechts beziehen sich auf Hilfeleistungsverpflichtungen bei Notfällen; vgl. Scherner: Arme und Bettler (wie Anm. 11), S. 143.

202 Scherner: Arme und Bettler (wie Anm. 11), S. 143; mit Verweis auf Fritsch: de mendicantibus validis (wie Anm. 16), Caput 3, Nr. 29f.; die Herleitung erfolgt durch Verweis auf die aus dem oströmischen Staatskirchenrecht sowie den Schriften der Kirchenväter abgeleitete Pflicht, den Armen zu helfen; die Erfassung der Armen soll sich jedoch nicht an den bisherigen Klassifizierungen der Moraltheologen orientieren, sondern an den von Lucas de Penna vertretenen Kriterien wie Glaubwürdigkeit, Ursache, Alter, Notwendigkeit und die jeweiligen Umstände.

203 Fritsch: de mendicantibus validis (wie Anm. 16), Caput 4,5, Caput 7–12 behandeln verschiedene Fallgruppen wie der Mendikanten (welche er in protestantischen Territorien ablehnt, vgl. Caput 11, Nr. 21), Scholaren oder der wegen ihres (protestantischen) Bekenntnisses Vertriebenen.

204 Ebenda, Caput 5, Nr. 1–5: Reichsrecht an erster Stelle, dann das örtliche Recht, das Römische Recht und die antike Gewohnheit.

205 Ebenda, Caput 5, Nr. 6–9; Scherner: Arme und Bettler (wie Anm. 11), S. 147f.

Bettelverbots für starke Bettler hinaus sieht Fritsch anders als Besold die Kompetenz des Staates, den Gassenbettel gänzlich abzuschaffen.[206] Fritsch zieht jedoch daraus nicht den durchaus möglichen Schluss, dass der Bettel ganz abzuschaffen sei, sondern rechtfertigt damit die bestehende Praxis der Kontrolle. Er erkennt das Ausstellen von Bettelscheinen an, sieht aber auch die praktischen Schwierigkeiten im Umgang mit diesen und führt zahlreiche Normen und Regelungen an.[207] Angemahnt wird im Folgenden die Schaffung einer öffentlichen Aufsicht über die Bettler, die für die Einweisung starker Bettler und Müßiggänger in öffentliche Arbeiten und Arbeitshäuser zuständig sein soll. Daneben stehen Strafvorschriften für die über das Vorliegen der Bedürftigkeit täuschenden Bettler.[208]

Bei der Abschlussbetrachtung des Werkes müssen alte und neue Vorstellungen auseinander gehalten werden. Bekannt sind die Unterschiede des „mendicans validus" und des „egens" und die zugrunde liegenden Wertungen. Die Ursachen der Armut werden immer noch in der Person des Armen gesucht.[209] Neu ist die theoretische Herleitung der staatlichen Kompetenzen im Bereich der Armenfürsorge. Die „Cura pauperum" als Staatsziel ist damit nicht erst ein Produkt der Aufklärung oder der Armenordnungen des 18. Jahrhunderts, sondern knüpft an hochmittelalterliche Vorstellungen an, die ihrerseits Wurzeln bis ins frühe Mittelalter haben. Auffallend ist die zweigleisige Argumentationsweise, die sich ebenso wie auf christliche Vorgaben auch auf Notwendigkeiten des Territorialstaates stützt. Klar wird trotz der Betonung der christlichen Pflicht zum Almosenspenden, dass diese als vom Staat einforderbare Leistung angesehen wird. Darüber hinaus tritt bei den Aufforderungen Fritschs, Almosen zu spenden, hervor, dass damit nicht die freie Verteilung von Almosen gemeint ist, sondern das Spenden in den Gotteskasten oder an die verschämten Hausarmen.[210] Diese Auffassung über die Gabe des Almosens tritt im 18. Jahrhundert, wie der Blick auf die Ordnungen Kurtriers zeigt, ebenfalls in nichtprotestantischen Vorstellungswelten immer klarer zu Tage. Gleiches lässt sich sagen für die Aufgabe der Obrigkeit, über die Einhaltung christlicher Pflichten zu wachen.

---

206 Fritsch: de mendicantibus validis (wie Anm. 16), Caput 5, Nr. 12ff.; Scherner: Arme und Bettler (wie Anm. 11), S. 148; die Argumentation stützt sich auf Autoren des Kirchenrechts ebenso wie auf protestantische Theologen und auf die Bibelstelle „es sollen keine Bettler unter euch sein" (Deuteronomium 15, 4).

207 Fritsch: de mendicantibus validis (wie Anm. 16), Caput 5, Nr. 31–79; ebenso in diese Richtung die Ausführungen unter Caput 7.

208 Ebenda, Caput 14 bzgl. Einrichtung der öffentlichen Aufsicht; Caput 15 bzgl. der Einweisung in Arbeitshäuser; Caput 16 bzgl. der Strafbarkeit nach dem „crimen falsi", welches die im Belieben des Richters stehende „poena extraordinaria" (üblicherweise Körperstrafe) nach sich zieht; bzgl. prozessualer Fragen Caput 17.

209 Vgl. hierzu insbesondere die Ausführungen zur „inertia" und „otio" bei ebenda, Caput 6.

210 Ebenda, Caput 3, Nr. 17ff., insbesondere 21.

Ausblick

Dass sich Theorie der Armenfürsorge und Praxis der Armenfürsorge, zu der aus Sicht der Rechtswissenschaft sicherlich die Norm zu zählen ist, gegenseitig beeinflussen, ist erwartungsgemäß kein neues Ergebnis. Erstaunlicher ist es, dass bisher zu Norm und Theorie oder gar zu den übergeordneten Zusammenhängen zwischen Norm und Theorie neuere Untersuchungen bis auf die aufgezeigten wenigen Ausnahmen fehlen. Diese Lücken beschränken sich nicht allein auf die fehlenden tiefergehenden rechtshistorischen Untersuchungen zu Positionen der mittelalterlichen Legistik und Kanonistik zur Bettlerfrage, sondern sie gelten auch für eine Bearbeitung des Werkes von Vives und dessen Auswirkungen auf territoriale Ordnungen in den Spanischen Niederlanden und im Alten Reich im Anschluss an die Reichspolizeiordnungen. Gerade was die Wirkungen der Yperner Armenordnung und der Schrift von Vives betrifft, fehlt es an einer genaueren rechtshistorischen Analyse, die einen Vergleich mit den territorialen Ordnungen dieser Zeit enthält, ebenso wie an einer neueren Bearbeitung überhaupt, welche nicht lediglich den Kenntnisstand des ausgehenden 19. Jahrhunderts verkürzt wiedergibt.[211] Dass ein Stillstand oder Verharren der Auseinandersetzung um die Gestaltung der Armenfürsorge für das 17. und 18. Jahrhundert nicht festzustellen ist, dass es sich vielmehr angesichts der hier in einer kurzen Betrachtung aufgezeigten Vorstellungen der Rechtstheorie des 17. Jahrhunderts um zumindest gedanklich ähnliche Vorläufer zu den Normen des 18. Jahrhunderts handelt, lässt die Untersuchung genauerer Zusammenhänge vielversprechend erscheinend.

Dabei soll keineswegs der Blick der Forschung einseitig oder gar ausschließlich auf die Rechtstheorie oder die Gesetzesebene allein gelenkt werden, es sprechen jedoch gute Gründe für die genauere Betrachtung des gesetzlichen Rahmens, innerhalb dessen sich die praktische Ausübung staatlicher Fürsorge vollzog. Weiterhin erscheint die Beurteilung der Bedeutung der Konfessionen bei der Ausgestaltung der Armenfürsorge ebenfalls einer Neubewertung bedürftig. So ist die Annahme, dass es in katholischen Territorien eine grundsätzliche Bettelerlaubnis und in protestantischen Territorien ein grundsätzliches Verbot gegeben habe, schon beim Blick auf die ersten territorialen Ordnungen so nicht zutreffend. Ähnliches gilt für den Vorwurf der fehlenden Organisation einer zentralen Finanzierung. Beiden Konfessionen gemeinsam ist jedenfalls die zunehmende Verrechtlichung der privaten Ausübung des Almosens und der persönlichen Beziehung zwischen Spender und Empfänger, nachdem die Empfängerseite des Almosens bereits frühzeitig den Regelungen der Obrigkeit unterworfen wurde. Trotz mancher Gemeinsamkeiten bleiben dennoch Besonderheiten zu erkennen, etwa bei den Schwierigkeiten der Ordnungen des Kurfürstentums Trier auf dem Weg zur Einführung einer Armensteuer oder dem zusätzlichen Begründungsaufwand zur Überwindung der Verdienstlichkeit des Almosens. Ob sich dieser erste Eindruck auch für die anderen geistlichen Kurfürstentümer bestätigen lässt, ob im Vergleich zu den Ordnungen des Kurfürstentums

---

211 Vgl. dazu die kürzlich erschienene Bearbeitung der Werke Vives durch Klein/Strohm: Entstehung einer sozialen Ordnung Europas, die erstmals eine moderne Edition seines Werkes liefert und zumindest in knappen Zügen eine Analyse versucht.

Bayern sich dort ebenfalls Schwierigkeiten bei der Durchsetzung des Verbots des privaten Almosens und der Festsetzung einer Almosensteuer feststellen lassen und ob sich das Bild einer fortschrittlicheren Gesetzgebung in protestantischen Territorien auch tatsächlich in dieser Allgemeinheit noch als zutreffend erweist, bleibt Gegenstand weiterer Nachforschungen.

„GOTT WOHLGEFÄLLIG UND DEN MENSCHEN NUTZLICH". ZU GEMEINSAMKEITEN UND KONFESSIONSSPEZIFISCHEN UNTERSCHIEDEN FRÜHNEUZEITLICHER ARMENFÜRSORGE

SEBASTIAN SCHMIDT

„Gott wohlgefällig und den Menschen nutzlich"[1]. So sollte die frühneuzeitliche Armenfürsorge nach den Vorstellungen des Ich-Erzählers in Grimmelshausens „Das wunderbarliche Vogelnest" beschaffen sein. Anlass zu dieser Überlegung ist das Zusammentreffen des Erzählers mit einer Gruppe von Bettlern. Da der Held der Geschichte unsichtbar ist, bekommt er hier Einblicke in die „wahre" betrügerische Beschaffenheit des Bettelvolkes, das sich völlig unbeobachtet fühlt. Und so überlegt er, was er gegen solche Bettler unternehmen würde, wenn er selbst ein Reichsfürst wäre. „Ich lase die Gesunde aus ihnen zu Soldaten, das Vaterland zu beschützen und den Türken zu bekriegen, und bauete schon Zuchthäuser und Werkstätte in meinem Lande, das ich im Sinn besäße, worin ich solche Anstalten vor die übrige zu machen gedachte, daß beides, Taube und Stumme, Blinde und Lahme, darinnen arbeiten und nicht allein ihr Brot vor sich selbst verdienen, sonder auch die übrige armselige Krüppel ernähren, ja noch drüberhin alle Jahr ein ziemlichen Überschuß zu des gemeinen Wesens Nutz vorschlagen und erübrigen könnten, damit das Lumpengesindel abgeschafft, Gott selbst durch ihr rohes Leben nicht mehr erzörnet, der Landmann durch ihren großen Überlauf nicht mehr molestiert" würde.[2]

Die Textstelle zeigt zum einen, welche verschiedenen Maßnahmen bereits im 17. Jahrhundert zur Bekämpfung der Armut und des Bettelwesens diskutiert wurden, zum anderen macht sie deutlich, dass sie in dieser Form nicht allgemein in die Praxis umgesetzt wurden, denn was im Einzelnen als Gott wohlgefällig und nützlich angesehen wurde, ist gerade im Hinblick auf die frühneuzeitliche Ausbildung unterschiedlicher Dogmatiken der Konfessionen und des damit eng verknüpften Staatsbildungsprozesses zu hinterfragen.

In der Frühneuzeitforschung wird dieser Zusammenhang unter dem Stichwort der „Konfessionalisierung" betont und diskutiert. Die folgenden Ausführungen gehen der Frage nach, welchen Einfluss die Konfessionszugehörigkeit auf die Ausbildung der frühneuzeitlichen Armenfürsorge in Theorie und Praxis hatte. Diese Frage ist nicht neu, denn bereits Ende des 19. Jahrhunderts avancierte die Armenfürsorge vor

---

1   Hans Jakob Christoffel von Grimmelshausen: Das wunderbarliche Vogelnest der Springinsfeldischen Leirerin, voller abenteurlichen, doch lehrreichen Geschichten, auf Simplicianische Art sehr nutzlich und kurzweilig zu lesen ausgefertigt durch Michael Rechulin von Sehmsdorff, in: Grimmelshausens Werke in vier Bänden. Bd. 3 (ND der Ausgabe Mömpelgard 1672). 4. Aufl., Berlin/Weimar 1977, S. 279.

2   Ebenda.

dem Hintergrund der Bismarckschen Sozialgesetzgebung zum bevorzugten Gegenstand konfessionsgebundener Kontroversen.[3] Wobei sich die katholischen Autoren
gegen die protestantische Auffassung wandten, dass die katholische Armenfürsorge
im Mittelalter verhaftet geblieben sei und deshalb versagt habe. Vielmehr führten
sie aus, dass erst die Verstaatlichung des Fürsorgewesens im Zuge der Reformation
den katholischen Caritas-Gedanken untergraben und somit die individuelle Unter-
stützungsbereitschaft beseitigt habe. Protestantische Autoren vertraten hingegen
die Meinung, dass die katholische Armenfürsorge mangels staatlichen Eingreifens
Struktur- und Modernisierungsdefizite aufgewiesen habe, die erst zur starken Ausweitung des Bettel- und Vagantentums geführt hätten. Hier konnte man sich auf
zeitgenössische Polemiken wie etwa die von Heinrich Gottlob von Justi berufen,
der in Stiftungen und Fürsorgeanstalten der katholischen Territorien allein „Säu-
gammen der Faulheit" erkannte.[4] Noch im 20. Jahrhundert wurde vereinzelt auf
diese Argumentationsmuster rekurriert.[5] Dabei wurde den katholischen Territorien
unterstellt, dass hier restriktive und wirksame Bettelverordnungen gefehlt hätten,
bzw. diese kaum umgesetzt worden seien, dass es allein in den protestantischen
Gebieten zu einem nennenswerten Ausbau der Armen- und Zuchthäuser gekommen
sei, ja, dass in der Gesamtbilanz die katholischen Territorien keinen eigenständigen
Beitrag zur Ausbildung moderner Armenfürsorge geleistet hätten.[6] Meist handelt es
sich dabei um Untersuchungen zu protestantischen Territorien, die die hier erlassenen Verordnungen in die Großtheorie Max Webers zur Herausbildung einer protestantischen Wirtschaftsethik einreihen.[7] Infolge der von Gerhard Oestreich vertretenen Sozialdisziplinierungsthese sowie den daran anknüpfenden Debatten um das
Paradigma der Konfessionalisierung gingen demgegenüber Arbeiten in den 1980er
Jahren von einer strukturellen Gleichartigkeit bei der Umsetzung der neugeordneten
Armenfürsorge aus, vernachlässigten dabei allerdings häufig, die praktischen und

3   Georg Ratzinger: Geschichte der kirchlichen Armenpflege. 2., umgearbeitete Aufl., Freiburg
     i. Br. 1884; Arwed Emminghaus: Das Armenwesen und die Armengesetzgebung der europä-
     ischen Staaten. Berlin 1870; Gerhard Uhlhorn: Die christliche Liebesthätigkeit (ND der Aus-
     gabe Stuttgart ²1895). Neukirchen 1959; Franz Ehrle: Beiträge zur Geschichte und Reform der
     Armenpflege. Freiburg i. Br. 1881; Emil Münsterberg: Die deutsche Armengesetzgebung und
     das Material zu ihrer Reform. Leipzig 1887; Wilhelm Liese: Geschichte der Caritas. 2 Bde.
     Freiburg i. Br. 1922.
4   Johann Heinrich Gottlob von Justi: Grundfeste zu der Macht und Glueckseligkeit der Staaten,
     oder ausfuehrliche Vorstellung der gesamten Policeywissenschaft, Bd. 1 (ND der Ausgabe
     Koenigsberg/Leipzig 1760). Aalen 1965, § 314, S. 268.
5   Vgl. u. a. Konrad Dussel: Katholisches Ethos statt Sozialdisziplinierung? Die Armenpolitik
     des Hochstifts Speyer im 18. Jahrhundert, in: Zeitschrift für die Geschichte des Oberrheins 143
     (1995), S. 221–244.
6   Vgl. zu dieser Feststellung Ulrich Eisenbach: Zuchthäuser, Armenanstalten und Waisenhäuser
     in Nassau. Fürsorgewesen und Arbeitserziehung vom 17. bis zum Beginn des 19. Jahrhunderts.
     Wiesbaden 1994, S. 83, der auf die These des Fürsorgeentwicklungsdefizits in katholischen Ter-
     ritorien von Müller-Armack verweist; Alfred Müller-Armack: Genealogie der Wirtschaftsstile
     (1943), in: Hans Georg Schachtschabel (Hg.): Wirtschaftsstufen und Wirtschaftsordnungen.
     Darmstadt 1971, S. 156–207.
7   Zur Theorie der protestantischen Ethik vgl. Max Weber: Die protestantische Ethik, hrsg. von
     Johannes Winckelmann. 8. Aufl., Gütersloh 1991.

institutionengebundenen Unterschiede bzw. Gemeinsamkeiten zwischen den protestantischen und katholischen Territorien deutlich herauszuarbeiten.[8] Vergleichende Arbeiten stellen nach wie vor die Ausnahme dar.[9] Vor allem hinsichtlich der Praxis der Fürsorge erscheint es allerdings sinnvoll, Gemeinsamkeiten und Unterschiede zwischen den Konfessionen sowie deren Entwicklungen konkreter zu benennen, denn einige Unterschiede sind evident: Lag in den protestantischen Gebieten die Fürsorge allein in den Händen des Landesherrn bzw. der Kommunen, so behielten in den katholischen Territorien kirchliche Einrichtungen weitgehende, autonome Zuständigkeitsbereiche. Durch die Säkularisation des Kirchengutes hatten die Territorialherren in den protestantischen Gebieten zudem ungleich größere finanzielle Möglichkeiten für eine zentralisierte Armenunterstützung zur Verfügung als viele katholische Kollegen. Auch die Wahrnehmung des Almosens war hier eine andere, denn mit der Confessio Augustana war dem Almosenspenden auf protestantischer Seite seine Funktion als gutes Werk im Sinne der Werkgerechtigkeit abgesprochen worden. Wie sich diese konfessionellen Unterschiede auf die Praxis der Fürsorge ausgewirkt haben, bleibt jedoch noch weitgehend unklar, da vor allem Arbeiten zu katholischen Territorien, die über die Verordnungsebene hinausgehen, nach wie vor ein Desiderat der Forschung bilden.

Im Folgenden sollen konfessionsspezifische Unterschiede bzw. konfessionelle Gemeinsamkeiten der Armenfürsorge zwischen Kurtrier und Nassau-Katzenelnbogen vorgestellt werden. Die Darstellung fällt dabei zweigeteilt aus: Zum einen werden die Verordnungen hinsichtlich ihrer Wahrnehmung von Armut und Bettelei in den Blick genommen, zum anderen die Praxis der Bettelbekämpfung und der Fürsorge.

I. Der „starke Bettler" und der „rechte Arme": Differenzkonzepte in Almosen- und Bettelverordnungen protestantischer und altgläubiger Reichsterritorien

Es ist in der Forschung bereits deutlich darauf hingewiesen worden, dass die veränderten Anschauungen zur Armenfürsorge der Reformation zeitlich vorangingen, bzw. mit der Reformation Gedanken aufgegriffen und weiterentwickelt wurden, die vor allem in den (Reichs-)Städten seit längerer Zeit diskutiert und teilweise auch

---

8   Zum Zusammenhang von Sozialdisziplinierung und Armenfürsorge vgl. Christoph Sachße/ Florian Tennstedt: Geschichte der Armenfürsorge in Deutschland, Bd. 1: Vom Spätmittelalter bis zum Ersten Weltkrieg. Stuttgart u. a. 1980; dies. (Hg.): Soziale Sicherheit und soziale Disziplinierung. Beiträge zu einer historischen Theorie der Sozialpolitik. Frankfurt a. M. 1986.

9   Vgl. hierzu z. B. Robert Jütte: Obrigkeitliche Armenfürsorge in deutschen Reichsstädten der frühen Neuzeit. Städtisches Armenwesen in Frankfurt am Main und Köln (Kölner Historische Abhandlungen 31). Köln/Wien 1984; ders.: Arme, Bettler, Beutelschneider. Eine Sozialgeschichte der Armut in der Frühen Neuzeit. Weimar 2000; J. Friedrich Battenberg: Obrigkeitliche Sozialpolitik und Gesetzgebung. Einige Gedanken zu mittelrheinischen Bettel- und Almosenordnungen des 16. Jahrhunderts, in: Zeitschrift für Historische Forschung 18 (1991), S. 33–70.

praktiziert wurden.[10] Die Armenordnungen des 15. Jahrhunderts sind aus system-
theoretischer Sicht Ausdruck einer zunehmenden Funktionsdifferenzierung: Die
Stadtmagistrate dehnten mit der Gesetzgebung im Bereich der Armenfürsorge und
Bettlerabwehr ihre Zuständigkeit auf einen Bereich aus, der bis zu diesem Zeitpunkt
vornehmlich in kirchlich-privaten Händen lag. Die ersten Verordnungen orientierten
sich entsprechend noch an kirchlichen Unterscheidungskriterien von Unterstüt-
zungswürdigkeit bzw. -unwürdigkeit. Vor allem diejenigen waren demnach von der
Fürsorge auszuschließen, die arbeitsfähig waren, aber trotzdem bettelten. So sollten
bereits gemäß der Nürnberger Verordnung von 1370 solche Personen kein Almosen
erhalten, die „gut handeln oder arbeiten könnten".[11] Auf territorialer Ebene sind die
Decreta Sabaudiae des Fürsten Amadeus VIII. von Savoyen, des späteren Gegen-
papstes Felix V., aus dem Jahr 1430 ein frühes Beispiel für eine Verordnung, die
sich gegen die ‚starken Bettler' im Territorium wandte.[12] Noch in den Verordnungen
nach der Reformation spiegelt sich diese Unterscheidung sowohl in der Begriff-
lichkeit der Verordnungen altgläubiger als auch protestantischer Territorien wider:
„Müßiggänger, Bettler und dergleichen beschwerliche leuth" sollten demnach
keine Almosen bekommen. Zu den Müßiggängern zählte man die „leichtfertigen,
unbresthafftigen jungen und geraden leutte",[13] wie es in der Trierer Verordnung
von 1533 hieß, und in einem nassauischen Visitationsbescheid von 1544 notierte
man entsprechend als Begründung für die Verweigerung von Almosen: „[...] die
andern seien Jung gerade personen und des almuß nitt nottig".[14] Gemeinsam war
den Konfessionen auch die Überzeugung, dass die Armut zum einen Folge eines
lasterhaften Lebens sein konnte, zum anderen aber auch dessen Ursache. So galt
bereits in der Frühen Neuzeit der noch heute geläufige Spruch: „Müßiggang ist aller
Laster Anfang" und findet sich in den verschiedensten Ausprägungen fast wörtlich
in den Verordnungen beider Konfessionen zum Bettelwesen. Arbeit sah man hingegen als eine „Artzney" gegen das Laster, wie es der Altenburger Pfarrer und enge
Freund Luthers Wenzeslaus Linck in seiner Schrift „Von Arbeyt und Betteln" im
Jahr 1523 formulierte, denn wer vor Arbeit und Schmerzen fliehen würde, würde
vor dem Gehorsam des göttlichen Gesetzes fliehen und sich „in anfechtung des

10 So weist Bräuer etwa darauf hin, dass Leipzig, Nürnberg, Straßburg, Wiener Neustadt und
    Dresden bereits im 15. Jahrhundert am Prozess der Kommunalisierung des Armenwesens teil
    hatten, vgl. Helmut Bräuer: Der Leipziger Rat und die Bettler. Quellen und Analyse zu Bettlern
    und Bettelwesen in der Messestadt bis ins 18. Jahrhundert. Leipzig 1997, S. 46; vgl. hierzu
    auch den Beitrag von Alexander Wagner im vorliegenden Band.
11 Die älteste Nürnberger Bettelordnung zitiert nach Sachße/Tennstedt: Geschichte der Armenfür-
    sorge (wie Anm. 8), S. 63.
12 Gerhard Immel (Hg.): Decreta Sabaudiae ducalia (Faksimiledruck der Ausgabe Turin 1477).
    Glashütten 1973 (Mittelalterliche Gesetzbücher Europäischer Länder in Faksimiledrucken 7),
    hier besonders das Kapitel „De mendicantibus validis & aliis ociosis & vagabundis", S. 140f.
13 Ioannes Iacobus Blattau: Statuta Synodalia, Ordinationes et Mandata. Archidiocesis Trevirensis.
    Nunc primum collegit et edidit. 5 Bde. Trier 1844–1849, hier Bd. 2, S. 81–87; Johann Joseph
    Scotti: Sammlung der Gesetze und Verordnungen, welche in dem vormaligen Churfürstentum
    Trier über Gegenstände der Landeshoheit, Verfassung, Verwaltung und Rechtspflege ergangen
    sind. 3 Bde. Düsseldorf 1832, hier Bd. 1, S. 298–305.
14 Visitation Frohnhausen 1544, HHStA Wiesbaden, Abt. 171, Z 1035, S. 10.

Teüffels zu allen lastern" hingeben, derjenige aber, der „in arbeyt sich nehret oder in schmertzen lebt, der ist in gottes schutz".[15] Im Statutenbuch der Stadt Trier von 1593/94 wurde gleichermaßen der Müßiggang als „ein küssen des teufels" charakterisiert.[16] Als persönliche Ursachen für die Armut wurden zum einen Krankheit, Alter, Kinderreichtum, Mangel an Arbeitsgelegenheiten sowie Unglücksfälle (Überschwemmungen, Brände etc.) genannt, zum anderen aber auch charakterliche Defizite der Betroffenen. Nach Georg Obrecht, einem Straßburger Juristen, waren die Menschen gewöhnlich an ihrer Armut selbst schuld, „in dem sie dem hochschädlichen Muessiggang obligen / mit prächtigen Kleyderen / unnöthigen Gebäwen / oberflüssigen Hußräth / mutwilligen Rechtfertigungen / obermässigen Bürgschafften / leichtfertigem Spielen / täglichem Bancketieren und Zechen / schandlicher Hurerey und Unzucht / rachgierigem Hadderen / Balgen und Schlagen / unnd mit anderen uppigen Sachen / und Freffelen Thätlichkeiten / all ihr Haab und Nahrung / vergäuden / erösen / und hindurch bringen."[17] Ein Katalog von Verhaltensweisen, die den bürgerlichen Tugenden diametral entgegenstanden und die als Grund für die Armut angeführt wurden. Dieser Katalog wurde in der Folgezeit immer wieder in den Verordnungen repetiert. Dabei wurde eine solche Einstellung nicht nur von den Protestanten, sondern auch den Altgläubigen geteilt. Neben Luther befürwortete auch Vives eine Überprüfung der Bettler hinsichtlich ihrer Bettelberechtigung, denn beide unterstellten, dass viele der almosenheischenden Personen nicht wirklich bedürftig seien, da sie sehr wohl in der Lage wären zu arbeiten und dem lasterhaften Müßiggang allein aus boshafter, betrügerischer Neigung anhingen. In den verschiedenen Armenordnungen wurde sowohl in Kurtrier als auch in Nassau immer wieder vor diesem betrügerischen Bettel gewarnt. „Dieweil aber under dem schein des armuts und bettelns, die almussen zum dickermal den rechten Armen und nottürfftigen entzogen" und den Unbedürftigen „zu sterckung irer boßheit gehandtreicht worden" seien, hätten allerhand Laster in der Stadt Trier zugenommen, hieß es beispielsweise in der Trierer Armenordnung von 1533.[18] Die unrechten Bettler nähmen den Armen das Brot aus dem Mund, hieß es in sehr viel bildhafterer Entsprechung in den Texten zur nassauischen Bettelordnung von 1589.[19] Entsprechend liest man bereits bei Luther zu der Frage, wie man den Armen zu Hilfe kommen soll, dass zwar bei Matthäus geschrieben stehe „Gib dem, der dich bittet", dies jedoch hieße nicht, „jedem Müßiggänger und Verschwender, die doch im allgemeinen die größten Bettler sind", etwas zu geben. Mit Geld sei diesen Menschen nicht geholfen

---

15 Wenzeslaus Linck: Von Arbeyt und Betteln wie man solle der faulheyt vorkommen, und yederman zu Arbeyt ziehen, in: Ruth Kastner (Hg.): Quellen zur Reformation. 1517–1555. Darmstadt 1994, S. 338f.

16 Friedrich Rudolph (Hg.): Quellen zur Rechts- und Wirtschaftsgeschichte der rheinischen Städte. Kurtrierische Städte, Bd. 1: Trier (Publikationen der Gesellschaft für Rheinische Geschichtskunde 29). Bonn 1915, S. 85–204, hier S. 124.

17 Georg Obrecht: Fünff vnterschidliche Secreta politica von Anstellung, Erhaltung vnd Vermehrung guter Policey (ND der Ausgabe Straßburg 1644, geheim gedruckt: Straßburg 1617). Hildesheim u. a. 2003, S. 279.

18 Blattau: Statuta, Bd. 2 (wie Anm. 13), S. 81–87.

19 HHStA Wiesbaden, Abt. 171, A 64.

und daher sollte man ihnen nach Luther auch keines geben: „Selbst wenn ich es könnte, so wollte ich es nicht tun. Je mehr man ihnen hilft, um so mehr kommen sie (in die Schulden) hinein. Ich wills meinem Weib und den Kindern nicht vom Munde absparen und denen geben, denen es nicht hilft. Den wirklich Armen muß man helfen."

Man begriff Armut aber nicht allein als ein Wohlfahrtsproblem, sondern sie wurde sowohl in den protestantischen als auch in den altgläubigen Territorien gleichermaßen als ein Problem der öffentlichen Sicherheit wahrgenommen. Allgemein verbreitet war auf Seite der Regierenden die Furcht vor sozialem Unfrieden und infolge dessen vor Rebellion und Umsturz. Beispiele dafür, dass man im Müßiggang ein deutliches Gefährdungspotential für die Ordnung des Gemeinwesens sah, finden sich bereits in mittelalterlichen Quellen, wie z. B. in einer Nürnberger Städtechronik, in der dieser Konnex benannt wird: „Das sechst Capitel sagt, wie der geist der hoffart besaß die hertzen der müeßiggeer und gaßentretter und sie wider einen rat entzündet."[20], heißt es hier mit deutlichem Verweis auf die nichtarbeitende Bevölkerungsgruppe. Die Gefährdung der öffentlichen Sicherheit blieb durch die gesamte Frühe Neuzeit hindurch sowohl in den protestantischen als auch in den katholischen Territorien Bestandteil der Auseinandersetzung mit Armut und Armenfürsorge. Jedoch verschob sich diesbezüglich vom Spätmittelalter bis zum Ende des Ancien Régime die den Armenverordnungen zugrundeliegende Motivlage.

Mit der reichsrechtlichen Festschreibung des Gemeindeprinzips gewann das Kriterium der Fremdheit gegenüber den mittelalterlichen Differenzkonzepten an Bedeutung. Der Fernhaltung des *gemeinschädlichen, müssiggehenden, verdächtigen, leichtfertigen, liederlichen, herrenlosen, boshaften, umherziehenden Lumpengesindels*, als welches man in altgläubigen wie in protestantischen Territorien die nichtsesshaften fremden Armen sah, galt nun die ganze Aufmerksamkeit des Landesherrn. Bereits in den Beschreibungen nichtsesshafter Armer wird dabei eine Bedeutungsverschiebung bezüglich der Gemeinschädlichkeit deutlich. Noch bis Mitte des 17. Jahrhunderts wurden öffentliche Bettler vor allem ganz allgemein als Störer von Ordnung und Landfrieden, d.h. von ständischer Herrschaft und Ordnung wahrgenommen. Im 18. Jahrhundert wurde unter dem gemeinen Nutzen etwas gänzlich anderes verstanden: Der „Reichtum der Familien" wurde als Endzweck des Staates gedeutet. Die Beförderung des Eigennutzes wurde nun als „gemeinschaftliche Glückseligkeit" und „Wohlfahrt aller Bürger" bezeichnet.[21] Nichtsesshafte Arme stellten für das kameralistisch ausgerichtete Wirtschaftsdenken gefährliche Hemmnisse dieses Strebens dar. Entsprechend wurden sie nun als „frevelhafte Widerstreber der eigenen Glückseligkeit"[22] angesprochen. Das Gefähr-

20 Historische Kommission der Bayerischen Akademie der Wissenschaften (Hg.): Die Chroniken der fränkischen Städte: Nürnberg, Bd. 3: Sigmund Meisterlin (ND der Ausgabe Leipzig 1864). 2. unveränd. Aufl. Göttingen 1961, S. 131.
21 Zum Begriff des „gemeinen Nutzens" vgl. Winfried Schulze: Vom Gemeinnutz zum Eigennutz. Über den Normenwandel in der ständischen Gesellschaft der Frühen Neuzeit, in: Historische Zeitschrift 243 (1986), S. 591–626.
22 Armenordnung des Kurfürsten Friederich Karl Joseph vom 2. Januar 1787, in: HHStA Wiesbaden, Abt. 108, Nr. 2665.

dungspotential der Armut wurde nun in Erweiterung der älteren Konzepte vor allem im Hinblick auf die bürgerliche Ökonomie konkretisiert. Im 18. Jahrhundert stellte die „Policeywissenschaft" in diesem Sinne fest, dass nichtarbeitende Arme nicht nur dem Stand der arbeitsunfähigen Armen durch den Almosenentzug schadeten, sondern erweiterte dieses altbekannte Argument um die Aussage, dass sie dem gesamten Staatsstreben nach Glückseligkeit im Wege stünden. Entsprechend äußerte sich Justi: „Der Müßiggang, der an sich selbst schon dem Staate nachtheilig ist, wird der Republik noch weit schädlicher durch seine Folgen; indem dadurch eine Menge Bettler entstehen, die dem gemeinen Wesen ungemein zur Last fallen. Der Staat hat an diesen Bettlern nicht allein ganz unnütze Einwohner, die nicht das geringste zu seiner Wohlfahrt beytragen, sondern diese unnützen Mitglieder des gemeinen Wesens wollen auch durch den Fleiß der übrigen Buerger ernähret seyn; und da es vielen niederträchtigen Menschen nur gar zu bequem scheinet, ohne Arbeit ihren Unterhalt zu finden; so führen sie ihre Kinder gleichfalls zum Bettlen und Bosheiten an. Der Staat wird also von Zeugungen zu Zeugungen mit einer stärkeren Brut von Bettlern und liederlichem Gesinde erfüllet."[23] Und auch Sonnenfels war der Meinung: „Der Müßiggang ist wenigstens ein politisches Laster gegen den Staat."[24] Wer nicht arbeitete wurde nicht nur als unehrenhaft und amoralisch empfunden, sondern als staatsschädigend. Wie das vorausgehende Zitat von Justi verdeutlicht, war man zudem davon überzeugt, die Amoralität der Müßiggänger würde an deren Nachkommen weitergegeben, so dass die Anzahl der unterstützungsunwürdigen Armen weiter anwüchse.

II. Konfessionsübergreifende
Fürsorge- und Repressionsmaßnahmen

Bereits zu Beginn des 16. Jahrhunderts wurde nicht nur in den protestantischen, sondern auch in den katholischen Territorien ein allgemeines Bettelverbot erlassen und vor allem *gerade, unbresthafte, vermügliche* Personen sollten kein Almosen mehr erhalten. Durchreisende durften nur kurzfristig unterstützt werden. Nichtsesshafte Arme sollten in ihre Heimatgemeinden verbracht bzw. an den Grenzen zurückgewiesen werden.

Empfahl de Soto zu Beginn des 16. Jahrhunderts bezüglich der Armenfürsorge bei seiner Unterscheidung von Barmherzigkeit und Gerechtigkeit, sich in Zweifelsfällen doch barmherzig zu zeigen,[25] so argumentierten die Fürsten, Staatswissenschaftler und Beamten im 18. Jahrhundert genau umgekehrt. Demnach sei die Einhaltung des Rechts und die Beachtung des Fürsorgeausschlusses erst die

---

23 Johann Heinrich Gottlob von Justi: Grundsätze der Policeywissenschaft (ND der Ausgabe Göttingen 1756). Frankfurt a. M. 1969, S. 285.

24 Joseph von Sonnenfels: Politische Abhandlungen (ND der Ausgabe Wien 1777). Aalen 1964, S. 151.

25 Domingo de Soto: Über die Regelung der Armenhilfe (1545), in: Theodor Strohm/Michael Klein (Hg.): Die Entstehung einer sozialen Ordnung Europas, Bd. 1: Historische Studien und exemplarische Beiträge zur Sozialreform im 16. Jahrhundert. Heidelberg 2004, S. 343–399, hier S. 369f.

wahre Barmherzigkeit; die Nichtbeachtung des Ausschlusses vom Almosen aber
eine Übeltat und Sünde. Das privat gewährte Almosen an unwürdige Bettler wurde
daher nicht mehr toleriert und unter Strafe gestellt. So hieß es z. B. in den Coblen-
zer Frage- und Anzeigungsnachrichten des Jahres 1770, dass das Almosengeben an
starke Bettler strafbar und schädlich sei, da es nicht nur der allgemeinen Wohlfahrt,
sondern auch der Ehre Gottes und damit dem Seelenheil zuwider sei.[26] Die Entwicklung der Maßnahmen in der Frühen Neuzeit lässt sich in den Semantiken fassen: Am Anfang stand schlicht die „Abschiebung der frembden starckhen Pettler".[27]
Je mehr man aber auf die Laster und Gefahren hinwies, die mit nichtsesshaften
Personengruppen assoziiert wurden, und je mehr man die „Bösartigkeit" ihres Handelns herausstellte, um so öfter spiegeln sich auch in der Maßnahmen-Semantik
radikale Forderungen wider. Den Staat stellte man sich gerne bildhaft als Körper
vor und entsprechend sah die Policeywissenschaft des 18. Jahrhunderts Bettelei als
deren Krankheit an. „Ein jedes bösartige Geschwür muß aus dem Grunde geheilet
werden, wenn es nicht gar bald wieder aufbrechen soll; und gewiß hat es mit dem
Betteln diese Bewanntniß."[28] Entsprechend scharf sollte gegen Bettler vorgegangen
werden.

Auch sah man zu hohe Löhne als Ursache für Müßiggang und als Grund dafür
an, dass fremde Arme angezogen würden. Um dem zu begegnen, erließ man Tax-
ordnungen zur Festschreibung niedriger Löhne.[29] Im 18. Jahrhundert legte man
jedoch verstärkt auf den Gedanken wert, dass das unmoralische Verhalten des
Müßiggangs nicht angeboren sei, sondern erlernt würde. Daraus resultierten wiederum zwei Maßnahmen: 1. Die Einführung der Arbeitspflicht und damit verbunden
die Schaffung von Arbeitshäusern für Arme, wo sie sich ihren Lebensunterhalt
selbst verdienen sollten; 2. Die Einführung von Zucht- und Korrektionsanstalten
für alle Müßiggänger. Dies spiegelt sich wiederum in den Maßnahmen-Semantiken,
denn Mitte des 18. Jahrhunderts wurde nun häufiger von der „strengeren Erziehung
in Verbesserungs- und Zuchthäusern" und seltener von „Ausrottung" gesprochen.
Eine weitere Maßnahme sollte präventiv die generationelle Perpetuierung des
Müßiggangs verhindern. So sollten Arbeitsunwilligen die Kinder weggenommen
und in einem Handwerk ausgebildet werden. Hatte man bis zur Einführung des
Zuchthauses für unerlaubtes Betteln härteste Leibesstrafen zusammen mit dem
Landesverweis bzw. im Wiederholungsfall der Galeeren- und Todesstrafe ausge-

26   Vgl. hierzu die Angaben bei Maria Schmitz: Die Armenpflege in Koblenz unter dem letzten
     Trierer Kurfürsten Clemens Wenceslaus und ihre Fortsetzung auf der rechten Rheinseite unter
     dem Fürsten Friedrich Wilhelm von Nassau-Weilburg (1768–1815). Berlin 1936, S. 75.
27   So wörtlich in einer Münchener Verordnung Maximilians I. vom 5. Februar 1628. Bayerisches
     HStA Generalregistratur Fasz. 39/19: Die Armen- und Bettelanstalten in Bayern in genere,
     Bettelordnungen, Schreiben, u. a., 1531–1699.
28   Johann Heinrich Gottlob von Justi: Grundfeste zu der Macht und Glueckseligkeit der Staaten,
     oder ausfuehrliche Vorstellung der gesamten Policeywissenschaft, Bd. 2 (ND der Ausgabe
     Königsberg/Leipzig 1761). Aalen 1965, S. 413.
29   Vgl. z. B. die Taxordnung des Mainzer Kurfürsten Johann III. Schweikard von Kronberg vom
     27. Januar 1626, in der auf den Zusammenhang von hohen Löhnen und dem daraus resultie-
     renden Müßiggang eingegangen wird. HHStA Wiesbaden, Abt. 100, Nr. 234.

sprochen, wurden diese Maßnahmen nun weitgehend durch die Zuchthausstrafen verschiedener Dauer ersetzt.

III. Die Armen- und Bettelverordnungen von Nassau(-Dillenburg) und Kurtrier im Vergleich

Die Frage, wie sich diese allgemeine Entwicklung in den Verordnungen der beiden zu betrachtenden Territorien niederschlug und welche spezifischen Besonderheiten sich jeweils feststellen lassen, soll zunächst mit einem Blick auf Nassau-Dillenburg beantwortet werden. Schon eine vorreformatorische Ordnung mit dem Titel „Ein Bedenkens von heiligen Trachten, Walfarthen, Kirchweihungen und andern Ceremonien etc. vor alten Zeiten"[30], die in der Zeit zwischen 1529 und 1532 entstand,[31] steht in direktem Zusammenhang mit der Ausgrenzung von Bettlern. In dieser Ordnung, die wiederum dem brandenburgisch-ansbachischen Mandat von 1526[32] entlehnt war, ging es vor allem um die Abschaffung von Wallfahrten und Prozessionsfeiern, da dort ebenfalls allerlei Gefährlichkeiten wie „thotschlege, gotteslesterunge, Copley, hurrery" vorfielen. Der Landesherr wies des Weiteren darauf hin, dass Wallfahrten Bettler anzögen, „die durch solch wallen unzählig buberei" treiben würden. In Trier finden sich diese Gedanken in der bereits erwähnten Verordnung von 1533. Hier heißt es, man hätte die Verordnung zum Schutze der „armen nottürfftigen" erlassen, damit „unsers Ertzstiffts und Churfürstenthums armen, von den außlendigen und frembden gengeleren nit vertrungen, auch sunst allerlei geverlichkeit, so bei jnen mit todtschlag, mordt, brennen, und in andere weg, bißanher unter dem bettelstab gebraucht worden ist, verhüt" werde.[33] Für dieses Territorium wurde daher angeordnet, „daß kein fremde betler oder gengeler in berürten unsern Ertzstifft, oberkeit und gebiet gelassen, auffgenommen oder geduldet, auch nit gespeiset oder getrenckt, sunder gantz und gar darvon auß und abgehalten, Und ob sich etliche darüber heimlich inschleiffen würden, dieselbigen widerumb zurück gewisen, und bei den spitteln oder andern heusern mit nichten gehauset oder geherberget werden."[34]

Das heißt, etwa zeitgleich versuchten die Landesherren in Kurtrier und Nassau durch Verordnungen den Zuzug fremder Bettler zu unterbinden. In beiden Fällen

30 HHStA Wiesbaden, Abt. 171, S 303, abgedruckt bei Johann Hermann Steubing: Kirchen- und Reformationsgeschichte der Oranien-Nassauischen Lande. Mit Anmerkungen versehen und neu herausgegeben von Dietrich Thyen (ND der Ausgabe Hadamar 1804). Kreuztal 1987, S. 319–338.

31 Zum Datierungsproblem vgl. Paul Münch: Zucht und Ordnung. Reformierte Kirchenverfassungen im 16. und 17. Jahrhundert (Nassau-Dillenburg, Kurpfalz, Hessen-Kassel). Stuttgart 1978, S. 38, der das „Bedenken" um 1532 einordnet; sowie Ulrich Weiß: Die Einführung der Reformation in Nassau. Zögerlicher Weg zu einer neuen Ortsbestimmung, in: Siegerland 80 (2003), S. 9–27, hier S. 21. Weiß schlägt vor, das „Bedenken" im Zusammenhang mit dem Schriftwechsel um das Siegener Franziskanerkloster aus dem Jahr 1529 zu deuten.

32 Vgl. dazu den Landtagsabschied der Markgrafschaft Brandenburg-Ansbach-Kulmbach von 1526, abgedruckt in Emil Sehling (Hg.): Die evangelischen Kirchenordnungen des XVI. Jahrhunderts, Bd. 11. Tübingen 1961, S. 88–97.

33 Blattau: Statuta, Bd. 2 (wie Anm. 13), S. 81–87.

34 Ebenda.

wurden die vagierenden Bettler kriminalisiert. In Nassau-Dillenburg kam es nach dem offiziellen Übergang zum lutherischen Glauben 1533/34 vor allem mit der Anstellung Erasmus Sarcerius' zu einer umfassenden Umgestaltung des Kirchensystems.[35] So richtete man nach wittenbergischem Vorbild einen Armenkasten ein und verbot etwa zeitgleich zu Kurtrier das unkontrollierte Betteln von „Tür zu Tür" gänzlich.[36] In der Stadt Siegen sollte an die Armen künftig das Almosen dreimal in der Woche „nach Gelegenheit eines jeden Not" ausgeteilt werden.[37] Eine Formel, die wiederum viel Spielraum zur Auslegung „echter Notdurft" ließ. 1559 verabschiedete Graf Johann VI. von Nassau-Dillenburg – Sohn und Nachfolger Wilhelms des Reichen sowie Bruder des ungleich bekannteren Wilhelm von Oranien – ein Gesetz, das die Ausweisung fremder Bettler vorsah.[38] 1570 und 1577 folgten Ordnungen, die sich nicht gegen Bettler allein, sondern gegen gartende Knechte, Bettler, Vagabunden und Zigeuner richteten.[39] Nach dem Übergang zum reformierten Glauben 1577 erließ Johann VI. 1589 eine neue Vorschrift, die in Anlehnung an das Reichspolizeigesetz erneut den Städten und Gemeinden auferlegte, ihre Armen selbst zu versorgen.[40] Interessant sind die Vorarbeiten zu dieser Verordnung,[41] weil sie das Almosen und die Empfangsberechtigten definieren: Demnach seien

---

35   Johann Hermann Steubing: Biografische Nachrichten aus dem 16. Jahrhundert. Ein Beitrag zur Kirchen- und Reformationsgeschichte. Gießen 1790, S. 3–16; Gustav Eskuche: Sarcerius als Erzieher und Schulmann. Siegen 1901; Carl Heiler: Drei Bestallungsbriefe von Erasmus Sarcerius, in: Siegerland 18 (1936), S. 79; H. Holstein: Erasmus Sarcerius (1501–1559), in: Allgemeine Deutsche Biographie, Bd. 33. Leipzig 1891, S. 727–729; Robert Stupperich: Erasmus Sarcerius, in: Siegerland 44 (1967), S. 33–47; zu den Anfangsjahren siehe Hans Kruse: Geschichte des höheren Schulwesens in Siegen 1536–1936. Festschrift zum 400jährigen Jubiläum des Realgymnasiums in Siegen. Siegen 1936, S. 14; Heinrich-Franz Röttsches: Luthertum und Calvinismus in Nassau-Dillenburg. Beiträge zur Kirchenpolitik unter Wilhelm dem Alten und Johann dem Alten. Herne 1954, S. 16; Heinrich Schlosser: Kirchengeschichte der Nassau-Oranischen Lande von 1530–1915, in: Ders./Wilhelm Neuser: Die Evangelische Kirche in Nassau-Oranien 1530–1930. Festschrift zum Gedächtnis der Einführung der Reformation (1530) und des Heidelberger Katechismus (1580) in den Grafschaften Nassau-Dillenburg und Nassau-Siegen. Siegen 1931, S. 1–53, hier S. 6 und Münch: Zucht und Ordnung (wie Anm. 32), S. 44. Nach Schlosser wurde er erst 1538 zum Superintendenten berufen.
36   StadtA Siegen, Schreiben vom 27. Juli 1538, unverzeichnet.
37   Ebenda.
38   Eisenbach: Zuchthäuser (wie Anm. 6), S. 35.
39   Ebenda.
40   HHStA Wiesbaden Abt. 171, A 64 und K 610. Vgl. dazu Jens Aspelmeier: Almosenordnung der Grafschaft Nassau-Katzenelnbogen einschließlich der Stadt Siegen 1589, in: Theodor Strohm/Michael Klein (Hg.): Die Entstehung einer sozialen Ordnung Europas, Bd. 2: Europäische Ordnungen zur Reform der Armenpflege im 16. Jahrhundert (Veröffentlichungen des Diakoniewissenschaftlichen Instituts an der Universität Heidelberg 23). Heidelberg 2004, S. 328–341. Hier eine Übertragung der Almosenordnung in die heutige Sprache, S. 332–341; Friedrich Weber: Die Wohltätigkeit der Stadt Siegen gegenüber Fremden in der ersten Hälfte des 17. Jahrhunderts auf der Grundlage der Nassau-Katzenelnbogischen Almosenordnung vom 21.4.1589 und der Nassau-Katzenelnbogischen Polizeiordnung von 1615/1616, unveröffentlichte Magisterarbeit. Bonn 1989; Gerhard W. Göbel/Bernd D. Plaum: Armut, Krankheit und Tod im Siegerland. Zur Sozialgeschichte vor und nach dem Krankenhausbau im 19. Jahrhundert. Siegen 1986.
41   HHStA Wiesbaden, Abt. 171, A 64/3.

Almosen solche Abgaben, die die Christgläubigen – und hier ist die Reihenfolge interessant – 1. zur Erhaltung des Gottesdienstes, der Prediger und Lehrer zahlten, 2. die zur Unterhaltung der Schulen, zur Unterrichtung armer Kinder dienten sowie zur Ermöglichung eines Studiums oder zum Erlernen eines Handwerks und erst 3. Abgaben für Arme, Lahme und Kranke. Denjenigen aber, die das ihre „übel verbraucht, verschleudert, verspielt oder versoffen" hätten, sollte nichts gegeben werden, sondern sie sollten „zum Exempel und Abscheu in wohlverdientem Mangel und Kummer gelassen werden".[42] Der pädagogische Impetus, die Almosenvergabe an wohlgefälliges Verhalten zu koppeln, war bereits in früheren Verordnungen zum Ausdruck gebracht worden. In einem Erlass des Jahres 1546 hieß es beispielsweise, dass „Die Armen und Hausleute, denen das Almosen auf dem Rathaus durch Gott gereicht, mitgeteilt wird, [...] sich der Wirtshäuser und öffentlichen Zechens enthalten [sollen], bei Strafe oder Verlust des Almosens."[43]

Das Armenmandat von 1589 verlangte darüber hinaus eine deutliche Kennzeichnung der Armen. Sie sollten ein bleiernes oder blechernes Schild, auf das der nassauische Löwe geschlagen war, deutlich sichtbar tragen.

Die Versorgung der Armen wurde in Nassau-Dillenburg vornehmlich aus dem Gemeinen Kasten und den darin gesammelten Kollektengeldern finanziert. Die Kastenmeister sollten jeden Sonntag sowie an allen hohen Fest- und Feiertagen in der Gemeinde umgehen und um Almosen bitten. Sammlungen sollten nicht nur in der Kirche vorgenommen werden. So wurden die Festteilnehmer, die in der Kirche nichts gegeben hatten, nochmals anschließend in der Gastwirtschaft zum Spenden aufgefordert. Sonntags und mittwochs hatten die Kastenmeister außerdem mit einem Sack oder Korb von Haus zu Haus zu gehen und um eine Spende zu bitten. Darüber hinaus seien die Sterbenden zu ermahnen, die Armen in den Testamenten zu bedenken.[44] Auch im Wirtshaus sollte eine Büchse aufgestellt werden, welche der Wirt seinen Gästen beim Essen mit der Bitte um Almosen auf den Tisch stellen sollte.

In Kurtrier wurde die besondere Kennzeichnung der Armen bereits 1533 angeordnet.[45] Individuelles Betteln ohne Genehmigung wurde verboten. „So ist unser ernstliche meinung und wollen, daß hinfürter kein mensch jungk oder alt, man oder weib, in unsern stetten, schlossen, marcken, dörffern oder weilern, in oder für den kirchen, heusern oder an den gassen und strassen, bei tag oder nacht, betteln oder heischen sollen, auch niemandt das selbig zu thun gestatt oder zugelassen werden", hieß es verallgemeinernd in der katholischen Armenordnung. Stattdessen wurde die Pflicht zur Fürsorge der eingesessenen Armen an die Kirchspiele und Kommunen

---

42 Ebenda.
43 Kirchen- und Religionsordnung 1546, StadtA Siegen, unverzeichnet, S. 10.
44 Visitationen Haiger, Frohnhausen, HHStA Wiesbaden, Abt. 171, D 535, S. 69 u. S. 83.
45 „Und sollen alle diejhenigen, die also für arm und nottürfftig erkannt und zugelassen werden, ein sunderlich zeichen, so jnen die oberkeit und regierung eins jetlichen orts (wie vorsteht) nach jrem wolgefallen geben soll, an der eussersten kleidung, da man es offentlich sehen mög, tragen, auch solche zeichen an andere nicht wenden noch kommen lassen, die nachgemelte straff zu vermeiden." Blattau: Statuta, Bd. 2 (wie Anm. 13), S. 81–87 (Trier 1844–1849); Scotti: Sammlung, Bd. 1 (wie Anm. 13), S. 298–305.

gewiesen. Zu jeder Pfarrkirche sollten mindestens zwei Personen benannt werden, die sich gemeinsam mit dem Pastor um die Armenfürsorge kümmern sollten und die Bedürftigen der Gemeinde in einem Verzeichnis eintragen sollten. Die Almosen der geistlichen und weltlichen Stiftungen für Arme durften nur noch an diese eingetragenen und mit einem Zeichen versehenen Armen ausgeteilt werden. In den Pfarrkirchen sollte zudem ein Almosenkasten, hier als „Stock" bezeichnet, zur Versorgung der Gemeindearmen eingerichtet werden. Zwei von der Obrigkeit ernannte Personen sollten außerdem an den Sonn- und Feiertagen in den Kirchen, Stiften und Spitälern Almosen einsammeln sowie ein- bis zweimal in der Woche von Haus zu Haus gehen und um Almosen bitten.

In beiden Territorien wurden im 16. Jahrhundert also nahezu identische Verordnungen die Armenfürsorge betreffend erlassen. Der deutlichste Unterschied hinsichtlich des Almosenverständnisses bestand allein darin, dass in den katholischen Verordnungen die Almosengabe zumindest prinzipiell noch als Mittel zum Heilsgewinn angesehen wurde. In der Trierer Verordnung von 1533 wurde ein überaus funktionalistisches Konzept von Armut und Armenfürsorge entworfen, nach welchem die Armen vor allem für die Heilsversicherung der Reichen auf der Welt waren: „Wir söllen unsere sündt mit der almusen erlösen und außtilgen, dann gleicherweiß als wasser das feuer, also verlösche almuse die sünd",[46] heißt es dazu in der Einleitung. Diese Vergleichsformel ist nicht neu oder gar humanistischen Ursprungs, sondern geht auf den karthagischen Bischof Cyprianus im dritten Jahrhundert nach Christus zurück[47] und findet sich bereits auf hochmittelalterlichen kurtrierischen Lehnsurkunden. Die Formel ist damit Ausdruck eines Almosenverständnisses, das über das gesamte Mittelalter Bestand hatte. Deutlicher sind die Unterschiede bei den Ausnahmeregelungen, denn hier erlaubte man fremden Wallfahrern, die mit einer Sondererlaubnis ausgestattet waren, sowie den Angehörigen der vier geistlichen Orden, den wandernden Schul- und Lehrjungen, dass sie weiterhin um Almosen bitten durften.[48] In dem Statutenbuch der Stadt Trier von 1593/94 wurden diesbe-

46 Blattau: Statuta, Bd. 2 (wie Anm. 13), S. 81–87 (Trier 1844–1849); Scotti: Sammlung, Bd. 1 (wie Anm. 13), S. 298–305.
47 Nach Cyprian waren Beten, Fasten und Almosenspenden gottwohlgefällige Bußsakramente. Bei der Verdienstlichkeit des Almosens bezog er sich auf Psalm 41, in dem es heißt: „Wohl dem, der sich des Dürftigen annimmt! Den wird der Herr erretten zur bösen Zeit".
48 „Doch wo jetzt oder hinfürter einicher pilgram erfunden, und unsere landtschafft bereichten würde, der auß christlicher andacht und andern redlichen ursachen sein fürgenommene bittfart, auß gethaner gelübde oder sunst mit der almussen zu leisten fürhette, soverre dann derselbig von eusserlichem ansehen eins erbaren wesens und betrugs unverdächtlich sein, darzu von seiner oberkeit oder pastor darunder er gesessen, wie, warumb, und mit was gestalt er solche bittfart fürgenommen, glaubwirdigen schein und zeugnuß, dem ersten unserm Amptmann oder bevelchhaber, den er berichten mag, fürbringen, auch die recht straß, zu dem ort seiner angezeigten bittfart halten, und gestracks für sich ziehen würd, dem soll vergondt werden sich der almussen in seinem durchziehen, zu gebrauchen, Und ob er under wegen alsomit schwerer zuselliger leibs kranckheit überfallen und beladen, dass er stracks durchzuziehen unmöglich würde, in dem fall, soll und mag es ungeverlich gehalten, und demselbigen krancken auß christlichem mitleiden barmhertzigkeit bewiesen werden.[...] Und sollen die vier orden und andere geistlichen, auch die armen veltlichen, dergleichen die jungen so der schul und lere nachziehen

züglich die Aufgaben des Hospitalmeisters beschrieben. Demnach sollten fremde Pilger über Nacht beherbergt werden, wenn sie „gutes zeugnuß oder gewiße gute wahrzeichen geben können".[49] Allerdings sollten nie andere Personen ohne Wissen des Statthalters oder der Herren Bürgermeister aufgenommen werden, es sei denn, die Notdurft würde solches bei den Kranken erfordern. Gleichermaßen sollte auch der Geilermeister bzw. Bettelvogt „überaus arme, breßhaffte, kranke" nicht gleich einsperren, sondern sie gegebenenfalls ins Hospital einweisen oder ihnen für einige Tage das Betteln gesondert erlauben.[50] In der Bettlerordnung der Stadt Trier wurden nun die Torwachen angehalten, Bettler ohne Sonderzeichen gar nicht mehr einzulassen, es sei denn, „daß die nothdurft, gebrechen und mangel so groß, daß gefahr des lebens zu besorgen."[51] Die Austeilung der wöchentlichen Almosen bei den Stiftungen und Klöstern sollte zusätzlich von zwei dazu abgeordneten Personen überwacht werden, damit niemand ohne Zeichen Almosen erhielt.

Trotz dieser Ausnahmeregelungen gegenüber den nassauisch-protestantischen Ordnungen ist festzuhalten, dass sich auch für das 17. und 18. Jahrhundert auf der normativen Ebene mehr Gemeinsamkeiten als Unterschiede aufzeigen lassen. Arbeitsfähigkeit bzw. Arbeitspflicht wurden als Berechtigungskriterien in den Verordnungen weiter ausgearbeitet. Vor allem der Umgang mit fremden Bettlern wurde genau geregelt. Nach 1603 mussten in Dillenburg fremde Arme eine amtliche Bescheinigung mit sich führen, um Almosen zu heischen.[52] Von einem absoluten Bettelverbot kann also auch im protestantischen Nassau keine Rede sein, sondern nur von einem generellen Bettelverbot mit speziell geregelten Ausnahmen. 1739/1740 stellte man an der dillenburgischen und siegenschen Landesgrenze ebenso wie in Kurtrier Warntafeln für Auswärtige auf, die Vagabunden und Bettlern in Bildform die zur Anwendung gebrachten Strafen gegen das Betteln vor Augen führen sollten.[53] Die Strafen reichten von körperlicher Züchtigung und Ausstellung am Pranger bis zu Verstümmelung durch Brandmarken und waren meist gekoppelt mit dem Landesverweis.

In den nassau-oranischen Territorien sah der Landesherr das Problem der Armut ab der Mitte des 18. Jahrhunderts aufs engste gekoppelt mit dem Versuch, durch neu eingerichtete Baumwollspinnereien die Textilwirtschaft und die Gesamtwirtschaft des Landes zu beleben. Arbeitsfähige Arme sollten nun in diesen Spinnereien ihr Geld verdienen. Ob jemand darüber hinaus an staatlichen Fürsorgeleistungen

---

(doch daß dieselbigen jungen von jren schulmeistern kundtschafft jres armuts und die gewonliche zeichen, wie andere armen haben und tragen) in dieser unser ordnung nit ausgeschlossen sein, sunder sich der almussen, wie von alters und gleich andern gebrauchen." Blattau: Statuta, Bd. 2 (wie Anm. 13), S. 81–87 (Trier 1844–1849); Scotti: Sammlung, Bd. 1 (wie Anm. 13), S. 298–305.

49 Rudolph: Quellen (wie Anm. 16) S. 93.
50 Ebenda, S. 125.
51 Ebenda, S. 199.
52 Eisenbach: Zuchthäuser (wie Anm. 6), S. 35.
53 Ebenda, S. 37. Warntafeln mit Strafhinweisen werden für Kurtrier bereits in der Verordnung vom 10. Oktober 1721 erwähnt, LHA Koblenz, Abt. 1C, Nr. 1114 sowie HHStA Wiesbaden, Abt. 110, Nr. IIa/2a. Im Druck bei Scotti: Sammlung, Bd. 2 (wie Anm. 13), S. 862f.

partizipieren durfte, entschied entsprechend einer Verordnung von 1774 nicht mehr
die Bedürftigkeit, sondern die Menge des gesponnenen Garns und das damit an den
Tag gelegte Wohlverhalten.[54] Bedürftigkeit allein war zwar eine notwendige, aber
keine hinreichende Bedingung für den Erhalt von staatlichen Zuwendungen. 1750
hatte man auch im Siegener Hospital eine Baumwollspinnerei eröffnet sowie in den
folgenden Jahren in Haiger, in Dillenburg und Herborn. 1779 eröffnete man überall
im Land Spinnschulen für Kinder armer Eltern.[55] Faule Spinner sollten schließlich
in die Dillenburger „Schlossspinnstube" verbracht werden, ein Arbeitshaus, das
eher als geschlossenes Zuchthaus zu charakterisieren ist.[56]

Zum Vergleich wiederum ein Blick auf die Entwicklung in Kurtrier. Der Inhalt
der Verordnung von 1533 wurde in Kurtrier in den folgenden Jahren in neuen Verordnungen wiederholt und bestätigt, so z. B. in den Ordnungen von 1699[57], 1717[58]
sowie 1736[59]. Hier findet sich dann bereits die Strafandrohung für die Unterstützung
fremder Bettler. Dass Trier mit der Ausweisung fremder Bettler sowie den Straf-
androhungen für Bettler bei den katholischen Reichsterritorien nicht allein dastand,
zeigt der vergleichende Blick in die kurkölnische und kurmainzische Gesetzgebung
dieser Zeit. Mit welcher Härte man gegen vagierende Arme vorzugehen gedachte,
die im Verdacht standen, die Ordnung zu gefährden, zeigt eine Kurkölner Verordnung von 1725.[60] Verdächtige und mit einer Wehr bewaffnete Vaganten sollten
demnach sofort niedergeschossen werden, wenn sie sich nicht ergeben würden,
da der Kurfürst „solches Gesindel allerdings außgerottet wissen" wollte.[61] In Kurmainz wurden im Frühjahr des Jahres 1727 gleichlautende Verordnungen erlassen:
demnach sollten Zigeuner und Vaganten, die in Gruppen größer als drei bis vier
Personen angetroffen wurden und sich bei dem Versuch der Verhaftung zur Wehr
setzen, sogleich erschossen werden.[62] Vor allem fürchtete man sich vor dem Zusam-
menschluss größerer Verbände, was man unter dem Terminus „Zusammenrottung"
in zahlreichen Verordnungen und Erlassen verbot und unter Strafe stellte.

In Trier und Koblenz machte man beim Bettelverbot jedoch eine Ausnahme.
1725 erlaubte man hier unter dem Kurfürsten Franz Ludwig von Pfalz-Neuburg
eine wöchentliche Bettelprozession. Diese Prozessionen bedeuteten aber nicht die
erneute Duldung des individuellen Bettelns, sondern sie waren vielmehr eine öffent-

---

54 Eisenbach: Zuchthäuser (wie Anm. 6), S. 39.
55 Ebenda, S. 43.
56 Ebenda, S. 127.
57 Verordnung vom 16. Februar 1699, in: Johann Anton Schröll (Hg.): Trierische Chronik. Trier
     1823, S. 145.
58 Ratsbeschluss vom 10. Dezember 1717, ebenda, S. 196.
59 Armenordnung vom 18. Oktober 1736, LHA Koblenz, Abt. 1C, Nr. 1115; HHStA Wiesbaden,
     Abt. 110, II/8 und 116, II/7.
60 Edikt vom 26. März 1725, HStA Düsseldorf, KK II 3126, Nr. 61.
61 Ebenda.
62 Am 28.2.1727 und am 17.3.1727. HHStA Wiesbaden, Abt. 100/212. Zu Kurmainz vgl. Seba-
     stian Schmidt: Armenfürsorge in Stadt und Land. Maßnahmen gegen Armut und Bettelei in
     Mainz sowie im Rheingau im 17. und 18. Jahrhundert, in: Helmut Bräuer (Hg.): Arme – ohne
     Chance? Kommunale Armut und Armutsbekämpfung vom Spätmittelalter bis zur Gegenwart.
     Leipzig 2004, S. 71–98.

liche Zurschaustellung der Armut und sollten zum Almosenspenden anregen. Die Sammlung und Verteilung des Almosens erfolgte hierbei durch dafür bestimmtes Personal, verboten blieb damit das individuelle Betteln. Derartige Bettelprozessionen sind ebenso aus Kurmainz bekannt.[63] Nach einer Verordnung des Jahres 1776 sollten sie jedoch in Koblenz wieder abgeschafft werden, da mit den nun zweimal in der Woche stattfindenden Prozessionen den Armen ebenso zwei Arbeitstage verloren gehen würden. Man wollte sie nur beibehalten, wenn die Bürgerschaft daran ein besonderes Interesse hätte und dadurch deutlich mehr Almosen gesammelt werden könnten.[64]

Landesweit existierte neben dieser Bettelprozession noch eine zweite wichtige Ausnahme: Klöster sollten weiterhin eine Mittagssuppe und Speisen an Arme ausgeben dürfen.[65] Dass die beiden Territorien allerdings in ihrem Vorgehen nicht allzu weit auseinander lagen, belegen gemeinsame Beschlüsse der Landesherrn, wie die „Poenal-Sanction" von 1748 des Kur- und Oberrheinischen Kreises vom 4. September, die sich unter anderem gegen das „müßig- und liederliche Bettel-Gesindel" richtete.[66] „Solle allen frembden Bettlern [...] hierdurch ein für allemahl verbotten seyn, sich in denen Chur- und Ober-Rheinischen Creyß-Landen auffzuhalten", heißt es hier unter Punkt 8 zur einheitlichen Festschreibung eines generellen Bettelverbotes für Fremde. Die gemeinsame Verordnung verpflichtete die Bettelvögte und Armenknechte darauf, aufgegriffene fremde Vagabunden über die Grenzen der beiden Kreise auszuweisen sowie einheimische Bettler auf dem kürzesten Weg ihrem Heimatort zuzuführen, „wann sie sich in gedachten beeden Creyßen hernach wieder betretten lassen würden, sie aß dann alß Verächtere herrschafftlicher Verordnungen, und zu des gemeinen Weesens Last und Beunruhigung kommende-nichtswürdige Leuthe das Erstemahl mit gemessener abprügelung, ihrer stärcke und kräfften nach, durch die Bettel-Vögte angesehen – das 2te mahl aber, nach jeder Lands-Herrschafft gutbefinden, auff eine Zeitlang, und das 3te mahl alß solche Personen, welche einer Verbottenen und verdächtigen, auch schädlichen Lebens-Arth, wieder alles verwarnen, beständig anhangen und nachgehen, bey ermanglung anderer schwehrer Anzeigen, wenigstens zur lebenslänglicher Arbeit angehalten werden."[67] Ältere Kinder bis zu 14 Jahren erhielten auf öffentliche Kosten eine Handwerksausbildung. Ein gemeinsames Vorgehen lässt sich darüber hinaus für das von Nassau-Oranien und Kurtrier verwaltete Amt Wehrheim feststellen. Hier sollte ab 1776 jeder, der als arbeitsfähig eingestuft wurde, innerhalb eines Monats seine Beschäftigung nachweisen, ansonsten drohte der Landesverweis.[68] Ähnlich

63   Vgl. Friedrich Rösch: Die Mainzer Armenreform vom Jahre 1786. Berlin 1929, S. 8f.
64   Schmitz: Armenpflege in Koblenz (wie Anm. 27), S. 78.
65   Verordnung vom 18. Oktober 1736, in: Blattau: Statuta, Bd. 4 (wie Anm. 13), Nr. 87, S. 243–247.
66   Chur- und Ober-Rheinische Gemeinsame Poenal-Sanction und Verordnung wieder das schädliche Diebs- Raub- und Zigeuner- so dann herrnlose Jauner- Wildschützen- auch müßig- und liederliche Bettel-Gesindel. StadtA Mainz LVO; dazu ebenso HHStA Wien: Mainzer Erzkanzlerarchiv, Kurrheinische Kreisakten 40b.
67   Ebenda.
68   Eisenbach: Zuchthäuser (wie Anm. 6), S. 39.

den nassauischen Grafschaften richtete man ab 1775/76 auch in Trier und Koblenz Spinn- und Arbeitshäuser ein. Als Vorbilder dienten dabei die Institute in Mainz und in Würzburg.[69] Zentral kontrolliert und gesteuert wurden nun die mildtätigen Stiftungen des Erzstiftes durch eine landesherrliche Oberkommission „ad Pias Causas", der vor allem die Hospitalsstiftungen unterstanden, aber nicht die Spinnhäuser bzw. das Armeninstitut.[70]

IV. Die Praxis der Armenfürsorge in Kurtrier und Nassau

Wie sah aber die Praxis der Armenfürsorge aus und wer leistete sie im Einzelnen? Im katholischen Kurtrier waren es im Wesentlichen die verschiedenen kommunalen, kirchlichen und privaten Stiftungen, die Klöster, Zünfte und Bruderschaften sowie die unterschiedlichen Anstalten der geschlossenen Fürsorge, hier vor allem die städtischen Hospitäler. In Trier gab es zudem eine zentrale Almosenkasse, die sich – und das ist sicherlich eine Trierer Besonderheit – vor allem aus den Testamentsgeldern angesehener Bürger speiste, die wegen Hexerei verfolgt und verurteilt worden waren.[71]

Als die drei wesentlichen Fürsorgeinstitutionen für Arme können in der Stadt Trier das städtische Almosenamt, das St. Jakobs-Hospital sowie das Nikolaus-Hospital angesehen werden. Maria Ackels stellte dabei fest, dass in den Jahren von 1601 bis 1607 von den Empfängern der Spitalalmosen zwischen 57 % bis 90 % ebenfalls Empfänger des städtischen Almosens waren.[72] Nach den Berechnungen von Wolfgang Laufer und Maria Ackels waren zu Beginn des 17. Jahrhunderts zwischen 23 % bis 27 % aller Trierer Haushalte arm, d.h. sie zahlten entweder gar keine oder sehr wenig Steuern bzw. erhielten selbst Geld aus dem städtischen Almosen und galten damit als „bedürftige Arme".[73] In den Jahren zwischen 1594 und 1632 lag die Anzahl der Haushalte, die Geld vom städtischen Almosen bekamen, jährlich nicht unter 200 Haushalten. Im Jahr 1604/05 wurden z. B. an dem ersten von zwei jähr-

---

69   Schmitz: Armenpflege in Koblenz (wie Anm. 27), S. 37.

70   Zu den Protokollen der Armenkommission ad Pias Causas 1777 und 1789 vgl. LHA Koblenz, 1 C, Nr. 9928, 9661 und 9662.

71   Zur Armenfürsorge der Stadt Trier vgl. Klaus Gerteis: Sozialgeschichte der Stadt Trier 1580–1794, in: Kurt Düwell/Franz Irsigler (Hg.): 2000 Jahre Trier, Bd. 3: Trier in der Neuzeit. 2. Aufl., Trier 2000, S. 61–98; Richard Laufner: Die Geschichte der Trierer Hospitäler, Leprosen- und Waisenhäuser, des Spinnhauses und der adeligen Benediktinerinnenabtei St. Irminen-Oeren bis zur Säkularisation, in: Heinz Cüppers u. a. (Hg.): Die Vereinigten Hospitien in Trier. Trier 1980, S. 33–72; Irmgard Huberti: Das Armenwesen der Stadt Trier vom Ausgang der kurfürstlichen Zeit bis zum Ende der französischen Herrschaft. 1758–1814. Berlin 1935; zum Anteil der Armen an der Gesamtbevölkerung vgl. Wolfgang Laufer: Die Sozialstruktur der Stadt Trier in der frühen Neuzeit. Bonn 1973; zu einer ersten Auswertung der Rechnungen des Trierer Almosens vgl. Maria Ackels: Das Trierer städtische Almosenamt im 16. und 17. Jahrhundert. Ein Beitrag zur Analyse sozialer Unterschichten, in: Kurtrierisches Jahrbuch 24 (1984), S. 75–103; zu einem Beispiel kirchlicher Almosengaben vgl. Franz-Josef Heyen: St.-Niklaus-Hospital bei St. Simeon in Trier, in: Kurtrierisches Jahrbuch 21 (1981), S. 186–193.

72   Ackels: Almosenamt (wie Anm. 72), S. 99.

73   Ackels: Almosenamt (wie Anm. 72), S. 101; Laufer: Sozialstruktur (wie Anm. 72), S. 244.

lichen Ausspendungsterminen in insgesamt sechs Pfarrgemeinden Almosen verteilt: In der Pfarrgemeinde St. Laurentius 18 fl 3 alb an 83 Haushalte; in St. Gangolf 8 fl 19 alb an 41 Haushalte; in St. Antonius 9 fl 15 alb an 36 Haushalte; in St. Paulin 8 fl 15 alb an ebenfalls 36 Haushalte; in St. Gervasius 8 fl 12 alb an 39 Haushalte; und in Liebfrauen (Unser Lieber Frawen) 8 albus an einen Haushalt.[74] Insgesamt wurden bei dieser „ordinarie" Almosenverteilung 54 fl an 236 Haushalte verteilt, deren Empfänger in eine Liste eingetragen wurden. Die meisten Empfänger bekamen zwischen 3 und 8 alb für das halbe Jahr. Die meisten Armen konnten so über das ganze Jahr aus dem städtischen Almosen zwischen 6 und 16 alb erhalten. Etwas größere Geldbeträge wurden vereinzelt bei der sogenannten „extra ordinarie außgab" aus besonderem Anlass bezahlt. Über das ganze Rechnungsjahr wurden aus dem städtischen Almosen insgesamt: 173 fl 22 alb 6 ß an Arme gezahlt. Durch die höheren Ausgaben bei den Extra-Spenden, die z. B. für medizinische Behandlungen gezahlt wurden, erhält man pro Haushalt ein etwas höheres Durchschnittsalmosen. Doch selbst damit war das Überleben nicht gesichert. Für das Jahr 1620 konnte Ackels berechnen, dass bei einem durchschnittlichen Almosen von 18,33 alb pro Haushalt und einem relativ niedrigen Weizenpreis in diesem Jahr sich eine Familie gerade ca. 1/15 der Brotmenge leisten konnte, die ein Erwachsener zum Überleben braucht.[75]

Neben dem städtischen Almosen waren Kirchen- und Spitalstiftungen an der offenen Fürsorge beteiligt. In der Stadt Trier bildeten die Armenstiftungen des St. Nikolaus-Hospitals bei St. Simeon sowie des St. Jakobs-Hospitals bedeutendere Fürsorgeinstitutionen. Nach Richard Laufner wurden zwischen 100 bis 250 Trierer Hausarme, Pilger und Studenten jährlich mit gelegentlichen Almosen durch das St. Nikolaus-Hospital unterstützt.[76] Erst im Verlauf des 18. Jahrhunderts finden sich hier feste Pfründenplätze für alte Dienstmägde.[77] Für das Stiftungsvermögen des St. Nikolaus-Hospitals bestand keine Zweckbindung, so dass das Domkapitel über die Zuteilung von Geldern an Arme frei entscheiden konnte.[78] Einmal in der Woche wurde in den Kapitelsitzungen über die Vergabe von Almosen beraten.[79] Neben den hier aufgezeichneten Empfangsberechtigten konnten noch weitere Arme Almosen erhalten, so wurde z. B. an den hohen Feiertagen, vor allem an Ostern und Weihnachten, Weißbrot an die Armen verteilt und am Gründonnerstag bekamen zwölf ausgewählte Arme ein kleines Geldalmosen gereicht. Zusätzlich wurden seit 1718 in den Quatemberwochen Almosen verteilt. Die Geldsummen, die dabei verausgabt wurden, waren jedoch sehr unterschiedlich hoch. Als Gesamtspenden werden

74   StadtA Trier, Almosenkastenrechnungen.
75   Ackels: Almosenamt (wie Anm. 72), S. 100.
76   Laufner: Trierer Hospitäler (wie Anm. 72), S. 52.
77   Ebenda.
78   Heyen: St.-Niklaus-Hospital (wie Anm. 72), S. 187.
79   Nach Heyen durften der Dekan, die Kapitularkanoniker des Stiftes, die Stadtpfarrer, der Rektor des Jesuitenkollegs, die Professoren der Theologie, des Kirchenrechts und der Philosophie sowie die Magister Personen für ein Almosen vorschlagen. Zudem durfte der Küster des Stifts für seine Chorknaben bitten. Heyen: St.-Niklaus-Hospital (wie Anm. 72), S. 188.

Summen zwischen 12 Albus und 77 Gulden genannt.[80] In einem Gutachten über die Verhältnisse des Stiftes aus dem Jahr 1760 heißt es hierzu, dass mittlerweile nicht mehr nur die Armen der Stadt Trier zu diesen Austeilungen kämen, sondern Arme aus einem Umkreis von bis zu drei Meilen. Der Andrang bei der Austeilung hätte wiederholt zu tumultartigen Szenen geführt, so dass sich schon einige Geistliche weigerten, das Almosen weiter zu verteilen.[81] Man schlug daher vor, die Ausgaben auf 2 Imperialen nach dem Hochamt zu beschränken und diese an 18 Männer und 18 Frauen der Stadt auszugeben. Zum anderen schaffte man die Armenmesse ab und untersagte den Durchzug der mittwöchlichen Bettelprozession durch die Unterkirche von St. Simeon. Stattdessen wollte man aus den Stiftungsgeldern den Prozessionsteilnehmern lieber einen halben Imperialen in die gemeinsame Kasse geben. Ebenso wollte man an Pilger keinerlei Almosen mehr ausgeben. Zu diesem Zeitpunkt verfügte das Hospital über ein Gesamtvermögen von 15.786 Imperialen. Aus den Renditen dieser Hauptsumme sollten mindesten 500 Imperialen in die Armenfürsorge gehen.[82]

Das Trierer Bürgerhospital St. Jakob versorgte sowohl zwischen zehn und zwanzig Pfründner als auch Hausarme, Waisen und Findelkinder der Stadt Trier. Die Almosenabgabe an die Hausarmen bestand im 16. Jahrhundert offenbar in Naturalien, denn 1587 reichte man insgesamt 70 Hausarmen jede Woche ein großes Brot sowie ein halbes Maß Erbsen. Ende des 17. Jahrhunderts wurden jedoch nur noch an 30 Hausarme alle vierzehn Tage Brot und Suppe ausgegeben.[83] Des Weiteren wurden von dem Hospital auch noch zu Beginn des 18. Jahrhunderts Pilger und notleidende Durchreisende für einige Tage aufgenommen und mit Essen und Trinken versorgt.[84] Trotz der recht großen Vermögen der einzelnen Stiftungen konnten nach Ackels Arme, die sowohl Almosen von dem städtischen Hospital als auch von den beiden Hospitalstiftungen erhielten, gerade einmal mit 1 bis 1 ½ fl an jährlichen Almosen rechnen.[85] Selbst wenn einzelne Arme mehrfach im Jahr Zuwendungen erhielten, blieb damit noch eine große Versorgungslücke bestehen.

Es gab zwar noch weitere Einrichtungen in Trier, die sich der Fürsorge Armer verschrieben hatten, doch handelte es sich hierbei zumeist um Pfründneranstalten, in die man sich nur mittels eigenen Vermögens einkaufen konnte oder die nur ehemaligen Stiftsangehörigen oder Bediensteten offen standen. Als Beispiele können hier das St. Elisabeth-Hospital bei St. Maximin sowie das St. Nikolaus-Hospital bei St. Eucharius-Matthias genannt werden. Obgleich durch letztgenanntes Hospital im Mittelalter noch Pilger und gemäß einer Stiftung des 17. Jahrhunderts auch fremde Passanten im Hospital versorgt werden sollten, so wandelte sich die Funktion des Hospitals hin zu einem Altersheim. Die Zahl der aus der Stiftung versorgten Personen stieg dabei von acht auf 16 Personen im Jahr 1788 an.[86] Mit einem kalku-

80   Ebenda.
81   Ebenda, S. 189.
82   Ebenda, S. 191.
83   Laufner: Trierer Hospitäler (wie Anm. 72), S. 56.
84   Ebenda, S. 57.
85   Ackels: Almosenamt (wie Anm. 72), S. 100.
86   Laufner: Trierer Hospitäler (wie Anm. 72), S. 36.

lierten Bedarf von 5 Reichstalern für Kleidung sowie 44 Reichstalern für Essen und Trinken[87] ging es den Spitalspfründner sicherlich sehr viel besser als den meisten Armen, handelt es sich doch hierbei um Summen, die als Jahreseinkünfte selbst für die arbeitende Bevölkerung nicht selbstverständlich waren.[88]

Für verwaiste Jungen wurde in Trier 1676 nach einer kurfürstlichen Stiftung durch den Magistrat ein Knabenwaisenhaus und für Mädchen 1754 durch die Stiftung der Baronin von Kickler ein Mädchenwaisenhaus eingerichtet.[89] Für Leprosen wurden zusätzlich durch Stiftungen zwei weitere Häuser vor den Mauern der Stadt unterhalten. Für die Insassen der Leprosenhäuser Estrich und St. Jost wurde in Trier zusätzlich von dafür speziell vorgesehenen Personen an mehreren Tagen in der Woche um Almosen gebeten.[90] Für die Stadt Trier lässt sich damit feststellen, dass es hier ein zunehmend dichteres Netz an verschiedenen Fürsorgeeinrichtungen gab, die Arme unterstützten. Von einer Grundversorgung im heutigen Sinne war man aber dennoch weit entfernt. Trotz der zentralistisch anmutenden Armenverordnung von 1533 blieb die Fürsorge dennoch auf viele Einrichtungen verteilt, was den Armen wiederum einen Mehrfachbezug von Almosen ermöglichte. Auf die Versorgungslage in Koblenz soll an dieser Stelle nur knapp hingewiesen werden, doch stellte sich das Bild hier ähnlich dar.[91] Das private Almosengeben an der Haustür war ebenso wie in Trier strengstens untersagt. 1776 wurden die Bettelvögte nochmals darauf verpflichtet, die Einhaltung dieses Befehls zu kontrollieren.[92] In den Quellen lässt sich ein gewisser Widerstand von Seiten der Bevölkerung gegen dieses Verbot nachweisen. So wurde etwa darüber geklagt, dass sie die Armen gegenüber den

---

87 Ebenda, S. 37.
88 Vgl. Etienne François: Unterschichten und Armut in rheinischen Residenzstädten des 18. Jahrhunderts, in: Vierteljahrschrift für Sozial- und Wirtschaftsgeschichte 62 (1975), S. 433–464, hier S. 436. Demnach verdiente ein Tagelöhner in Koblenz, der 260 Tage im Jahr arbeitete, ca. 80 bis 90 Reichstaler. Viele Tagelöhner fanden jedoch nur für weniger Tage im Jahr Beschäftigung, so dass von niedrigeren Jahreslöhnen auszugehen ist und sich damit die Pfründengelder und Arbeitseinkommen eines Tagelöhners sehr viel stärker angeglichen haben. So ist eher von einer durchschnittlichen Beschäftigungsdauer von 195 bis 220 Tagen im Jahr auszugehen. Vgl. hierzu Franz Irsigler: Wirtschaftsgeschichte der Stadt Trier 1580–1794, in: Düwell/Irsigler: Neuzeit (wie Anm. 72), S. 99–202, hier S. 193. Zu den niedrigen Einkommen im 16. Jahrhundert vgl. Ulf Dirlmeier: Zu den materiellen Lebensbedingungen in deutschen Städten des Mittelalters. Äußerer Rahmen, Einkommen, Verbrauch, in: Ders./Gerhard Fouquet: Lebensbedingungen im Mittelalter in Deutschland (Sammelband Historische Mobilität und Normenwandel 2). Siegen 1985, S. 1–50. Demnach lag die Verdienstmöglichkeit eines ungelernten Arbeiters im 16. Jahrhundert bei nicht einmal 20 Gulden. Der Lohn einer Magd oder eines Knechtes in der Nürnberger Patrizierfamilie Behaim im 16. Jahrhundert betrug gerade einmal 4 bis 5 Gulden im Jahr, vgl. Wolfgang Trapp: Kleines Handbuch der Münzkunde und des Geldwesens in Deutschland. Stuttgart 1999, S. 206f.
89 Laufner: Trierer Hospitäler (wie Anm. 72), S. 59f.
90 Ebenda, S. 42. Zu den Trierer Leprosorien vgl. den Beitrag von Martin Uhrmacher in dem vorliegenden Band.
91 Vgl. zu Koblenz François: Unterschichten (wie Anm. 89).
92 Schmitz: Armenpflege in Koblenz (wie Anm. 27), S. 79.

Bettelvögten in Schutz nähmen oder sich öffentlich dazu äußerten, dass man ihnen das Almosenspenden an der Haustür nicht verbieten könne.[93]

Insbesondere der Adel wollte nicht auf die öffentliche Privatausteilung von Almosen verzichten.[94] Als Beweggrund hierfür lässt sich sicherlich nicht nur eine besonders fromme Haltung anführen, sondern auch das damit verbundene Prestige. So gab etwa nach einer Untersuchung adeliger Haushaltsführung von Barbara Kink der Freiherr von Pemler von Hurlach und Leutstetten entgegen kurfürstlichen Verbotes immerhin ein halbes Prozent seiner gesamten Ausgaben als Privatalmosen an Arme. Im Jahr 1763 kam hier immerhin ein Betrag von 36 Gulden und 52 Kreuzer zusammen.[95] Zusätzlich gab er an Bruderschaften und Stiftungen weitere 106 fl. Gemessen an den Almosen, die sonst an kleineren Spitälern verausgabt wurden, eine relativ große Summe. Dieses Beispiel zeigt, dass trotz der Bettel- und Privatspendeverbote die privaten Almosen weiterhin von Bedeutung waren und die Untersuchung allein der institutionalisierten Fürsorge nur ein unzureichendes Bild der tatsächlichen Praxis nachzeichnen kann.

In Koblenz kamen zu den Stiftungsalmosen noch die Gelder aus den Haus- und Büchsensammlungen, die an die Armen ausgegeben wurden.[96] Die Gelder wurden sowohl im Hospital als auch im Spinnhaus verausgabt. Hier bekamen die Armen täglich Brot ausgeteilt. Im Jahr 1770 sollen es insgesamt 210 Personen gewesen sein, im Jahr darauf bereits 500, die hier um Almosen nachsuchten.[97] Zusätzlich wurde im sogenannten Deutschen Haus jeden Samstag Brot verteilt. Geldalmosen gab es zum einen jeden Mittwoch im Gräflich Elzischen Hof sowie zweimal in der Woche im Hospital aus der Büchsensammlung. Nach Schmitz war damit – alle Stiftungen zusammengenommen – in Koblenz täglich an Brot zu kommen und zweimal in der Woche zusätzlich an Geld. Die einzelnen Almosen für die Armen waren dabei allerdings nicht sonderlich hoch. So bekamen die Armen von den Almosensammlungen pro Woche 1 Brot und an Geld 4 Albus.[98]

Zusätzlich zu der bis zu diesem Zeitpunkt erlaubten Bettelprozession wurden auch hier wie in Nassau Sammelbüchsen für Arme in den Wirtshäusern aufgestellt. Größere Almosenbeträge wurden nach der Errichtung des Spinnhauses vom Armeninstitut ausgeteilt, das vor allem unter kirchlich-kurfürstlicher, nicht aber städtischer Kontrolle stand. Nach den erhaltenen Rechnungen gab man dort von 1778–1781 Summen von 1.645 bis 1.932 Reichstaler sowie an Brot zwischen 32.490 und 37.384 Stück pro Jahr an die Armen.[99] In den Rechnungen werden die Zentrali-

---

93   Ebenda, S. 88.
94   Ebenda.
95   Barbara Kink: „Im Ehstandt lebt man froh und fein...". Adelige Haushaltsführung des Freiherrn Sebastian Joseph von Pemler von Hurlach und Leutstetten (1718–1772) im Hochzeitsjahr 1763, in: Harm von Seggern/Gerhard Fouquet (Hg.): Adel und Zahl. Studien zum adligen Rechnen und Haushalten in Spätmittelalter und früher Neuzeit (Pforzheimer Gespräche zur Sozial-, Wirtschafts- und Stadtgeschichte, Bd. 1). Ubstadt-Weiher 2000, S. 269–288, hier S. 288.
96   Schmitz: Armenpflege in Koblenz (wie Anm. 27), S. 75.
97   Ebenda, S. 76.
98   Ebenda, S. 77.
99   Ebenda, S. 81.

sierungsbemühungen zum Ende des 18. Jahrhunderts deutlich greifbar. So wurde beispielsweise im Jahr 1770 die Elendenbruderschaft in Koblenz angewiesen, ihre Almosen an das Arbeitshaus abzugeben.[100] Nach einer sehr detailliert überlieferten Monatsaufstellung des Armenhausverwalters Camp gingen z. B. in einem Februarmonat 218 Brote als Spende der Elendenbruderschaft an das Armeninstitut.[101] Daneben zahlte die Stadtrentkasse Bedürftigen auf direkte Anfrage ein Almosen. Die Fürsorge blieb also auch Ende des 18. Jahrhunderts sowohl in Trier als auch in Koblenz auf verschiedene Institutionen verteilt und folgte hier verschiedenen Vergabekriterien bzw. Austeilungsregularien.

Die Bezeichnung „Almosen" als alleinigen Indikator für tatsächlich gewährte Unterstützung für Arme zu sehen, kann bei den verschiedenen Stiftungen und Stiften in die Irre führen, sie muss im Einzelfall kritisch hinterfragt werden. So gab es z. B. in dem Stift St. Paulin vor Trier eine Almosenkasse die von einem Almosenmeister des Stiftes verwaltet wurde, die im eigentlichen Sinne aber eine Präsenzgeldkasse darstellte, aus der vornehmlich den Stiftsangehörigen Beträge für die Teilnahme an Gottesdiensten gezahlt wurden.[102] Zwar verrechnete das Stift unter diesem Posten ebenfalls Spenden des Kapitels an Bittsteller, diese Summen waren jedoch gemessen an den Gesamtausgaben des Stifts-„Almosens" verschwindend gering. Im Rechnungsjahr 1576/77 betrug der Gesamtbetrag der unter dem Posten „Exposita refectorii" verzeichneten Geldsumme 41 Gulden. Die milden Gaben bildeten hier wiederum nur einen Teilbetrag dieses Postens. Von den Gesamtausgaben des „Almosens" in Höhe von 1.357 Gulden waren dies gerade einmal 3 %.[103]

Wie sah die Versorgung demgegenüber im ländlichen Raum aus? Auch auf dem Land existierten in Kurtrier verschiedene Armenstiftungen. Jedoch meist nur eine zentrale Stiftung für einen größeren ländlichen Bereich. Hier wurden zumeist Brot oder Korn an die Hausarmen der Gemeinde ausgegeben. Als Beispiele können die Almosenstiftungen von Ulmen-Meiserich[104] sowie von Münstermaifeld[105] dienen. Die Stiftungssummen sind hier oft erheblich geringer als z. B. die der großen Bürgerstiftungen in der Stadt Trier. So sind beispielsweise aus Ulmen zwei Urkunden erhalten, nach denen ein Ehepaar einmal 39 fl spendete, um davon ein halbes „daunsches Malter" und 3 Hauffen Korn zu finanzieren, das für die Armen zu Brot verbacken werden sollte. Ein anderes Mal gab ein Ehepaar als Almosen 20 Gulden

---

100 Ebenda, S. 74.
101 Ebenda, S. 82.
102 Vgl. zur Geschichte des Stiftes sowie der dort geführten Almosenkasse Franz-Josef Heyen: Das Erzbistum Trier, Bd. 1: Das Stift St. Paulin vor Trier. Berlin/New York 1972, hier S. 491.
103 Ebenda, S. 497.
104 LHA Koblenz, Abt. 655, Nr. 647.
105 Franz-Josef Heyen: Das große Almosen zu Münstermaifeld. Ein Beitrag zur Geschichte des Armenwesens, in: Archiv für mittelrheinische Kirchengeschichte 7 (1955), S. 371–377. Zur mittelalterlichen Fürsorge durch Bruderschaften vgl. Monika Escher-Apsner: Bauförderung, Seelsorge und Armenfürsorge. Die Münstermaifelder Bruderschaft St. Trinitas/ St. Michael, in: Archiv für mittelrheinische Kirchengeschichte 55 (2003), S. 147–176; dies.: Stadt und Stift. Studien zur Geschichte Münstermaifelds im hohen und späteren Mittelalter (Trierer Historische Forschungen 53). Trier 2003.

Rädermünzen, „dann Erblich und Ewigk vier summers korns Jairlich den Armen zu backen und zu geben verordnet."[106] Die Verzeichnisse der Kornabgaben sind für Ulmen zum Teil erhalten geblieben. So ist z. B. für das Jahr 1654 eine derartige Liste erhalten geblieben, die unter 3 Rubriken insgesamt 61 Namen aufführt. Eine einzige Person bekam in diesem Jahr 1 Malter Korn, die meisten anderen 1 bis 6 Fass.[107] 1711 sind Geld- und Kornalmosen verzeichnet: insgesamt finden sich hier nur 19 Einträge. Die Kornspenden liegen dabei zwischen 3 Haufen bis 7 Fass 2 Haufen pro Jahr und Person, die Geldspenden zwischen ein paar Pfennigen und 1 tlr 11 alb 4 d. Die größeren Beträge gingen dabei an mehrere Kinder. Unter der Rubrik „Almosen 1711. Haußbrodt vor die Armen" sind zusätzlich noch einmal 59 Personen aufgelistet, im darauffolgenden Jahr 58 Personen.[108] Diesen Aufzeichnungen allein ist allerdings nicht zu entnehmen, wie oft an die genannten Personen Brot verteilt wurde. Im günstigsten Fall wurden die bedürftigen Personen hier mit ein bis zwei Broten pro Woche versorgt. Sollte man diese Leistungen auch nicht als gering erachten, so bedeuteten sie für den Einzelnen jedoch auch hier nur eine geringe Zusatzhilfe. Ähnlich verhielt es sich mit dem sogenannten Großen Almosen zu Münstermaifeld.[109] Hier wurde ebenfalls jeden Sonntag an die Armen Brot verteilt. War es zunächst durchaus üblich die Almosen auch an Arme aus anderen Gebieten abzugeben, so änderte sich dies Ende des 17. Jahrhunderts. 1675 verbot man die Tuchausgabe an Fremde sowie die Almosenabgabe an Bettelorden unter dem Hinweis, dass das Almosen allein für die einheimischen Hausarmen gestiftet worden sei.[110] Die Summen, die in Münstermaifeld für Arme ausgegeben wurden, waren relativ hoch. So zeigt ein Blick in die erhaltenen Hospitalsrechnungen, dass neben den Ausgaben für Essen und Trinken z. B. im Jahr 1713 allein 70 fl zusätzlich für die Anfertigung von Schuhen für die Armen ausgegeben wurden. Für den Gründonnerstag bestand in Münstermaifeld noch eine gesonderte Stiftung, aus der die Armen der Stadt an diesem Tag gespeist wurden.[111] Interessant ist in Münstermaifeld die paritätische Verwaltung des Almosens und des Hospitals mit einem Laien (Schultheiß oder Schöffe) und einem Geistlichen (meist ein Kanoniker aus dem Stift) an der Spitze.

Kontrolliert wurden die Stiftungen und Hospitäler mittels verschiedener Visitationen, die der Landesherr anordnete.[112] So z. B. im Jahr 1729. Das Ergebnis dieser Visitation war, dass in allen Städten und Dörfern entlang der Mosel Stiftungen oder Hospitäler für arme Passanten und Kranke eingerichtet worden seien, die Spen-

---

106 LHA Koblenz, Abt. 655, Nr. 647.
107 Ebenda, fol. 71r.
108 Ebenda, fol. 83r–85r.
109 Vgl. Heyen: Münstermaifeld (wie Anm. 106).
110 Nach Heyen finden sich in den Abrechnungen Abgaben an einen Blinden aus Zell, einen Armen aus Lüttich, einen Landsknecht aus der Normandie sowie zwei Pilger aus Polen. Vgl. Heyen: Münstermaifeld (wie Anm. 106), S. 376f.
111 Ebenda, S. 377.
112 Zur Visitation vgl. die Vorrede in der Verordnung vom 14. Januar 1729, in: Blattau: Statuta, Bd. 4 (wie Anm. 13), Nr. 47. Zu den Fragen, die auf den Visitationen im Erzstift Trier gestellt wurden, vgl. den Fragenkatalog LHA Koblenz, Abt. 1C, Nr 9660.

den und Stiftungen sich aber durch Kriege, Verwahrlosung, schlechte Verwaltung im Rückgang befänden, ja die Geldvergabe in etlichen Orten gar nicht mehr mit dem ursprünglichen Stiftungswillen in Deckung zu bringen sei. Demnach seien im Territorium ca. eine Million Gulden Stiftungsgelder vorhanden, die aber nicht der Bestimmung gemäß für Arme ausgegeben würden. Tatsächlich erbrachte eine Auflistung aller Stiftungen und Hospitäler des Erzstiftes Trier in den 1780er Jahren ein Gesamtkapital von über 232.877 Reichstalern verteilt auf 65 Stiftungen.[113] In vielen Hospitälern wurde aber nur ein Bruchteil der erwirtschafteten Summe tatsächlich in der Fürsorge ausgegeben.[114]

Trotz aller Verordnungen gelang es der Obrigkeit kaum, das Straßenbetteln ganz zu unterbinden bzw. wurden Bruderschaftsfeiern oder Stiftungstage reichlich dazu genutzt, öffentlich Almosen zu heischen, so dass es hier zum Teil zu den bereits geschilderten tumultartigen Szenen kam, und man beispielsweise 1760 beschloss, die Almosengabe in St. Simeon sowie die damit verbundene Bettelprozession auszusetzen, um stattdessen das Geld nur noch an 36 vorher ausgewählte Arme abzugeben.[115]

Die Bruderschaften, die u. a. als „fraternitas" oder „sodalitas" bezeichnet wurden und die als Versicherungs- und Versorgungsanstalten ihrer Mitglieder dienten, besaßen in Kurtrier noch bis ins 18. Jahrhundert hinein große Bedeutung.[116] Sie verloren allerdings ihre Unabhängigkeit, nachdem das Trienter Konzil das Visitationsrecht der Bischöfe mit dem Argument beschloss, dass die Vereinigungen rechtlich als „pia loca" einzuordnen seien. Die Kirche besaß damit zugleich das Aufsichtsrecht über die Rechnungsführung der Bruderschaften. Dies führte letztlich dazu, dass Kirche und Bruderschaft in ländlichen Gemeinden nicht immer sauber voneinander getrennt waren, d.h. die Gelder der Pfarrkirchenfabrik und der Bruderschaft zusammen verrechnet wurden.[117] Häufig wurden ohnehin aus Mitteln der Bruderschaft vor allem Messen und Kerzen und letztlich auch die Geistlichen mitfinanziert. Ob die große Anzahl von Geistlichen, Hilfsgeistlichen, Glöcknern aber auch Schulmeistern ohne die Zuwendungen der Bruderschaften ebenfalls zu den Bedürftigen hätten gezählt werden müssen, bleibt dabei zu diskutieren. Zumindest erhielten sie auf diesem Weg eine Unterstützung für ihren Lebensunterhalt. Es gab

---

113 LHA Koblenz 1C, Nr. 9660.

114 Kurtrier stellt dabei keine Ausnahme dar, wie Visitationsberichte anderer katholischer Territorien belegen, vgl. Reiner Braun: Die bayerischen Teile des Erzbistums Salzburg und des Bistums Chiemsee in der Visitation des Jahres 1558. St. Ottilien 1991. Demnach waren hier nur in wenigen Kirchspielen überhaupt Stiftungen für Arme vorhanden. Es wurden in den einzelnen Kirchspielen in der offenen Fürsorge höchstens sonntags 10 Brote für insgesamt 10 Personen ausgeteilt. In den wenigen Spitälern waren meist nicht mehr als 8 Personen untergebracht, davon wiederum nur einige Armenpfründner. Häufig wurden nur an den Kirchjahrestagen Spenden an Arme ausgegeben. Viele Pfarreien hatten keine Collatur, zahlten nicht ins Opfer oder den kleinen Zehnt. Die Unterstützung Armer bestand eher darin, dass diese für bestimmte Dienstleistungen nicht zahlen mussten.

115 Heyen: St.-Niklaus-Hospital (wie Anm. 72), S. 189.

116 Bernhard Schneider: Bruderschaften im Trierer Land. Ihre Geschichte und ihr Gottesdienst zwischen Tridentinum und Säkularisation. Trier 1989, S. 84.

117 Ebenda, S. 183.

in Kurtrier auch eigene Elendenbruderschaften, in denen sich die Bettler, aber auch angesehene stiftungswillige Bürger zu einem Solidarverband zusammenschlossen. In den Städten unterhielten sie eigene Häuser, die als Elendenherbergen dienten. Im Krankheitsfall eines Bettlers sprang die Elendenbruderschaft zur Versorgung ein. Die Elendenbruderschaft in Trier zahlte um 1530 für acht Tage Bettelausfall dem Kranken einen Albus.[118] Damit käme man auf einen Jahresverdienst von ca. 3 Gulden und damit weit unter das Existenzminimum. Die Bruderschaften zahlten also nur ein kleines Zubrot, das aber zum Überleben allein nicht reichte. Erhalten geblieben sind auch die Rechnungen der Elendenbruderschaft aus Koblenz, die noch 150 Jahre später belegen, dass mit der Unterstützung allein nicht zu leben war.[119] Während 1794/95 ca. 14 Taler an Almosen gezahlt wurden, steht dieser Ausgabe ein Gewinn von 263 Talern gegenüber. Die Differenz der Beträge macht deutlich, dass die Bruderschaft von ihrem Kapitalvermögen her zu einer weit aus großzügigeren Armenunterstützung fähig gewesen wäre. Ähnliches belegen die Rechnungen anderer Bruderschaften. Die Austeilung der Almosen richtete sich weniger nach den Bedürfnissen der Armen als nach christlich-symbolischen Vorgaben. So spendete etwa die Bruderschaft des Gotteshauses zu Boppard einmal im Jahr drei Malter Korn an die Armen und gab zwölf ausgesuchten Armen, die die Messe hörten, 12 Albus an Almosen.[120] Boten die einzelnen Stiftungen und Almosen keine ausreichende Überlebensgrundlage, so ist jedoch zu fragen, ob nicht die Summe aller dazu ausreichte.

Im Folgenden soll im Vergleich auf die Praxis der Fürsorge in Nassau-Dillenburg bzw. Nassau-Siegen näher eingegangen werden, allerdings mit der Einschränkung, dass die Konturen der nassauischen Fürsorgepraxis nur sehr skizzenhaft nachgezeichnet werden können, da eingehende Untersuchungen hierzu noch fehlen. Im Gegensatz zu Trier wurde in Nassau-Dillenburg das gesamte Kirchenwesen dem Landesherrn als oberstem Kirchenherrn unterstellt. Die Armenfürsorge wechselte damit jedoch nicht gänzlich in den weltlichen Zuständigkeitsbereich, sondern blieb Bestandteil kirchlicher Verwaltungspraxis. Auch hier führten die vom Landesherrn initiierten Visitationen zu einer verstärkten Kontrolle der Armenfürsorge. Über diese Akten bekommen wir zumindest einen groben Eindruck von der Armenfürsorge in Nassau-Dillenburg(Siegen), denn in den Visitationsprotokollen wurde unter anderem aufgezeichnet, wer von der Gemeinde als almosenbedürftig angesehen wurde. So verweigerte man beispielsweise einer alten, blinden Frau im Kirchspiel Oberfischbach das Almosen, weil sie „starke vermügliche Kinder" habe, die die Mutter

---

118 Richard Laufner: Die „Elenden-Bruderschaft" zu Trier im 15. und 16. Jahrhundert. Ein Beitrag zur Sozialgeschichte der untersten Unterschichten im ausgehenden Mittelalter und der frühen Neuzeit, in: Jahrbuch für westdeutsche Landesgeschichte 4 (1978), S. 221–237.

119 Rechnung der Elendenbruderschaft 1781–1802 Koblenz, LHA Koblenz, Abt. 1C, Nr. 17101–17110. Die bereits 1441 gegründete Koblenzer Elendenbruderschaft sah ihre Aufgabe ursprünglich in der Beihilfe bei Bestattungen und der Abhaltung von Seelenmessen, vgl. Schmitz: Armenpflege in Koblenz (wie Anm. 27), S. 74. Zum Anteil der Armen in Koblenz vgl. Etienne François: Koblenz im 18. Jahrhundert. Zur Sozial- und Bevölkerungsstruktur einer deutschen Residenzstadt. Göttingen 1982.

120 LHA Koblenz, Abt. 1C, 11580.

„wol erhalten" könnten.[121] Der Dorfgemeinschaft bekannte Personen mussten nicht unbedingt selbst um Almosen bitten, um als „bedürftig" eingestuft zu werden. So hieß es zu Lentzen Tielmann aus Oberschelden: „[...] geht nicht betteln, ist aber doch ein noturftiger armer."[122] Gezahlt wurde die Unterstützung aus dem Almosenkasten, der vom Pfarrer und von den Kirchmeistern des Kirchspiels verwaltet wurde. Der Armenversorgung dienten neben den Stiftungsgeldern und Kollekten vor allem die Bußgelder.[123] Immerhin beliefen sich allein die Visitationsbußgelder des Jahres 1544 der Ortschaften im Amt Dillenburg auf einen Gesamtbetrag von mindestens 230 ½ Gulden. Dabei bestanden allein innerhalb eines Amtes große Unterschiede hinsichtlich der finanziellen Möglichkeiten, Arme zu unterstützen, wie eine Überprüfung der Verhältnisse der einzelnen Kirchspiele im Jahr 1590 veranschaulicht.[124] Die Stadt Dillenburg verfügte demnach über eine Almosenstiftung in Höhe von 3.000 Gulden. Als weitere Stiftung im Amt Dillenburg existierte nur noch ein kleinerer Fonds im Kirchspiel Ewersbach, aus dessen Mitteln allein eine symbolische Brotverteilung an Arme an drei hohen kirchlichen Feiertagen finanziert werden konnte.[125] Ein Beispiel dafür, dass solche kirchlich-symbolischen Fürsorgepraktiken nicht allein auf katholische Territorien beschränkt waren und man mit dem Etikett eines konfessionell-strukturellen „Modernisierungsdefizites" vorsichtig sein muss, da viele Regelungen schlicht aufgrund mangelnder Ressourcen und damit mangelnder Alternativen bestanden. Erscheinen diese Möglichkeiten bereits als gering, so verhielt es sich noch schlechter in den anderen Kirchspielen, die über gar keine eigenständigen Armenstiftungen verfügten und die Armen allein aus dem „Säcklein", also der Kollektensammlung, versorgten. Wie in Trier war die Spendenbereitschaft für das allgemeine Almosen nicht sehr ausgeprägt. Für viele Kirchspiele gilt, dass nicht mehr als vier bis fünf Albus „als gemeiniglich ins sacklein" fielen.[126]

---

121 Visitation Niederndorf, HHStA Wiesbaden, Abt. 171, Z 801, S. 2, fol. 1v.

122 Visitation Oberschelden (Amt Siegen), HHStA Wiesbaden, Abt. 171, Z 801, S. 2, fol. 1v.

123 So nach dem Visitationsbescheid Graf Wilhelms aus dem Jahr 1544, HHStA Wiesbaden, Abt. 171, Z 1035, S. 33, fol. 18r.

124 Visitation Dillenburg, 1590, HHStA Wiesbaden, Abt. 171, D 535, S. 25, fol. 13v.

125 Visitation Ewersbach, 1590, HStA Wiesbaden, Abt. 171, D 535, S. 36, fol. 20v.

126 Im Kirchspiel Niederdresselndorf schätzte man die durchschnittliche wöchentliche Spendensumme auf etwa 16 bis 20 Pfennig, im Kirchspiel Ewersbach auf vier bis fünf Albus und in Frohnhausen auf zwei bis drei Albus; vgl. zu diesen Angaben HHStA Wiesbaden, Abt. 171, D 535, S. 51, S. 37, S. 81, fol. 30r, 21r, 47r. Für das Kirchspiel Netphen liegt die Auswertung einer Armenrechnung von 1695 bis 1734 vor, jedoch handelt es sich hierbei um ein Kirchspiel im katholischen Teil des Fürstentums Nassau-Siegen, denn nach der Konversion Johanns VIII. von Nassau-Siegen war die Grafschaft bzw. das spätere Fürstentum mit der Festschreibung der Verhältnisse im Familienrezess von 1651 in eine evangelische und eine katholische Linie aufgeteilt worden. Interessant daran ist, dass man hier an der Einrichtung des Gemeinen Kastens festhielt. Die Einträge belegen allerdings, dass die Anfertigung von Schuhen für Arme den Großteil der Gesamtausgaben ausmachte, so dass es nach Stötzel trotz dieser überlieferten Rechnungen fraglich bleibt, welche anderen Formen der Unterstützung es noch gegeben hat, da die notierten Zuwendungen an einzelne Arme den Rechnungen zu Folge recht selten und von geringem Geldwert waren. Vgl. hierzu Kurt Stötzel: Sozialfürsorge im Fürstentum Nassau-Siegen. Aus Netpher Armenrechnungen 1695 bis 1734, in: Siegerland 63 (1986), S. 39–43. So

Trotz der geringen Einnahmen behaupteten die kleineren Kirchspiele wiederum, keine Probleme mit der Unterstützung ihrer Armen zu haben, zumal sie nur wenige Personen unterstützen müssten. Gemeint waren damit allein die aus ihrer Sicht unterstützungswürdigen „Hausarmen", denn überall klagte man darüber, dass die fremden Bettler zu zahlreich seien.[127] Die Gemeinde Hirzenhain setzte dabei die hohe Anzahl fremder Bettler mit den geringen Almoseneinkünften unmittelbar in Beziehung und behauptete, dass mit der Abnahme der fremden Bettler auch die Bereitschaft zum Spenden wieder ansteigen würde: „[...] wann dz abgeschafft, alls dann geben die leuth mehr Almosen".[128] Die wenigen vorhandenen Almosen scheinen zudem öfters unterschlagen oder schlicht einbehalten worden zu sein, wie verschiedene Klagen über jahrelang nicht ausgezahlte Almosen belegen.[129] Außerdem nutzte man die Gelder der Armenkasse auch für die Erhaltung der Kirchenbauten. Im Kirchspiel Ferndorf bezahlte man beispielsweise aus der Armenkasse eine neue Kirchenglocke.[130] Zwar existierte in der Stadt Siegen ein Hospital, das sich die Armenpflege mit zum Ziel gesetzt hatte, doch beschränkte sich die Versorgung dort auf durchschnittlich nicht mehr als 30 Pfründner.[131]

Durch das Verbot des öffentlichen Bettelns sowie die wenigen Hilfen in der offenen Fürsorge waren die Armen auf andere Verdienstmöglichkeiten dringend angewiesen. Die Einrichtung der Spinnstuben für Arme in der zweiten Hälfte des 18. Jahrhunderts zeigte sich in der Praxis als keine Lösung des Problems, denn nach der Untersuchung von Ulrich Eisenbach war der Jahresverdienst von 31 bis 32 fl so gering, dass der Weilburger Stadtschultheiß selbst zugeben musste, man könne von diesem Lohn in Teuerungszeiten nicht einmal sein Brot kaufen.[132] Man gelangte dort zur gleichen Einsicht wie in Kurmainz: Trotz „Vollbeschäftigung" im Spinnhaus war der Verdienst zum Überleben zu gering.[133]

V. Fazit

Zusammenfassend kann man feststellen, dass es auf der Ebene der Verordnungen kaum konfessionsspezifische Unterschiede gab, lässt man die Aussagen zur Werkgerechtigkeit einmal unberücksichtigt. In beiden Territorien bemühten sich die Landesherren um eine effektivere Kontrolle der Finanzausgaben bei der Armenfürsorge. In Kurtrier ließ sich der Landesherr letztlich die Rechnungen ebenso vor-

---

        wurden im Rechnungsjahr 1700/1701 von etwas über 58 Gulden, die insgesamt verausgabt
        wurden, immerhin mehr als 33 Gulden allein für die Anfertigung von Schuhen und 9 für die
        Unterrichtung armer Schulkinder ausgegeben.
127 HHStA Wiesbaden, Abt. 171, D 535, S. 63, fol. 36r; zu den Klagen über fremde Bettler aus
        Franken und Hessen vgl. S. 82, fol. 47v.
128 HHStA Wiesbaden, Abt. 171, D 535, S. 90, fol. 51v.
129 Z. B. StadtA Siegen, Schreiben vom 27. Juli 1538, unverzeichnet; HHStA Wiesbaden, Abt.
        171, Z 1035, S. 145, fol. 73v.
130 StA Münster, FSL, 9.2.5, S. 74, fol. 43r.
131 Vgl. hierzu ausführlicher den Aufsatz von Jens Aspelmeier im vorliegenden Band.
132 Eisenbach: Zuchthäuser (wie Anm. 6), S. 64f.
133 Vgl. Schmidt: Armenfürsorge in Stadt und Land (wie Anm. 63), S. 88.

legen, bzw. durch seine Amtleute prüfen, wie in Nassau. Das Bemühen um eine Zentralisierung bzw. Kommunalisierung der Armenfürsorge ist deutlich zu erkennen. Allerdings ist das Konzept, dass man der Gemeinde die Verantwortung für die eigenen Armen zuweist, nicht neu. Das Moderne daran ist vielmehr, dass neben den kirchlichen Amtsinhabern nun auch weltliche an der Kontrolle und Aufsicht über das Fürsorgewesen beteiligt werden und Differenzkriterien entwickelt werden, die diesen Kontrollen als Richtschnur dienen und die landesweit Geltung besitzen. Die Kommunalisierung der Armenfürsorge ist somit auf das engste mit dem Prozess der Territorialisierung gekoppelt.

Ein deutliches Ante-post-Schema bezüglich der Normerlasse lässt sich beim Vergleich der beiden Territorien nicht erkennen. Vielmehr erließen die Landesherren bzw. die Regierungen in beiden Territorien etwa zeitgleich jeweils ähnliche Gesetze zur Versorgung der Armen bzw. zur Abwehr von fremden Bettlern und Vagabunden. Beide Seiten verbanden mit der öffentlich gewährten Fürsorge und der damit gekoppelten Einrichtung von Arbeits- und Zuchthäusern pädagogische Konzepte zur Förderung des Gemeinwohls und der Staatsökonomie.

Von einer umfassenden Fürsorge kann allerdings in beiden Landesteilen nicht ausgegangen werden. Die Summen, die einzelne Institutionen zahlten, waren jeweils nur subsidiär. Eine deutliche Rationalisierung der Armenfürsorge lassen die Synodal- und Visitationsakten dabei auch im protestantischen Nassau nicht erkennen. Eher das Gegenteil: Hilfe wurde recht uneinheitlich und meist nur auf direkte Anfrage hin geleistet. Allein die Exklusion fremder Bettler und Vaganten verfolgte man zielstrebig. Die von Michel Foucault mit den Schlagwörtern „Antivagabondage- und Antiagglomerationstaktik" beschriebene frühneuzeitliche Ordnungspolitik[134] lässt sich demnach unabhängig von der jeweiligen Konfession nicht nur in den städtischen Verordnungen finden, wie bereits von Robert Jütte exemplarisch dargelegt werden konnte,[135] sondern sie kennzeichnet ebenso die territorialen sowie transterritorialen Armenordnungen auf Kreisebene.

In der praktischen Umsetzung der Fürsorgekonzepte zeigen sich jedoch Unterschiede. Durch die Vielzahl verschiedener Fürsorgeeinrichtungen waren die Armen in den katholischen Territorien nicht in dem Maße von einer einzigen Institution abhängig wie in den protestantischen Gebieten. Unter der Vielzahl der Hilfseinrichtungen finden sich in den katholischen Territorien auch immer wieder solche, die nicht unbedingt der Logik des sich nun deutlich differenzierenden politischen Systems folgen wollten. In den altgläubigen Territorien scheint es vielmehr so zu sein, dass man hier nicht nur zwischen privater, kirchlicher, kommunaler und landesherrlicher Fürsorge, sondern auch innerhalb dieser Kategorien deutlich unterscheiden muss. So sprach der Trierer Erzbischof beispielsweise in Bezug auf arbeitsfähige Bettler von faulen und ansteckenden Gliedern der menschlichen Gesellschaft, die aus der-

---

134 Vgl. Michel Foucault: Überwachen und Strafen. Die Geburt des Gefängnisses (Übers. von Walter Seitter). Frankfurt a. M. 1976, S. 183f. Für die Armenfürsorge nicht relevant ist die in diesem Zusammenhang ebenfalls genannte Antidesertionstaktik.
135 Jütte: Obrigkeitliche Armenfürsorge (wie Anm. 9).

selben „*weggeraumet*" werden müssten;[136] viele Klöster und Mendikantenorden vertraten demgegenüber eine gänzlich andere Position und trafen bei der Ausgabe ihrer Armenmahlzeiten keine solch restriktiven Unterscheidungen zwischen ‚unterstützungswürdigen' und ‚unwürdigen' Armen, bzw. ‚starken' oder ‚fremden' Bettlern. Daher muss gerade auch bei den verschiedenen religiösen Gruppierungen in weiterführenden Untersuchungen nach den Unterschieden bei der Bewertung von Armut gefragt werden. Lassen sich in diesem Bereich Diskrepanzen religiöser Deutungsmuster oder auch zu Deutungsmustern der Norm beschreiben? Ob die in den altgläubigen Territorien vorzufindenden unterschiedlichen Konzepte bei der Almosenausteilungspraxis aber zu einer Verbesserung der Lebensumstände beigetragen haben, bleibt ungewiss, da die Fürsorgegaben relativ gering und stark zersplittert waren. Wie die dargestellten Beispiele zeigen, kann selbst aus den Rechnungsbüchern der unterschiedlichen almosenausteilenden Institutionen nicht gefolgert werden, wie viele Almosen an wie viel Arme im Jahr insgesamt ausgegeben wurden, bestehen hier doch erhebliche Unsicherheiten bezüglich mehrfach empfangener Almosen an verschiedenen Einrichtungen. Erst Arbeiten, die sehr viel vernetzter die verschiedensten Quellen lokaler Fürsorgepraxis zusammenführen, könnten darüber Aufschluss geben. Sicherlich muss man innerhalb der einzelnen Territorien noch weiter differenzieren. So war die Versorgungslage in den größeren Städten eine andere als auf dem Land. Ein deutlicher Unterschied zu den protestantischen Territorien ist mit der klösterlichen Fürsorge gegeben. Zwar hat Rüdiger Nolte in einem Zeitungsaufsatz darauf hingewiesen, dass die von ihm untersuchten Klöster kaum in der Lage waren, einen wesentlichen Beitrag zur Fürsorge zu leisten,[137] doch wird dieser Befund je nach ökonomischer Potenz und Größe des Klosters variieren. Sicherlich konnten die einzelnen Hospitalsstiftungen und Klöster keine flächendeckende Fürsorge betreiben, doch konnten sie für ihr lokales Umfeld von größerer Bedeutung sein. Die Ausnahmeregelung für Klöster, die weiterhin an Arme Suppe austeilen durften, wird auch das Bild von der Caritas und damit letztlich des Armen über längere Zeiträume bestimmt haben. Erst die Betrachtung der unterschiedlichsten Möglichkeiten der Fürsorge sowie ihrer Inanspruchnahme durch die Bedürftigen lässt ein deutlicheres Bild von der Leistungsfähigkeit des Fürsorgewesens in katholischen Territorien nachzeichnen. Hier bedarf es allerdings noch eingehender Studien, vor allem solcher, die den Armen als handelndes Subjekt in den Mittelpunkt ihres Forschungsinteresses rücken. Welche unterschiedlichen Institutionen nutzte ein Armer, um seine Existenz zu sichern? Gab es hier in den protestantischen und katholischen Territorien variierende Strategien? Die Darstellung der Fürsorgepraxis in Kurtrier legt zumindest eine höhere Flexibilität in den katholischen Territorien nahe. Zudem ist bekannt, mit welchen Defiziten bei Versuchen der Normdurchsetzung in der Frühen Neuzeit zu rechnen ist. Es stellt sich daher die

---

136 „Edictum gegen die Zigeuner, Vagabunden und herrenloses Gesindel" vom 28. Mai 1725, HHStA Wiesbaden, Abt. 110, Kurtrier: Erzstift Trier, Nr. IIa/2a.

137 Rüdiger Nolte: Klösterliche Armen- und Krankenfürsorge im 18. Jahrhundert unter besonderer Berücksichtigung Westfalens und des Rheinlands, in: Georg Mölich/Joachim Oepen/Wolfgang Rosen (Hg.): Klosterkultur und Säkularisation im Rheinland, Essen 2002, S. 207–222.

Frage, ob trotz fast gleichlautender offizieller Verordnungen durch die Landesherrn die Wahrnehmung und Akzeptanz bzw. Kriminalisierung und Ausgrenzung Armer innerhalb breiter Bevölkerungsschichten eine andere war.[138] Für die geschichtswissenschaftliche Untersuchung bleibt die wichtige Frage offen, wie die Armen selbst mit den ihnen angebotenen Hilfsleistungen umgingen und welche alternativen Überlebensstrategien sie entwickelten.[139] Konnten die mikrohistorischen Untersuchungen vor allem die praktische Umsetzung der Fürsorgekonzepte auf der Ebene der einzelnen Institutionen zeigen, so bleibt in Umkehrung der Perspektive zu fragen, welche Auswirkungen die unterschiedlichen Fürsorgekonzepte und ihre institutionelle Umsetzung auf die Betroffenen hatten. Hieraus ergibt sich die Frage, wie sich die Interaktion der Betroffenen mit den Fürsorgeeinrichtungen gestaltete und in welchem Verhältnis die öffentliche zur privaten, familiären Existenzsicherung stand.[140] In welchen Lebensphasen waren Personen besonders von Armut betroffen, wie bewerteten sie jeweils ihre Situation bzw. welche Strategien entwickelten sie, der Armut zu begegnen? Die Frage nach dem Selbsthilfepotential schließt die Frage nach möglichen kriminellen Handlungen ein.

Für die von Grimmelshausen vorgestellten betrügerischen Bettler stellte die Konfessionsgrenze aber offenbar kein Problem dar, denn hier hieß es, man müsse allein auf äußere Anzeichen achten, „ob es an einem Ort lutherisch oder katholisch oder kalvinisch sei". Den äußeren Anzeichen sei die Form des Gebets anzupassen, denn „die Leute geben ihren Glaubensgenossen noch so gern [...] dahingegen mancher einen von widerwärtiger Religion nicht ansiehet, wann er schon des Almosens zehenmal mehrers benötiget wär als der Glaubensgenoß."[141] Konfession war somit für die Bettler in Grimmelshausens Werk zwar ein wichtiges Differenzkriterium, aber sie wussten sich anzupassen und entwickelten wiederum darauf aufbauend Strategien zur Lebensbewältigung.

---

138 Entsprechend hieß es noch 1797 im Münchener Intelligenzblatt: „Überhaupt ist in manchen Häusern der Irrwahn noch zu fest, dass wenn das Vergelt es Gott nicht mehr am Hause gehört werde, kein Glück und Segen mehr kommen könnte.", zitiert nach Manfred Eder: „Helfen macht nicht ärmer". Von der kirchlichen Armenfürsorge zur modernen Caritas in Bayern. Altötingen 1997, S. 38.

139 Vgl. zu dieser Frage Jeremy Boulton: „It Is Extreme Necessity That Makes Me Do This". Some „Survival Strategies" of Pauper Households in London's West End During the Early Eighteenth Century, in: International Review of Social History 45 (2000), S. 47–69; Thomas Sokoll: „Negotiating a Living: Essex Pauper Letters from London, 1800–1834.", in: International Review of Social History (2000), S. 19–46; Steven King: Poverty and Welfare in England, 1700–1850. Manchester 2000.

140 Beispielhaft nachgegangen ist dieser Frage Martin Dinges, der entsprechend zu einer kritischen Beurteilung der aus den Armenverordnungen abgeleiteten generalisierenden Thesen der Entwicklung der frühneuzeitlichen Armenfürsorge kommt. Vgl. Martin Dinges: Stadtarmut in Bordeaux 1525–1675. Alltag, Politik, Mentalitäten (Pariser Historische Studien 26). Bonn 1988; ders.: Frühneuzeitliche Armenfürsorge als Sozialdisziplinierung? Probleme mit einem Konzept, in: Geschichte und Gesellschaft 17 (1991), S. 5–29; ders.: Aushandeln von Armut in der Frühen Neuzeit. Selbsthilfepotential, Bürgervorstellungen und Verwaltungslogiken, in: Werkstatt Geschichte 10 (1995), S. 7–15.

141 Grimmelshausen: Das wunderbarliche Vogelnest (wie Anm. 1), S. 276f.

Solche Strategien vergleichend weiter zu untersuchen, erscheint mir daher künftig im Hinblick auf die Frage von Norm und Praxis der Armenfürsorge als besonders lohnend.

ZWISCHEN POLIT-THEOLOGISCHEN KONZEPTEN, OBRIGKEITLICHEN NORMSETZUNGEN UND STÄDTISCHEM ALLTAG: DIE VORSCHLÄGE DES STRASSBURGER MÜNSTERPREDIGERS JOHANNES GEILER VON KAYSERSBERG ZUR REFORM DES STÄDTISCHEN ARMENWESENS

RITA VOLTMER

I. Einführende Überlegungen

Das Jahr 1481 kündigte sich durch schlechte Vorboten an: Ein früher Frost hatte im Herbst 1480 die Traubenreife verhindert, dazu zerstörten schwere Regenfälle und Überschwemmungen die Getreideernte und die Viehweiden.[1] Teuerung und Hungersnot waren die Folge, auch in der elsässischen Metropole Straßburg hielt der Mangel Einzug. Angesichts des Elends konnte der seit 1478 auf die neu eingerichtete Münsterprädikatur berufene Weltgeistliche Johannes Geiler von Kaysersberg (1445–1510) nicht schweigen: Von der Kanzel aus richtete er eine flammende Rede an die hungernden Armen der Stadt und forderte sie auf, die Vorratsräume der Reichen mit Äxten aufzubrechen, um sich das dort gehortete Brotgetreide herauszunehmen. Er selbst wollte das Zeichen zum Sturm auf die Speicher geben, falls sich die Versorgungslage nicht bessern würde. Allerdings sollten die Bedürftigen die Menge des entwendeten Getreides auf einem Kerbholz verzeichnen und dessen Wert später zurückzahlen. Der Prediger bot sich sogar als Vermittler an, falls es bei der Regelung derartiger Schulden zu Konflikten kommen würde.

---

[1] *Es flosz auch vil korn hinweg, und was grosz nott umb brot, den das wasser that groszen schaden an den müllen, das man nicht woll malen kundt, und auch das waszer so grosz wardt, das man uff den brucken stundt und die hendt wuosch ... unnd muste man das vieh uff die höhe uff das gebürg treyben wan es nicht zu essen fand, unnd groszen hunger litte;* Straszburgische Archiv-Chronik, in: Code historique et diplomatique de la ville de Strasbourg, Bd. 1, Teil 1: Chroniques d'Alsace. Teil 2: Fin des Chroniques d'Alsace. Strasbourg 1843, Teil 2, S. 131–220, hier S. 213f.; zu Unwettern und Hungersnöten auch am Oberrhein in der zweiten Hälfte des 15. Jahrhunderts vgl. Horst Buszello: „Wohlfeile" und „Teuerung" am Oberrhein 1340–1525 im Spiegel zeitgenössischer erzählender Quellen, in: Peter Blickle (Hg.): Bauer, Reich und Reformation. Festschrift für Günther Franz zum 80. Geburtstag am 23. Mai 1982. Stuttgart 1982, S. 18–42, hier S. 29; sowie Rüdiger Glaser: Klimageschichte Mitteleuropas. 1000 Jahre Wetter, Klima, Katastrophen. Darmstadt 2001, S. 92; Gerhard Fouquet: Städtische Umwelten im Mittelalter. Perspektiven der Sozial- und Wirtschaftsgeschichte, in: Renate Wißuwa u. a. (Hg.): Landesgeschichte und Archivwesen. Festschrift für Reiner Groß zum 65. Geburtstag. Dresden 2003, S. 35–72, hier S. 42–51.

Geilers wütende Worte erscheinen nicht nur als eine Aufforderung zur Selbsthilfe, sondern geradezu als ein Ruf nach Aufstand und Umsturz. In diesem Sinne
verstanden ihn offensichtlich auch die Straßburger Ratsherren; denn neben einer
fein formulierten Abmahnung an den Münsterprediger, in Zukunft *früntlich* von
solch aufrührerischen Worten Abstand zu nehmen, wurden heimlich einzelne Herren
des Regiments mit dem Auftrag ausgeschickt, sich vorsichtig auf ihren Trinkstuben
umzuhören, ob vielleicht unter den Meistern und Handwerksknechten die Worte
des Predigers auf fruchtbaren Boden gefallen waren und ob erste Anzeichen eines
Tumultes zu erkennen seien. Die offene Konfrontation scheuend und um den städtischen Frieden besorgt, wollte man mögliche Unzufriedenheit über gestiegene
Preise und die allgemeine Notlage mit geeigneteren Mitteln besänftigten. Deshalb
ordnete der Rat das Vermahlen und Verbacken von Getreide aus den städtischen
Speichern an, um es verbilligt an die Bedürftigen der Stadt abzugeben.[2]

Wenn auch 400 Jahre später der Trierer Domkapitular Philipp de Lorenzi als
selbsternannter Sachwalter der Schriften Geilers erklären sollte, diese Kanzelrede
des Münsterpredigers habe gegen „alle Moral"[3] verstoßen, bleibt festzuhalten, dass
gerade dieses nur als knapper Auszug überlieferte Predigtfragment[4] exemplarisch
sowohl die zentrale Stellung andeutet, welche die Phänomene Armut und Bettelei
im Werk des berühmten Straßburger Predigers einnahmen, wie auch schlaglichtartig
sein konfliktträchtiges Verhältnis zum städtischen Rat beleuchtet. So verstand sich

---

2   *Als uff den spicher sint XIIIc fierteil meles, so hat man heissen noch IIIc fierteil rocken malen,*
     so ist der herren meynung, zü dem sol man noch IIIIc fierteil malen, das sint zusammen II M
     fierteil meles, dovon sol man bachen alle woche L fierteil meles, nemlich XXV fierteil uff unser
     frowen huse und im grossen spittel auch XXV fierteil uund jetz bestellen, das solich bachen
     furderlich geschee und das ein jeglich brot IIII lot grösser gebachen werde. Wie vil meles je
     zu ziten von dem spicher verbachen wurt, so vil sol man korns malen, also das man stetes II
     M fierteil meles uff dem spicher habe. Item, bedarff man me bachöfen, so findet man einen in
     des lonherren hoff, einen zu den Augustinern, sant Claren uff dem Rosmercket und einen zu
     sant Magreden. Des doctors zum Münster rede halp, als er in siner bredigen offenlich geret zu
     den armen der dürunge des korns halp: „louffent den richen lüten in ir hüser, die korn hant;
     ist es beslossen, slahent es mit einer ax uff und nebent korn ein kerweholtz, verlieret ir das
     kerweholtz, kummen zu mir, so wil ich üch sagen, wie ir esz verantwurten söllen" und zu lest
     geret: „doch es ist noch nit zit, wann es aber zit ist, das wil ich üch wol sagen." [Unterstrei-
     chung durch Verfasserin] *Des haben sich die herren die XIII und XV underret uff meynunge,*
     gütlich mit im zu reden, das im solicher swerer rede in siner bredigen nit not gewesen sy und in
     zu bitten, früntlich dovon zu ston. Sie bedunket auch geroten sin, das jeglicher ammeister oder
     ratherre mit den schöffeln uff siner stube früntlich und in geheim rede, obe ir stube gesellen
     einer oder me sich des doctors rat an neme, das sie in gütlich davon abwisen uff gütlich wege,
     die zu friden dienen; Ratsmandat aus dem Jahr 1481, zit. n. Jacques Hatt: Une ville du XVe
     siècle. Strasbourg. Straßburg 1929, S. 464f.

3   Philipp De Lorenzi (Hg.): Geiler von Kaisersberg. Ausgewählte Schriften nebst einer Abhand-
     lung über Geilers Leben und echte Schriften. 4 Bde. Trier 1881/1883, hier Bd. 1, S. 13. Diese
     zweifelhafte „Ausgabe" der Predigten Geilers entbehrt jeder wissenschaftlichen Grundlage;
     Luzian Pfleger: Der Franziskaner Johannes Pauli und seine Ausgaben Geilerscher Predigten,
     in: Archiv für Elsässische Kirchengeschichte 3 (1928), S. 47–96, hier S. 59; zu Philipp de
     Lorenzi vgl. zusammenfassend Martin Persch/Bernhard Schneider (Hg.): Geschichte des Bis-
     tums, Bd. 4: Auf dem Weg in die Moderne 1802–1880. Trier 2000, S. 125f.

4   Vgl. die unterstrichene Passage in Anm. 2.

der an den Universitäten Freiburg i. Br. und Basel ausgebildete, redegewaltige Prediger[5] als der von Gott berufene Wächter der ihm anvertrauten Stadtgesellschaft, als der Arzt des in seinen Augen schwer erkrankten städtischen Organismus. Sein Amt und sein Selbstverständnis verpflichteten ihn, die Krankheiten des Gesellschaftskörpers Straßburg zu diagnostizieren und dessen Glieder – inklusive der Obrigkeit – durch *instructio*, *correctio* und *purgatio* von den zerstörerischen Giften der Sünde zu heilen.[6] Dabei präsentierte sich Geiler sowohl als kritischer Beobachter städtischen Alltags wie als eine Instanz, die sich aktiv in die Tagespolitik einmischte und das Münster sowie die Kanzeln der von ihm betreuten Klöster zum öffentlichen Raum inszenierter Rüge machte.

Diese weitreichende Amtsverpflichtung korrespondierte mit Geilers polit-theologischem Konzept von städtischer Gesellschaft als einem Sozialkörper, dessen Glieder streng nach der auf Paulus zurückgehenden *corpus mysticum*-Vorstellung in einer nach gottgewollten Ordnungsprinzipien funktionierenden christlichen Gemeinschaft agieren und ihren Platz im *ordo* ausfüllen mussten.[7] Zu diesem Organismus zählte der Münsterprediger alle innerhalb der Stadtmauern lebenden Christen, unabhängig ihres Rechtsstatus oder ihres Geschlechts. Auch solche Personen, die sich nur kurzfristig und vorübergehend in Straßburg aufhielten, die sich möglicherweise vor einer Hungersnot oder einer grassierenden Seuche hilfesuchend in die Stadt geflüchtet hatten, gehörten nach Auffassung des Predigers zu dieser *societas christiana*. Deshalb hätten alle Einwohner Straßburgs, ob Voll- oder Kleinbürger, Laien oder Geistliche, Männer oder Frauen, Einheimische oder Fremde ein Anrecht darauf, gemäß den göttlichen Geboten von Nächstenliebe und Barmherzigkeit behandelt zu werden. Das schloss auch die Berechtigung mit ein, die Wohltaten der städtischen Armenfürsorge, beispielsweise des Spitals, genießen zu dürfen. Mit einer solchen Grundüberzeugung geriet der Prediger in diametralen Gegensatz zum obrigkeitlichen Verständnis, nach dem sich zwar die Regelkompetenz des Rates auf alle in der Stadt weilenden Personen erstreckte, die Fürsorgepflicht aber gemäß dem Indigenats-Prinzip immer restriktiver nur gegenüber den Bürgern und einem ausgewählten Kreis von Einwohnern galt.

Bereits 1482 entwarf der Münsterprediger ein gewaltiges Reformprogramm im Sinne einer fundamentalen *reformatio* für die gesamte Stadtgesellschaft unter Einschluss des Klerus und der weltlichen Obrigkeit, das er bis 1501 sukzessiv erweitern und – angepasst an den jeweiligen Stand der ordnungspolitischen Versäumnisse oder Maßnahmen des Rates – modifizieren sollte.[8] Dabei bemühte sich Johannes Geiler, strikte asketische, dem observanten Mönchtum entlehnte Ideale in die Welt

---

5   Zu Geilers Biographie vgl. Léon Dacheux: Un réformateur catholique à la fin du XVe siè-
     cle. Jean Geiler de Kaysersberg, prédicateur à la cathédrale de Strasbourg. 1478–1510. Etude
     sur sa vie et son temps. Paris/Straßburg 1876; Uwe Israel: Johannes Geiler von Kaysersberg
     (1445–1510). Der Straßburger Münsterprediger als Rechtsreformer. Berlin 1997, S. 38–177;
     sowie Rita Voltmer: Wie der Wächter auf dem Turm. Ein Prediger und seine Stadt. Johannes
     Geiler von Kaysersberg (1445–1510) und Straßburg. Trier 2005, S. 132–228.
6   Zu Geilers Selbstverständnis vgl. besonders ebenda, S. 27–41, 197–228.
7   Vgl. ebenda, S. 251–259.
8   Vgl. ebenda, S. 418–734.

der Laien zu übertragen und für eine bessere christlich-moralische Erziehung zu
sorgen. Verinnerlichte Selbstdisziplin, Maßhalten und Zucht waren die Leitbegriffe,
nach denen Geiler das Zusammenleben in Familie und Stadt, in Ordens- und Kleri-
kergemeinschaften neu geordnet wissen wollte. So sollte im Bereich der *weltlichen
stende* das gesamte öffentliche wie private Leben mit disziplinierenden Maßnahmen radikal umgestaltet werden nach den Vorgaben der von ihm entwickelten politischen Theologie der Stadt, in deren Mittelpunkt die rigorose Umsetzung der *lex
divina* in die städtische Policey- und Strafgesetzgebung stand. In diesem Kontext
schrieb Geiler der weltlichen Obrigkeit die Pflicht und nicht zuletzt die umfassende
Legitimation zu, im Einklang mit den göttlichen Geboten die notwendigen Rahmenbedingungen zu schaffen, damit jedes Handwerk, jedes Gewerbe, jedes Amt
und jede Funktion gemäß den jeweiligen standesimmanenten Aufgaben ausgeübt
werden konnten.[9]

Auch wenn Geiler keine formell-administrativen Kompetenzen innehatte, wie
gelegentlich in der älteren Forschung hervorgehoben worden ist,[10] so besaß er doch
die ungeheure informelle Macht der öffentlich inszenierten Predigt und damit eine
‚Agitationsplattform‘, die es ihm erlaubte, erheblichen Einfluss auszuüben. Dies
zeigt nicht zuletzt die Überlieferung seines engagierten Aufrufes an die Bedürftigen aus dem Jahr 1481; denn dieses Predigtfragment findet sich inseriert in den
städtischen Ratsprotokollen. Bewusst in einer Tradition mit Bußpredigern wie
Vinzenz Ferrer, Bernardino von Siena, Johannes Capistrano oder dem zeitgleich
agierenden Girolamo Savonarola stehend,[11] demonstrierte Johannes Geiler schon
bei dieser Gelegenheit, dass die Aufgaben eines Predigers mitnichten allein auf die
fromme Unterweisung des einfachen Volkes gerichtet waren und dass er es auch
nicht bei Aufrufen zu einer rein innerkirchlichen Reform belassen konnte, sondern
dass er primär verpflichtet blieb, durch entsprechende Kanzelreden, Gutachten und
Vorschläge konkret in die politischen Verhältnisse seines Umfeldes einzugreifen.
Adressat solchen Bemühens war daher immer auch die weltliche Obrigkeit, im Falle
von Geiler diejenigen oligarchisch organisierten Gruppen, welche als Mitglieder
der jeweiligen Ratsgremien das Straßburger Regiment bildeten. Seine Einbindung

---

9   Das bislang in der Forschung nicht oder bestenfalls in Teilaspekten erkannte fundamentale
    Reformprogramm des Münsterpredigers kann hier nur angedeutet werden; vgl. dazu in aller
    gebotenen Ausführlichkeit ebenda, Kap. III.3: *Reformatio*, politische Theologie der Stadt, gute
    Pollicy und ordnung. Johannes Geilers Kontroverse mit dem Straßburger Rat und sein Entwurf
    einer fundamentalen Reform des städtischen Lebens.
10 So z. B. Francis Rapp: Réforme et Réformation à Strasbourg. Eglise et Société dans le Diocèse
    de Strasbourg (1450–1525). Paris 1974, S. 155f. ; ähnlich auch in ders.: Reformatio. Ce qu'en
    disaient les prédicateurs. L'exemple strasbourgeois (1440–1510), in: Bernard Chevalier/Robert
    Sauzet (Hg.) : Les réformes enracinement socio–culturel. Paris 1985, S. 393–405, hier S. 402,
    der Geiler als auf dem Feld der Kirchenreform engagierten, gerade hier jedoch früh resignierten
    „maître spirituel" ansah. Mit einem erweiterten Reformbegriff arbeitete Herbert Kraume und
    betonte besonders Geilers reformerisches Werk im Bereich der Klosterobservanz. Wie bereits
    Rapp, betonte auch er, dass es Geiler an administrativen Kompetenzen gemangelt habe; Herbert
    Kraume: Die Gerson-Übersetzungen Geilers von Kaysersberg. Studien zur deutschsprachigen
    Gerson-Rezeption. München 1980, S. 7, 127–134.
11 Vgl. dazu Voltmer: Wächter (wie Anm. 5), S. 22–26, 37, 434, 442f. und öfter.

in das familiale Netz der einflussreichen Ammeisterfamilie Schott gewährte Geiler darüber hinaus bis zum Tod des Patriarchen Peter Schott d. Ä. 1504 die nötige Rückendeckung bei seinem gewaltigen Reformvorhaben.

Neben der Abschaffung der Gotteslästerung und der Einführung einer strikten Sittenzucht[12] machte Johannes Geiler dabei die Bewältigung des Armuts- bzw. Bettlerproblems sowie die Organisation der institutionalisierten Fürsorge zum ultimativen Maßstab für die Qualitätsbeurteilung eines städtischen Gemeinwesens im Allgemeinen und der guten *policya* im Besonderen.[13] Gemäß seiner theokratisch ausgerichteten polit-theologischen Konzepte konnte sich eine wahre Gottesstadt nur dort etablieren, wo die Armen ihren gottgegebenen Stand willig akzeptierten, die Wohlhabenden ihrer Pflicht zur Almosenvergabe, zur Unterstützung der Notleidenden und zu frommen Stiftungen nachkamen, wo die weltliche Obrigkeit dafür sorgte, dass diese beiden Gruppen ihre christlichen Pflichten ungehindert ausüben konnten und dass darüber hinaus ein System gut funktionierender Spitäler bereitgestellt wurde, in denen man sich um Kranke und Hilflose kümmerte. Konsequent weitergedacht, sollte deshalb in Geilers ‚christlicher Idealstadt' unter den Einwohnern keine Gassenbettelei mehr existieren, ohne dass damit aber generell die auf Unterstützung und Almosen angewiesene Armut in ihren vielfältigen Erscheinungsformen verschwinden sollte.[14] Die Forderung nach obrigkeitlicher Sorge um eine allgemeine Wohlfahrt, um Vorratshaltung, Fürsorge und erträgliche Zinspolitik gegenüber den Armen gliederte Geiler deshalb auch seinem 1495 gepredigten „Spiegel eines guten Regiments" ein.[15]

In Auseinandersetzung mit den obrigkeitlichen Normsetzungen wie auch mit der alltäglichen Praxis der Armenfürsorge entwarf der Prediger deshalb ein aufeinander abgestimmtes Reformprogramm, dessen Regelwerk sich sowohl an die Objekte der Fürsorge, die Armen und Bedürftigen selbst, an die potentiellen Almosengeber wie auch an den Rat richtete und überdies Vorschläge enthielt, einer fortschreitenden Pauperisierung entgegenzusteuern. So wie bislang Geilers polit-theologischer Reformentwurf für die Stadtgesellschaft in toto übersehen worden ist, so wurden auch die darin enthaltenen, die Armenfürsorge betreffenden Konzepte stets nur ausschnittsweise oder verkürzt zur Kenntnis genommen. Im Zentrum der Analyse standen dabei zumeist seine am 5. August 1498 gehaltene Predigt *Von betleren die unrechtlich betlen*[16] – nicht selten nur zitiert nach der unzuverlässigen Ausgabe des De Lorenzi – sowie die einschlägigen Artikel in seinen am 27. Januar 1501 vor dem Straßburger Rat verlesenen und am 27. März 1501 schriftlich übersandten Gravamina, den so genannten Einundzwanzig Artikeln.[17] Dies erscheint eine

---

12 Vgl. dazu ebenda, S. 664–734.
13 Vgl. Anm. 118.
14 Vgl. ausführlich Voltmer: Wächter (wie Anm. 5), Kap. III.3.8: Gute *pollicy* und die Reformierung des Fürsorgewesens.
15 Vgl. ausführlich ebenda, S. 404.
16 Narrenschiff [1498], fol. CXXIX', Sp. 2–CXXX, Sp. 2; sowie Navicula fatuorum [1498], fol. 21 C–21 G.
17 *Der xij artickel vom Spitall* und *Der xiij artickel von den Betlern*, in: Einundzwanzig Artikel [1501], S. 182–188; zu Entstehung und Überlieferung der Einundzwanzig Artikel vgl.

magere Forschungsgrundlage angesichts des Faktums, dass sich von den fast 4.500 Kanzelreden, die Geiler in Straßburg gehalten hat, über 1.300 in volkssprachlichen Frühdrucken als Predigten oder als Traktate erhalten haben, nicht gezählt die lateinischen Parallelausgaben oder die handschriftliche Überlieferung in den von Geiler betreuten Frauenklöstern.[18] Vor diesem Hintergrund ist es mehr als verständlich, warum man bislang anhand jener wenigen, zudem aus dem Kontext des Gesamtwerkes genommenen Zeugnisse oft nur ein widersprüchliches, wenig kohärent erscheinendes Bild von Geilers Überlegungen zum Fürsorgewesen hat entwerfen können.[19]

An dieser Stelle kann aus naheliegenden Gründen nicht in aller Ausführlichkeit auf Geilers Reformentwurf für das Straßburger Fürsorgewesen eingegangen werden, doch seien – fokussiert auf die offene Armenfürsorge – einige wichtige Punkte

---

Israel: Rechtsreformer (wie Anm. 5), S. 181–193; sowie Voltmer: Wächter (wie Anm. 5), S. 122–124.

18 Zur Überlieferungsgeschichte der Predigten und Traktate Geilers vgl. Léon Dacheux (Hg.): Die ältesten Schriften Geilers von Kaysersberg. Freiburg i. Br. 1882, S. XXV–CXXXVII; Gerhard Bauer (Hg.): Johannes Geiler von Kaysersberg. Sämtliche Werke, Teil 1: Die deutschen Schriften, Abt. 1: Die zu Geilers Lebzeiten erschienenen Schriften. 3 Bde. Berlin/New York 1989–1995, hier Bd. 1, S. V–XLIII, Bd. 2, S. V–XVIII, Bd. 3, S. V–XXVIII; Jochen Schiewer/Volker Mertens (Hg.): Repertorium der ungedruckten deutschsprachigen Predigten des Mittelalters. Der Berliner Bestand, Bd. 1: Die Handschriften aus dem Straßburger Dominikanerinnenkloster St. Nikolaus in undis und benachbarte Provenienzen, Teil I: Die Handschriften Ms. germ. fol. 79 bis Ms. germ. qu. 189. Teil II: Die Handschriften Ms. germ. qu. 190 bis Ms. germ. oct. 69 ergänzt um Handschriften aus Leipzig, München und Paris. Tübingen (im Druck); sowie Voltmer: Wächter (wie Anm. 5), Kap. I.3.1: Predigten und Traktate des Johannes Geiler und Kap. C.1.1: Werkverzeichnis. Kommentierte Bibliographie der Werke Johannes Geilers.

19 Otto Winkelmann: Über die ältesten Armenordnungen der Reformationszeit, in: Historische Vierteljahrsschrift 17 (1914/1915), S. 187–228, 361–400, hier S. 201; ders.: Das Fürsorgewesen der Stadt Strassburg vor und nach der Reformation bis zum Ausgang des sechzehnten Jahrhunderts. Ein Beitrag zur deutschen Kultur- und Sittengeschichte., Teil 1: Geschichtliche Übersicht. Teil 2: Urkunden und Aktenstücke (ND der Ausgabe Leipzig 1922). New York/London 1971, hier S. 76, bezeichnete Geilers Haltung in der Armenfrage als „unklar und unentschlossen" oder als „verworren"; Hans Scherpner: Theorie der Fürsorge. Göttingen 1962, S. 54–66, hier S. 57, spricht von „Inkonsequenzen"; ein ausgewogeneres, wenn auch stark verkürztes Bild bietet Francis Rapp: L'église et les pauvres à la fin du moyen âge. L'exemple de Geiler de Kaisersberg, in: Revue d'histoire ecclésiastique 52 (1966), S. 39–46; Thomas Fischer: Städtische Armut und Armenfürsorge im 15. und 16. Jahrhundert. Sozialgeschichtliche Untersuchung am Beispiel der Städte Basel, Freiburg i. Br. und Straßburg (Göttinger Beiträge zur Wirtschafts- und Sozialgeschichte 4). Göttingen 1979, S. 158–160, bezieht sich lediglich auf den 13. Artikel der Gravamina Geilers, kommt aber immerhin zu dem richtigen Schluss, dass der Münsterprediger die weltliche Obrigkeit als Vermittler zwischen Almosengeber und Almosennehmer sehen wollte; Paul Adam: Charité et assistance en Alsace au moyen âge. Straßburg 1982, S. 253, bietet nur eine Inhaltsangabe des 13. Artikels; Israel: Rechtsreformer (wie Anm. 5), S. 227–232, kommt nicht über die knappen Ausführungen von Thomas Fischer hinaus; zuletzt ist Katharina Simon-Muscheid: *Ein rebmesser hat sine frowe versetzt für 1 ß brotte*. Armut in den oberrheinischen Städten des 15. und 16. Jahrhunderts, in: Helmut Bräuer (Hg.): Arme – ohne Chance? Kommunale Armut und Armutsbekämpfung vom Spätmittelalter bis zur Gegenwart. Leipzig 2004, S. 39–70, hier S. 55–59, knapp auf Geilers Initiativen im Bereich der Armenfürsorge eingegangen.

seiner spezifischen Wahrnehmung und Wertung der Phänomene Armut, Bettelei und Almosenvergabe in Auseinandersetzung mit der einschlägigen Straßburger Praxis erläutert.

II. Das Straßburger Fürsorgewesen im 15. Jahrhundert

Auf den ersten Blick manifestierte sich das Straßburger Fürsorgewesen vor den Augen des Münsterpredigers zunächst in Gestalt der prächtigen Bauten des Großen Spitals, der Elendenherberge und zweier Leproserien, Institutionen, die allesamt unter städtischer Verwaltung standen.[20] In Straßburg, einer wohl über 20.000 Einwohner zählenden Stadt, waren Armut und Bedürftigkeit[21] aber auch immerwährende, menschliche Gestalt annehmende Phänomene, die den Münsterprediger im Wortsinn auf Schritt und Tritt begleiteten; denn wie seine Biographen später übereinstimmend, wenn auch durchaus in topoihaft-glorifizierender Weise erläutern sollten, wurde der als *pater pauperum* apostrophierte und offenbar für seine große Spendenfreudigkeit bekannte Johannes Geiler auf seinen Wegen durch die Stadt stets von einer großen Menge Bedürftiger und Hilfesuchender umlagert. Sein Ruf als Vater der Armen wurde nicht zuletzt auch begründet durch seine penetrante Einmischung in die städtische Armenpolitik, seine ständigen Ermahnungen, den Bedürftigen mit tätiger Nächstenliebe zu Hilfe zu kommen, sowie seine häufige Tätigkeit als Verwalter und Vermittler privater Almosenstiftungen.[22]

---

20   Vgl. immer noch grundlegend Winkelmann: Fürsorgewesen (wie Anm. 19), S. 5–60.

21   Auf eine kategoriale Unterscheidung zwischen Armut und Bedürftigkeit wird hier bewusst verzichtet, denn – wie bereits Simon-Muscheid: *rebmesser* (wie Anm. 19), S. 42f., auf der Grundlage der Forschungen von Helmut Bräuer und Elke Schlenkrich festgestellt hat – handelt es sich dabei zum einen um an der Wahrnehmung „von oben" orientierte Kategorien, zum anderen blieben die Übergänge zwischen „Armut" (verstanden als prekäre, aber ohne fremde Hilfe erwirtschaftete Subsistenz) und „Bedürftigkeit" (als auf fremde Hilfe angewiesene Lebenssituation) stets fließend; darauf verwies bereits Erich Maschke: Die Unterschichten der mittelalterlichen Städte Deutschlands, in: Ders./Jürgen Sydow (Hg.): Gesellschaftliche Unterschichten in südwestdeutschen Städten (Veröffentlichungen der Kommission für Geschichtliche Landeskunde in Baden-Württemberg 41). Stuttgart 1967, S. 1–74, hier S. 54; zu Versuchen, Armut und Bedürftigkeit kategorial zu erfassen und zu definieren, vgl. Fischer: Städtische Armut (wie Anm. 19), S. 40–42; Robert Jütte: Obrigkeitliche Armenfürsorge in deutschen Reichsstädten der frühen Neuzeit. Städtisches Armenwesen in Frankfurt am Main und Köln (Kölner Historische Abhandlungen 31). Köln/Wien 1984, S. 13f.; Martin Dinges: Neues in der Forschung zur spätmittelalterlichen und frühneuzeitlichen Armut?, in: Hans-Jörg Gilomen/Sébastien Guex/ Brigitte Studer (Hg.): Von der Barmherzigkeit zur Sozialversicherung. Umbrüche und Kontinuitäten vom Spätmittelalter bis zum 20. Jahrhundert. De l'asssistance à l'assurance sociale. Ruptures et continuités du Moyen Age au XXe siècle (Schweizerische Gesellschaft für Wirtschafts- und Sozialgeschichte 18). Zürich 2002, S. 21–43, hier S. 42.

22   So Jakob Wimpfeling in seiner *Vita Geileri*: ... *et in pauperes lagiretur, poculum nempe argenteum pretii florenorum circiter viginti a pudicissimo Friderico de Hohenzorna Argentinensi decano ... dono sibi datum mox vendidit et pauperibus pecuniam dedit*; Jakob Wimpfeling/ Beatus Rhenanus: Das Leben des Johannes Geiler von Kaysersberg, hrsg. von Otto Herding. München 1970, S. 57; vgl. ähnlich auch ebenda, S. 58f. Bei Beatus Rhenanus heißt es: *Pauperes atque egestosos maxima semper liberalitate fovit. Hinc proiectitiis infantulis quotidie fere*

Nach den Vorratszählungen aus der Mitte des 15. Jahrhunderts waren tatsächlich rund 40 % aller Haushalte zur Anlage von Getreidevorräten nicht in der Lage, hier wurde von der Hand in den Mund gelebt. Gemäß der von Ulf Dirlmeier aufgestellten Faustregel kann vermutet werden, dass auch in Straßburg insgesamt 50–60 % der steuerzahlenden Bevölkerung als besitzlos oder in die Kategorie der kleinsten Vermögen eingeordnet werden muss.[23] Korrekte statistische Erhebungen sind jedoch aufgrund des Verlustes der Steuerlisten nicht möglich. Armut bedeutete die Unfähigkeit, eine über den unmittelbaren Tagesbedarf hinausgehende Ausgabe bar zu bezahlen.[24] Jedem Schicksalsschlag ausgeliefert, abhängig vom (oft misslichen) Zusammenspiel zwischen Wetter, Misswachs, Ernte und (durch Spekulationsgeschäfte verschärfte) Teuerung blieben die Armen stets latent davon bedroht, in Bedürftigkeit abzurutschen, das heißt, sie konnten das tägliche Existenzminimum nicht mehr ohne fremde Hilfe aufbringen. Ein Drittel der städtischen Bevölkerung blieb wohl auch in Straßburg von dieser auf Dauer zum Betteln zwingenden Armut betroffen.[25] Weder lässt sich jedoch eine klare Trennlinie zwischen periodischem oder dauerhaftem Gelegenheits- und Zugewinnbettel sowie so genanntem professionellem Bettel ziehen, noch eine stringente Entwicklungstendenz weg vom reinen „Zusatzerwerb" hin zum Berufsbettel feststellen. „Die Armen" waren keine homo-

---

aliquid. Vidisses (vera loquor) innumeram illi quacunque transiret circumfusam multitudinem, quae supplici voce patroni opem imploraret. Neminem unquam sine munere passus est abirequicquid enim ex sacerdotii censu ultra vita necessaria supererat, id omnes in usus pauperum erogabat; ebenda, S. 93f. So verwaltete Geiler beispielsweise jene Spenden, die zugunsten der Syphiliskranken gemacht wurden; vgl. S. 121.

23 Zu Geilers Wahrnehmung der Straßburger Unterschichten vgl. generell Rita Voltmer: *Die fueß an dem leichnam der christenheit / seind die hantwercks leüt, arbaiter / bauleüt / und das gemayn volck.* Die Straßburger Unterschichten im polit-theologischen System des Johannes Geiler von Kaysersperg, in: Sigrid Schmitt (Hg.): Städtische Gesellschaft und Kirche im Spätmittelalter. Mainz 2006 (im Druck).

24 Ulf Dirlmeier: Untersuchungen zu Einkommensverhältnissen und Lebenshaltungskosten in oberdeutschen Städten des Spätmittelalters (Mitte 14. bis Anfang 16. Jahrhundert). Heidelberg 1978, besonders S. 47–49, 509, 523 u. 526; vgl. dazu auch Ernst Schubert: Erscheinungsformen der Armut in der spätmittelalterlichen Stadt, in: Helmut Bräuer/Elke Schlenkrich (Hg.): Die Stadt als Kommunikationsraum. Beiträge zur Stadtgeschichte vom Mittelalter bis ins 20. Jahrhundert. Festschrift für Karl Czok zum 75. Geburtstag. Leipzig 2001, S. 659–697, hier S. 666f.

25 Allgemein zur Lebenssituation der Armen, Bedürftigen und Bettler auch in oberdeutschen Städten im Mittelalter vgl. Maschke: Unterschichten (wie Anm. 21), S. 52–71; Ernst Schubert: Gauner, Dirnen und Gelichter in deutschen Städten des Mittelalters, in: Cord Meckseper/Elisabeth Schraut (Hg.): Mentalität und Alltag im Spätmittelalter. Göttingen 1985, S. 97–128, hier S. 97; ders.: Gestalt und Gestaltswandel des Almosens im Mittelalter, in: Gerhard Rechter/ Jürgen Schneider (Hg.): Festschrift für Alfred Wendehorst zum 65. Geburtstag gewidmet von seinen Kollegen, Freunden, Schülern (Jahrbuch für fränkische Landesforschung 52). Neustadt (Aisch) 1992, S. 241–262; Ernst Schubert: Spätmittelalter. Die Rahmenbedingungen des Lebens kleiner Leute, in: Gerd Althoff u. a.: Menschen im Schatten der Kathedrale. Neuigkeiten aus dem Mittelalter. Darmstadt 1998, S. 229–350; Ernst Schubert: Der „starke Bettler". Das erste Opfer sozialer Typisierung um 1500, in: Zeitschrift für Geschichtswissenschaft 48 (2000), S. 869–893; ders.: Erscheinungsformen (wie Anm. 24), besonders S. 663–667; Simon-Muscheid: *rebmesser* (wie Anm. 19), S. 44–47.

gene Schicht, sondern ein Konglomerat unterschiedlichster Milieus und Erscheinungsformen, deren unterste Stufe der täglich auf Almosen angewiesene, arbeitslose, weil arbeitsunfähige, möglicherweise vagierende Versehrte einnahm und auf deren oberster Stufe jene in der Stadt behausten, womöglich mit einem Bürgerrecht versehenen berufstätigen Armen rangierten, welche nur in Zeiten allgemeiner Teuerung auf milde Gabe bzw. städtische Kornrationen angwiesen waren.[26] Wie viele Menschen darüber hinaus in akuten Notzeiten Zuflucht und Hilfe in der Stadt suchten, bleibt unbekannt. So scheint man besonders in allgemeinen, durch Teuerung und Seuchen ausgelösten Krisenzeiten, offenbar nicht – wie bei drohender Belagerungsgefahr – die Tore geschlossen, sondern die notleidende Bevölkerung des Umlandes ungehindert in die Stadt gelassen zu haben. Doch bei allen Versuchen einer Hierarchisierung und Kategorisierung städtischer Armut ist weiterhin zu bedenken, dass die Grenzen zwischen Bedürftigkeit und am Existenzminimum lebender Armut stets fließend blieben und dass sozialer Abstieg bis hin zu unbehauster, zum Vagieren gezwungener Bettelei schnell eintreten konnte.[27] Und bei aller Differenziertheit und Perspektivität, mit denen Armut und Bedürftigkeit gelebt und wahrgenommen wurden, muss festgehalten werden, dass es sich bei beiden nicht um ein Randphänomen, sondern um eine „soziale Konstante der mittelalterlichen Stadt" handelte.[28]

Auf der normativen Ebene hatte sich der Straßburger Magistrat nachweislich bereits seit dem 14. Jahrhundert des Fürsorgewesens angenommen – motiviert zum einen durch das Bemühen, auch diesen Bereich städtischen Lebens zu kommunalisieren, als auch durch die ordnungspolitische Notwendigkeit, einer anscheinend wachsenden Zahl von Armen, Bedürftigen und Bettlern Herr zu werden. Gleichzeitig ist auch eine steigende, ablehnende Aufmerksamkeit gegenüber den fremden Bedürftigen zu beobachten, wie die anschwellende Flut literarischer Bettlerschelten

---

26 Vgl. dazu luzide Ernst Schubert: „Hausarme Leute", „starke Bettler". Einschränkungen und Umformungen des Almosengedankens um 1400 und um 1500, in: Otto Gerhard Oexle (Hg.): Armut im Mittelalter (Vorträge und Forschungen 58). Ostfildern 2004, S. 283–347, hier S. 289f. u. 323. Schubert unterscheidet zwischen dem äußeren (d. h. jene unbehausten, zum Teil auch vagierenden Armen, welche dauerhaft auf den Bettel angewiesen waren und von keinem „sozialen Netz" aufgefangen wurden), von der städtischen Gesellschaft abgewandten und dem inneren (d.h. jenen Armen, welche eingebunden waren in ein soziales System von Nachbarschaft, Zunft oder Mitbürgern und welche nur gelegentlich betteln mussten), der Gesellschaft zugewandten Rand der Armut. Insgesamt entwirft Schubert eine erfreulich offene Definition von Armut (unter Einschluss von Bedürftigkeit und Elend), um damit auch verborgenen, meist nur in akuten Notzeiten sichtbaren Armutsstrukturen gerecht zu werden; vgl. dazu Schubert: Erscheinungsformen (wie Anm. 24), S. 666–677; sowie ders.: Spätmittelalter (wie Anm. 25), S. 306–309; zur weniger hilfreichen kategorialen, anhand soziologischer Gesellschaftsanalysen des 20. Jahrhunderts gewonnenen Unterscheidung nach Armut und Bedürftigkeit bzw. nach primärer und sekundärer Armut vgl. zusammenfassend Frank Rexroth: Mediävistische Randgruppenforschung in Deutschland, in: Michael Borgolte (Hg.): Mittelalterforschung nach der Wende 1989. München 1995, S. 427–451, hier S. 441f. u. 445.

27 Vgl. dazu Anm. 21.

28 Maschke: Unterschichten (wie Anm. 21), S. 71; Schubert: Erscheinungsformen (wie Anm. 24), S. 663.

und Warnungen vor Betrugsbettel im 15. Jahrhundert zeigen.[29] Das legt die Vermutung nahe, dass weniger die ohnehin hoch anzusetzende Zahl latent bedürftiger Menschen enorm anstieg, sondern dass vielmehr diese sozialen Milieus verstärkt ins Visier der obrigkeitlich regulierenden Wahrnehmung gerieten, ein Prozess, der Ende des 15. Jahrhunderts in die normativ-kategoriale Unterscheidung zwischen „starken Bettlern" und „Hausarmen" mündete.[30]

Geleitet wurde die um die Wahrung des Gemeinen Nutzens bemühte städtische Armenpolitik im Laufe des 15. Jahrhunderts dabei zunehmend von den Prinzipien der Subsidiarität, der Solidarität und des Indigenats.[31] Insgesamt müssen zwei Typen regulierend-ordnender Instrumente der Straßburger Fürsorgepolitik unterschieden werden: 1. ad hoc-Erlasse, die meist angesichts drohender Kriegsgefahr (Rappoltsteiner Krieg, Armagnakensturm, Burgunderkriege) getroffen wurden, um alle diejenigen aus der Stadt treiben zu können, die entweder kein Bürgerrecht oder keine Aufenthaltserlaubnis besaßen und die nicht zur Vorratshaltung in der Lage waren, sowie diejenigen, von denen eine potentielle Gefahr für den Stadtfrieden ausgehen konnte. Derlei Notstandsgesetze müssen als Vorläufer, Vorbilder, aber auch Begleiter der späteren Bettelordnungen gelten. Zunächst war daher die obrigkeitliche Beschäftigung mit den Armen, Bedürftigen und Bettlern eine zufällige, von Zeiten besonderer Ausnahmesituationen abhängige Beschäftigung.[32] 2. Ordnungen und Zählungen, welche das Armenwesen generell durch die Differenzierung nach rechtmäßigem oder unrechtmäßigem Bettel, nach starken oder arbeitsunfähigen, nach fremden oder ansässigen Bettlern zu kategorisieren und dann durch Verbot des Zuzugs potentiell Bedürftiger, durch Untersuchung und Kennzeichnung der zugelassenen Bettler zu regeln versuchten.[33] Ob und in welchem Umfang diese Normen tatsächlich in die Praxis umgesetzt wurden, und ob es nicht nur bei einer legislativen Demonstration von Herrschaftskompetenz gerade im Bereich des Gemeinen

---

29 Vgl. dazu besonders Schubert: Typisierung (wie Anm. 25), S. 869–893; Simon-Muscheid: *rebmesser* (wie Anm. 19), S. 49–51; Martin Schüßler: Der „Liber Vagatorum". Ein Beitrag Pforzheims zur Erforschung der Kriminalitätsgeschichte des Spätmittelalters und der Frühneuzeit, in: Löbliche Singergesellschaft von 1501 (Hg.): Ängste und Auswege. Bilder aus Umbruchszeiten in Pforzheim, Bd. 2: Pforzheim zur Zeit Reuchlins. Beiträge zur Stadtgeschichte. Heidelberg 2005, S. 289–314, 326f., hier S. 290–294.

30 Vgl. grundlegend Schubert: Hausarme Leute (wie Anm. 26), besonders S. 320–326.

31 Vgl. Jütte: Armenfürsorge (wie Anm. 21), S. 331–333, 337–340; Schubert: Hausarme Leute (wie Anm. 26), S. 292–312.

32 In diesem Sinne auch Schubert: Hausarme Leute (wie Anm. 26), S. 302–304, der mit guten Gründen erst ab der Mitte des 15. Jahrhunderts „die Tendenz zur Kommunalisierung des Armenrechts" beobachtet. Damit korrespondieren die Straßburger Befunde, nach welchen die erste, später mehrere Male modifizierte Bettelordnung gemeinsam mit der Zählung eines bestimmten Kreises Straßburger Bettler erst im Jahr 1464 zu finden ist. Zuvor behalf sich der Straßburger Rat von Fall zu Fall mit entsprechenden ad hoc-Erlassen.

33 Auch in anderen Städten setzten sich im Laufe des 15. Jahrhunderts die Neuorganisation des Armenwesens nach den Maximen von Subsidiarität, Individualisierung, Indigenat und Disziplinierung durch; vgl. zusammenfassend Jütte: Armenfürsorge (wie Anm. 21), S. 331–345; zu ersten Bettlergesetzgebungen vgl. ebenda, S. 27–31; sowie zu den Kategorien Kommunalisierung, Rationalisierung und Bürokratisierung vornehmlich frühneuzeitlicher Armenpolitik ebenda, S. 356–364.

Nutzens verblieb, kann in Straßburg zumindest für die Zeit zwischen 1464 und 1481 anhand einer frühen Bettlerzählung, die mit festen Kategorien von Bedürftigkeit arbeitete, näher beleuchtet werden.[34]

So hatte der Straßburger Rat bereits nach 1400 (vermeintliche) Bettelbetrügereien in einem Verzeichnis zusammenfassen lassen und diese Straßburger *Betrügnisse* in nachbarstädtischem Austausch an den Basler Magistrat gesandt, um vor den Manipulationen der so genannten starken Bettler zu warnen. Die Basler wiederum schickten das Gaunerbuch weiter an ihre Bundesgenossen in Bern. Die Basler Abschrift der originär in Straßburg entstandenen *Betrügnisse* diente als – bis heute fälschlich so bezeichnete – *Basler Betrügnisse der Gyler* dem Verfasser des *Liber Vagatorum* als wichtigste Quelle.[35] Offenkundig legte der Straßburger Rat den *Betrügnissen* für die Sicherung des Stadtfriedens und des Gemeinen Nutzens dieselbe Wichtigkeit bei wie anderen Verordnungen; denn eine Abschrift (um 1474) findet sich inseriert in einer Sammlung von Stadtrechtskodifikationen, Privilegien und anderen Rechtstexten.

Zu Beginn des 15. Jahrhunderts (1411) – und wohl in engem Entstehungskontext mit den Straßburger *Betrügnissen* – wurde die St. Andreas-Bruderschaft der blinden Bettler in Straßburg gegründet. Diese religiös motivierte Vereinigung wollte sich bewusst von den angefeindeten und des Betrugs verdächtigten so genannten starken Bettlern distanzieren. Ihre praktizierte Selbstkontrolle trug dazu bei, dem Magistrat die Überwachung des Bettelwesens zu erleichtern; denn die mit einem eigenen Gericht begabte Bruderschaft nahm nur solche Invaliden auf, die noch nicht straffällig geworden waren und ohne Betrug bettelten. St. Andreas bot aber lediglich einem kleinen, privilegierten Teil der Straßburger Bettler einen Platz, die sich hier selbstbewusst als eigener Stand mit einem festumrissenen „Berufsfeld" darstellten.[36]

Im Jahr 1464 erließ der Straßburger Rat dann die erste regelrechte Bettelordnung, in der grundsätzlich zwischen einheimischen und fremden Bedürftigen unterschieden wurde. Den Straßburger Bürgern verbot man unter Strafe generell alles Betteln außer bei nachweislicher Arbeitsunfähigkeit. Die Vergabe des Kleinbürgerrechts wurde eingeschränkt, um den Zugang zur städtischen Armenfürsorge zu erschweren. Fremden Bettlern gegenüber zeigte sich die Verordnung restriktiver, sie mussten nach drei Tagen Straßburg wieder verlassen und sollten sich danach

---

34 Für das Folgende vgl. Rita Voltmer: Die Straßburger *Betrügnisse* und das *Verzeichnus der mutwillig[en] betler*. Beobachtungen zum städtischen Armen- und Bettlerwesen im 15. Jahrhundert, in: Angela Giebmeyer/Helga Schnabel-Schüle (Hg.): „Das Wichtigste ist der Mensch". Festschrift für Klaus Gerteis zum 60. Geburtstag. Trier 2000, S. 75–113.

35 Mit entsprechender Richtigstellung vgl. jetzt Schüßler: Liber Vagatorum (wie Anm. 29), S. 291.

36 Winkelmann: Fürsorgewesen (wie Anm. 19), S. 70, glaubte noch fälschlich, sämtliche in Straßburg ansässigen Bettler hätten sich hier eine eigene, vom Magistrat geduldete Organisation geschaffen; zum Selbstverständnis dieser und anderer Bettlerbruderschaften vgl. auch Fischer: Städtische Armut (wie Anm. 19), S. 226–229; sowie Schubert: Gestalt (wie Anm. 25), S. 262; ders.: Typisierung (wie Anm. 25), S. 876; sowie ders.: Hausarme Leute (wie Anm. 26), S. 318–320.

ein Vierteljahr lang nicht mehr blicken lassen. Den Stadtbütteln war erlaubt, Hausdurchsuchungen zur Feststellung der Bedürftigkeit durchzuführen, wobei auch die arbeitsfähigen Kinder gezählt wurden. Im Zusammenhang mit der neuen Bettelordnung überprüfte man jene langansässigen bedürftigen Einwohner, die zwar keines der beiden Bürgerrechte besaßen, denen man aber trotzdem Bleiberecht eingeräumt hatte. Man legte das so genannte *Verzeichnus der mutwillig*[en] *betler* an, in dem insgesamt 44 Namen von bedürftigen Einwohnern aufgelistet[37] und die von den Bettelknechten gesammelten Informationen zur Familiensituation, zu Wohnort, zu Beruf und Arbeitsfähigkeit, zu Zahl und Arbeitsfähigkeit der Kinder, zum bevorzugten Bettelort und zur Art des Almosenheischens niedergeschrieben wurden. Man befragte darüber hinaus das soziale Umfeld der Bedürftigen, forschte nach heimlichen Geldreserven und forderte zur Denunziation von Betrugsfällen auf. Bei ihren Untersuchungen benutzten die Bettelknechte wohl auch die Straßburger *Betrügnisse*, um simulierte Gebrechen oder das verbotene gegenseitige Ausleihen von Kindern aufzudecken. Allerdings konnten die Bettelknechte nur wenige Fälle betrügerischen Bettels nachweisen, mancher Verdacht erwies sich im Nachhinein als falsch. Mit dieser Visitation zumindest eines begrenzten Kreises von Bettlern hatte der Straßburger Rat jedoch feste Kategorien entwickelt,[38] die dem Prinzip individueller Bedürftigkeit folgten und die nach der Reformation in die Ausbildung des „Gemeinen Almosens" münden sollten.[39]

Weder die Bettelordnung noch die Bettlerzählung des Jahres 1464 erwähnen jedoch eine Kennzeichnung der zugelassenen Armen mit einem Bettlerzeichen, wie es in Nürnberg bereits seit 1370 bekannt war. Allerdings verfügten die Vorschriften der Bettlerzählung, dass sich jene Bedürftige, denen das Betteln erlaubt blieb, durch abgerissene, schäbige Kleidung als würdige Almosenempfänger kennzeichnen sollten. Den als starken Bettlern eingestuften, angeblich arbeitsscheuen Müßiggängern dagegen verbot man das Tragen solch mitleiderregender Kleidung. Damit bekam der Stand der Bettler eine ,standesgemäße' Tracht zugewiesen.[40] Bemerkenswert erscheint außerdem, dass die Bettlerzählung eine Reihe von Vorschriften enthält, die keinen Niederschlag in der Bettelordnung gefunden haben, gleichwohl aber praktiziert wurden. So verbot man unter anderem das Betteln in oder vor den Kirchen.[41]

---

37 Vgl. zur Datierung, Beschreibung, Auswertung und Analyse dieser frühen Bettlerzählung ausführlich Voltmer: *Betrügnisse* (wie Anm. 34), S. 511–528 (mit Tabelle).

38 Dies bestreitet noch Fischer, der – ebensowenig wie Winkelmann – weder die Bettlerzählung aus dem Jahr 1464 noch die Straßburger *Betrügnisse* kennt; vgl. Fischer: Städtische Armut (wie Anm. 19), S. 123.

39 Zur nachreformatorischen Armenpolitik in Straßburg vgl. noch immer Winkelmann: Fürsorgewesen (wie Anm. 19), S. 75–122.

40 Arme und Bettler tauchen jetzt auch als eigener Stand in einschlägigen Ständedidaxen auf; vgl. den Abschnitt *Von den weltlichen betlern* in Karl A. Barack (Hg.): Des Teufels Netz. Satirisch-didaktisches Gedicht aus der ersten Hälfte des fünfzehnten Jahrhunderts. Stuttgart 1863, S. 199–208.

41 Zu dem damit in Zusammenhang stehenden generellen Ausgrenzungsprozess der Bettler aus dem Kirchenraum vgl. Schubert: Hausarme Leute (wie Anm. 26), S. 312–317.

Mit Blick auf die Hospitalsbauten und auf die normative Ebene erscheint das Straßburger Fürsorgewesen demnach spätestens seit der Mitte des 15. Jahrhunderts gut geordnet gewesen zu sein. Doch erweist sich dieser äußere Anschein als trügerisch; denn trotz aller Organisationsversuche zeigten der Rat und seine Beauftragten eher Pragmatismus und wenig Strenge bei der Umsetzung der erlassenen Gebote. So wurden die Schwierigkeiten der Bedürftigen, eine Arbeit zu finden oder ihre Kinder verdingen zu können, durchaus zur Kenntnis genommen, und man erteilte in Fällen nachweislich gescheiterter Arbeitssuche erneut Bettellizenzen.[42] Gerade in Notzeiten wurde die städtische Fürsorge- und Versorgungspolitik allemal auf den Prüfstand gestellt, wie der eingangs geschilderte Fall aus dem Jahr 1481 bereits zeigte. Als Reaktion auf Geilers wütende Worte ließ der Straßburger Rat im übrigen nicht nur ad hoc verbilligtes Brot ausgeben, um eine Hungerrevolte im Keim zu ersticken, man erkante nun auch die Notwendigkeit, das Heer der Bedürftigen „vorzusortieren": Jetzt erst wurde ein verbindliches Bettlerzeichen für die städtischen Armen eingeführt, und man hat die geduldeten bedürftigen Einwohner erneut auf ihre Arbeitsfähigkeit überprüft.

III. Johannes Geilers Reform des Armenwesens:
Der Regelkanon für den *pauper cum Lazaro*

Geilers Auseinandersetzung mit dem Straßburger Fürsorgewesen, seine Kritik an den ordnungspolitischen Maßnahmen des Rates wie an der Haltung der privaten Almosengeber hatte im Jahr 1481 beinahe zu einem Aufruhr geführt. Doch hegte der Münsterprediger keineswegs „sozialrevolutionäre" Ideen, sondern er vertrat nur konsequent traditionelle theologische Auffassungen. Für ihn gehörte unverschuldete Armut zu jenen göttlichen Prüfungen, die mit Geduld und Demut ertragen werden mussten, denn irdische Widerwärtigkeiten galten als sicheres Zeichen für eine Auserwähltheit vor Gott.[43] Sinnbild für diesen geduldigen Armen war die biblische Figur des Lazarus,[44] dessen Leiden Geiler Kirchenjahr für Kirchenjahr

---

42 Voltmer: *Betrügnisse* (wie Anm. 34), S. 525f.

43 *Die erst schel ist betlen mit ungedult. Es seint ellende menschen / die nit mitt willen* [d. i. freiwillig] *betlen / aber sie seindt darzuo erboren / oder notturfft macht sy arm und seint ungeduldig und murmlen in ir armuot. Dise seint hie arm / und werden doert* [d. i. im Jenseits] *noch ermer ... Die mißbruchen den nammen der armuot / die lazarum in himmel zoch / würt aber sy in die hel trucken. Diese seint nit begryffen under dem wort (Beati pauperes spiritu etc.*; Narrenschiff [1498], fol. CXXX, Sp. 1. *Deßglychen auch nit alle bettler werdent nammen haben in ewiger seligkeit. Wenn vil bettler seind / die do hye und dirt muessent unglückhafftig leüt seind / den karch hye ziehen / und dort den wagen. Das seind die / die gott nit vor ougen haben / und dorzuo ungedultig seind in irer armuot ... Was aber der bettler seind die do nit abwychen von den gebotten gottes des herren / dz ist des volcks Lazari*; Postille III [zw. 1504/1509], fol. XXXX'. Zur Figur des Lazarus als vorbildlichem Dulder vgl. auch ebenda, fol. CCI, Sp. 1.

44 *Nuon dißer arm bettler Lazarus / der lag zuo der thuer des rychen / und was vol eyssen und blottren. Er hat nit nummen ein plotter / sunder aller sein leib was vol eyssen / voll geschwer und blottren. Es was ein gantzer bruot / und was überzogen mit grind und blottren ... Er lag do mit einem laeren buch in grossem hunger ... und wisset nit ob er me solt klagen seine eyssen*

am Donnerstag nach Reminscere oder am ersten Sonntag nach Trinitatis auslegen musste[45] – und wobei sich ihm immer die willkommene Gelegenheit bot, über die reformbedürftige Armenfürsorge in Straßburg zu schimpfen. Einem solchen würdigen, wahren Armen, einem Sinnbild Christi, der ebenso wie der Wohlhabende zum *corpus mysticum*[46] gehörte, stand das Himmelreich offen. Diese Armen waren die lebenden Steine, aus denen die dieseitige Gottesstadt ebenso wie auch die Himmelsstadt Jerusalem erbaut waren.[47]

Ein Armer jedoch, der murrte, mit Gottes Ratschluss haderte, gegen sein Schicksal aufbegehrte, oder gar zum Dieb wurde, verspielte diese Belohnung im Jenseits und war ebenso zur Hölle verurteilt wie der namenlose reiche Prasser.[48] Auch solche, die durch eigene Schuld in Armut, Bedürftigkeit und Bettelei gerieten, verdammten sich selbst, verließen sie doch ihren von Gott gegebenen Stand. Diese Auffassung vermittelten auch einschlägige Beichtspiegel.[49] Dem Münsterprediger, der ein statisches Gesellschaftsbild vertrat, galten willentlich herbeigeführter sozi-

---

und blottren oder aber seinen grossen hunger. Und deren Lazarus und armen bettler seind vil hye. Ich sye aber nyemans der inen handreichung thue. Ey sprichst du / man lot niemans hye verderben. Es ist aber nit wor. denn man lot sye verderben / so von hunger / so von weetagen. yederman godt für / und wenet yegklichs das ander nem sich ir an / und also verderbent sye. Und dozuo denen dz entpfohlen ist / geistlich und weltlich die gond auch für / und lossent ein ding ein ding sein. Und also verderbent me armer bettler in dißer statt / weder so es wer uff eim hoff oder dorff / do denn lützel lüt wontent. denn do sehe einer doch an / dz der arm verlossen wer / und thaete im handlung umb gotts willen / uff das er nit schuldig an im würde; Postille III [zw. 1504/1509], fol. XXXX‘.

45　Vgl. zum Beispiel Evangelienbuch [zw. 1504/1509], fol. XLVI‘, Sp. 1–XLVII, Sp. 2, u. fol. CXVII‘, Sp. 1f., Postille III [zw. 1504/1507], fol. XXXIX–XXXXII‘.

46　*... das sach gott an das syne armen. die syne glyder sindt ...*; Trostspiegel [1500], S. 228; *Es ist gedencken an den hunger und mangel den Cristus gelitten hat / da er uff dißem erdtreich gangen ist / und noch leidet in seinen glidern der armen menschen ... Darumb so laß dich bewegen die armen menschen die sein glider seind*; Sünden des Munds [1505], fol. XII, Sp. 1.

47　*Darumb bruder biß nit also ein nar / dz du uff dem weg ein hübsch huß woellest bauwen deinem leib / und das hauß der seelen woellest verliederlichen hie hie und in dem vatterland* [gemeint ist das himmlische Jerusalem] */ und du woellest zieren die stein die zuo nüt werden. Aber die armen die stein des hymelischen Jerusalems woellest gel / bleich und ungestalt lassen / von den .iii. schelen liß Jeremiam .ii. ca. da strafft er sie*; Narrenschiff [1498], fol. XLVIII, Sp. 2.

48　*Seind sie arm so fahen sie an stelen / das solt aber nicht sein / widerwertikeit sol dir ein hoffnung geben dz du der usserwoelten einer seiest und ein sun / des sun gottes / wann es ist kein gewisser zeichen goettlicher liebe / dann vil guots thuon / und vil boeses leiden*; Staffeln [1509], fol. XXXVIII, Sp. 2.

49　So beispielsweise im Beichtspiegel des Jean Gerson: *Ob du umb zuvil zerhafftikeit in essen und trincken dich oder dein erben / hast bracht zuo armuot und bettel*; Der dryeckechte Spiegel der gebot / der beicht und wol sterben, in: Das irrig Schafe Sagt von kleinmütigkeit und böser anfechtung. Der hellisch Lew Sagt uns von böser anfechtung. Christliche Künigin Von underscheid tödtlicher und teglicher sünden. Der dryeckechte Spiegel der Gebot / der beicht und wol sterben. Der Eschengrüdel Anfang der menschen in dem dienst gottes. Dz Clappermaul Sagt von der hinderred. Der Trostspiegel Des unvernünfftigen traurens. Gebrediget / und geteutscht / durch den wirdigen und hochgelerten Doctorem Johannes Geiler von Keiserßberg / mitsampt den obbestimpten Tractäten. Straßburg 1510, fol. XLIX‘–LXVI‘, hier fol. LXIII‘, Sp. 1f.

aler Abstieg als gleichermaßen schwere Sünde und als Aufbegehren gegen Gottes Willen wie sozialer Aufstieg.[50] Vielmehr hatte auch ein *pauper cum Lazaro* wie alle anderen Menschen die Pflicht, den Müßiggang zu meiden, seine Arbeitskraft zu erhalten und seine Familie zu ernähren. Allerdings blickte Geiler bei seiner Verdammung des Müßigganges und seinem Lob der Arbeit als Tugend kaum – entgegen den obrigkeitlichen Normsetzungen und den literarischen Bettlerschelten – auf die vermeintlich starken, betrügerischen Bettler, als vielmehr auf die in nicht observanten Klöstern lebenden Ordensmänner und -frauen sowie auf die Straßburger jeunesse dorée, die Söhne und Töchter des Stadtadels, denen er allesamt notorische Liederlichkeit, Verschwendungssucht, Hurerei und Gottlosigkeit unterstellte.[51]

Hinderten Alter, Krankheit, Invalidität oder äußere Einflüsse wie Winterkälte, Teuerung und Krieg den Armen daran, sein tägliches Brot zu verdienen, durfte er betteln.[52] Dabei differenzierte der Münsterprediger durchaus zwischen der so genannten Lebens- und der Standesnotdurft. Almosenheischen war demnach erlaubt, wenn erstens das nackte Leben auf dem Spiel stand, zweitens die eigene und die Existenz der Familie gesichert und drittens die Standesnotdurft erfüllt werden mussten. Ein fahrender Schüler durfte deshalb um Büchergeld betteln, ein armer Priester um Schreibzeug, ein frommer Pilger um Wegzehrung. Nicht aber war es erlaubt, dass ein Bettler auch noch für den Unterhalt seiner Haustiere Almosen heischte.[53] Ein im Sinne Geilers würdiger Bettler sollte seine Bedürftigkeit überdies nach außen

---

50 Vgl. dazu ausführlich Voltmer: Wächter (wie Anm. 5), Kap. III.2.7: Die Sünde Luzifers. Von Standesüberhebung, dem Streben nach sozialem Aufstieg und von wahrem Adel.

51 *... das ist ein ampt des regenten / das er nit laß sein underthon müssig gon und nit laß ir guot verzeren uff den stuben / in den würtzhüssern / es ist einer gemein grosser schad dz man die burger laßt müssig gon / wan müssig gon lert alle boßheit und arbeiten müssig gon fliehen lert alle erberkeit / dar durch meidet man eebrüch / spil / todschleg / trunckheit / uffleuff / armuot / on zal ubels*; Arbore Humana [1496], fol. CXXXI, Sp. 2; *Es sol niemands müssig gon / Der kauffman der sust nüt duot / er muß sich da mit erneren / Er sol das thuon / so solt du ein anders thuon / da von du lebest Der sol schuoch machen / der schneider werg treiben / Der sol ratt geben / das die statt wol gereigiert werd* [!] *... Also sol yederman etwas thuon / Eein* [!] *yeglich glid an deinem leib das thuot etwas / es stot keins müssig / hettestu ein glid das niener zuo guot wer / du woltest das es nyenen da wer / hetestu ein zan der da nit sol thuon das er in dem gerner leg* [d. i. Beinhaus] */ Also nieman sol müssig gon ...*; Wannenkrämer [1509], fol. XCII', Sp. 1; vgl dazu auch Voltmer: Wächter (wie Anm. 5), S. 370–373; zu den von Geiler verwandten Deutungsschemata vgl. ausführlich ebenda, Kap. III.2: Gesellschaft und Stadt in der Wahrnehmung des Johannes Geiler.

52 Geilers Definition entsprach durchaus den üblichen Kategorisierungen der spätmittelalterlichen Almosentheorie. Zur Gruppe der ehrbaren Armen, denen ohne Einschränkung das Almosen gespendet werden sollte, gehörten 1. durch äußere Einwirkungen (Naturkatastrophen, Hungersnöte) in Not Geratene, 2. körperlich Schwache (Invalide, Kranke, Alte) und 3. Personen minderen Rechts, die nicht für sich selbst sorgen konnten (Witwen, Waisen, Gefangene, Pilger, Fremde). Daneben gibt es nicht nur die Kategorie ,Armut' im materiellen, physischen und rechtlich-sozialen Sinn, sondern auch den ,armen' Kleriker, den ,armen' Ritter und den ,armen' Adligen; vgl. Otto Gerhard Oexle: Armut, Armutsbegriff und Armenfürsorge im Mittelalter, in: Christoph Sachße/Florian Tennstedt (Hg.): Soziale Sicherheit und soziale Disziplinierung. Beiträge zu einer historischen Theorie der Sozialpolitik. Frankfurt a. M. 1986, S. 73–100, hier S. 77–79.

53 Vgl. Narrenschiff [1498], fol. CXXX, Sp. 1f.

durch sichtbare Abgezehrtheit, Versehrtheit, Lumpenkleidung oder lautes Schreien um Almosen kenntlich machen – ganz wie es die biblische Ikonographie des Lazarus vorzeichnete und wie in der Bettlererzählung von 1464 gefordert worden war.[54]

Materieller Mangel allein galt jedoch nicht per se als christliche Tugend; denn – wie der Münsterprediger ironisch bemerkte – *wenn der bettel einen menschen frumm machte und volkummen / ich wolt morn des tags ein bettler werden.*[55] Wahre und verdienstvolle Armut zeichnete sich vielmehr durch Demut im Geiste aus; deshalb gehörte nur der geduldige, gottesfürchtige Arme zum *volck Lazari* und deshalb konnte auch ein Wohlhabender zu einem *pauper beati spiritus*, einem Armen im Geiste werden und an der Verdienstlichkeit der Armut teilhaben.[56] Auch die in der

---

54 ... *ain armer beetler der vor ainer kirchen sitzet / und daz almuosen begert / der sitzet offt in ainem armen klaid / vier oder fünff stund an dem wind in dem winter. und begert das almuosen. unnd waißt nitt ob er ainen haller erbeetlen mag. so ain annder mensche der vil klaider an hat. vor frost kaum beleiben mag wie kumpt es nun / daz der arm mensche mit solcher gedult in dem frost also des almuosens begert? daz ist davon daz er erkennt sein große not. die im auff den hals ligt / er waißt daz er weder zuo essen noch zuo trincken hat </> so hatt er weder klaider noch anders des er bedarff / darumb leert in sein grosse nott / das er allso mit grosser gedult in ernnstlichem begeren des almuosens volharrt*; Berg des Schauens [n. 1488], S. 121; *Nym wider ain geleichnus von ainem beetler / der da sitzet vor der kirchen / der selb haischet nitt mit dem mund / sonder sein grossen wunden und geschundne bein die schreyen und haischen für in / und so vil meer man sein elend sicht / so vil meer man im gibt*; Hase im Pfeffer [1503], S. 14; *Dz sihestu in einem armen man der ein almuoßen von eim wil hon / er legt ein boesen rock an / und zoegt sein bresten / hat er nur ein bresten an einer zehen / erlegt sie herfür / und schryet ellentlich. Wann legt er ein nuwen rock an / und zoeigt sein gesuntheit / du gebest im nüt*; Evangelienbuch [zw. 1504/1509], fol. CXXXVII', Sp. 2 [sic]; zu verschiedenen Formen der Bettelei (Sprechen eines Gebetes, Absingen eines Liedes etc.), mit welchen die Aufmerksamkeit und Spendenfreudigkeit des Almosengebers geweckt werden sollten, vgl. auch Berg des Schauens [n. 1488], S. 112f.

55 Postille III [zw. 1504/1509], fol. XXXX'. – *Arm sein das ist kein tugend. Aber woellen arm sein / das ist ein tugend / woellen nüt besitzen / woellen keinen überfluß haben / woellen alle zeitliche gueter verlaßen / woelln kein eignes haben / woellen sein vaetterlich erb übergeben / woellen mangel leiden ouch an der notturfft ... uß dem moegent ir nemen / das die ware und volkommne tugent der armuot nitt lit an dem mangel der zeitlichen guetter. Sunder inwendig in der geschicklichkeit der selen / Davon sprach der herr zuo seinen jungeren. Selig sind die armen des geistes / denn das reich der himel ist ir. Nitt sprach er / selig sind die armen des guotes / sunder des geistes ... arm sein ist nüt lobliches an im selber. es sind vil heilloßer menschen / die weder hye noch doert selig werden ...*; Seelenparadies [zw. 1503–1505], S. 124f.

56 *Sanctus Augustinus spricht ... Der herr het feil das himmelrych / wil im dz yeman abkouffen / dem wil er es geben / das rich umb gewillige armut des geistes. Was ist armut des geists. Nit anders denn das der mensch sich gantz abgezerret hab von allem dem das wider got / oder nit got ist / und sich mit allen sinen substantzen / mit allem sinem flyß / gemuet und krefften der selen / und des lybs / und vermügen gekert und ingesetzt hab allein sin sach uff got / und in got bloeßlichen setzt / das er an keinen dingen klebe noch hang / wenn allein in dem willen und wolgefallen gottes ... Dise hant nüt / und besitzen doch alle ding ... Disen armen wil got umb ir armut zuo kouffen geben sin rich ... Ein mensch hab ioch vil richtum / wenn im die richtum sin hertz nit abziehent von got / und im sin hertz eben dar an hangt als ein kugel an einer want / fellet es zuo / so ist es guot / fellet es ab / so ist es aber guot. Das ist / dz er mit siner begirt nit daran hangt / und allein die brucht zuo notturfft sin selbs / und behilfflicheit sines nechsten / und sich domit inordnet in got / so ist es in dem geist arm ...;* Pilgerschaft [1500], fol. LXXXV',

Nachfolge Christi freiwillig angenommene Armut der geistlichen Orden stufte Geiler grundsätzlich als verdienstvoll ein, wenigstens solange, wie diese *pauperes cum
Petro* nur um das Lebensnotwendige bettelten, strenge Ordensregeln und Observanz
befolgten, wahre Demut zeigten und vor allen Dingen den verderblichen Müßiggang mieden.[57] Geilers hohe Wertschätzung des demütigen Armen, der seinen Platz
im christlichen *ordo* ohne Murren akzeptierte, zeigte sich ebenso an seinem Lob der
Armut, formuliert in einer Predigt gegen die *gelt Narren*,[58] wie immer dann, wenn
er in Anlehnung an die *Epistola ad sorores de quo quis per singulos dies cogitare
debeat* des Jean Gerson spirituelle Demut, Gottergebenheit und die kontemplative
Versenkung in Gebete erläuterte mit der Heischepraxis des umherziehenden Stra-
ßenbettlers.[59]

IV. Johannes Geilers Reform des Armenwesens:
Der Regelkanon für den privaten Almosengeber

Korrespondierend mit dem durchaus positiven Bild, das Geiler von Armen und
Bettlern entwarf, predigte er auch den privaten Almosengebern einen einschlägigen
Verhaltenskanon. Im Mittelpunkt stand dieses Thema ebenfalls regelmäßig, wenn
es galt, die Gleichnisse über Lazarus und den reichen Prasser oder den barmher-
zigen Samariter[60] auszulegen oder wenn Geiler im Rahmen eines Predigtzyklus

---

Sp. 1f.; vgl. u. a. auch die Predigt über den Edelstein *Saphiro paupertatis voluntarie*; De Gemmis spiritualibus [1. Januar 1498], fol. XXXVIII, Sp. 2–XXXIX, Sp. 2, sowie *Von der fünfften
tugend die heißet armuot* in: Seelenparadies [zw. 1503–1505], S. 123–150; Postille IV [zw.
1504/1509], fol. XXV'. Völlig unzureichend allerdings blieb es, wenn ein Reicher sich – in
einem letzten Anflug von Reue – im Gewand eines Bettelmönches beerdigen ließ, um „Armut
im Geiste" und Weltabgewandtheit zu demonstrieren; vgl. Narrenschiff [1498], fol. CXXIX,
Sp. 1.

57   *Selig seint die armen des geistes / das ist willigklich / armuot ist der recht stapffel zuo der
     cristenen volkummenheit / wiltu volkummen sein sprach der herr zuo einem / so verkauff was
     du hast gib es armen leuten. Sie ist auch ein muotter aller orden ynn der cristenheit. Welcher
     yn ein orden wil gon der verheißt und gelobt armutt / aber reichtumb zerstoert geistlicheit ...*;
     Narrenschiff [1498], fol. CLXVIII', Sp. 1. *Es hat Alexius betlet Benedictus lebt von bettel /
     in der gruoben haben sie beide miracln gethon dz waren zeichen / dz sie gotz freund waren
     / desglychen andere brüder/ die willig und arm seint die ir guot umb gotz willen verlassen /
     sanctus Dominicus ... hat betlet mit sancto Franciscus und haben beide bettel orden gestifft ...*;
     ebenda, fol. CXXIX', Sp. 2f. *Es seint vil starcker betler yn den orden und usserthalb die betlen
     das sie müssig gangen / unnd thuont nüt gegen almuossen wideruomb / die strafft das recht.
     und seint auch wol straffens wert / wan sie aber ir guott verlassen / und wellen durch got betlen
     und Christo dienen und Christo nachfolgen dem nechsten guot exempel vor tragen / die sol man
     loben und nit schelten*; ebenda, fol. CXXX, Sp. 2f.
58   Narrenschiff [1498], fol. LI, Sp. 1–LIII, Sp. 1.
59   Vgl. Pilger I [1489], fol. 370'–376', Pilger II [nach 1489], S. 84–95, Pilgerschaft [1500], fol.
     199–206 und Berg des Schauens [n. 1488], S. 70–84, 110–122, sowie Voltmer, Wächter (wie
     Anm. 5), S. 302–305.
60   Das ensprechende Evangelium wurde am 13. Sonntag nach Trinitatis gelesen und ausgelegt;
     vgl. beispielsweise Evangelienbuch [zw. 1504/1509], fol. CXXXIIII', Sp. 2–CXXXV', Sp. 1
     oder Postille III [zw. 1504/1509], fol. LXXV'–LXXVII'.

auf die Tugend der Barmherzigkeit und die Sünde des Geizes zu sprechen kam.[61] Immerhin diente das stets freiwillig, ohne Vorbedacht, ohne berechnend-ökonomische Absichten, aber auch ohne Unwillen und Verachtung gegenüber dem Bettler zu reichende Almosen[62] in Form von Geld- oder Sachmitteln mehreren Zwecken. So wurden damit die göttlichen Gebote der *misericordia* und der *caritas* erfüllt; es gehörte zum Kanon der sündenstrafentilgenden Guten Werke, zu denen jeder Christ im Rahmen seiner Möglichkeiten verpflichtet blieb.[63] Dies bedeutete, dass ein jeder nicht nur für den Unterhalt seiner selbst und seiner Familie zu arbeiten und den Müßiggang zu meiden hatte, sondern dabei auch zusätzliche Mittel zur Versorgung der Armen erwirtschaften musste. Besonders den *starcken und gsunden / weib und mann* legte der Münsterprediger diese Regel ans Herz.[64] Die Sünde des Geizes hingegen war maßgeblich dadurch gekennzeichnet, dass man vor der Vergabe von Almosen zurückschreckte.[65]

Überfluss, d.h. alles, was den Bedarf der Lebens- und Standesnotdurft überschritt, galt es in erster Linie mit Hilfe von Almosen und sodann frommen Stiftungen

---

61 Bezüglich Predigten über die Barmherzigkeit (*misericordia*) und Nächstenliebe (*caritas*) vgl. z. B. in Arbore humana [1495], fol. LXX', Sp. 1–LXXVIII [!], Sp. 2; ebenda [1496], fol. CLXI, Sp. 1–CLXII', Sp. 1, oder De Gemmis Spiritualibus [1497/1502], fol. XXXIIII, Sp. 1–XXXVIII, Sp. 1, sowie XLIII', Sp. 2–XLIIII', Sp. 2. Exemplarisch sind auch seine Predigten über den Geiz in Hauptsünden [1499], [S. 12], Sp. 1–[S. 14], Sp. 2 sowie Schwertscheiden [1499], [S. 24]–[S. 28], Sp. 2.

62 *... wenn einer darumb gibt das er entlediget werd von dem geschrey des armen menschen <.> der selbig verleürt sein almuosen und seinen lon miteinander ...*; Seelenparadies [zw. 1503–1505], S. 355; *Du wilt zuo predig gon / ein allmuosen geben / du züchst den seckel uff / so kumpt dir ein plappart in die hand / so gedenckstu / es ist zuvil und last in fallen / so kumpt dir ein crützer / und ligst also im seckel zuo wuelen / und züchst am seckel / dz du im etwan die oren abzühest / und wil nit von stat gon. In mitten des wercks / so wil er* [der Teufel] *es auch verderben / du gibst ein allmuosen dz man dich nit für ein karrigen kawerscher hab / oder dz du des betlers abkummest / er laufft dir nach vor der welt ...*; Löwengeschrei [1507], fol. LX', Sp. 2; *Aber wenn du ein almuosen machen oder geben wilt / so sol dein linck handt nitt wissen was die recht hand thuog. uff das dein almuosen sey in verborgenheit / und dein hymmlischer vatter der das sicht in verborgenheit / dir dz selb widergelt oder betzale*; Postille II [zw. 1504/1509], fol. XI'.

63 Es galt als sündhaft, seiner Pflicht zur Almosenvergabe nicht nachzukommen; so war bei der Gewissenserforschung vor der Beichte zu bedenken: *Ob du die werck der barmhertzigkeit oder allmuosen da es not ist / opffer und zehenden / verschmahet hast zuo geben*; Der dreyeckechte Spiegel (wie Anm. 49), fol. LXII', Sp. 1.

64 *Ich hab auch gesprochen / es sol haben für sich / und für die / so im enpfohlen sind / da main ich die armen / deren tail soltu mitt dir bringen / das ist / so du genuog hast / für dein person / solt du fleiß ankeren durch arbeytt / oder zymlichen rechte kauffmanschatz das du den armen auch zuo hilff kommest ... Das sollen wol mercken die starcken und gsunden / weib und mann die für ir aigne person wie dann gesagt ist genuog haben / aber nit für die armen. Sy soellent nit muessig gon / sunder ettwas tuon schaffen und wercken / das sy auch gewinnent für die armen lüt*; Schiff der Pönitenz [1501], fol. CI, Sp. 2; vgl. besonders Voltmer, Wächter (wie Anm. 5), Kap. III.2.5: Der *stat*: Standesbeschreibung, Standespflichten und Standesverletzung.

65 *... bekompt jm* [d. i. dem Geizigen] *ain arm mensch uf der gassen so erschrickt er und foercht er woel ain almuosen hayschen / er muoß gelt außgeben ...*; Geistliche Spinnerin [1490], S. 47, Sp. 1.

abzugeben. Auch hier argumentierte der Prediger, in Anlehnung an Thomas von Aquin, mit der Sozialmetapher des *corpus mysticum*; denn die Habgier der einen Glieder, welche jegliche Nahrung an sich zogen, verhindere die Versorgung der übrigen Glieder, führe zu einem schädlichen Ungleichgewicht der Säfte und lasse den Organismus schwer erkranken.[66] Dabei vertrat Geiler die rigorose Ansicht, dass nahezu jeder Überfluss nur durch Geiz und Habgier erlangt sein konnte und nur ebenso sündhaften Zielen dienen sollte wie dem Standesaufstieg, dem Luxus, dem Prassen, dem Wohlleben, kurz dem Laster. Dabei verdammte Geiler den Reichtum nicht kompromisslos, vielmehr richtete sich seine Kritik gegen so genannte ‚Neureiche‘, die ihren Profit auf sündhafte Weise erlangt hätten.[67] ‚Alte‘ Vermögen, die (angeblich) ohne Verletzung der göttlichen Gebote zustande gekommen waren, billigte der Prediger.[68] Unrechtmäßig erlangter Reichtum aber musste auf schnellstem Wege an die Übervorteilten rückerstattet oder als Almosen verteilt werden, wollte der Wohlhabende nicht sein Seelenheil aufs Spiel setzen. Die obstinate Weigerung, auf diese Weise seine Rechnung mit Gott zu machen und seine Seele von den Sünden solcherart genommener Vorteile zu reinigen, diagnostizierte der Münsterprediger als eines jener Gifte, die den Sozialkörper Straßburg schädigten.[69]

Fest auf dem Boden der scholastischen Lehrtradition und der sozialethischen Lehre eines Thomas von Aquin[70] stehend, betonte Geiler besonders die Sozialge-

---

66 *Humor malus omnium malorum radix est cupiditas omnibus vitiis fomentum propinans: sicut declarat .b. Thomas prima secundae. Humores mali divitie superflue / deforme efficientes corpus. Christi mysticum: dum non quolibet membrum susticientem attrabere sinitur alimoniam: sed unum distenditur superfluo / aliud marcescit diminuto. Hos malos humores nimirum aufert misericordia: dum facit divitem superflua sua pauperibus dare*; De Gemmis spiritualibus [1497], fol. fol. XXXVI’, Sp. 1f.; vgl. auch Nächstenliebe [1498], S. 400–404.

67 Unter den Aufstiegskriterien spielte das Alter des erworbenen Reichtums eine besondere Rolle und wurde mit ‚Alteingesessenheit‘ gleichgesetzt; vgl. Gerhard Fouquet: Stadt-Adel. Chancen und Risiken sozialer Mobilität im späten Mittelalter, in: Günther Schulz (Hg.): Sozialer Aufstieg. Funktionseliten im Spätmittelalter und in der frühen Neuzeit. München 2002, S. 171–192, hier S. 180f., sowie dazu auch Voltmer: Wächter (wie Anm. 5), S. 367–377.

68 *Das rych der himmel ist der armen / die echter hye gedultigklich arm seind / und nit der rychen. Wenn hye uff dißem erdtrich nemment die rychen ir himmelrich in. Dorumb muessend sye dort arm sein / und ewigklich arm bliben. Nit rede ich hye von den rychen / die do ir rychtuomb habend ererbt / oder sunst goetlich überkummen / denen dz hertz nit doran lyt / und es auch recht bruchent zuo irer notdurfft / und das überig armen leüten mit teilent. Nein. dann die selben seind auch arm. wenn sye habend ein armen geist / deßhalben seind sye auch selig. Sunder ich rede von denen / die do rychtumb habend / und die / die selben rychtumb mißbruchent. Und dozuo hartherzig seind gegen armen lüten. Diße werdent keinen lon dort entpfohen;* Postille III [zw. 1504/1509], fol. XXXX’:

69 Vgl. z. B. Arbore Humana [1495], fol. LXIIII, Sp. 1f. Sehr ausführlich beschäftigte sich Geiler in der Fastenzeit 1502 mit der Forderung nach Rückerstattung unrechtmäßig erworbenen Gutes, die unter der 26. Eigenschaft des Schiffes der Pönitenz als *außwerfung des blunnders* (*mercium eiectio*) firmierte. Während sich in der lateinischen Fassung die Predigtnotizen zu den insgesamt 37 Kanzelreden erhalten haben, überliefert die deutsche Fassung lediglich eine knappe Zusammenfassung; vgl. Navicula Penitentie [1502], fol. XCII–CXXI’, sowie Schiff der Pönitenz [1502], fol. CIIII’, Sp. 1–CXI, Sp. 2.

70 Vgl. dazu zusammenfassend immer noch Hans Scherpner: Die Arbeitspflicht der Armen und die Individualisierung der Armenpflege bei Thomas von Aquin. Eine Vorstudie zur Entstehungs-

bundenheit des Reichtums, welche die Wohlhabenden dazu verpflichtete, den Hungernden bei der Erhaltung ihrer Existenz zu helfen. Besonders den edlen Geschlechtern (oder solchen, die dafür gehalten werden wollten, wie er ironisch beifügte) schrieb er ins Stammbuch, dass wahrer Adel sich nur in der Großzügigkeit des Almosengebens und der Sorge um Vertriebene, Kranke, Bedürftige und Rechtlose zeige. Der Münsterprediger formulierte diese Standesregeln für das Stadtpatriziat, welches sich in den beiden Trinkstuben „Zum Hohensteg" und „Zum Mühlstein" sozial und politisch organisierte, keineswegs als topoihafte Anmahnungen, sondern als konkrete Kritik an dessen Lebenswandel und Standesdünkel. Besondere Verachtung brachte er dabei jenen „Stadtjunkern" entgegen, welche aus dem zünftigen Milieu aufgestiegen waren und jetzt glaubten, *edel* zu sein.[71]

In dieser Argumentation lag auch einer der Gründe, warum Geiler 1481 so heftig auf der Kanzel polemisiert hatte: Angesichts der existentiellen Not galt die Forderung nach demütigem und geduldigem Verhalten der Armen und Bedürftigen gleichsam als ausgesetzt, glaubte der Prediger doch festgestellt zu haben, dass die Wohlhabenden aus sündhaftem Geiz und blanker Habgier eklatant gegen die christliche Verpflichtung verstoßen hatten, das bedrohte Leben der Bedürftigen zu retten. Geiler empfahl ein Selbsthilferecht der Elenden jedoch nur dann, wenn es um das reine Überleben ging. Deshalb sollten sie 1481 das Getreide nicht rauben, sondern gewissermaßen als Zwangsleihe mitnehmen. Diebstahl oder eine generelle Umverteilung des Reichtums befürwortete der Prediger mitnichten.[72]

Nach der von Geiler propagierten Lehre erhielt jeder Reiche die Chance, ewige Schätze im Himmelreich zu sammeln durch die Verrichtung Guter Werke,[73]

---

geschichte der neuzeitlichen Fürsorge, in: Ders. u. a. (Hg.): Fürsorge als persönliche Hilfe. Festgabe für Prof. Dr. Christian Jasper Klumker zum 60. Geburtstag am 22. Dezember 1928. Berlin 1929, S. 186–204; ders.: Theorie (wie Anm. 19), S. 23–42; sowie Jütte: Armenfürsorge (wie Anm. 21), S. 23–27.

71 *Disce / o tu homo / quisquis es / que tibi de nobilitate blandiris: disce a bestia hac nobili non sis in supplices crudelis / non invadito hominem pauperem eum consumendo / per suorum necessariorum subtractionem: dummodo alias sufficientem habueris alimoniam. Neque mense tue reliquias reserves / sed in usus pauperum exponas. Neque in crastinum polliceris ... Multi hodie qui reputantur nobiles / rusticissimi sunt cum non cessent aufferre atque subtrahere pauperibus et illis qui* [non] *possunt defendere se*; De Gemmis spiritualibus [1497], fol. XXXV, Sp. 1f. u. 2f.; *Kain glyd wie edel es ist. verschmahet die unedleren und die gebresthaftigeren. Also wie gewaltig / hochgeleert / gnadenreich / edel / oder reich ainer ist. so soll er doch kaynen armen gebresthaftigen. ellenden oder krancken unachtsamen menschen verachten. und also vil ain mensch siecher / gebresthaftiger / oder bürdlicher ist. sovil du sein mer schonen solt*; Nächstenliebe [1498], S. 404; vgl. generell Voltmer: Wächter (wie Anm. 5), Kap. III.2.7: Die Sünde Luzifers. Von Standesüberhebung, dem Streben nach sozialem Aufstieg und wahrem Adel.

72 *Zuo dem andern so sollen die mittel guot sein die da zuo dem end dienen. Du wilt etwas umb gots willen geben / und du stilst dasselbig / das ist nit ein guot mitel / und darumb mag das werck auch nit guot noch verdienstlich sein. Deßgleichen auch anderen dingen / als wann du wolltest einem reichen nemen und damitt einem armen helffen / das ist ubel gethon und gesündet*; Baum der Seligkeit [1490], fol. XXII, Sp. 2.

73 *(Nitt wellen eüch) sprach der herr (schaetz machen uff dißem erdtrich / do der rost / und die schab die selben schaetz moegent zernagen oder vertzeren / und do die dieb die selben moegent undergraben oder ußgraben und stelen. Aber ir sollend eüch schaetz machen im hymmel / do*

wobei das Almosenspenden zum eigentlichen *handtwerk* der Wohlhabenden werden sollte.[74] Gemäß der Bibel favorisierte Geiler dabei das persönlich überreichte Handalmosen, sei es auf der Gasse oder im Spital. Die tägliche Einübung der Spendenpraxis erschien ihm wichtig zu sein, damit der Wohlhabende zügig, ohne grüblerische Einwände, aber aus freiem Herzen das Almosen spenden konnte. Der Münsterprediger machte auch hier praktisch-erzieherische Vorschläge: So solle man schon am Morgen, bevor man das Haus verließ, die Summe des zu spendenden Almosens festlegen und die entsprechenden Münzen in einem speziell dafür vorgesehenen Beutel oder in einem gesonderten Teil der Börse mit sich führen. Wichtig war, dass dieses Münzsäckchen in einem Zug zu öffnen war, damit – so implizierte der Prediger – dem Almosengeber beim umständlichen Aufnesteln und Suchen nach einem passenden Geldstück nicht zögerliche Bedenken kommen konnten, die ihn womöglich vom Spenden abhalten würden.[75] Auch machte Geiler keine Angaben, ob und wie die Armen auf ihre Bedürftigkeit überprüft werden sollten, vielmehr hatte der Almosengeber seine Münzen den ihm begegnenden *pauperes* gleichsam stellvertretend zu reichen: dem Ersten für den Tagesheiligen, dem Zweiten für seinen Namenspatron, dem Dritten für alle jene, die er betrogen, deren Namen er aber vergessen hatte und denen er das unrechtmäßig erworbene Gut nicht mehr rückerstatten konnte, dem Vierten für seinen Schutzengel und dem Fünften generell für seine begangenen Sünden. Bei alledem hatte der Almosengeber stets ein Gebet zu sprechen und seine Gabe Gott zu empfehlen.[76]

Dieser unmittelbare Akt der Barmherzigkeit, Mildtätigkeit und Nächstenliebe war stets frommen Stiftungen und vorgeblicher Vorratshaltung vorzuziehen, die der Prediger überdies oft nur im Dienst einer eitlen Memoria-Pflege und der als Geiz verdammten Güterakkumulation stehend sah.[77] Hierin folgte Geiler den Lehren des

---

weder der rost / noch die schab dieselben moegen zernagen / und do die dieb sye nit undergraben noch stelen moegent. Wo dein schatz ist / do ist ouch dein hertz). Das ist. Ir sollend uwer sach nitt setzen uff zyttliche guetter / und schaetz zuosammen legen unvernünfftiglichen. Worumb: Dorumb / wenn die selben schaetz bringet ewiglich mit inen einen mangel und gebrust / und moegend einem menschen nitt genuog sein / noch jm sein hertz ersettigen; Postille II [zw. 1504/1509], fol. III. Vgl. z. B. auch Pilgerschaft [1500], fol. XXIII, Sp. 1.

74 Vgl. dazu Narrenschiff [1498], fol. XCXIIII' [sic], Sp. 1.

75 Vgl. ähnlich auch Anm. 62.

76 *Difficilis es ad elemosinas prestandas et vis liberaria tenuitate et duritia. Statue priusquam domum mane exeas / quantum velis expendere. unum. duos. vel tres. plapardos vel denarios. secundum tuam facultatem et illos repone in specialem sacculum / sive particulam burse quae faciliter ad tractum unius corrigie aperiatur. Et primo pauperi obvianti da denarium ob honorem Sancti cuius dies est: ut tibi assistat in novissimis. Secundo obvianti unum denarium / ob honorem sancti cuius nomine insignari: ut te custodiat illo die. Tertium pro his quos defraudasti: et nescis. Quartum ob honorem proprii angeli: ut te illuminet et inflammet ad bona. Quintum pro tuis peccatis et ad omnem dationem eleva mentem per iaculatam orationem ad deum / dic. Suscipe domine hanc parvam elemosynam et concede mihi cor liberale et caritativum et compassivum ut plura possim prestare ... Assuesce ergo in propria persona dare elemosynam;* De Gemmis spiritualibus [1497], fol. fol. XXXVI', Sp. 2.

77 *Schlah ein fuoder weins oder zwey an den kopff / und do .xxx. oder .xxx. fyerteil korns schlah ouch an den kopff / und gib es armen lüten umb gottz willen / die hunger und durst lyden und gedenck / das der herr spricht. Was ir einem uß den allerminsten meinen bruoderen thuond / da*

Johannes Chrysostomus wie auch den in einschlägigen Beichtspiegeln gesetzten Regeln.[78] Tätige Nächstenliebe sollte außerdem eine schleichende Anonymisierung innerhalb der Fürsorge verhindern. Stiftungen und Seelgeräte mit pauschalen Bestimmungen zugunsten der Armen oder für bestimmte Fürsorgeeinrichtungen trugen nach Ansicht des Predigers eher zur Entfremdung zwischen Geber und Nehmer bei. Für ihn war die Spende von Almosen ein zwischenmenschlicher Akt, der den Geber überdies mit der persönlichen Not des Armen vertraut machen sollte. Immer wieder monierte er deshalb in scharfen Worten die hochmütige Verachtung und Gleichgültigkeit, mit der die Wohlhabenden und Wohlanständigen am Elend der Armen und Bedürftigen vorübergingen bzw. den Kontakt mit ihnen und ihren Elendsquartieren bewusst vermieden.[79]

Wenn er auch das Handalmosen favorisierte, so sollte es doch gleichermaßen jedem Sterbenden freistehen, quasi in letzter Minute seine Rechnung mit Gott zu machen und noch auf dem Totenbett Legate *ad pias causas* festzulegen; denn oftmals bot sich hier einem verstockten Geizigen die letzte Möglichkeit, die Last unrecht erworbenen Gutes auf die Schultern der Armen und für mildtätige Zwecke zu verteilen.[80] Als Testamentsexekutor hatte Geiler allerdings die leidvolle Erfahrung machen müssen, dass die Vollstreckung wohltätiger Stiftungen oftmals von den Verwandten des Erblassers verhindert wurde und so dessen Seelenheil in Gefahr geriet. Auch aus diesem Grund empfahl der Münsterprediger, eigenhändig für die Verteilung von Almosen und die Rückerstattung von Schulden sowie unrecht erworbenem Gut zu sorgen. Überdies war er der Meinung, dass niemand zu absolvieren sei, der seine Rechnung mit Gott lediglich testamentarisch geregelt hatte; zu ungewiss schien ihm die Ausführung dieser Bestimmungen.[81]

---

haben ir mir gethon. Nitt heissz ich dich das stossen in uns pfaffen und münch / oder kloester / oder kirchen buwen / und die armen menschen lon verderben / die do seind lebendige stein / die man uffbuwen solt / als uns gott gebotten hat. Wenn du findest / als Joh. Chryso. spricht super Mat. nienen geschriben in der bibel / das der herr am jüngsten tag zuo uns würt sprechen. Ir habend kloester gestifftet / kirchen gebuwen / pfründen uffgerichtet / dorumb so kummend haer ir gesegneten ... Nit verwürff ich tempel oder kloester zuo buwen / es ist nit unrecht / diß sol aber vor gon ... Es ist ein grosse schand / das man die armen also lot hungers sterben; Postille II [zw. 1504/1509], fol. III'.

78   *Etlich geitig menschen thuont in selber über grossen schaden mit dem das sy ir guot / oder nun eynen teil jres güttes nicht woellen geben armen leüten / oder zuo merung gotes dienst / oder zuo andern soellichen guoten dingen die weil sy im leben seind. Sunder erst nach jrem tode so sy das nimmer behalten mügen. Wann es ist dem menschen nüczer das er ein pfenning geb in seinem leben in der lieb gotes und durch gotes willen. Dann das man für in gaeb nach seinem tod tausent stund tausent guldin oder alles guot der welt;* Stephan von Landskron: Die Hymelstrasz. Mit einer Einleitung und vergleichenden Betrachtungen zum Sprachgebrauch in den Frühdrucken (Augsburg 1484, 1501 und 1510) bearb. v. Gerardus Johannes Jaspers. Amsterdam 1979, fol. CX'.

79   Vgl. Seelenparadies [zw. 1503–1505], S. 260 sowie hier Anm. 135 und 136.

80   Vgl. Voltmer: Wächter (wie Anm. 5), Kap. III.3.5.2: Gegen die Einschränkung von Legaten und Stiftungen *ad pias causas,* der Testierpraxis und des Erbrechts der Laien.

81   *Du muost selber hand an schlahen / selber allmüsen geben / verzeihen / betten / fasten / widerkeren / bistu yemans schuldig / bezal selber. Sie meinen es sei genuog wenn sie es ym testament verlassen / das man dem unnd dies dem sol geben / wenn du es hast wider geben / und wilt es*

Im übrigen galt die Pflicht zur Almosengabe auch für weniger Begüterte; jeder sollte nach seinem Vermögen einen Teil seiner Einkünfte für die Unterhaltung der Bedürftigen abzweigen.[82] Dabei winkte dem Armen, der sein Weniges mit einem noch Ärmeren teilte, mehr himmlisches Verdienst, als einem Reichen, der durch die Ausgabe von Almosen keinen materiellen Schaden erleiden musste.[83]

Wiederum gestützt auf die Lehren des Johannes Chrysostomus, warnte Geiler die potentiellen Almosengeber jedoch davor, den Bettler über seine Lebensumstände auszufragen, ihn vielleicht sogar zu tadeln oder zu rügen.[84] Nach Ansicht des Münsterpredigers dienten solche Examina letztendlich nur dem geizigen Zweck, das Almosen zu verweigern.[85] Um Christi willen sollte selbst einem offensichtlich arbeitsfähigen Bettler das Almosen gereicht werden.[86] Dies war allemal besser, als

sparen bis an dz letst end wilt es deinen erben befelhen in dem testament / das ist ein thorheit / man sol die nicht absolvieren / wann du bist nicht in der gnaden gottes / wan du es aber nichten hast zuo bezalen unnd befilhest es an dem erben deinen fründen / da nympt got der her den willen für das werck ... Bezal mach kein testament anderen lüten daruß. Ich verwürff auch nitt das man geistlichen lüten testament machet / Aber das verwürff ich / das du meinst sie sollen dich in den hymmel bringen / on dein thuon und lassen; Brösamlin [zw. 1504/1509], fol. LXXIIII, Sp. 1f.

82 *Du sprichst ich vermag es nit / das ich almuosen geb. Thu dz du vermagst / hast du nit guot / so gib guote werck / ein guoten willen / ich kem zuo armen tagen / ich hab nie gehoert / das einer an den bettelstab komen sei von dem almuosen geben / aber vil sein verdorben umb des spils willen / umb der weiber willen / von dem kaufmanschatz wegen / von der hoffart / von der liederlicheit / und von Fressen / haben wir vil gesehen kumen zuo armen tagen / und laß sein so du arm werest worden von almuosen geben / so bistu also reich so du sterben muost ...;* Arbore Humana [1496], fol. CLXI, Sp. 1.

83 *Desglichen thuot etwen ein arm mensch das übrig hat / das teilt es andern armen menschen mit umb gotz willen dem ist es lonbar und me verdienstlich denn dem richen dem es nit schadet noch keinen magel do von hett ...;* Pilgerschaft [1500], fol. CXIII', Sp. 1.

84 *Zuo dem fünfften sag uns. Wer seind die fründ / die wir uns von dem unglichen guot machen sollen? Es seind die armen leüt / den du zytliche gütter mitteylest / die gott den herren für dich bitten ... Wie wer es aber / wenn die armen / denen du allmuosen gibst / seind schelck / und buoben? Wie können sye für mich bitten: Gott erhoeret sie nitt ... Das allmuosen / dz du gibst / das bittet für dich / so sye böß seind. Chrysostomus wil / das die fründ / seind die engel und gottes heyligen. Wann du allmuosen gibst zuo gotts erlichen sachen / gotts dienst uff zuorichten / oder sust / so werdent die engel und gottes heyligen / gott den herren für dich bitten ...;* Postille III [zw. 1504/1509], fol. LXVIII; vgl. auch Narrenschiff [1499], fol. CLXXVIII [!], Sp. 2; sowie Schubert: Typisierung (wie Anm. 25), S. 879f.

85 *Es seint etlich wan ein armer kumpt / und heischet das almuosen / so examinieren sie in / und straffen ynn / unnd schmehen yn verweissent im etc. O bruoder du bist ein ungleicher richter / kumpt ein pfiffer / ein sprecher / ein gauckler / ein fogler du fragest yn nüt / du gibt im das er begeret / kumpt aber ein armer dem verwissestu sein müssig gon und du gast auch müssig / noch beraubt dich gott nit der sunnen / noch des mons / des lufftz unnd der brunnen;* Narrenschiff [1498], fol. CXXX', Sp. 1f. Gemäß der Lehren des Thomas von Aquin galt das Almosengeben als ein „einzelner Akt, der einen bestimmten, im Augenblick deutlich sichtbaren Mangel ohne Berücksichtigung seines Ursprungs aufheben sollte." Damit war allerdings kein kritikloses Almosenspenden gemeint; Scherpner, Theorie (wie Anm. 19), S. 39 (Zitat); sowie Jütte: Armenfürsorge (wie Anm. 21), S. 23.

86 *... er ist arm leidet not hat mangel / darum billich heischet er / darum sol man im nit versagen. Und ob dir ynfiel ein gedanck / du soltest in schelten / er ist ful / er mag nit wercken / er ist*

einem wahren *pauper cum Lazaro* aufgrund allzu genauer Inquisition das Almosen vorzuenthalten. Grundsätzlich verlor die aus guter Absicht gereichte Spende nicht ihren Wert, wenn sie zufällig einem unwürdigen Bettler in die Hände fiel. Doch konnte der Almosengeber zumindest zwischen einem offenkundig unfrommen und einem ehrbaren Bedürftigen die Wahl treffen und Letzteren bevorzugen.[87] Diese seelsorgerisch motivierte Diskussion um das Verdienst oder Nicht-Verdienst einer Gabe zeigt deutlich, dass für den christlichen Almosenspender weniger die Linderung des Elends als vielmehr die Sicherung des eigenen Seelenheils im Vordergrund stand.[88]

Johannes Geiler beließ es jedoch nicht bei allgemeinen Hinweisen, sondern stellte einen verbindlichen Katalog würdiger Almosennehmer und Fürsorgeeinrichtungen auf.[89] Jeweils einen Gulden sollten das Waisen- und das Blatterhaus erhalten, die Geiler an erster Stelle nannte, da sie sich im Gegensatz zu dem mit reichen Stiftungen ausgestatteten Großen Spital in ständigen Geldnöten befanden. Doch auch diesem Straßburger Hospiz konnte der potentielle Almosengeber einen Gulden, möglichst als Handalmosen, reichen. Ausdrücklich führte Geiler die so genannten Hausarmen an, welche sich scheuten, öffentlich zu betteln. Daher konnte ihre Not leicht unbemerkt bleiben. Anschaulich erläuterte er die Situation dieser verschämten Armen an einem einleuchtenden Beispiel: So augenfällig wie die Wohlhabenden ihren Stand vor den Augen der Nachbaren auch dadurch demonstrierten, dass sie ihre kostbaren Betten und Kissen zum Lüften und Reinigen über die Gasse hingen, so offensichtlich vermieden besondes jene Bedürftigen diese Zurschaustellung, welche einmal bessere Zeiten gesehen hatten. Zum einen hätte man am armseligen Zustand des Bettzeuges den sichtbaren ökonomischen Niedergang bemerkt, oder – wenn Kissen, Bezüge und Betten noch nicht allzu schäbig waren –, bestand die Gefahr, dass diese letzten Habseligkeiten aufgrund ausstehender Schulden auch noch gepfändet werden würden.[90]

gesunt / gat müssig / er ist ein lügner / es ist ein angenomen weiß und deren wol sechß hundert / die dir dein gütikeit in gibt. So gib antwurt durch den glauben ich wil im nit geben umb seint willen / aber umb eins andern willen; Arbore Humana [1495], fol. LXXII, Sp. 2.

87   *Sprichst du. Wenn sye unfrumm seind / was sol man jnen denn geben? Ich antwurt und sprich / dz das almüßen dorumb nit verloren ist / dz man gyt den unfrummen bettlern / do man es denn nit weisszt. Wo man aber weisszt ersam bettler / denselben sol man geben vor denen die do unerber seind*; Postille III [zw. 1504/1509], fol. XXXX'; vgl. auch ebenda, fol. LXV'.

88   Vgl. in diesem Sinne auch Schubert: Hausarme Leute (wie Anm. 26), S. 293–295.

89   *... leg vier oder fünff güldin an ein ort / unnd gib den armen weisen ein güldin / er ist wol angelegt / sie siend verlassen gib darnach so vil in das blatterhauß als dich got ermant / deren seind vil harkummen uß allen landen. Gib zuo dem dritten ein güldin in spittal / und gang selber dar gib es inen selber / so würt eins dir mer dancken umb ein pfening / weder du umb zweintzig güldin zinß got dem herren nie gedanckest die dir ietz uff das nüw iar gefallen seind. Gang zuo dem fierden und gib denen die verborgen uberal ligen und haußarme lüt syn die zuo niemans mögen kummen dz sie hieschen und niemans zuo inen kumpt. Zu dem .v. gib denen die all tag vor dir gond / dz wer wol müglich zethuon*; Brösamlin [zw. 1505/1509], fol. XLVII, Sp. 1f.; vgl. auch Staffeln [1508], fol. XXVI, Sp. 1.

90   *Wie armen lüt thuond / so sye kleibent / die woellend nitt das ire armuot offenbar werd dovon so bestrychent sye ire bett und pfulwen* [Kopfkissen] *im huß. Was aber der koellschen zyechänd*

Mit seinem Hinweis, auch den verschämten Armen eine Gabe zu reichen, obwohl sie die Maxime der christlichen Caritaslehre nicht befolgten, wonach ein Bedürftiger seine Not offen zur Schau stellen sollte, füllte der Münsterprediger eine wichtige Lücke, denn in den Bettelordnungen waren gerade die Hausarmen, die in der Mehrzahl sicher aus dem Kreis der Voll- und Minderbürger stammten, von der städtischen Obrigkeit übergangen worden. Erst die nachreformatorische Satzung von 1523 sollte Bestimmungen zur speziellen Situation dieser Bedürftigen enthalten, die aus Scham vor dem öffentlich gezeigten sozialen Abstieg kein Bettlerzeichen tragen wollten. Als letzten Empfänger auf seiner ‚Spendenliste' nannte Geiler außerdem jeden Armen, der einem Bürger begegnete und der ihn um ein Almosen bat. Das seit 1481 eingeführte städtische Bettlerabzeichen, das einen Straßburger Armen zum Empfang des Almosens privilegierte, erwähnte Geiler nicht, obwohl ihm diese Praxis bekannt war.[91] Bei einer anderen Gelegenheit empfahl der Münsterprediger auch, untergewichtige Münzen dem Syphilitikerspital oder dem Waisenhaus zu stiften.[92]

Nur in einem Punkt kannte der im Rahmen seines fundamentalen *reformatio*-Programmes auch für eine innerkirchliche Erneuerung eintretende Geiler keine Kompromisse: Das Almosen verlor jede Verdienstlichkeit, wenn es offenkundigen Sünden Vorschub leistete,[93] wenn es *spillüten oder andrem buobenvolck* gegeben[94] oder wenn es an offenkundig liederliche, trunksüchtige Bettelmönche und

---

[Kissenbezug] *und der guotten pynten / die treyt man an die gassz. als die richen spulgent zuo thuon die nochburen müssent es sehen. Wo aber arm lüt seind / die do wenig guoten bett und pynten hond / die bestrychent den pfuolwen hinder dem ofen und thuond das doruomb / entweders sye woellend nit das ire armuot ofenbar werde. Oder aber foerchtent so sye es ofenlich thuond (über dz es lußig ding ist) es werde inen verbotten und genummen / man werde sye pfenden;* Postille III [zw. 1504/1509], fol. LXIII'.

91 *So der bilger also nüt me hat / so duot er eins und get in die grossen stet / do ettwann barmhertzig lüt sind / do betlet er von einer gassen zuo der andren / biß ettwas wider uberkumpt / das er sin fart moeg volenden / erluogt dz im eyn zeychen werd / oder das man im erloub / das er do müg bettelen / und so man im drey tag erloubt / so verschlecht er vier darzuo das ir syben werden und denn geselt er sich zuo eynem wisen betler / der wol betlen kan / und wo er hin kümpt dz man im nit verseit / der do weyß die gassen wo er betlen sol ...;* Pilgerschaft [1500], fol. CC, Sp. 2.

92 *Wann du hüt uff disen Cristag ein boesen guldin umb gottes willen gebest. Es solt euwer keins kein boesen guldin behalten / gang und wig die guldin und welcher zeleicht ist den gib in das blotterhauß / oder in das weisenhauß ...;* Staffeln [1508], fol. XXVI, Sp. 1.

93 *Also eerloß ist es der etwas begert und ym schedlich ding geben das ist. (Affabile odium) Ich wil eim dz ich weiß das er einer huoren geben wil / das ich nit gefunden werd yn einer semlichen eerlosen geselschafft;* Narrenschiff [1498], fol. CLXXVIII [!], Sp. 1; vgl. außerdem Pilgerschaft [1500], fol. CXIIII, Sp. 1f.

94 Vgl. Seelenparadies [zw. 1503–1505], S. 148, oder Narrenschiff [1498], fol. CICVI, Sp. 2. Zu den marginalisierten, vagierenden Spielleuten vgl. besonders Ernst Schubert: Fahrendes Volk im Mittelalter. Darmstadt 1995, S. 145–202; sowie Jürgen Brandhorst/Bernd-Ulrich Hergemöller: Spielleute. Vaganten und Künstler, in: Ders. (Hg.): Randgruppen der spätmittelalterlichen Gesellschaft. Ein Hand- und Studienbuch. Neu bearb. Ausg. Warendorf 2001, S. 172–197, besonders S. 180–182; zu weiteren Hinweisen in Geilers Predigten vgl. Voltmer: *fueß* (wie Anm. 23).

vagierende Pfaffen gereicht wurde.[95] Möglicherweise beeinflusst durch das 1438 abgefasste und 1497 bereits gedruckte Pamphlet des Züricher Chorherren Felix Hemmerlin *Contra validos mendicantes*,[96] in dem gegen den geistlichen Bettel der Begharden und Lollarden polemisiert wurde, warnte der Münsterprediger eindringlich davor, nur vorgeblich freiwillige Arme mit Almosen zu versehen.

Besonders anschaulich integrierte er 1500 diese Kritik in seine Predigten über die Art und Weise, wie mit überflüssigem Gut zu verfahren sei. Dabei stellte er zwei Typen von Bettlern einander gegenüber: Hier, auf der einen Seite, die tatsächlich bedürftigen Menschen, Blinde, Lahme und Versehrte, welche wie ungeölte leichte Karren daherkamen, quietschten und ächzten vor Hunger und Durst;[97] dort, auf der anderen Seite, die gut geschmierten Last(er)wagen der Bettelmönche, welche so schwer mit Wein beladen waren, dass sie hin und her schwankten. Tiefste Verachtung, Misstrauen und Feindschaft sprachen aus seinen Worten, wenn er die Bettelbrüder als feiste, schwitzende, stets betrunkene Gesellen[98] beschrieb, die mit heuchlerischer Schmeichelei milde Gaben heischten, obwohl ihre Orden aufs Beste ausgestattet waren. Er bezeichnete sie unverhohlen als des *tüffels wegen*, die nur vorgaben, in

---

95 Geilers Diffamierung des geistlichen Bettels geht noch weit über jene hinaus, die Sebastian Brant zuvor in seinem Narrenschiff formuliert hatte; zu letzterer vgl. auch Christopher Ocker: ‚Rechte Arme' und ‚Bettler Orden'. Eine neue Sicht der Armut und die Deligitimierung der Bettelmönche, in: Bernhard Jussen/Craig Koslofsky (Hg.): Kulturelle Reformation. Sinnformationen im Umbruch 1400–1600 (Veröffentlichungen des Max-Planck-Instituts für Geschichte 145). Göttingen 1999, S. 129–157, besonders S. 130–133. Völlig aus der Luft gegriffen ist allerdings die Behauptung, Geilers Predigten „gegen den Luxus der Patrizierfamilien" (?) hätten „einen Aufschrei des Rates provoziert, der Geiler zu einer Schrift über die ökonomischen Pflichten veranlaßte, in der er das Problem der Armut diskutierte." Ebenda, S. 132.

96 Zu Hemmerlin vgl. besonders Schubert: Typisierung (wie Anm. 25), S. 881f.; sowie Simon-Muscheid, *rebmesser* (wie Anm. 19), S. 52. Geiler kannte nachweislich die Werke des Züricher Chorherren; vgl. Himmelfahrt [1509], fol. XIII, Sp. 2.

97 *Dise rollwegen sint dye armen menschen / die das allmuosen heischen. Sichstu uff dise soltu dyn übrig brot / wyn / cleider / schuo / und andre ding legen deren du nit bedarffst und zuo vil hst. Diß sint die dürren kirrechten lichten und ungesalbten rollwegen uff die du solt din übrig guot legen und din hend gegen inen uff thuon / und in das allmuosen umb gottes willen geben / die tragen dir es zuo ewigem leben ... sie kiren von hunger / von dürre des durstes so schryen sy tag und nacht umb das allmuosen / sy heischen brot / und do het einer einen hund der in zücht / ich mein die armen blinden menschen die selben rollwegen zücht etwen ein hund für ein pfert / do gat ein ander rollwag uff eyner stültzen / sie haben nit als vil das sie ioch einen knaben möchten hon / an den sie sich hinzugen. Do gat eyner an eynem stecken. Uff dise ungesalbten rollwegen die do kirren und schryen vor den hüseren umb das allmuosen / und wo sie denn sind ... gib inen das allmuosen ...*; Pilgerschaft [1500], fol. CXIII', Sp. 1f.

98 Geilers Beschreibung erinnert an eine in *Des Teufels Netz* gegebene, ähnlich polemisch-typisierende Charakterisierung des feisten Bettelmönchs: *Er ist also vollen Als ob er si geswollen, Von hünr und von guotem win / Und lat die andern in gebresten sin; Und gat schnufen wie ein kuo, Baide spat und och ffruo. Er hat ain smer als wie ain swin; Das machet hünr und guot win; Und zücht ain faisten bachen: Solt ich nit des wol lachen? Des wird ich* [der Teufel] *in ze lon geben Ain bad mit harz und swebel: Da smelzt er denn in den bachen*; Von den Bettelorden, in: Barack: Des Teufels Netz (wie Anm. 40), S. 169.

wahrer Armut zu leben, tatsächlich aber der Armen eingeschworener Feind waren.[99]
Auf diese schon hoch beladenen Lastwagen sollte niemand sein überflüssiges Gut
während der irdischen Pilgerschaft werfen. Doch leider, so glaubte Geiler feststellen zu müssen, gingen die wahrhaft Bedürftigen, obwohl sie meist nur um einen
Teller Brot[100] bettelten, allzu oft leer aus, wohingegen große Stiftungen ebenso wie
luxuriöse Sachspenden den reichen Bettelorden vermacht wurden, ja ihre Vertreter überdies von Fürsten und Mächtigen hofiert und zum Essen geladen würden.[101]
Seine beißende Kritik an der Praxis des geistlichen Bettels zielte dabei deutlich
auf die Straßburger Ordensniederlassungen der Franziskaner, besonders aber der
Dominikaner, die sich hartnäckig weigerten, zu strikter Observanz zurückzukehren
und mit denen Johannes Geiler einen polemisch geführten Konkurrenzkampf auf
den Kanzeln der Stadt austrug.[102] Ihnen scheint der Münsterprediger auch offen
vorgeworfen zu haben, nicht nachdrücklich genug die Reichen zur Almosenspende
anzuhalten. Diese von Wimpfeling überlieferte Rüge beinhaltete gleichzeitig eine
„positive" Liste jener Bedürftigen und Fürsorgeanstalten, denen der Münsterprediger uneingeschränkt das Almosen zugeteilt wissen wollte: Mündeln,[103] Waisen- und
Findelkindern, Witwen, den an der Syphilis Erkrankten, Wöchnerinnen, Tagelöhnern, armen Scholaren ebenso wie den Spitälern, der Elendenherberge, den Pfar-

---

99 *... das sint dye trollechten festen getrungenen betler und die trollechten pfaffen und münich die
doert her kummen wacklen und schnuffen mit glunsenden ougen und backen und geben einen
dampf von inen wie ein bachoffen / das sint nit die dürren kirrenden ungesalbten lychten rollwegen. Aber diß sind gesalbt swer lastwegen / io lasterwegen / uff die soltu nit din guot werffen
sie tragen es dir nit zuo hymel ... es sind wynwegen / und also swer sind sie etwan geladen mit
wyn das sie schwancken und umbwerffen / wann dir solche wegen zuo huß kommen so gedenck
das sie darumb kümmen das sy laden wellen / sy neygend sich und diemütigen sich vast / sie
thuont ab ir biret und setzten das nit uff / du setzest denn das din vorhin uff / sie erbieten sich
gantz und gar gegen die / gnod herr / gnod iuncker / sie lond es nymer bescheen das sie vor dir
gangen / sunder allweg gond für myn herr ich kum / aber warumb geschicht das alles / worlich
allein darumb das du sy ladest mit gelt oder mit guotem ruom ... es sind des tüffels wegen /
sy veriehen etwan armut und sind doch der armuot sint / sie wellen den namen hon / aber sy
steckent vol wüst im hertzen zitlicher richtum ...*; Pilgerschaft [1500], fol. CXIIII, Sp. 1f.
100 Zum Gassen- und Brotbettel vgl. Schubert: Hausarme Leute (wie Anm. 26), S. 287–189.
101 *... nit verbirg din schatz uff dise lastwegen aber hab für ougen die rechten woren armen lüt ...
sy gond uff der gassen sy schryen und heischen etwas umb gotz willen ... dz es ein steinen hertz
moecht erbarmen / sy wissend nit ob sie den smertzen soellen klagen oder den hunger ... uff
dise wegen soltest du fürst oder anderer mechtiger pfaff oder ley werffen dye schencken und
bescheid essen / so du zuoschickst den richen wolgeladenen lastwegen / dye syn nit notturfftig
synd ... die dirrend kirrenden rollwegen lassen sie verderben / uff dise wollwegen schickt man
nit virteil von wilden schwynen / ouch kein hasen oder derglichen / wolt gott das man inen ioch
etwan das deller brot geb aber es ist nüt / es muoß alles in die gesmirten wegen / dye vorhin
voll sind*; Pilgerschaft [1500], fol. CXIIII, Sp. 2f.
102 Zur tiefsitzenden Feindschaft Johannes Geilers gegenüber den Vertretern des Straßburger
Dominikanerordens, denen er öffentlich immer wieder mangelnde Disziplin, Unkeuschheit und
Geldgier unterstellte, vgl. ausführlich Voltmer: Wächter (wie Anm. 5), S. 183–195.
103 Wahrscheinlich dachte der Münsterprediger hier an ein so genanntes Aussteueralmosen für
arme weibliche Mündeln, um ihnen eine Heirat zu ermöglichen; vgl. dazu auch Schubert:
Erscheinungsformen (wie Anm. 24), S. 672.

reien (als Verteilstellen von Almosen) und überhaupt den öffentlichen Anstalten des Armenwesens.[104]

So wenig Geiler gegen vermeintlich „starke Bettler" polemisierte, so marginale Spuren von Warnungen vor dem angeblich grassierenden Betrugsbettel finden sich in seinen Predigten. Lediglich 1498, in seiner Predigt über die *betler narren*, sprach er knapp die Bettelpraxis an, demonstrativ Wunden und Knochenbrüche vorzuweisen, um im direkten Anschluss daran jedoch besonders die Heiltumführer und Stationierer zu kritisieren.[105] Ebenfalls nur am Rande erwähnte er 1500 Vagabunden und Landstreicher, die sich als Pilger ausgaben, tatsächlich aber nur ziellos umherzogen. Konkrete betrügerische Bettelpraxis unterstellte er diesen *ofentürer*n allerdings nicht.[106] Ein weiteres Mal, 1509 in seinen Predigten über den *Formicarius* des Johannes Nider, erwähnte er am Rande eine betrügerische Bettelpraxis: Demnach könne man gelegentlich Bettler in zerrissener Kleidung und halbnackt auf der Straße sitzen sehen, welche den Anschein erweckten, als würden sie jämmerlich frieren, gleichwohl könnten sie sich aber mit Kräutern und Salben soweit behelfen, dass sie weitgehend unempfindlich gegen die Kälte werden würden. Von dieser vermeintlichen Technik scheint der Münsterprediger jedoch nur wenig überzeugt gewesen zu sein, denn einschränkend fügte er gleich hinzu, manchmal stelle sich dieses mangelnde Kältegefühl auch von Natur aus ein.[107] Auch den Topos des reichen Bettlers erwähnte der Münsterprediger nur am Rande.[108]

---

104 *Quamobrem non admodum sobi placuit quod plerique claustrales sola sua monasteria sub paupertatis aut imaginum tabularumque exornandarum colore promoventes vix unquam auditi sunt constanter et fideliter inducere opulentos, ut pupillis, orphanis, pueris expositis, viduis, valetudinariis, pustulatis, effetis, operariis, xenodochiis pauperibusque scholasticis, parochiis et rebus publicis elemosynas lagirentur*; Herding: Jakob Wimpfeling (wie Anm. 22), S. 58f.

105 *Die .v. schel ist betlen uß gleißnerei. als die andacht erzeigen / und lange gebet betten. Also seint die stacionierer / die zeigen die heilgen heiltumb / so es nit ist. verkünden grosse ablaß also seint die vor den kirchen sitzen / und zeigen bein bruch / und wunden und dergleichen betriegen die lüt / die kummen al yn schaff cleider / sie seint aber zuckent welff*; Narrenschiff [1499], fol. CXXX', Sp. 1. Daher ist die (wohl in Unkenntnis der Predigten aufgestellte) Behauptung falsch, Geiler habe in gleichem Maße wie Sebastian Brant vor dem Betrugsbettel gewarnt, ja er sei „durch seine scharfe Kritik an den betrügerischen Machenschaften der Bettler berühmt" geworden; so Jütte: Armenfürsorge (wie Anm. 21), S. 29 und 34 (Zitat). Zu dieser besonderen Gruppe des Fahrenden Volkes vgl. besonders Schubert: Volk (wie Anm. 94), S. 288–294.

106 *Es ist eyn murmelthier / als die ofenthürer und die bilger etwan uff der achßlen haben sytzen / und wo sie hin gont / so tragen sie es mit inen. Das selb thier grümt und grant und murmlet allwegen in im selber. Diß thier tragen gewonlich die / die sich ußgent als bilger / aber sie sint nit bilger / sie stellen sich als bilger. Sy ligen do eyn wyle in der stat / und aber eyn wyle in gynner / und ziehen also deraffter dem land / und zotteren denn herwiderümb. Und der sie frogt. Wo wiltu hin. Sie sprechen. Nyergens über al*; Pilgerschaft [1500], fol. CXLIIII, Sp. 2; zum Begriff des „Abenteurers" vgl. Schubert: Volk (wie Anm. 94), S. 9–11.

107 *Es sitzt mancher betler uff der gassen also zerissen und nackent / und gehabt sich so uebel darumb dz er dich bweg das du im etwas gebest / und kan doch mit krütern oder mit salben machen / dz im nit als wee ist / und in nit als uebel früt als er sich stellt / etwan ist es auch an im selber also*; Ameise [1509], fol. XXVII', Sp. 1.

108 *Die vierde schel / ist betlen uß geitigkeit / das man gelt zuosammen legt / das ist ein grosse sünd / von der zal wz ein reicher betler zu Costenz / der het vil costenzer pfennig / da er sterben wolt*

V. Johannes Geilers Reform des Armenwesens:
Die Pflichten der weltlichen Obrigkeit

Anders als jene von ihm kritisierten hochmütigen Wohlhabenden, welche über die offensichtlichen Leiden ihrer Mitchristen hinwegsahen, kam Johannes Geiler in engen Kontakt mit Bedürftigen und Bettlern. Zum einen betrachtete er es als seine Amtsverpflichtung, die von ihm gepredigten Maximen der Barmherzigkeit und Nächstenliebe auch vorbildlich in der Öffentlichkeit zu exerzieren.[109] Dabei scheint er sich nicht selten bei den Armen nach ihren Lebensumständen erkundigt zu haben.[110] Zum anderen nutzte er in akuten Notsituationen die Kanzel immer wieder für Spendenaufrufe, polemisierte ausdrücklich gegen städtische Verordnungen, welche den göttlichen Geboten von *misericordia* und *caritas* zuwiderliefen, und forderte die Straßburger auf, solchen Gesetzen keinen Gehorsam zu leisten. In diesem Kontext erboste er sich schon 1495 über eine Verordnung, welche dem Großen Spital verbot, fremde Landleute aufzunehmen, welche nur zum Zweck der medizinischen Versorgung nach Straßburg gebracht worden waren.[111]

Schon hier kündigte sich an, was im Winter 1496/97 einen ersten Höhepunkt erreichen sollte: Wegen schlechter Witterungsbedingungen, Missernten, Hungersnot, vor allen Dingen aber aufgrund der ausgebrochenen Syphilis wurde Straßburg zunehmend das Ziel hilfesuchender Bettlerscharen, denen man zwar den Zugang zur Stadt gewährte, um deren Versorgung sich der Rat jedoch kaum kümmerte, sondern sie vielmehr der zufälligen Mildtätigkeit der Einwohner überließ.

---

da brocket er vil pfennig yn ein habermuß wolt es mit loefflen uß essen; Narrenschiff [1498], fol CXXX', Sp. 1; zu diesem Topos vgl. auch Schubert: Typisierung (wie Anm. 25), S. 873; sowie ders.: Hausarme Leute (wie Anm. 26), S. 317f.

109 *Ich wer in der kirchen und sehe eyn armen menschen der hiesch mir eyn allmuosen eyn helbling oder was es were / unnd mich beducht er bedürfft sin nit / er kem woll uß an myn allmusen / oder mich bedünckt es werent richer do / die im baß hetten zuo geben den ich ... und mich bedünckt ich hett den selben tag allmuosen gnuog geben ... mich bedücht / geb ich im nit / so sehen es die andren und ergerten sich darab / Luog der sagt und predigt uber tag / von allmuosen geben und von barmhertzigkeyt / unnd thuot er es selber nit und würden myn geergeret / Ich det eyns und geb dem eyn allmuosen / alleyn darümb / das man es sehe / wenn sehe ... Und darümb das ander lüt ouch des geneigter würden allmuosen geben ... Jo ich moecht es ouch thuon ... darümb das sie mich dester lieber hetten und myn predig dester lieber hoerten und mir dester geneigter würden zuo folgen das ich sie lert und inen predigt;* Pilgerschaft [1500], fol. CLXXXII', Sp. 2f.

110 Vgl. hier Anm. 154; sowie z. B. Evangelienbuch [zw. 1504/1509], fol. CXLIII, Sp. 1.

111 *Niemans sol sprechen / er ist nit unser nechster. Sunder biß yngedenck des herren Jhesu wort / der ist dein nechster der im barmhertzikeit erzögt / gang hin und thuo auch also. Nit laß dich hinder der stat ordinans / gottes ordnung ist vil groesser / dy da sagt / du solt niemans doeten / dar wider ist kein ordenung / der stat sol es ein ordenung geheissen sein / so sol man sie doch nit verston in dem fal / wan sunst so were es ein unordnung / und nit ein ordenung genant / laß dir in dein hertz kummen das wort christi. Selig sein die barmhertzigen / wan sie barmhertzikeit werden uberkumen / und ein hart hertz wurt es / boeß haben an dem letsten;* Arbore Humana [1495], fol. XVI, Sp. 1–XVI', Sp. 1.

Überdies fielen auch in der Stadt selbst viele Menschen der neuen Krankheit zum Opfer.[112] Die zugewanderten Kranken aber starben unversorgt auf offener Gasse oder auf den Brücken. Ende 1496 und Anfang 1497 suchte Geiler deshalb wiederholt das Gespräch mit den zuständigen Ratsgremien und schrieb an den amtierenden Ammeister. Unmissverständlich erläuterte er, warum es so notwendig sei, sich um die Elenden zu kümmern: Das christliche Gebot der Barmherzigkeit musste befolgt, die Ehre der Stadt gewahrt und damit nicht zuletzt Gottes Zorn abgewendet werden.[113]

Unzufrieden mit den Maßnahmen des Rates, wandte sich der Prediger am 1. Januar 1497 an die Straßburger selbst. Geschickt kündigte er an, in Zukunft alle Jahre seiner Gemeinde ein Neujahrsgeschenk in Form einer Predigt über die geistliche Bedeutung der zwölf Edelsteine zu machen, welche die alttestamentarischen Patriarchen auf ihrer Kleidung trugen. Der von der Bibel vorgegebenen Reihenfolge nicht folgend, wählte er angesichts der herrschenden Krise als ersten Stein den Onyx aus, Sinnbild der *misericordia* und in der medizinischen Steinkunde als hilfreich geltend gegen *scabies*, das heißt gegen Hauterkrankungen, was von Geiler mit der noch unbekannten Syphilis gleichgesetzt wurde.[114]

Eindringlich appellierte er besonders an die reichen Stadtadligen, aber auch an die Geistlichkeit, ihren Standesverpflichtungen nachzukommen und für die Versorgung der Kranken und Elenden hinlänglich Geld, Getreide und Kleidung zu spenden, damit diese behaust, verköstigt und medizinisch versorgt werden könnten. Er selbst bot sich an, die Spendenverteilung zu überwachen.[115] Dezidiert vertrat

---

112 Vgl. dazu besonders Rita Voltmer: *Praesidium et pater pauperum, pustulatorum praecipua salus*. Johann Geiler von Kaysersberg und die Syphilis in Straßburg (1496–1509), in: Friedhelm Burgard u. a. (Hg.): Liber Amicorum necnon et amicarum für Alfred Heit. Beiträge zur mittelalterlichen Geschichte und geschichtlichen Landeskunde. Trier 1996, S. 413–444; sowie Voltmer: Wächter (wie Anm. 5), Kap. III.3.8.8: Die Strafe Gottes. Die Syphilis in Straßburg und Johannes Geilers Initiativen für die Errichtung eines Blatterhauses.

113 *... möcht man den die vertribnen ellenden mönschen helffen, on der statt und Spitals kosten. Am ersten, dass die vertribnen, so nun zemol uff der brucken lygen, mitt sampt denen die vormals do selbs gelegen sind, aber ietz vom Spital uffgenommen, zusammen in hrn. wilhelm Böcklins hus gton würden, do mitt der spital der frömden entladen, vnd statt geben mee heimscher so das die notturfft erhiesche uff ze nemen ... Item das vom Rat ein pfleger gesetzt würd im das regiment des selben husses bevolhen. Item so wil ich mit rott des selben pflegers wo mich das not dunckt gelt dar reichen zu narung der dickgenannten vertribnen, ich truw viertzig oder funfftzig vnd me, einen monat oder noch lenger, zu erneren, wenn die zyt verschynt so wurt es hoff ich besser. Item wenn dyse also die zyt gespyset werden, wolt den über ein der überfal vnd kost zuo schwer werden ... so mag man sich dennacht Ir wol entladen vnd mitt gröszrer eren gegen der welt und myndrem gotz zorn abkommen weder ietz in dyser herben zyt vsschlahen, vnd zu tod erfrieren lassen ... do mit barmhertzikeit den ellenden bewysen werd von uns als wir wellend das vns vor ab Gott ouch barmhertzikeit der wir nottürftig sind beschyne*; Brief Geilers an den Ammeister Jakob Wyssenbach, zit. nach Dacheux: Älteste Schriften (wie Anm. 18), S. 110.

114 *Accipe Onychinum hunc pro presenti anno / aptus plane et necessarius omnibus nobis. Per ipsum significatur misericordia / et quando opportunius se ingerit misericordia quam hoc magnarum miseriarum tempore*; De Gemmis spiritualibus [1497], fol. XXXIIII, Sp. 2f.

115 Vgl. Anm. 116, De Gemmis spiritualibus [1497], fol. XXXV', Sp. 1–XXXVI, Sp. 1; sowie Voltmer: Syphilis (wie Anm. 112), S. 426f.

Geiler hier das Prinzip, dass sich jede Gemeinde nicht nur um die Armen unter den Einwohnern, sondern auch um jene Bedürftigen zu kümmern habe, die sich in Zeiten der Not kurzfristig innerhalb ihrer Mauern aufhielten. Unter dem Eindruck der herrschenden Krise hatte der Prediger jedoch noch eine weitere Predigt zum Onyx als Sinnbild der Misericordia geplant, welche er nur fünf Tage später, am 6. Januar 1497, hielt. Anscheinend hatte sein flammender Aufruf zu großer Spendenfreudigkeit geführt, für die er sich zunächst bedankte, ohne jedoch den Appell an jene zu vergessen, die noch nicht gespendet bzw. es bislang bei Versprechungen belassen hatten. So waren dem Prediger auch Getreideverschreibungen ausgehändigt worden. Geiler forderte alle weiteren potentiellen Almosengeber auf, ihm ihre Spenden zu übermitteln, deren richtige Verteilung er bewerkstelligen werde. In diesem Zusammenhang wies er darauf hin, dass er Geld- und Sachspenden nicht nur an jene Bedürftigen übermitteln würde, die innerhalb Straßburgs selbst Obdach gesucht hätten, sondern auch an jene Vielen, die noch draußen, vor den Toren der Stadt, Unterbringung suchten und die vom Tode bedroht würden.[116] Eindeutig dehnte der Prediger damit die Fürsorgepflicht Straßburgs sogar über die Stadtmauern hinaus auf alle jene Bedürftigen aus, die in Sichtweite der Stadt dem Tod ausgeliefert schienen.

Es konnte nicht allein Aufgabe der privaten Almosengeber sein, in so schweren Krisenzeiten für die Versorgung der Bedürftigen aufzukommen. Für Geiler stand außer Frage, dass für eine reiche Kommune wie Straßburg angesichts der herrschenden Notzeit eine umfassende Unterstützungverpflichtung bestand, und dass hier die weltliche Obrigkeit umgehend als Ordnungsmacht agieren musste. Deshalb betonte er in Anlehnung an die einschlägige Bibelstelle (5. Buch Moses 15,4),[117] dass diejenige Stadt glücklich zu schätzen sei, in der eine vorbildliche *policya* das Armenwesen ordne und es keine zum Gassenbettel gezwungenen Habenichtse mehr gäbe, weil sie – so implizierte der Prediger – durch private Spendenfreudigkeit und obrigkeitliche Ordnung mit Almosen in ausreichender Weise versorgt würden.[118]

---

116 *Nisi forsan eos: qui tunc non aderant: et pauperibus illis nihil adhuc prestiterunt: aut eos qui affuerunt / et prestare aliquid (postea quam finem dicendi ad hunc diem dilatum audissent) statuerunt: possunt plane tales pecuniam illam ad edes meas presentare. Ceterum de frumento hoc apud se reservent et schedulam sue intentionis et quantitatis frumenti mihi transmittant ut si necesse fuerit / ad nutum meum pauperibus illis administrari possit / iuxta necessitatis exigentiam: his qui hic degunt: et qui foris manent et pereunt: qui multi sunt / ut timeo. Audivi quia retulerit quedam villana pridie ad se venisse talis modi pauperem et eam obnixius rogasse si horreum haberet quatenus se intromittat cunque respondit non se horreum sed stabulum habere illud introivit cunque post horam aut duas puerum femina ad videndum quid faceret pauper ad stabulum missiset eum reperit expirasse et mortuum*; De Gemmis spiritualibus [1497], fol. XXXVI', Sp. 1.

117 *Et omnino indigens et mendicus non erit inter vos: ut benedicat tibi dominius deus tuus in terra quam traditurus est tibi in possessionem*; Gutenberg-Bibel, 1452–1455. Faksimile. München 1968.

118 *Benedicit ei pauper benedicit ei populus / immo et deus super omnia benedictus / ei benedicit / dicit dominus in Deuter. xv. Omnino indigens et mendicus non erit inter vos / ut benedicat tibi deus: felix civitas et policya sic ordinata: ut in ea nemo sit mendicus / qualis utique esse posset Argentinensium. si vellent. Non deest rursus misericordi benedictio pauperis: quis queso dedit*

Doch interpretierte Johannes Geiler diese Bibelstelle in einem wesentlich weiter gefassten Sinne als später beispielsweise Martin Luther; denn er plädierte hier für eine (vorübergehende) Aufnahme und Versorgung auch stadtfremder Bedürftiger und nicht für eine Vertreibung (vermeintlich) unwürdiger, „starker" oder betrügerischer Bettler. Luther[119] hingegen zog aus dem fraglichen Vers ein anderes Fazit: Vertreibung der „starken" Bettler auf der einen Seite, Versorgung der Hausarmen mit Hilfe Gemeiner Kästen auf der anderen Seite.[120]

Der Münsterprediger erkannte gleichwohl eine zunehmende Diskrepanz zwischen Spendenbereitschaft auf der einen Seite und dennoch mangelhafter Versorgung der Bedürftigen auf der anderen Seite. Bei der Masse der auf Unterstützung angewiesenen Armen, unter die sich auch in der Wahrnehmung Geilers durchaus „unwürdige" Bettler mischten, wurde es für den Einzelnen immer schwieriger, seiner Christenpflicht zu genügen, zumal es ihm ja nicht erlaubt war, die Armen nach ihrem *wesen* zu taxieren. Zunehmend übte der Münsterprediger deshalb grundsätzliche Kritik an der in seinen Augen inkonsequenten, mangelhaften Fürsorgepolitik des Rates, ohne dabei jedoch einen dezidierten Hinweis auf die existierenden Bettelordnungen oder auf das in Straßburg hoch entwickelte und bürokratisierte System von Bevorratung, Bevölkerungszählung und Bettlerüberprüfung zu geben. So betonte er am 5. August 1498 in seiner Predigt über die *betler narren* erneut die obrigkeitliche Pflicht, das Armenwesen zu regeln,[121] wobei er von dem in diesen Dingen angeblich untätigen Straßburger Rat erwartete, eine dafür zuständige Kommission einzusetzen und für eine gerechtere Verteilung der reichlich vorhandenen Almosen zu sorgen. Offensichtlich ging es ihm hier besonders um die Versorgung der in Straßburg ansässigen Bedürftigen.

Konkreter wurde der Prediger drei Jahre später (1501) im dreizehnten Artikle seiner an den Rat gerichteten Gravamina, den so genannten „Einundzwanzig Artikeln". Einleitend vermerkte er, es sei nicht nur ein Problem der Stadt, sondern der ganzen Christenheit, dass die Almosen richtig verteilt würden, damit den wirklich

---

pauperi denarium / panem / calceum / aut aliquid talium / et non vidit cum oculos in celum cum manibus levantem et deo gratias agentem: et ei qui sibi elemosynam prestitit benedicentem; De Gemmis spiritualibus [1497], fol. XXXVII', Sp. 1.

119 *Es sol aller dinge kein Bettler vnter euch sein / Denn der Herr wird dich segenen im Lande / das dir der Herr dein Gott geben wird zum Erbe ein zu nemen*; Martin Luther: Die gantze Heilige Schrifft Deudsch. Wittenberg 1545. Letzte zu Luthers Lebzeiten erschienene Ausgabe, hrsg. von Hans Volz. Darmstadt 1972, S. 364. – Am Rande wird *Bettler* mit *Hausarme* glossiert.

120 Weder Karlstadt noch seine Anhänger teilten in toto Luthers simplifizierende Ansichten. Vielmehr interpretierten auch Karlstadt, wie andere lutherische Stimmen, das einschlägige Bibelwort eher im Sinne Geilers; die allzu verklärende Forschung zu Luther und den Gemeinen Kästen kritisiert und korrigiert treffend Schubert: Hausarme Leute (wie Anm. 26), S. 332–335, sowie S. 341f.

121 *Die .VI. schel / ist betlen nit ordnen Es ist ein grosse betlerei / und vil betler hie das ist der gebrest der herren im rat / das sy es nit ordnen / und schicken sie achten sein nit / man solt etliche herren darüber setzen Es ist almuosen gnuog hie / es wirt aber ungleich ußgeteilt. Es nimpt einer sovil almuosen / das .x. gnug daran hetten;* Narrenschiff [1498], fol. CXXX', Sp. 1. – Versehentlich wird in Voltmer, Wächter (wie Anm. 5), S. 557, das Jahr der fraglichen Predigt mit 1499 angegeben.

Bedürftigen in ihrer Not geholfen werde. Grundsätzlich gehöre dies – wie Geiler unter dezidiertem Verweis auf den *Codex Iustinianus* hervorhob – zum Aufgabenbereich des Kaisers und der Fürsten – und damit eindeutig in die Kompetenz der weltlichen Obrigkeiten –, doch trotz erster Bemühungen, habe der diesbezügliche Elan an der Reichsspitze nachgelassen.[122] Hier zeigte sich Geiler über die Reichsabschiede der Jahre 1496–1498 und 1500 gut informiert, in welchen, nachdem bereits 1495 das Thema auf die Agenda gesetzt worden war, die einzelnen Obrigkeiten und damit auch die Kommunen angewiesen worden waren, einschlägige Verordnungen zu erlassen, nach denen nur mehr wahrhaft Bedürftige sich vom Almosen ernähren dürften, ihre Kinder aber zur Arbeit verpflichtet sein sollten.[123]

Da jede Stadt sich um ihre Armen zu kümmern habe, wollte Geiler diese Bestimmungen konsequent auch in Straßburg angewandt wissen. Dabei ließ er keinen Zweifel daran aufkommen, dass die weltliche Obrigkeit mit ihrer Sorge um eine gute Policey der richtige Adressat für seine Reformvorschläge war. Die vordringlichste Aufgabe sollte es sein, eine Verordnung zu erlassen und vor allen Dingen auch durchzusetzen, die nur noch den arbeitsunfähigen, schwachen und kranken Armen erlaube, Almosen zu heischen, wohingegen die „starken" Bettler wie auch ihre arbeitsfähigen Kinder zur Arbeit angehalten werden sollten.[124] Aus diesem Grund solle man die Bettler in sechs oder sieben Gruppen – wohl nach Pfarrsprengeln – einteilen und je einem Pfleger unterstellen, der sie auf ihr *wesen* hin untersuchen müsse. Geiler forderte demnach eine allgemeine, armenpolizeiliche Visitation der Bettler, in der ihre individuelle Bedürftigkeit und ihre mögliche

---

122 *Das wer als ein notturftig stuck nit allein hie / sunder durch die gantz christenheit / zu versehen den armen / das das almuß recht uß geteilt wurd / und nit wurde den aller unwurdigesten / die sin aller minst bedorffen Sprechend die keiser im rechtbuch C<apitolo> de sacrosanc<tis> ecc<lesiis> l<ege> privilegia Unser moenschlicheit stat zu </> den durfftigen zu versehen / und fliß ankeren / das den armen nit abgnag an narung. Darumb solt das ein keiser und die versamlung der fursten versehen / als das ouch an etliche brocht ist worden / aber vergebens*; Einundzwanzig Artikel [1501], S. 187.

123 Vgl. Johann Jakob Schmauss/Heinrich Christian Freiherr von Senckenberg (Hg.): Neue und vollständigere Sammlung der Reichs-Abschiede, welche von den Zeiten Kayser Conrad des II. bis jetzo, auf den Teutschen Reichs-Tägen abgefasset worden, sammt den wichtigsten Reichs-Schlüssen, so auf dem noch fürwährenden Reichs-Tage zur Richtigkeit gekommen sind. 4 Bde. (ND der Ausgabe Frankfurt a. M. 1747). Osnabrück 1967, zu 1496–98 Teil 2, § 20, S. 32, Sp. 1 und § 44, S. 48, Sp. 2f., zu 1500 Teil 2, § 37, S. 80, Sp. 1; zu 1495 Heinz Angermeier (Bearb.): Deutsche Reichstagsakten unter Maximilian I., Bd. 5: Reichstag von Worms 1495. Bd. I/2: Akten, Urkunden und Korrespondenzen. Göttingen 1981, S. 1143; zu 1496–98 Heinz Gollwitzer (Bearb.): Deutsche Reichstagsakten unter Maximilian I., Bd. 4: Reichstage von Lindau, Worms und Freiburg 1496–1498. Göttingen 1979, S. 210, Nr. 133 u. S. 344, Nr. 5; zur Bedeutung der Reichsabschiede bei der Ausbildung des Stereotyps vom „starken Bettler" vgl. auch Schubert: Hausarme Leute (wie Anm. 26), S. 324f.

124 *Dorumb not ist das ein ieglich commun die synen versehe / es ist von gots gnoden groß almusen von spenden und der glichen in diser stat / aber der gebrust ist an der ußteilung. Wer not das dar zu etliche und wenig erwelt wurden die uber die sach sessen / und ein ordenung begriffen / also das die starcken betler oder kinde / die ir brot verdienen mochten </> zu der arbeit gerichtet wurden / und allein die armen / und zu der arbeit ungeschickt </> zu dem almusen [.....] gelossen*; Einundzwanzig Artikel [1501], S. 187.

Arbeitsfähigkeit festgestellt werden sollten. Nähere Kriterien für diese Untersuchung lieferte der Prediger jedoch nicht.[125]

Allein der Hinweis auf die Verpflichtung der Obrigkeit, den Bettlern Arbeit (wenn auch unter Zwang) und damit ein Auskommen zu verschaffen, zeigt deutlich, dass Geiler hier zum einen die stadtsässigen Bedürftigen im Auge hatte und zum anderen nicht an eine weitergehende Marginalisierung der Bettler dachte.[126] Eine Warnung vor dem angeblich grassierenden Betrugsbettel hat Geiler auch an dieser Stelle nicht ausgesprochen – ein bemerkenswerter Befund angesichts der großen Aufmerksamkeit, die der Straßburger Rat diesem Phänomen widmete. Eine Unterscheidung zwischen fremden und einheimischen Bettlern vermied der Prediger ebenso. Und selbstverständlich fehlen Vorschläge, den geistlichen Bettel zu regeln, denn diese Gruppe von Almosenempfängern unterstand nach seiner Auffassung nicht der Herrschaftskompetenz des Rates. Eine Zentralisierung aller Almosen in einem Gemeinen Kasten konnte er ebenfalls nicht im Sinn haben, denn das wäre der Verpflichtung zur persönlich gereichten Spende konträr gewesen und hätte der von Geiler so bemängelten zunehmenden Anonymisierung des Almosenwesens nur Vorschub geleistet. Eine Vereinnahmung der noch von geistlichen Institutionen verwalteten Almosen stand für den Prediger nicht zur Diskussion. Auch wenn bereits einige Klöster Straßburgs unter städtischer Pflegschaft standen,[127] lehnte er jede Übereignung geistlichen Besitzes in Laienhand ebenso ab, wie er auch jede obrigkeitliche Einschränkung der privaten Almosenvergabe und der testamentarischen Stiftungen bekämpfte.

Das Fehlen konkreter Angaben zur Visitation der Bettler, zu Arbeitsmöglichkeiten sowie zur weiteren Spendenpraxis mag sich konzeptimmanent erklären: Mit diesen engeren, verwaltungstechnischen Fragen hatten sich diejenigen zu befassen, die eine neue Armenordnung entwerfen und anwenden sollten. Hatte der Rat das Bettler- und Armenwesen erst einmal zufriedenstellend geregelt, dann konnten private und öffentliche Almosen ja nur noch an die richtige Adresse gelangen.[128]

Rätselhaft erscheint, warum der Prediger erneut mit keinem Wort die schon existierenden Armenordnungen erwähnte, in denen bereits seit 1464 den so genannten „starken" Bettlern und den bedürftigen arbeitsfähigen Kindern das Almosenheischen verboten worden war. Noch im Jahr 1500 hatte Geiler durchaus Teilkenntnisse bewiesen, als er die dreitägige Aufenthaltserlaubnis für fremde Bettler

---

125 *Item sie musten geteilt werden in vj oder vij teil / und eim ieglichen teil eyner furgesetzt werden / der ir wesen moecht erkennen / es ist eynem zu vijll / die vj oder siben mochtend die ding ordnen Oder musten erdencken ein anndern weg / da durch disser ungeordneter brudel in ordenung gesetzt wurd*; ebenda, S. 187f. Falsch ist die Interpretation, Geiler habe hier die Armen in Gruppen je nach ihrer Bedürftigkeit klassifizieren wollen, jedoch keine disziplinierenden Maßnahmen gewünscht; Scherpner: Theorie (wie Anm. 19), S. 59f.
126 Vgl. in diesem Sinne auch Schubert: Typisierung (wie Anm. 25), S. 878.
127 Vgl. dazu allgemein Francis Rapp: Gestionnaires et gestion des établissements réligieux et charitables à Strasbourg au moyen âge, in: Archives de l'Eglise d'Alsace N.F. 4 (1984), S. 73–86.
128 Dieser Ansicht ist mit Einschränkungen auch Fischer: Städtische Armut (wie Anm. 19), S. 149.

und das Bettlerzeichen in einer Predigt erwähnt hatte.[129] Sein Schweigen wird nur dann erklärlich, wenn man es als Hinweis darauf versteht, dass die Bestimmungen bezüglich einer Selektion der starken Bettler bzw. ihrer arbeitsfähigen Kinder keine nennenswerte Anwendung fanden. Die Norm der Bettelordnungen und die Praxis ihrer konkreten Umsetzung klafften demnach weit auseinander. So monierte Geiler auch noch nach 1505, dass die Fülle der Spenden und Almosen durchaus für den Unterhalt aller bedürftigen Bettler ausreichen würde, wenn es nur endlich gelänge, eine entsprechende Ordnung durchzusetzen, nach welcher die dazu fähigen Bettelkinder zur Arbeit angehalten würden.[130]

Besonders Geilers Vorschlag, die Bettler in ihren jeweiligen Pfarrsprengeln auf ihre Bedürftigkeit hin untersuchen zu lassen und damit die Stadt in mehrere „Armenbretter" mit einem jeweiligen Pfleger an der Spitze zu unterteilen, erscheint zukunftsweisend. Immerhin hatte der Prediger bereits erkannt, dass die Regelung der offenen Armenpflege einen Pfleger allein überforderte. Möglicherweise griff man schon 1506, beim Erlass einer neuen Bettelordnung, und dann besonders 1523 bei der Neuorganisation des Armenwesens seine Vorschläge wieder auf, lag das Manuskript der „Einundzwanzig Artikel" doch gut verfügbar in der städtischen Kanzlei.[131]

Insgesamt erinnert das von Geiler entworfene Programm an jene Vorschläge, die ungefähr zeitgleich der französische Franziskaner Olivier Maillard in einer Predigt zusammenstellte. Auch er wollte die arbeitsfähigen Bettler vom Almosen ausgeschlossen wissen. Noch einen Schritt weiter als der Straßburger Münsterprediger gehend, schlug er vor, diese zumeist stellungslosen Tagelöhner für öffentliche Arbeiten wie die Straßenreinigung oder das Ausheben von Gräben heranzuziehen.[132] Auch der 1509 an der Pariser Universität lehrende Theologe John Mayor († 1550) nahm die weltliche Obrigkeit für die Organisation des Armenwesens in die Pflicht. Deutliche Parallelen finden sich außerdem zu der 1526 an den Rat der Stadt Brügge gerichteten Denkschrift *De subventione pauperum* des spanischen

---

129 Vgl. Pilgerschaft [1500], fol. CC, Sp. 2.

130 *Es seind so vil reicher lüt hie die spend geben / damit alle betler erzogen würden / das keiner betlen bedoerfft / wenn es geordinet wer / allein brist ordenung / das man die iungen toechter und knaben annrichtet / das sy arbeiteten / damit die unvermüglichen das allmuosen nemen ...;* Brösamlin [zw. 1505/1509], fol. XLVII, Sp. 1f.

131 Geilers Vorschlag, die Stadt in sechs oder sieben Bezirke aufzuteilen, wurde bereits von Winkelmann erwähnt, von Scherpner jedoch zurückgewiesen; Winkelmann: Armenordnungen (wie Anm. 19), S. 200; Scherpner: Theorie (wie Anm. 19), S. 59f. Dass Geiler wahrscheinlich die Pfarrsprengel Straßburgs zugrundelegen wollte, ist bislang nicht aufgefallen. Seit dem 15. Jahrhundert organisierte sich beispielsweise die Hausarmenpflege in Köln aufgrund so genannter „Armenbretter", die den einzelnen Pfarreien unterstanden; vgl. Jütte: Armenfürsorge (wie Anm. 21), S. 275–293. Besonders in reformierten Städten war eine solche Einteilung in Bezirke üblich. In der Armenordnung des Jahres 1523 teilte man auch Straßburg in vier Quartiere, die sich an den neun Pfarreien orientierten; vgl. Winkelmann: Fürsorgewesen (wie Anm. 19), S. 98f. – Zur Straßburger Armenordnung des Jahres 1506 vgl. auch Voltmer, Wächter (wie Anm. 5), S. 564–568.

132 Vgl. Alexander Samouillan: Olivier Maillard, sa prédication et son temps. Etude sur la chaire de la société française au quinzième siècle. Paris/Toulouse 1891, S. 213f.

Humanisten Juan Luis Vives († 1540), der ein bipolares Konzept entwickelte, in dem die Obrigkeit die ‚starken' von den arbeitsunfähigen Bettlern zu trennen hatte und nur noch Letztere in den Genuss der städtischen Fürsorgeeinrichtungen sowie der privaten Almosen kommen sollten. Am christlich fundierten Wert der Armut und der Notwendigkeit einer tätigen Caritas zweifelten weder Maillard noch Mayor oder Vives.[133]

In Geilers Reformentwurf einer wahren christlichen Idealstadt sollte es keinen Armen oder Kranken geben, der aus Existenznot zum Gassenbettel gezwungen wurde, weil zum einen die gesunden Bettler zur Arbeit angehalten und ihre Kinder aus dem Bettelmilieu entfernt werden sollten, zum anderen die städtischen Bedürftigen ausreichend durch eine verbesserte Spendenverteilung mit dem Notwendigsten unterhalten und zum dritten in akuten Notzeiten auch in die Stadt drängende Bettler versorgt wurden. Weder einer Vertreibung der „starken" Bettler, noch einer Ausgrenzung der stadtfremden Bedürftigen redete Geiler das Wort. Zusammen mit der Betonung obrigkeitlicher Regulierungskompetenz und -pflicht machte der Prediger aber deutlich, dass die private Almosenvergabe unangetastet bleiben musste, da sie zum einen die tätige Erfüllung der christlichen Gebote garantierte und zum anderen für die Erlangung des Seelenheils und zum Abbüßen von Sündenstrafen unverzichtbar blieb. Auf das selbst einem „unwürdigen" Armen gerichtete „Almosen des Herzens" (Schubert) konnte die christliche Lehre nicht verzichten. Wiederholt prophezeite Geiler deshalb einer Obrigkeit die ewige Verdammnis, wenn sie ihren Untertanen verbot, mit eigener Hand oder durch ein Testament Almosen in beliebiger Höhe zu spenden.[134]

Doch glaubte der Prediger immer deutlicher feststellen zu müssen, dass sich die Straßburger – geistliche und weltliche Obrigkeiten ebenso wie die Einwohner – allzu sehr auf die Fürsorgeeinrichtungen der Stadt verließen. Verdrängung, Gleichgültigkeit, Gewissenslosigkeit und Verachtung gegenüber den existentiellen Nöten der Bedürftigen nahmen in der Wahrnehmung Geilers zu. Daran trug auch die großstädtische Anonymität Schuld. Wieviel besser, so hielt der Münsterprediger seinen Straßburgern vor, sei da doch die Lage der Bedürftigen in den Dörfern. Gerade weil dort weniger Menschen wohnten, werde die Not des einzelnen schneller bemerkt und beseitigt. Unmissverständlich bezeichnete er jene Personen, die ungerührt die Bedürftigen ihrem Schicksal überließen, als *todtschleger vor Gott*. Als Konsequenz für dieses unchristliche, sündhafte Tun beschwor er geradezu den Zorn Gottes besonders auf die Häupter der in diesen Dingen so nachlässigen Obrig-

---

133 Vgl. Karl Otto Scherner: Das Recht der Armen und Bettler im Ancien régime, in: Zeitschrift der Savigny-Stiftung für Rechtsgeschichte, Germanische Abteilung 96 (1979), S. 55–99, hier S. 60f.; Jütte: Armenfürsorge (wie Anm. 21), S. 37–39.

134 *Das heyl der underthonen hangt an den oberen / dorumb bittet man für sye. und wenn dye verfaren / so verdirbt dz volck. Dorumb die oberen die soliche ordnungen machen / halten / und bruchen / das man nit sol armen lüten vermachen oder geben / die verfaren alsammen … Dorumb sol solich statut / solich pflantzung / die do den armen entwert ir nottürfftig almuoßen / abgethon und ußgerüet werden. wenn sye ist wider die ler Christi*; Postille II [zw. 1504/1509], fol. LXV'f.

keit herab; denn – wie er treffend bemerkte – es sei besser, wenn Gott seine Strafe jetzt schickte, als dass die Schuldigen auf ewig verdammt würden.[135]

Der Standpunkt des Predigers blieb auch weiterhin fest: Innerhalb der Stadtmauern unterständen alle Bedürftigen, ob fremde oder einheimische, der Fürsorgepflicht der Straßburger Obrigkeit. Hier konnte sich der Rat nicht mit einem Verweis auf die Vorrangstellung der Bürger aus seiner Verantwortung stehlen. Immerhin akzeptierte der Prediger, dass der Zuständigkeitsbereich des Straßburger Rats an der Stadtmauer endete und er sich nicht um alle vagierenden Bettler des Umkreises kümmern konnte. Eine Ausnahme war jedoch auch hier in akuten Krisenzeiten zu machen, dann mussten selbst die vor der Stadt lagernden *elenden mönschen* vor dem Tod bewahrt werden.

Angesichts der in seinen Augen unverändert mangelhaften Regelung des Armenwesens, die so gar nicht seinem Entwurf einer glücklichen Gottesstadt entsprach, empfahl er deshalb gegen Ende seines Lebens resigniert, die Stadttore zu schließen und keine fremden Bettler mehr hereinzulassen,[136] mit dem schon beinahe zynischen Verweis, das Ansehen der Stadt werde weniger geschädigt, wenn die Elenden vor den Mauern und nicht in der Stadt verhungerten.

Dass die Regelung des Armenwesens ein zentrales Thema in Geilers gesamtgesellschaftlichem Reformentwurf darstellte und dass er ein entsprechendes Verhalten öffentlich in penetrant-polemischer Weise von Obrigkeit und Untertanengemeinde gleichermaßen forderte, zeigt sich nicht zuletzt an dem unwilligen Überdruss, den man ihn diesbezüglich spüren ließ. Offenbar legte man ihm nahe, die Armenproblematik doch ein für allemal fallen zu lassen und die Straßburger – besonders die Mitglieder des Rates – nicht immer auf der Kanzel „auszuschreien". Doch der Prediger konterte: Das Elend und das Sterben der Bettler sei öffentlich zu sehen, also könne man dies auch öffentlich ansprechen. Würde er die Verantwortlichen nur im geheimen Gespräch ermahnen, dann zeige dies überhaupt keine Wirkung, sondern ende nur in betrukenem, leerem Gerede auf der Trinkstube. Deshalb sei die öffentlich inszenierte Rüge – so implizierte der Prediger – pädagogisch-didaktisch

135 *Wir lond die armen sterben und verderben uff der gassen. Ich gang für / du gost für / der und die gond auch für. und also godt yederman für / und meynt yegklichs das ander nem sich ir an / und domit verderbent sye. Doran seind schuldig wir allesammen / und seind todtschleger vor gott / und aller meyst die / denen solichs entpholhen ist. Solt ich yetzendan sterben / und an irer statt ston vor gott / so wolte ich nitt aller welt guot nemen dz ich das thaette. wenn sye seind nit im stadt der seligkeit ... Gloub mir / der allmechtig gott würt uns hartigklich dorumb straffen / entweders hye oder dort. Strofft er uns hye nit / so wee uns;* Postille IV [1504], fol. XVIII.

136 *Wie vil gon armer menschen auff dißem erdtreich / die toedtlich siech seind / die nicht brot zuoessen haben / und halber hungers sterben / dz gat uns wenig zuo hertzen. Da solt ich sagen von den regenten / als ich vil davon gesagt hab / das man sie eintweders daussen [!] solt lassen vor der statt / oder aber wann sie hinnen sind / das man sie dann nem in den spital / das man sie nicht ließ verderben / frost und hungers auff der gassen;* Sünden des Munds [1505], fol. XII, Sp. 1; vgl. ähnlich Brösamlin [zw. 1504/1509], fol. XLVI, Sp. 1f. u. Evangelienbuch [zw. 1504/1509], fol. CL', Sp. 1

unumgänglich, auch wenn er durch den mangelnden Erfolg seiner nimmermüden
Strafreden an den Rand der resignierenden Erschöpfung getrieben worden sei.[137]

VI. Johannes Geilers Reform des Armenwesens:
Allgemeine Vorschläge gegen eine fortschreitende Pauperisierung

Neben seiner Sorge um bedürftige Personen, die gezwungen waren, vom Bettel
zu leben, und deren Lebensumstände er durch armenpolizeiliche Maßnahmen verbessert sehen wollte, legte Geiler gleichsam die Mechanismen der Pauperisierung
in seinen Predigten offen. Richtig hatte er erkannt, dass gerade kleinere Handwerker, Arbeiter und Tagelöhner zum Kreis der städtischen Armen zählten, die immer
Gefahr liefen, in zum Betteln gezwungene Bedürftigkeit abzurutschen. So würden
ärmere Handwerksmeister durch Preis- und Kartellabsprachen wie durch unlau-
tere Monopolbildungen gezwungen, ihre Waren unter Wert abzugeben. Auch hier
wusste der Münsterprediger Rat, indem er rigoros die Abschaffung von Kartellen
und Handelsmonopolen sowie die obrigkeitliche Garantie für einen gerechten Preis
forderte.[138] Damit einher ging auch sein Appell, durch Spekulationsgeschäfte künstlich hervorgerufene Teuerungen, unter denen besonders die Armen und Bedürftigen
zu leiden hatten, durch obrigkeitliche Maßnahmen zu verhindern. Jenseits stereo-
typisierter Wahrnehmung hatte der Münsterprediger bereits früh erkannt, dass für
die Getreideverknappung und die schwere Hungersnot des Jahres 1481 nicht etwa
nur Wetterkatastrophen, sondern besonders die Spekulationsgeschäfte Straßburger
Kaufleute verantwortlich gewesen waren. Wahrscheinlich um sich in dieser Frage
Argumentations- und Rechtssicherheit verschaffen zu können, regte der Prediger in
seinem Bekanntenkreis eine kirchenrechtlich-wirtschaftsethische Diskussion über
Getreidespekulationen und Wuchergeschäfte an. Unmissverständlich verdammte er
spekulative Warenhortung und künstlich herbeigeführte Teuerungen als sündhaft
und als dem Gemeinen Nutzen schädlich. In logischer Konsequenz forderte er die
Vertreibung der habsüchtigen Kaufleute und damit die rigorose Abtrennung solcher
schädlicher Auswüchse vom Sozialkörper.[139]

137 *Eyh sprichst du / Du soltest uns nit also offentlich ußschreyen an der cantzel. Ich antwurt / Es geschicht doch offentlich / dz es alle welt sycht und weissz / worumb solt ich dann nit auch offenlich dovon reden: Unnd wenn ichs uch schon heymlich sag / so hilfft es noch denn nit. Sonder als dann sitzen wir uff den stuben / so wir voll truoßen* [d. i. Branntwein] *seind / und reden dorvon / wu / wa. Ich hab uch so vil dorvon geseyt dz ich sein mued bin worden*; Postille IV [1504], fol. XVIII.
138 Vgl. Rita Voltmer: Krämer, Kaufleute, Kartelle. Standeskritischer Diskurs, mittelalterliche Handelspraxis und Johannes Geiler von Kaysersberg (1445–1510), in: Dietrich Ebeling u. a. (Hg.): Landesgeschichte als multidisziplinäre Wissenschaft. Festgabe für Franz Irsigler zum 60. Geburtstag. Trier 2001, S. 401–445, hier S. 434–445.
139 *Zu dem ersten sprich ich. Das semlich Monopolii* [d. s. Kartelle] *und stupferei* [d. s. heimliche Absprachen] *ist ist* [!] *wider das vernünfftig natürlich gesatz wann du sihest in eim leib des menschen dz ein glid dem gantzen leib dienet / mein aug das sicht den füssen / die füß gond und tragen den gantzen leib / der mund isset dem magen / der mag nimpt die speiß und teilt es dem gantzen leib auß und allen glidern unnd hettest du ein klotzen uff der achßlen ston / der dem gantzen leib schedlich wer / unnd züg ansich / davon andere glider leben solten / du*

Daneben berichtete Geiler darüber, wie mancher Kunde aus dem Milieu der Führungsschicht einen billigeren Preis mit dem vagen Versprechen einer späteren Gefälligkeit bei einem einfachen Handwerker geradezu erpresste.[140] Andere Kunden blieben säumig in der Bezahlung angeforderter Waren oder in Anspruch genommener Dienstleistungen, verweigerten ihren Bediensteten den Lohn und beriefen sich auf ihre herausgehobene Stellung als reiche Bürger und ließen Schuldforderungen ihrer Handwerker und Dienstboten unbeachtet.[141] Geiler strich heraus, dass manche der auf den Ertrag ihrer täglichen Arbeit angewiesenen Personen sich scheuten, die säumigen Schuldner zu verklagen, fürchteten sie doch, ihnen vor Gericht als ihren Richtern begegnen zu müssen.[142] Nicht zuletzt deshalb setzte sich der Münsterprediger vehement – und jenseits aller Topik – für eine Gleichbehandlung von arm und reich vor Gericht ein.[143] Nur so schien es ihm überhaupt möglich, dass in Schuldprozessen einfache Handwerker eine Chance erhielten, noch ausstehende Entlohnungen und Zahlungen eintreiben zu können, bevor sie durch absichtlich langes Prozessieren endgültig ruiniert wurden.[144] Johannes Geiler scheute sich nicht, – ähnlich wie während der Hungersnot von 1481 – auch in Fällen von langwierigen Schuldverfahren Selbstjustiz zu empfehlen.[145] Eindringlich plädierte er

schnittest in hinweg unnd sprechest was sol er da zuoston. Also sag ich / wir hie zuo Straßburg seind alle ein leib / unnd wir seint glider. Ist nun ein glid / ein kauffman ein stüpffer / der den andern glideren schedlich ist. Als die seind / die ein ding allein haben woellent / unnd auß allen gädamen muoß man es tragen in ir hauß / und haben allein / davon vil Kauflüt leben solten. Ein semlichen clotzen sol man abhauwen unnd dannen thun. Also thuont sie wider das natürlich gesatz / unnd darnach wider das geschriben gesatz / darumb so sprechen die lerer das es todsünd sei; Wannenkrämer [1509], fol. XCVI' [!], Sp. 2f; vgl. dazu besonders Voltmer: Krämer (wie Anm. 138), S. 435–437.

140 Vgl. ebenda, S. 430f., 440.

141 Wie existentiell wichtig Knechten und Mägden, besonders aber den keinem Haushalt zugehörigen Tagelöhnern der pünktlich ausbezahlte Lohn war, betont Schubert: Spätmittelalter (wie Anm. 25), S. 314.

142 *Die vierd schell ist schuld von boßheit nit bezalen. Es seint etlich reich / die wol moechten schuld bezalen / aber sie verziehens morn morn morn sie bezalen nit man zwing sie dan mit rechten darzuo ... Etwan so leugnet man dem armen handwercks mannen die schuld / so kan es er nit recht beweren ...,* Narrenschiff [1498], fol. CXCI [!], Sp. 2; vgl. auch ebenda, [1499], fol. CLXV, Sp. 2f. u. fol. CLXXXVII', Sp. 2; Pilgerschaft [1500], fol. I, Sp. 1f.; sowie hier Anm. 144.

143 Vgl. Voltmer: Wächter (wie Anm. 5), S. 426–428, 527.

144 *Also mencher huffet sein guot / da so vil korngült / da so vil pfeninggelt / da so vil leipgeding / und ist on end / aber nicht on schaden armer menschen / da vertreybest du den armen man / da hast du dy sach da bei dem künig gewunnen / da an dem gericht / da verderbst du den mit langem gericht / da mit appelieren;* Evangelienbuch, fol. CXXX, Sp. 1; vgl. auch besonders ebenda, fol. LIX, Sp. 2.

145 *Dorumb sprich ich / so dir kein recht widerfaren mag / und also umgetriblet unnd getriben würst / als ein garnwind / denn so macht du im das sein mit gewalt nemmen / wo du das macht ankummen oder erlangen / und dich domit selbs betzalen;* Postille III [zw. 1504/1509], fol. CII.

auch dafür, Armen eine kostenlose ärztliche Betreuung zukommen,[146] sie vor allem
im Spital bevorzugt behandeln zu lassen[147] und sie gerechter zu besteuern.[148]

Aus dem Teufelskreis von Preistreibereien, unbezahlten Rechnungen, auf-
genommenen Kleinkrediten[149] und Verschuldung kamen viele jedoch nicht mehr
heraus, wie der Münsterprediger immer wieder bemängelte.[150] Daneben ruinierte
sich mancher Handwerker, indem er seine mühsam erwirtschafteten Tageseinnah-
men auf der Trinkstube beim Spiel verlor oder verzechte. Damit gefährdete er nicht
nur seine eigene Existenz, sondern ließ auch die ihm anvertraute Familie hungern.
Eindringlich warnte der Münsterprediger deshalb vor der Verstrickung in Trunken-
heit, Spiel und Verarmung. Auch weil Trunk und Spiel immer mit der verdammens-
werten Gotteslästerung[151] einhergingen, stellte der Münsterprediger die radikale
Forderung, die Stätten solcher Vergnügungen, das heißt sämtliche Trinkstuben bis
auf zwei (eine für die Zünfte und eine für den Stadtadel), zu schließen.[152] Für ihn
gab es keinen Zweifel daran, dass gerade von den Trinkstuben eines der *houbtgifft*
ausging, welche Straßburg vergifteten und von denen der Gesellschaftskörper pur-
giert werden musste.[153]

146 Vgl. Narrenschiff [1498], fol. CXVII', Sp. 2.
147 Vgl. Einundzwanzig Artikel [1501], S. 183.
148 Vgl. Voltmer: Wächter (wie Anm. 5), S. 534–536.
149 Vgl. dazu exemplarisch Simon-Muscheid, *rebmesser* (wie Anm. 19), S. 61f.
150 *... wan du einen armen verderbest und in und sein hußfraw verderbest / er muoß mir es geben
     sprichstu ich wil im die esch am herd nit lasen unnd der arm man muoß dir geben so er brot nit
     zu essen hat und schinst dem armen man dz bluot uß dem leib und zerrest im dz marck uß den
     beinen / und ist vielleichter umb drei schilling pfening zu thuon und darumb verderbestu den
     armen man und sein fraw und sein kind / sehen dan so würd der gryt zu bluot wen du den armen
     man also verderpst ...*; Drei Marien [1496], fol. LIII', Sp.1; vgl. auch ähnlich Pilgerschaft
     [1500], fol. CXXV, Sp. 1, Postille III [zw. 1504/1509], fol. CII.
151 Vgl. dazu Voltmer: Wächter (wie Anm. 5), S. 615–629.
152 Vg. dazu ebenda, S. 629–650; Simon-Muscheid, *rebmesser* (wie Anm. 19), S. 57, geht irrtüm-
     lich davon aus, Geiler habe die Schließung der Trinkstuben nur an Feiertagen empfohlen.
153 *Sag mir ich bit dich darumb / wa kumet es her / das hie inn diser reichen stat die so wol an
     einem guoten ort leit / und also vil armer burger funden werden / Es kumpt niergen har dan
     von dem fressen und sauffen / das hie ist / wan die burger haben hie ire stuben nach allem irem
     wollust / und wie sie woellen / und wie künne die stuben den burgern schaden thuon sprichest
     du / also / wan sie kumen umb ir guot das sie hond und das sie moechten haben ... Zuo dem
     ersten so verzeren sie das gelt das sie hond gewunnen / wan da muoß einer ein plapert oder
     acht pfenning uß geben zuo der ürtin / die er vor gewunnen hat / und bleibt also den selben tag
     uff der stuben sitzen bei den guoten gesellen / und versaumet sechß oder zwoelff pfenning da
     heim die er wol gewinnen moecht / und sein seine knecht da heimen liederlich / und thuon nüt
     und würt des morgens unlüstig zuo wercken / wan er gestern vol weins ist gesein / und nit als
     lüstig als wer er nit bei dem wein gesein uff der stuben / es ist ein sprichwort nach vil feirtagen
     kumpt selten ein guoter wercktag / er stot spat uff / er muoß den wein uß schlaffen*; Narrenschiff
     [1498], fol. L, Sp. 2–L', Sp. 1; *Item durch spilen und schlemmen felt er in schuld / und durch
     spilen so wil er sich ledig machen / in semliche schuld kumpt mencher hie umb der stuben
     willen / die man hie hat nach allem vorteil. Unnd seint die stuben ein wasserloch da aller wuost
     zuosammen flüsset*; ebenda, fol. LXXVII' [!], Sp. 1. ... *oder so der man uff der stuben ist gesein
     / und foll weins ist worden / oder sunst verspilt hat*; Evangelienbuch [zw. 1504/1509], fol.
     CXXXVI, Sp. 2. – *Das ist der houbtgifft eins disser stat / und ein verderbniß / und so lang das*

Seine Warnungen vor der Trunksucht gingen einher mit allgemeinen Forderungen nach einer strengeren Sittenzucht, nach Disziplinierung der Affekte, der Geselligkeit und der Sexualität. Wollten die Armen und Bedürftigen als wahre *pauperes cum Lazaro* gelten, dann hatten auch sie sich – wie im übrigen alle Glieder des Sozialkörpers – an eine verschärfte Sexualdisziplin zu halten. Nicht zuletzt deshalb empfahl Geiler den Bedürftigen sexuelle Enthaltsamkeit, um die Schar der zu versorgenden Kinder möglichst gering zu halten.[154]

VII. Johannes Geilers Reform des Armenwesens: Zusammenfassung

Ohne Zweifel beschäftigte sich der Straßburger Münsterprediger intensiv mit den Phänomenen Armut, Bedürftigkeit und Bettelei. Dabei entwarf er ein mehrstufiges Reformprogramm, dessen Regelwerk sich an die Armen und Bedürtigen selbst, an die potentiellen privaten Almosengeber wie an die weltliche Obrigkeit richtete und das daneben auch weitreichende Vorschläge enthielt, welche dem sozialen Abstieg und der Verelendung Einhalt gebieten sollten. Dabei hat Geiler in seinen Predigten den ideellen Wert der freiwilligen Armut, die Verdienstlichkeit der geduldig ertragenen, unverschuldeten Armut, die sündenstrafentilgende Kraft des Almosens sowie die Verpflichtung, Almosen zu geben, und das Recht, bei wahrer Bedürftigkeit vom Almosen zu leben, betont. Die Befolgung der göttlichen Gebote von Nächstenliebe, Barmherzigkeit und Mitleid waren jedem Christen auferlegt. Im Mittelpunkt seiner besonders an die Almosengeber vermittelten Handlungsanweisungen stand dabei die Verpflichtung zum persönlich gereichten Handalmosen, nicht zuletzt auch, um eine Entfremdung zwischen Geber und Nehmer entgegenzuwirken und bloße Rechenhaftigkeit bei der Verrichtung Guter Werke zum Zweck der Seelenrettung zu vermeiden.

Immer wieder machte der Münsterprediger auf konkretes Elend aufmerksam, ohne die ausgrenzenden Vorurteile der Bettlerschelten aufzugreifen. Offenbar hat er bewusst nicht den polemischen Diskurs um den betrügerischen (Droh-)Bettel rezipiert, wie die nur marginale Übernahme der einschlägigen Polemik aus Sebastian Brants *Narrenschiff* deutlich zeigt. Unversöhnlich und beißend diffamierend warnte er hingegen vor dem geistlichen Bettel der nicht-observant lebenden Franziskaner und Dominikaner. Nicht weniger offen polemisierte er gegen angeblich heuchlerische, frömmlerische und unzüchtige Beginen.[155]

---

nit abgethon wurt so mag disse stat nummerme begruonen / ursach ist / so vijll grosses ubels das dar uß erwachset; Einundzwanzig Artikel [1501], S. 178.

154 ... wer nit kind zu erziehen hat der sol küsch sein und stil liegen. Ein betler kam yens tags zuo mir und begert das allmuosen von mir / und sprach er het vil cleiner kind / antwurt ich im / so er die kind nicht moecht erziehen / so solt er keins machen und still ligen. Er gestuond daran / uber ein wyl da er sich het bedacht / da sprach er / wer euwer vatter stil gelegen / so werent ir nit uff erdtreich. Antwurt ich mein vatter der het mich zuo erziehen / das hastu deine kind nit ...; Staffeln [1508], fol. XXII', Sp. 1

155 Vgl. dazu Voltmer: *fueßs* (wie Anm. 23).

Seine offenkundige Zurückhaltung gegenüber dem angeblich um sich greifen-
den Delikt des Betrugsbettels korrigiert deutlich das Ausmaß der von den Obrigkeiten, den Wohlhabenden und den Intellektuellen so oft benannten gefährlichen
Scharen betrügerischer, starker Bettler, die es auszutreiben gelte. Dies entspricht im
übrigen auch dem Ergebnis der 1464 gemachten Bettlerzählung und zeigt deutlich,
dass Geilers Blick auf die städtische Gemeinschaft und ihre spezifischen Phänomene nicht von jenen, unter dem Schlagwort des „Gemeinen Nutzens" zusammengefassten, gleichwohl aber in erster Linie herrschaftsstabilisierend und -sichernd
gedachten Argumenten[156] geleitet wurde, mit denen die Gruppen der Führungsschichten und die von ihnen beeinflusste öffentliche Debatte die Sachlage darstellten. Johannes Geiler ging nicht konform mit den „von oben" geschürten Ängsten
und dem entstehenden Mythos vom Bettlergauner.[157] Seine spezifische Perspektive macht hingegen deutlich, dass die Propagierung des angeblich so verbreiteten
Betrugbettels eher einer „moralischen Panik"[158] der Wohlhabenden und Wohlanständigen entsprang als tatsächlicher sozialer Realität.[159] Die spezifische Wahrnehmung des Predigers wurzelte dabei nicht zuletzt in seinem Selbstverständnis und
in seiner Amtsverpflichtung: Als von Gott berufener Wächter rangierte er über der
weltlichen Obrigkeit, war nicht deren Sprachrohr, sondern vielmehr der Mahner
der Mächtigen wie Reichen und die Stimme der Schwachen. Nicht zuletzt deshalb
benutzte er immer wieder die Münsterkanzel als Ort öffentlich inszenierter Rüge,
von wo aus er die Obrigkeit unter Druck zu setzen suchte und oft genug zu Widerstand und Selbsthilfe aufrief. Zwar kannte Geiler bereits die Unterscheidung nach
„starken Bettlern" und „Hausarmen", doch waren dies nicht seine ausschließlichen
Beschreibungskategorien. In seinem polit-theologischen Entwurf gab es immer
noch Raum für in Not geratene fremde Bedürftige, ja selbst dem „unwürdigen"
Armen konnte ein Almosen gespendet werden. In erster Linie galt ihm der Bedürftige immer noch als Sinnbild Christi, dem ein „Almosen des Herzens" zu reichen
war.

Gleichwohl erkannte der Münsterprediger, dass das Phänomen Armut vielge-
staltige Probleme beinhaltete, die nicht mit dem Appell an die christliche Spen-
denpflicht jedes Einzelnen gelöst werden konnten. Auch deshalb bemühte er sich,
angesichts der offenbar steigenden Zahl von in die Stadt drängenden Bedürftigen

---

156 In diesem Sinne auch Helmut Bräuer: Statt einer Einführung. Feststellungen, Sichtweisen und
     Diskussionsaufforderungen zum Thema „Kommunale Armut und Armutsbekämpfung vom
     Spätmittelalter bis zur Gegenwart", in: Ders. (Hg.): Arme (wie Anm. 19), S. 29–38, hier beson-
     ders S. 29–31.
157 „Obwohl diese Behauptung unbeweisbar ist, scheint die Annahme doch plausibel, daß das neu-
     artige Herausstreichen des müßigen und betrügerischen Vagabunden in Kunst, Literatur und
     in offiziellen Dokumenten – der ‚Gauner-Mythos', wie man ihn nennen könnte – ein Mittel
     war, um die Unterdrückungsmaßnahmen gegen Menschen zu legitimieren, die einst als ‚Gottes
     Arme' galten, jetzt aber zunehmend als nutzlose Mitglieder des Gemeinwesens angesehen wur-
     den." Peter Burke: Städtische Kultur in Italien zwischen Hochrenaissance und Barock. Eine
     historische Anthropologie. Berlin 1987, S. 77.
158 Ebenda.
159 So auch Schubert: Hausarme Leute (wie Anm. 26), S. 329f.

und einem zunehmenden Maß innerstädtischer Verelendung, im Rahmen seines fundamentalen *reformatio*-Programmes konkrete ordnungspolitische Entwürfe zu machen, die sich allein an göttlichem Gebot orientierten und deren Umsetzung er als Pflicht einer wahrhaft christlichen Obrigkeit ansah. Zu diesem Zweck versuchte Geiler durch Predigten, persönliche Gespräche, Briefe, Gutachten und Gravamina den Rat zur Realisierung seiner Reformideen zu bewegen. Wie er bereits 1497 propagiert hatte, konnte nur eine Stadt mit einer funktionierenden Armenordnung, in der kein Einwohner mehr aus Elend zum Straßenbettel gezwungen war, sich als von Gott gesegnet betrachten.

Teilerfolge in dieser Hinsicht waren ihm besonders auf dem Feld der institutionalisierten Fürsorge beschieden.[160] So wurden auf seine Initiativen hin 1503 ein festes Syphilitikerhospiz in Straßburg eingerichtet, ein Jahr später die Verwaltung des Großen Hospitals verbessert und 1506 eine erneute Modifizierung der Bettlerordnung mit einer gründlichen Überprüfung aller Bedürftigen vorgenommen. Doch scheint der Rat, angesichts akuter Krisenzeiten und beunruhigt durch Geilers öffentliche Ausfälle, eher ad hoc reagiert zu haben. Trotz fester Kategorien von Bedürftigkeit, trotz Bettlerzählungen und Verordnungen hat er gegen Ende des 15. und zu Beginn des 16. Jahrhunderts noch kein längerfristiges Programm entwickelt, um die Instrumente der Fürsorge aufeinander abzustimmen. Die Praxis blieb allzuoft hinter einer Norm zurück, deren buchstäbliche Durchsetzung wohl auch nicht intendiert gewesen ist. Dafür spricht zum einen die offenbar von Geiler nicht wahrgenommene Umsetzung der Bettelordnungen sowie das Faktum, dass die Stadt sich keineswegs gegen den Zustrom fremder Bettler abschloss, sondern gerade in grassierenden Krisenzeiten Flüchtlinge und Kranke ungehindert einließ (ohne sich allerdings weiter um sie zu kümmern).

Geilers Vorschläge scheinen hingegen dann realisiert worden zu sein, wenn dies dem Straßburger Rat in sein politisch-ordnendes Kalkül passte. Letztlich zum Scheitern verurteilt waren die aus der theologischen Denkkultur stammenden, nicht selten utopisch anmutenden Vorschläge des Predigers, weil ihnen jedes Verständnis abging für das pragmatische Funktionieren städtischer Herrschaft, für den Bedingungsrahmen städtischer Politik. Ein Hauptgrund für das Scheitern lag auch in der Unvereinbarkeit beider Gesellschaftskonzepte: Während der Rat seinen Herrschaftsanspruch konsequent auf alle Einwohner der Stadt – inklusive des Klerus – auszudehnen trachtete, die Fürsorge aber immer restriktiver nur den Bürgern angedeihen lassen wollte, sah Geiler eine Fürsorgepflicht der Obrigkeit für alle Einwohner Straßburgs, inklusive der in Notzeiten in die Stadt geflüchteten Bettler, ohne dass kirchliche Freiheiten oder Vermögen angetastet oder die private Spendenbereitschaft eingeschränkt werden durften.

Bei aller Differenziertheit stellt Geilers Wahrnehmung von städtischer Armut und Bedürftigkeit jedoch lediglich eine Perspektive unter vielen dar, vor allem aber bietet sie kein genaues Abbild sozialer Wirklichkeit. Wie beispielsweise spätmittelalterliche und frühneuzeitliche Armenzählungen unmissverständlich zeigen, betra-

---

160 Vgl. Voltmer: Wächter (wie Anm. 5), Kap. III.3.8.2 und III.3.8.3.

fen Armut und Bedürftigkeit überproportional alleinstehende Frauen mit Kindern,[161] ein Umstand, den Geiler lediglich am Rande und stereotypisierend in der Figur der armen Witwe streifte.[162] Zwar schilderte er die physische Not jener Ehefrauen und Kinder, deren Familienvorstände das sauerverdiente „tägliche Brot" auf den Stuben vertranken und verspielten, zwar rief er immer wieder zu Aussteueralmosen und Spenden für Findelkinder und Wöchnerinnen auf, doch ledige Mütter galten ihm als Dirnen, die ihre Not selbst verschuldet und deshalb kein Anrecht auf Almosen und Unterstützung hatten.[163] Sein „Armer" blieb deshalb oft genug der gesichtslose „gemeine Mann" der Menge.

Siglenliste der hier zitierten Werke des Johannes Geiler von Kaysersberg[164]

Ameise	Die Emeis. Dis ist das buoch von der Omeissen ... Straßburg 1516.
Arbore humana	Das buoch Arbore humana. Von dem menschlichen Baum ... Straßburg 1521.
Baum der Seligkeit	Des hochgelerten doctor Keiserspergs Alphabet in XXIII Predigen so er gethon und die geordnet hat an einem baum XXIII est ufzesteigen zu ewigem leben ... Straßburg 1512.
Berg des Schauens	Gerhard Bauer (Hg.), Johannes Geiler von Kaysersberg. Sämtliche Werke. 1. Teil: Die deutschen Schriften. 1. Abt.: Die zu Geilers Lebzeiten erschienenen Schriften. Bd. 2. Berlin, New York 1991, S. 7–135.
Brösamlin	Keiserspergs Brösamlin ... etliche predigen / die frater Johannes Pauli zuosamen gesamlet hat die in keinem tractat begriffen seind ..., in: Die Brösamlin doct. Keiserspergs ... Straßburg 1517, seperate Zählung.
De gemmis spiritualibus	Sermones tredecim de gemmis spiritualibus duodecim in Kalendis Januarii, in: Sermones et varii tractatus Keiserspergii ... Straßburg 1518, fol. XXXIII'–LI'.
Drei Marien	An dem Ostertag hat der hochgelert Doctor keisersperg geprediget von den dry marien ... Straßburg 1520.
Einundzwanzig Artikel	Gerhard Bauer (Hg.), Johannes Geiler von Kaysersberg. Sämtliche Werke. 1. Teil: Die deutschen Schriften. Abt. 1: Die zu Geilers Lebzeiten erschienenen Schriften. Bd. 1, Berlin, New York 1989, S. 153–200.
Evangelienbuch	Das Evangelibuch: Das buoch der Ewangelien durch das gantz iar. Mitt Predig und Ußlegungen ... Straßburg 1515.

---

161 Zum überproportionalen Anteil von Frauen unter den verschiedenen, von Armut betroffenen Gruppen vgl. schon Maschke: Unterschichten (wie Anm. 21), S. 27f, 65; zum Frauen- und Kinderbettel vgl. besonders auch Schubert: Erscheinungsformen (wie Anm. 24), S. 668–673.

162 Vgl. beispielsweise Evangelienbuch [1509], fol. XIX, Sp. 1– XIX', Sp. 1.

163 Zu Geilers Wahrnehmung und Beurteilung von Prostitution vgl. Voltmer: *fueß* (wie Anm. 23).

164 Die im Text und in den Anmerkungen zitierten Predigten Geilers werden durchgängig mit der Angabe des Jahres versehen, in dem sie gehalten worden sind. Bei über mehrere Jahre gehenden Predigtzyklen oder Predigtsammlungen aus verschiedenen Jahren muss die Angabe des Zeitraumes – z. B. [zw. 1504/1509] – genügen, falls sich kein exates Jahresdatum ermitteln lässt. Die Wiedergabe der Textzitate erfolgt buchstabengetreu, Abkürzungen werden stillschweigend aufgelöst, Supraskripte nachgesetzt.

Geistliche Spinnerin	Die gaistlich spinnerin nach dem Exempel der hayligen wittib Elisabeth ..., in: Das buoch Granatapfel ..., Straßburg 1511, aufgrund fehlender Originalpaginierung wurden die Seiten von der Autorin durchnumeriert, beginnend mit der Titelseite.
Hase im Pfeffer	Ain gaistliche bedeütung des häßlins ..., in: Das buch Granatapfel ..., Straßburg 1511; aufgrund fehlender Originalpaginierung wurden die Seiten von der Autorin durchnumeriert, beginnend mit der Titelseite.
Hauptsünden	Die siben hauptsünd ..., in: Das buch Granatapfel ..., Straßburg 1511, aufgrund fehlender Originalpaginierung wurden die Seiten von der Autorin durchnumeriert, beginnend mit der Titelseite.
Himmelfahrt	Predig der himelfahrt Mariens. Dis seind vier predig von unser lieben Frawen ... Straßburg 1512.
Löwengeschrei	Von den vier Lewengeschrei ..., in: Die Brösamlin doct. Keiserspergs ... Straßburg 1517, fol. XLV'–LXXVI'.
Nächstenliebe	Gerhard Bauer (Hg.), Johannes Geiler von Kaysersberg. Sämtliche Werke. 1. Teil: Die deutschen Schriften. 1. Abt.: Die zu Geilers Lebzeiten erschienenen Schriften. Bd. 2. Berlin, New York 1991, S. 394–443.
Narrenschiff	Des hochwirdigen doctor Keiserspergs narenschiff ..., Straßburg 1520.
Navicula fatuorum	Navicula sive speculum fatuorum ... Straßburg 1510.
Navicula penitentie	Navicula Penitentie ... Straßburg 1511.
Pilger I	Hye nach volget der pilger als jn der wirdig dockto [!] Johannes Kaysersperg zuo Augspurg gebredigt hat ..., Staats- und Universitätsbibliothek Hamburg Cod. theol. 2105, fol. 348'–378.
Pilger II	Gerhard Bauer (Hg.), Johannes Geiler von Kaysersberg. Sämtliche Werke. 1. Teil: Die deutschen Schriften. Abt. 1: Die zu Geilers Lebzeiten erschienenen Schriften. Bd. 1, Berlin, New York 1989, S. 27–95.
Pilgerschaft	Christenlich bilgerschafft zuom ewigen vatterland ... Basel 1512.
Postille I–IV	Doctor keiserspergs Postill: Uber die fyer Evangelia durchs jor / sampt dem Quadragesimal / und von ettlichen heyligen ... Straßburg 1522, mit separater Folio-Zählung.
Schiff der Pönitenz	Das schiff der penitentz und buoßwürckung ... Augsburg 1514.
Schwertscheiden	Von den syben schayden under denen sich verbergen die schwert der syben hauptsunden, in: Das buoch Granatapfel ..., Straßburg 1511, aufgrund fehlender Originalpaginierung wurden die Seiten von der Autorin durchnumeriert, beginnend mit der Titelseite.
Seelenparadies	Gerhard Bauer (Hg.), Johannes Geiler von Kaysersberg. Sämtliche Werke. 1. Teil: Die deutschen Schriften. 1. Abt.: Die zu Geilers Lebzeiten erschienenen Schriften. Bd. 3. Berlin, New York 1995.
Staffeln	Von den funfftzehen Hymelschen staffeln die Maria uff gestiegen ..., in: Die Brösamlin doct. Keiserspergs ..., Straßburg 1517, fol. VII–XLV.
Sünden des Munds	Das buoch der sünden des munds ... Straßburg 1518.
Trostspiegel	Gerhard Bauer (Hg.), Johannes Geiler von Kaysersberg. Sämtliche Werke. 1. Teil: Die deutschen Schriften. Abt. 1: Die zu Geilers Lebzeiten erschienenen Schriften. Bd. 1, Berlin, New York 1989, S. 201–235.
Wannenkrämer	Von dem Wannenkrämer und der kaufleut hantierung ...; in: Die Brösamlin doct. Keiserspergs ... Straßburg 1517, fol. LXXIX–CX.

NORMBRUCH UND FUNKTIONSWANDEL. ASPEKTE DES PFRUNDMISSBRAUCHS IN MITTELALTERLICH-FRÜHNEU-ZEITLICHEN HOSPITÄLERN UND LEPROSORIEN

KAY PETER JANKRIFT

Unwürdig sei es, dass die Zahl der in Hospitälern und Leprosenhäusern versorgten Gesunden die der Bedürftigen, Pilger und Kranken übertreffe, empörte sich das Konzil von Paris im Jahre 1212.[1] Die Almosen, die durch die Hingabe frommer Menschen zusammengetragen würden, seien nicht zur Versorgung Gesunder, sondern Kranker bestimmt. Um herauszustellen, dass die Konzilsbeschlüsse nicht etwa auf die in unserer Gegenwart so häufig zitierte „Verschlankung der Verwaltung" abzielten, sondern einer offenbaren Ausuferung des Pfrundmissbrauchs entgegen zu wirken versuchten, wird betont, die Einsetzung eines gesunden Hausverwalters wie auch einer kleinen, der Institution angemessenen Dienerschaft sei nötig. Ungehörig sei indes die Unterhaltung anderer Gesunder auf Kosten des Hauses.

Die knappen Ausführungen, denen es an Deutlichkeit in nichts mangelt, verweisen auf ein ebenso vielschichtiges wie facettenreiches Dauerproblem, das sich bekanntermaßen nicht auf die mittelalterlichen Jahrhunderte reduzieren lässt: Missbräuche innerhalb eines bestehenden Wohlfahrtssystems. Während der mehr als tausend Jahre, die nach klassischer Definition der historischen Forschung das „Mittelalter" und die „Frühe Neuzeit" umfassen, war die Natur dieses Missbrauchs keineswegs stabil. Vielmehr passte sie sich den jeweiligen Veränderungen des karitativen Systems und seinen Möglichkeiten an. Der Kreis derer, die entgegen gesetzter Normen missbräuchlich von Leistungen der Hospitäler und Leprosorien profitierte, war nie homogen, sondern stets höchst ambivalent. Seine nähere Betrachtung bezüglich der Frage nach den Auswirkungen dieses Missbrauchs auf die Entwicklung hospitalischer Institutionen in Mittelalter und früher Neuzeit steht im Mittelpunkt der folgenden Untersuchung. Diese wird sich angesichts des vorgegebenen Rahmens auf einige, keineswegs in allen Punkten erschöpfende Aspekte des Normbruchs beschränken müssen.

Wer nun waren jene Frauen und Männer, die wohltätige Leistungen widerrechtlich für sich in Anspruch nahmen? Ihr Kreis lässt sich grob in vier verschiedene Kategorien unterteilen: 1. Die Simulanten.[2] 2. Die häufig in zeitgenössischen Quel-

---

1   Johannes Domenicus Mansi: Sacrorum Conciliorum Nova et Amplissima Collectio, Bd. 22 (ND der AusgabeFlorenz 1787). Graz 1961, Sp. 836.

2   Robert Jütte: Lepra-Simulanten. „De iis qui morbum simulant", in: Martin Dinges/Thomas Schlich (Hg.): Neue Wege in der Seuchengeschichte (Medizin, Gesellschaft und Geschichte. Jahrbuch des Instituts für Geschichte der Medizin der Robert Bosch Stiftung, Beiheft 6). Stuttgart 1995, S. 25–43; ders.: Ärzte, Heiler und Patienten. Medizinischer Alltag in der frühen Neuzeit. München/Zürich 1991, S. 189ff.; Ludwig Becker: Die Simulation von Krankheiten

len als die „starken Bettler" beschriebenen Personen; also eigentlich Bedürftige, die aufgrund ihrer Arbeitsfähigkeit keinen normativen Anspruch auf hospitalische Versorgung geltend machen konnten.[3] Hinzu kommen noch jene, die zwar bedürftig erscheinen, jedoch aus irgendeinem Grund nicht die institutionellen Aufnahmekriterien erfüllten.[4] 3. Die betuchten gesunden Pfründner, nicht selten Angehörige der städtischen Oberschicht, die sich in ein Hospital einkauften. 4. Vermögende, nichtleprakranke ältere Menschen in Leprosenhäusern.[5] Die Übergänge zwischen der ersten und der zweiten wie auch der dritten und vierten Kategorie erscheinen dabei bisweilen fließend. Doch wenden wir uns zunächst der ersten Kategorie zu, den Simulanten.

Schon in der Bibel tauchen Hinweise auf die Vortäuschung von Krankheit und Gebrechlichkeit unter der Absicht einer Vorteilsgewinnung auf. Hier sticht beispielsweise die Erzählung von der Flucht König Davids vor Saul an den Hof des Herrschers Achis von Geth hervor.[6] David mimte dort den Geisteskranken, um einer Erprobung seiner Kampfkraft zu entgehen. Die Strategie hatte Erfolg. Tatsächlich verlor Achis jedes nähere Interesse an dem politischen Flüchtling. Im zweiten nachchristlichen Jahrhundert griff auch der griechische Arzt Galen (129–199/200/216),

und ihre Beurteilung. Leipzig 1908; Kay Peter Jankrift: Krankheit und Heilkunde im Mittelalter. Darmstadt 2003, S. 25f.

3   Stellvertretend für die große Zahl an Studien, die diesen Aspekt berücksichtigen, seien genannt Frank Rexroth: Das Milieu der Nacht. Obrigkeit und Randgruppen im spätmittelalterlichen London (Veröffentlichungen des Max-Planck-Instituts für Geschichte 153). Göttingen 1999; Franz Irsigler/Arnold Lassotta: Bettler und Gaukler, Dirnen und Henker. Randgruppen und Außenseiter in Köln. München [7]1996, S. 17–68; Bronislaw Geremek: Geschichte der Armut. Elend und Barmherzigkeit in Europa. München/Zürich 1988; Michel Mollat: Die Armen im Mittelalter (Frz. Erstausgabe Paris 1978). München [2]1987, besonders S. 122–268; Robert Jütte: Abbild und soziale Wirklichkeit des Bettler- und Gaunertums zu Beginn der Neuzeit. Sozial-, mentalitäts- und sprachgeschichtliche Studien zum Liber Vagatorum, 1510 (Beihefte zum Archiv für Kulturgeschichte 27). Köln/Wien 1988; ders.: Obrigkeitliche Armenfürsorge in deutschen Reichsstädten der frühen Neuzeit. Städtisches Armenwesen in Frankfurt am Main und Köln (Kölner Historische Abhandlungen 31). Köln/Wien 1984; Martin Dinges: Stadtarmut in Bordeaux 1525–1675. Alltag, Politik, Mentalitäten (Pariser Historische Studien 26). Bonn 1988.

4   Eine Übersicht der Statuten mittelalterlicher Hospitäler und Leprosorien, die Hinweise auf die Aufnahmekriterien enthalten, bei Léon Le Grand: Statuts d'Hôtels-Dieu et de léproseries. Paris 1901; Beispiele zur Umsetzung von Aufnahmestatuten im institutionellen Alltag bei Ralf Klötzer: Kleiden, Speisen, Beherbergen. Armenfürsorge und soziale Stiftungen in Münster im 16. Jahrhundert, 1535–1588 (Studien zur Geschichte der Armenfürsorge und der Sozialpolitik in Münster 3). Münster 1997, besonders S. 79ff.; Kay Peter Jankrift: Myt dem Jammer der pestilentz beladen. Seuchen und die Versorgung Seuchenkranker in Essen vom späten Mittelalter bis zum Beginn der frühen Neuzeit, in: Essener Beiträge 111 (1999), S. 20–42, hier: S. 40f.; Ulrich Knefelkamp: Das Heilig-Geist-Spital in Nürnberg vom 14.–17. Jahrhundert. Geschichte, Struktur, Alltag (Nürnberger Forschungen 26). Nürnberg 1989, S. 190ff.

5   Kay Peter Jankrift: Vieillir parmi les morts „vivants". La léproserie, hospice pur habitants non-lépreux?, in: Bruno Tabuteau (Hg.): Lépreux et sociabilité du Moyen Age au Temps modernes (Sociabilité, Culture et Patrimoine. Cahiers du Groupe de recherche d'histoire 11). Rouen 2000, S. 31–38.

6 1 Samuel 21, 11–16. Hierzu Jütte: Simulanten (wie Anm. 2), S. 27.

dessen Lehren die mittelalterliche Medizin nachhaltig prägen sollten, die Simulation von Krankheit im Rahmen seiner Schriften auf.[7] Er nennt darin mehrere, stets mit Beispielen veranschaulichte Gründe zur Vortäuschung von Krankheit. So beschreibt er die Krankheitssimulation eines Dieners, der seinen Herren nicht auf seiner Reise begleiten wollte. Zielt die Simulation in jedem Fall auf die Erwirkung eines persönlichen Vorteils ab, so ist die Natur desselben stets variabel. Schon in den früh- und hochmittelalterlichen Mönchsgemeinschaften waren die Brüder keineswegs dagegen gefeit, sich durch die Vortäuschung eines Gebrechens durchaus regelwidrig jene Erleichterungen vom monastischen Alltag zu erwirken, die der Krankenstatus der Benediktsregel gewährte.[8] Neben allerlei Annehmlichkeiten im Infirmarium des Klosters erhielten die kranken Brüder eine reichhaltige Kost, die auch das ansonsten verbotene Fleisch umfasste. Wein stand ebenfalls auf dem Krankenspeiseplan. Darüber hinaus durften sie sich Bäder richten lassen, soviel es ihnen gut tat – ganz im Gegensatz zu den gesunden Mitbrüdern, die sich nach Auffassung des heiligen Benedikt beim Baden zurückhalten sollten. Während der Zeit ihrer Krankheit waren die Brüder vom übrigen Konvent getrennt. Sie nahmen nicht an den gemeinsamen Chorgebeten teil, speisten in einem eigens für sie bestimmten Refektorium und schliefen in einem gesonderten Dormitorium. In den Rahmen der Behandlung fiel im Einklang mit den Lehren der Humoralpathologie der regelmäßige Aderlass. Allerdings waren nicht nur die Kranken, sondern alle Brüder eines benediktinischen oder zisterziensischen Klosters zur Verfrischung der Säfte viermal im Jahr zum Aderlass gehalten. Schriftlich überlieferte Klagen aus verschiedenen Konventen über tatsächliche oder vermeintliche Simulanten in den eigenen Reihen machen unmissverständlich deutlich, dass Normbrüche zur eigenen Vorteilsnahme keinesfalls selten vorkamen. Inwieweit Brüder, die in der Fremdwahrnehmung als Simulanten erschienen, unter psychosomatischen Beschwerden gelitten haben mögen, lässt sich im Spiegel der Quellen nicht feststellen. Ebenso alt wie der Normbruch erscheint jedoch die Entwicklung von Maßnahmenkatalogen zu dessen Vermeidung.[9] Vor dem Hintergrund der zahlreichen Missbräuche des Krankenstatus verfügte Hugo von Semur, zwischen 1049 und 1109 Abt des berühmten burgundischen Klosters Cluny, dass jeder Kranke seine Befindlichkeit zunächst vor der Kapitelversammlung erklären müsse. Erst danach konnte er in

---

7   Claudii Galeni: Quomodo morbum simulantes sint deprehendi libellus, in: Carl Gottlob Kühn (Hg.): Opera omnia, Bd. 19 (ND der Ausgabe Leipzig 1830). Hildesheim 1965, S. 1–7; Danielle Gourévitch: Le Triangle Hippocratique dans le monde gréco-romain. Le malade, sa maladie et son médecin (Bibliothèques des Ecoles Françaises d'Athènes et de Rome 251). Rom 1984, S. 81ff.; Jütte: Simulanten (wie Anm. 2), S. 27.

8   Josef Semmler: Die Sorge um den kranken Mitbruder im Benediktinerkloster des frühen und hohen Mittelalters, in: Peter Wunderli (Hg.): Der kranke Mensch in Mittelalter und Renaissance (Studia Humaniora. Düsseldorfer Studien zu Mittelalter und Renaissance 5). Düsseldorf 1986, S. 45–59; Kristen Isager: Krankenfürsorge des dänischen Zisterzienserklosters Øm. Cara Insula MCLXXI–MDLX. Eine archäologisch-paläopathologische Untersuchung zur Kenntnis der mittelalterlichen Pathologie und Chirurgie des Klosters als Heil- und Pflegestätte. Kopenhagen/Leipzig 1941; Heinrich Schipperges: Die Kranken im Mittelalter. München ³1993, S. 175–183; Birgit Frohn: Klostermedizin. München 2001, S.14–26.

9   Jankrift: Krankheit und Heilkunde (wie Anm. 2), S. 24–26.

den Genuss einer besseren Kost und des Dispenses vom Chordienst gelangen. Die Etablierung einer hohen psychologischen Hürde also, die vermutlich nur besonders dreiste Simulanten zu nehmen wussten. Hinzu kam als ein weiteres auf die Psyche wirkendes Element, dass Unterschiede zwischen Gesunden und Kranken nunmehr auch optisch deutlich gemacht werden sollten. War das Einnehmen der Speise sowie das Schlafen in gesonderten Räumen von jeher mit dem Krankenstatus einherge-gangen, so sollte der Patient nunmehr seinen Kopf stets bedeckt halten sowie unge-achtet der Natur der Krankheit einen Gehstock gebrauchen. Wer ohne fremde Hilfe wieder in der Küche arbeiten konnte, galt nach der weiterführenden Definition des Krankenstatuts im Cluny des 12. Jahrhunderts als vollständig genesen.

War schon innerhalb der leidlich überschaubaren Lebensgemeinschaft eines Klosters die Simulation von Krankheit, wenngleich zumindest seit dem 12. Jahr-hundert nicht völlig ohne Schwierigkeiten, möglich, so gilt dies um so mehr für die städtische Lebenswelt. Wie viele der in den städtischen Hospitälern Versorgten Krankheit und Gebrechlichkeit lediglich simuliert haben mögen, lässt sich nicht ergründen. Die Spitze des Eisberges zeigt die mustergültige Studie von Robert Jütte aus dem Jahre 1995 über den speziellen Fall der Lepra-Simulanten, die zahl-reiche Beispiele für die Vortäuschung der Krankheit anführt und zugleich deren Grenzen aufzeigt: Mit dem Rückgang der Krankheit in Westeuropa spätestens im 17. Jahrhundert mussten sich die Simulanten auf andere Gebrechen spezialisieren.[10] Der Rückgang und die damit verbundene Leerung der Leprosenhäuser boten indes auch ungeahnte Chancen. Die Stiftungsmittel waren weiterhin vorhanden, ohne in Anspruch genommen zu werden, und die Kenntnis um die Gestalt der Krankheit mag ebenso abgenommen haben wie die Präsenz der Krankheit selber. So war nach Befund eines vom Magistrat der Stadt Paderborn im Dezember 1692 bestellten Arztes und eines Wundarztes, die die vier Kranken im Leprosenhaus untersuchen sollten, keiner der vier Insassen – trotz eines vorangegangenen wundärztlichen Examens – tatsächlich leprakrank.[11] Alle vier stammten dem Protokoll zufolge aus schwierigen sozialen Verhältnissen, hatten kleinere Gebrechen und lebten bereits Jahre bis Jahrzehnte auf Kosten des Hauses. Wie verlockend auch Nicht-Leprakran-ken die Aussicht auf eine lebenslange gute Versorgung im Leprosenhaus trotz der widrigen Umstände des Zusammenlebens mit den Kranken und der trotz der gerin-gen Virulenz der Krankheit immerhin bestehenden Gefahr der Ansteckung zu allen Zeiten erschien, zeigt ein am Ende des 15. Jahrhunderts entstandener Einblattdruck aus Nürnberg.[12] Die erste der Abbildungen, die den Weg eines Leprakranken ins Leprosenhaus und sein Leben in der Einrichtung zeigen, stellt die Auswahl der Ver-sorgungsberechtigten dar. Beredt heißt es in dem zugehörigen Vers: *Freund, Du bist nicht Sondersiech. Hast wohl sonst verwahrlost Dich. Bist erfrorn im kalten Winter,*

---

10   Jütte: Simulanten (wie Anm. 2), S. 39f.
11   StadtA Paderborn, A 5728. Hierzu Dina van Faassen: Lepra und Leprose im Hochstift Pader-born, in: Mitteilungen des Vereins für Geschichte an der Universität-GH Paderborn 11 (1998), S. 5–23; Kay Peter Jankrift: *...multe pestilencie interim fuerunt.* Streiflichter auf die Seuchen-bekämpfung in Paderborn bis zum Ende des 16. Jahrhunderts, in: Mitteilungen des Vereins für Geschichte an der Universität-GH Paderborn 11 (1998), S. 92–98.
12   Abdruck bei Jütte: Ärzte (wie Anm. 2), S. 175.

lass' andre vor, tritt du dahinter. Die Tatsache, dass eine solche Szene im Rahmen des Bilderzyklus erscheint, verweist zugleich auf die Ausmaße des Problems. Der Umfang des Leistungsmissbrauchs durch Simulanten in anderen hospitalischen Institutionen des Spätmittelalters und der frühen Neuzeit ist indes aufgrund seiner nicht identifizierbaren Spezifität nicht fassbar. Wer geschickt häufige Gebrechen vortäuschen konnte, fiel durch das Raster der Schriftquellen.

Der zweite am Missbrauch hospitalischer Leistungen beteiligte Personenkreis, die starken arbeitsfähigen Bettler und solche, die als objektiv notleidend Aufnahmekriterien nicht erfüllten und Leistungen erschlichen, lässt sich in seinem Umfang ebensowenig fassen. Die häufige Nennung ersterer in den zeitgenössischen Schriftzeugnissen, die Franz Irsigler und Arnold Lassotta in ihrer Studie über Außenseiter im spätmittelalterlich-frühneuzeitlichen Köln herausstellten, legt die Vermutung nahe, dass diese Gruppe einen kaum zu unterschätzenden Anteil am Pfrundmissbrauch hatte.[13] Dieser scheint jedoch erst im Zuge des 15. und vor allem des 16. Jahrhunderts in Verbindung mit einer stärkeren Betonung des Arbeitsfähigkeitskriteriums ans Licht zu treten. Überschneidungen zur Gruppe der Simulanten liegen dabei auf der Hand.

Wie wichtig es daneben war, für die Inanspruchnahme wohltätiger Leistungen einen untadeligen Leumund zu besitzen, zeigen etwa Beispiele aus dem Stadtarchiv Dortmund. Im Jahre 1393 stellte der Rat von Recklinghausen dem Johannes Marten eine *Litera testimonialis de oculis erutis* aus.[14] Sie bescheinigen ihm damit, dass er sein Augenlicht in der Fehde zwischen dem Erzbischof Friedrich von Köln und dem Grafen von der Mark, in welcher Marten auf Seiten des Grafen stand, verloren habe. Der Graf von der Mark hatte Anhängern des Erzbischofs die Augen ausstechen lassen; zur Strafe stachen Erzbischöfliche einigen Anhängern des Grafen die Augen aus. Darunter traf es auch Marten. Zudem war ihm während der Gefangenschaft ein Fuß erfroren, den er amputieren lassen musste. Johannes Marten, so bescheinigt das Zeugnis, war demnach nicht aufgrund eines Vergehens verstümmelt.[15] Ein Umstand, der in einer hospitalischen Einrichtung, die nach dem untadeligen Leumund des Aufnahmesuchenden fragte, eine wichtige Rolle spielte. Wer zur Strafe für einen Gesetzesbruch verstümmelt worden war, konnte sich kaum Hoffnung auf die langfristige Aufnahme in einer hospitalischen Einrichtung oder auf regelmäßige Zuwendungen aus der offenen Fürsorge machen. Zugleich offenbart sich in den Schreiben ein weiterer Aspekt: Durch die verstümmelnden Körperstrafen und die Einwirkung von Krieg wurde bereits bestehende Armut verschärft oder aber neu geschaffen. Unfähig, in verstümmeltem Zustand regulärer Arbeit nachzugehen, war dieser Personenkreis auf Formen der Fürsorge in jedem Fall angewiesen.

---

13 Irsigler/Lassotta: Bettler (wie Anm. 3), S. 17ff.

14 Dortmunder Urkundenbuch, Bd. 2: 1372–1400. Nachträge, hrsg. von Karl Rübel (ND der Ausgabe Dortmund 1890). Osnabrück 1978, Nr. 324 a–c, S. 349

15 Zu den Formen mittelalterlich-frühneuzeitlicher Körperstrafen Richard van Dülmen: Theater des Schreckens. Gerichtspraxis und Strafrituale in der frühen Neuzeit. München ⁴1995; Gerd Schwerhoff: Köln im Kreuzverhör. Kriminalität, Herrschaft und Gesellschaft in einer frühneuzeitlichen Stadt. Bonn/Berlin 1991; Jutta Nowosadtko: Scharfrichter und Abdecker. Der Alltag zweier „unehrlicher" Berufe in der Frühen Neuzeit. Paderborn 1994.

Sahen die Aufnahmekriterien hospitalischer Einrichtungen aber einen untadeligen Leumund, Bürgerschaft oder zumindest Zugehörigkeit in eines der Kirchspiele vor, war in diesen Häusern kaum ohne Unterwanderung der Norm unterzukommen. Dass sich diese selbst auf die Benutzung gefälschter Dokumente erstrecken konnte, zeigt anschaulich der Fall eines Angehörigen des Kölner Leprosenhauses Melaten, der gegen Ende des 17. Jahrhunderts einen florierenden Handel mit gefälschten Lepraschaubriefen betrieb.[16] Im Jahre 1712 wurde der Fall in Düsseldorf verhandelt. Der Beschuldigte gestand, die begehrten Dokumente zum Preis von 13 bis 15 Blaffert, niederrheinischen Silbermünzen, an die Interessenten verkauft zu haben. Der Preis entsprach damit in etwa dem Wochenlohn eines Bauhandwerkers. Alle der gesunden „Klienten" hatten nach Vorlage ihrer gefälschten Briefe einen Pfründnerplatz in einem Leprosorium erhalten.

Die dritte Kategorie derer, die Pfründen mittelalterlich-frühneuzeitlicher Einrichtungen zweckentfremdeten, unterscheidet sich grundlegend von den beiden ersteren. Es sind dies die Angehörigen der städtischen Oberschicht, die sich durch Einkauf eine dauerhafte Versorgung in einem der Hospitäler sicherten und damit nicht selten gegen die von ihnen selbst aufgestellten Normen verstießen. Der Stifter des Nürnberger Heilig-Geist-Hospitals, Konrad Groß, etwa warnte 1340 ausdrücklich davor, Pfründen an Gesunde zu verkaufen.[17] Diese würden nicht nur Unruhe stiften, sondern zudem die Betten der Kranken unrechtmäßig in Anspruch nehmen. Sofern sie denn krank waren, sollte in der Einrichtung nach dem Willen des Stifters jedoch sowohl für Reiche wie für Arme gesorgt werden. 72 Pfründen standen für die Betuchten zur Verfügung, die sich für eine Summe von 100 Gulden einkaufen konnten, 128 für mittellose Kranke. Trotz durchaus ähnlicher Ausgangslage veränderte sich das am Ende des 12. Jahrhunderts gestiftete Hohe Hospital im westfälischen Soest rund einhundertundfünfzig Jahre nach seiner Gründung allmählich in ein reines Pfründnerhaus für wohlhabende Soesterinnen.[18] Das neue Hospital, gewissermaßen eine Ersatzeinrichtung für das nicht mehr entsprechend der Gründungsverfügungen funktionierende Hohe Hospital, erfuhr nur wenige Jahre nach seiner Einrichtung eine Verlegung in das Hospital zum Großen Mariengarten, das in der Folgezeit eine ähnliche Entwicklung durchmachte wie seine Vorgängerinstitution. Wenngleich Beate Sophie Gros in ihrer voluminösen Dissertation über das Hohe Hospital im Gegensatz zu Antje Sander-Berke betont, die Dokumente sprächen für eine Umwandlung der Einrichtung in ein Pfründnerhaus erst nach Gründung des Neuen Hospitals, so gilt hier meines Erachtens zu bedenken, dass die Festschreibung neuer Normen sehr wohl erst nach einer bereits bestehenden Praxis erfolgt sein kann.[19] Nicht selten, die Hausordnungen der Spitäler und Lepro-

---

16   Jütte: Simulanten (wie Anm. 2), S. 34f.; Johannes Asen: Das Leprosenhaus Melaten bei Köln. Bonn 1908, S. 52; Gregor Heinrich Klövekorn: Der Aussatz in Köln. München 1966, S. 52.
17   Knefelkamp: Heilig-Geist-Spital (wie Anm. 4), S. 192f.
18   Beate Sophie Gros: Das Hohe Hospital in Soest (ca. 1178–1600). Eine prosopographische und sozialgeschichtliche Untersuchung (Veröffentlichungen der Historischen Kommission für Westfalen 25, Urkunden-Regesten der Soester Wohlfahrtsanstalten 5). Münster 1999.
19   Gros: Das Hohe Hospital (wie Anm. 18), S. 117; Antje Sander-Berke: Armut und Armenfürsorge im Spätmittelalter und in der frühen Neuzeit, in: Heinz-Dieter Heimann u. a. (Hg.): Soest.

sorien sprechen in dieser Hinsicht eine deutliche Sprache, erfolgte die Kodifizie-rung zumeist im Anschluss an bereits praxisbewährte Gegebenheiten. Dabei gilt – dies wird exemplarisch in Soest deutlich –, dass gerade Familienangehörige jener ratsfähigen Kräfte, die an der Aufstellung von Normen für das Wohlfahrtswesen unmittelbar beteiligt waren, eben diese brachen.

Schließlich findet sich in Leprosenhäusern eine vierte Kategorie von Per-sonen, die entgegen der Norm Leistungen beziehen: Die wohlhabenden Alten.[20] Jutta Grimbach hat in ihrer bemerkenswerten Magisterarbeit über die Hospitäler in den Territorien Jülich und Kleve bereits eine Welle kleinstädtischer Hospitalgrün-dungen zwischen der Mitte des 14. und des 15. Jahrhunderts beobachten können.[21] Gleiches trifft auch für das Herzogtum Geldern zu.[22] Die geldrischen Verhältnisse legen einen direkten Zusammenhang mit den Auswirkungen der Pestwellen nahe, die in den Dekaden nach dem Schwarzen Tod folgten.[23] Die massive Sterblichkeit bedingte ein Aufbrechen familiärer Selbstversorgungsstrukturen und ein gestei-gertes Maß an institutioneller Versorgung. Dies traf vornehmlich jene Mitglieder der städtischen Gesellschaft, die in der zeitspezifischen Wahrnehmung – zumeist aufgrund ihres Unvermögens zur Leistung von Arbeit – als „Alte" galten. Sahen die gewöhnlichen Hospitäler bisweilen die Aufnahme bedürftiger Alter vor, so waren deren Kapazitäten in keinem Falle ausreichend. Eine Alternative bot in diesem Fall das Leprosenhaus. Sahen die Statuten – so in Münster-Kinderhaus stets wiederholt – neben der Bürgerschaft oder Zugehörigkeit in eines der Kirchspiele auch die zwei-felsfreie Feststellung einer Lepraerkrankung vor, so gelang es doch offenbar nicht wenigen Personen, solche Vorschriften zu unterlaufen. Nicht allerorts scheint man die Statuten derart befolgt zu haben wie in Münster, wo noch um 1630 der Fall des Jost Herde zeigt, dass man dort von der Überprüfung des Aussatzverdachts durch die Prüfmeister in Köln-Melaten nicht einen Deut abzuweichen gedachte.[24] Herde war sowohl vom Stadtarzt Bernhard Rottendorf d. Älteren als auch von den Prüf-meistern des Leprosenhauses auf dem Hammer Daberg untersucht und für lepra-krank befunden worden. Der Rat indes beharrte für seine dauerhafte Aufnahme im

Geschichte der Stadt, Bd. 2: Die Welt der Bürger. Politik, Gesellschaft und Kultur im spätmit-telalterlichen Soest. Soest 1996, S. 315–335, hier: S. 317.

20   Jankrift: Vieillir (wie Anm. 5), S. 31–38.

21   Jutta Grimbach: Das mittelalterliche Hospitalwesen in den niederrheinischen Territorien Jülich und Kleve. Arbeit zur Erlangung des Magistergrades, Universität Trier 1999 (unveröffentlicht). Mein Dank gilt der Autorin für die freundliche Gewährung der Einsichtnahme in ihr Manu-skript.

22   Kay Peter Jankrift: Herren, Bürger und Bedürftige in Geldern. Aspekte kleinstädtischer Hos-pitalgründungen im Spätmittelalter, in: Hans-Jörg Gilomen/Sébastien Guex/Brigitte Studer (Hg.): Von der Barmherzigkeit zur Sozialversicherung. Umbrüche und Kontinuitäten vom Spätmittelalter bis zum 20. Jahrhundert. De l'assistance à l'assurance sociale. Ruptures et continuités du Moyen Age au XXe siècle (Schweizerische Gesellschaft für Wirtschafts- und Sozialgeschichte 18). Zürich 2002, S. 117–126.

23   Leo Noordegraaf/Gerrit Valk: De gave gods. De pest in Hollland vanaf de late Middeleeuwen. Bergen 1988.

24   Kay Peter Jankrift/Jost Heerde: Das Schicksal eines Lepraverdächtigen in Münster, in: Die Klapper. Mitteilungen der Gesellschaft für Leprakunde 6 (1998), S. 3–5.

Münsteraner Leprosenhaus gemäß den Statuten auf einer Untersuchung durch die Schaukommission des Kölner Leprosoriums Melaten. In Soest hingegen wich man schon im 16. Jahrhundert bei körperlicher Schwachheit des Verdächtigen von dieser Rigorosität ab.[25]

Wie dem auch sei, in Köln findet sich schon 1428 erstmals ein Vertrag des Melatenhauses zum dauerhaften Unterhalt eines Gesunden.[26] Everhart Sadelmecher van Welde und seiner Frau Metze wurde durch die Provisoren der Einrichtung *umb groisser Gunst, freundschafft und gaven willen*, die sie den Siechen stets zukommen ließen, eine lebenslange Pfründe gewährt. Diese umfasste die gleichen Leistungen wie jene für die anderen Hausinsassen. Allerdings erhielt das Ehepaar als Gegenleistung für die Übertragung des gesamten Besitzes – mit Ausnahme von 40 rheinischen Gulden und zwei Morgen Land – auf Kosten des Leprosoriums eine Wohnung in Köln.

Konnten sich in diesem Fall die eingekauften Pfründner mit allem Notwendigen versorgt in ihre Stadtwohnung zurückziehen, und lebten sie nicht in der Hausgemeinschaft der Kranken, so belegen Statuten französischer Leprosenhäuser, dass die Anwesenheit alternder Gesunder im Kreis der lebenden Toten eher die Regel, denn die Ausnahme war. Die Hausordnung des Leprosoriums von Chartres beispielsweise erscheint bereits zugeschnitten auf ein Zusammenleben von Kranken und Gesunden.[27] Die Norm folgte den Gegebenheiten. Selbst wenn diese den eindeutigen Bestimmungen des vierten Laterankonzils zuwiderliefen, dass Leprakranke mit Gesunden nicht leben sollten. Zu einer Vermischung beider kam es während des Hospitalalltags – zumindest laut Norm – allerdings in Chartres nicht. Die Leprakranken sollten die Gemächer der Gesunden nicht betreten und das zum gemeinsamen Verzehr bestimmte Getreide nicht berühren. Die Kleidung der Gesunden sollte nicht mit der der Kranken gewaschen werden. Auch gespeist wurde getrennt. Die gesunden Schwestern sollten mit den Kranken weder trinken noch essen noch Schlafgemächer teilen. Ähnliches findet sich in den Statuten des Leprosenhauses von Meaux, wobei in den Aufnahmestatuten jedoch mit keiner Silbe von Gesunden die Rede ist.[28] Und auch die älteren gesunden Schwestern werden erwähnt. Die Reihe solcher Beispiele ließe sich fortsetzen. Die Schriftquellen deuten mithin an, dass die Leprosorien entgegen ihrer Zweckbestimmung auch von alternden gesunden Pfründnerinnen und Pfründnern genutzt wurden.

Nach der Betrachtung verschiedener Ausprägungen des Normbruchs und Pfrundmissbrauchs zwischen Kontinuität und Wandel bleibt abschließend, deren Auswirkungen auf die Entwicklung der Fürsorgeeinrichtungen zu bestimmen. Die ersten beiden Personenkreise hatten keinen Anteil an einer Veränderung institutioneller Ausgestaltungen, bestenfalls an der Verschärfung von Aufnahmebestimmungen und verstärkter Kontrolle. Ihr Normbruch führte vor allem zu einem: der

---

25 StadtA Soest, A Hs 82: Materialsammlung Vorwercks zur Geschichte von Höfen und Gütern und zur Kulturgeschichte, S. 109.

26 Irsigler/Lassotta: Bettler (wie Anm. 3), S. 78.

27 Le Grand: Statuts (wie Anm. 4), S. 214–223.

28 Le Grand: Statuts (wie Anm. 4), S. 184–190.

Strafverfolgung.[29] Die beiden letzteren Personenkreise prägten den Funktionswandel hospitalischer Institutionen. Hospitäler wandelten sich durch den vermehrten Einkauf betuchter Pfründner von Wohlfahrtseinrichtungen zu reinen Pfründnerhäusern. In den Leprosenhäusern, so in Münster-Kinderhaus, bedeutete ihr Einzug das Ende der großen Hospitalfamilie unter einem Dach und eine voranschreitende Individualisierung, die sich in eigenen Herdstellen und privaten Kammern am baulichen Befund zeigt.[30] Letzten Endes sind der Erkenntnis aus schriftlichen Zeugnissen Grenzen gesetzt. Einige Aspekte des Missbrauchs weiter zu erhellen, bleibt der Arbeit der Archäologen und Paläopathologen vorbehalten.[31]

29   Jütte: Simulanten (wie Anm. 2), S. 38f.
30   Gerd Dethleffs: 650 Jahre Kinderhaus, in: Richard Toellner (Hg.): Lepra – Gestern und Heute. 15 wissenschaftliche Essays zur Geschichte einer Menschheitsseuche. Gedenkschrift zum 650-jährigen Bestehen des Rektorats Münster-Kinderhaus. Münster 1992, S. 14–28.
31   Jankrift: Krankheit und Heilkunde (wie Anm. 2), S. 5f.

„ZU GUTEM FRIEDEN UND EINTRACHT STREBEND" – NORM UND PRAXIS IN LEPROSORIEN DES 15. JAHRHUNDERTS IM SPIEGEL IHRER STATUTEN. DAS BEISPIEL TRIER.

MARTIN UHRMACHER

„Kund, bekannt und offenbar sei jedermann, der diese vorliegende offene Urkunde sieht, hört oder liest, daß wir Heinrich, Abt zu Sankt Marien, [...] zum ewigen Gedächtnis und Frieden die armen und elenden aussätzigen Leute, Pfründner, Brüder und Schwestern des Hauses zu Sankt Jost, an und bei der Mosel zwischen Trier und Pfalzel gelegen, wegen all ihren Konflikten, ihrer Zwietracht und ihren Streitereien, die sie seit langem und bis heute, dem Datum dieser Urkunde, untereinander unerbittlich und unfriedlich gehabt haben, [...] zu künftigen Zeiten beständig und unverbrüchlich festzuhalten und auszuführen [...] und zu gutem Frieden und Eintracht strebend, alsdann einen solchen Bescheid, Entschluß und (eine) Verordnung verliehen (haben)."[1]

Mit diesen deutlichen Worten zum Verhältnis der Bewohner von St. Jost werden die ältesten Statuten des Trierer Leprosoriums aus dem Jahr 1448 eingeleitet. Offenkundig hatte es zwischen den Bewohnern, die durch ihre Bezeichnung als „Pfründner, Brüder und Schwestern" als Bruderschaft anzusehen sind, seit langer Zeit heftige Konflikte, Zwietracht und Streitereien gegeben. Der Grund für diese Probleme wird allerdings nicht genannt. Die Leprosen waren jedoch nach Aussage des Einleitungstextes nicht in der Lage gewesen, die bestehenden Differenzen selbständig zu beseitigen; eine Regelung der Streitpunkte durch den Abt des Benediktinerklosters St. Marien und die Provisoren des Hauses war unumgänglich geworden.

Im Folgenden soll das hier bereits anklingende Verhältnis von Norm und Praxis im Bereich des Leprosenwesens beleuchtet werden. Wie kein anderer Bereich der Armenfürsorge sind die Lebensumstände der Leprakranken während des Mittelalters durch Normen definiert und durch sie geprägt. Bei einer Beschäftigung mit diesem Thema stehen deshalb auch meist die vielen Vorschriften im Vordergrund, denen die Leprosen unterworfen waren; zu denken ist hier beispielsweise an die lebenslange Isolation in einem Leprosorium sowie die Vorschrift, eine spezielle Kleidung zu tragen und mit lautem Klappern als Warnung auf ihr Erscheinen auf-

---

1 Landeshauptarchiv Koblenz (im Folgenden LHA Koblenz), Bestand 207, Nr. 425; Edition: Friedrich Rudolph (Hg.): Quellen zur Rechts- und Wirtschaftsgeschichte der rheinischen Städte. Kurtrierische Städte, Bd. 1: Trier (Publikationen der Gesellschaft für Rheinische Geschichtskunde 29). Bonn 1915, S. 407–409.

merksam zu machen.[2] Weitergehende Studien, die sich mit der konkreten Umsetzung dieser Normen in der Praxis, dem Verhältnis der Leprosen zu ihrer Umwelt und dem Leben innerhalb eines Leprosoriums beschäftigen, sind hingegen selten. Dies liegt vor allem an der bei Leprosorien in der Regel schlechten Quellenlage.[3] Zu fragen wäre vor allem, ob und wenn ja in welchem Ausmaß die oft tradierten Normen im alltäglichen Leben der Leprakranken beachtet und durchgesetzt wurden und welches Gewicht ihnen dabei zukam.

Am Beispiel der Statuten der beiden Trierer Leprosorien Estrich und St. Jost aus der Mitte des 15. Jahrhunderts sollen im Folgenden einige Aspekte zum Thema Norm und Praxis im Leprosenwesen untersucht werden. Dabei geht es vor allem um die Frage, inwieweit einzelne Vorschriften als Reaktion auf konkrete Probleme und Konflikte des alltäglichen Zusammenlebens innerhalb der Insassengemeinschaft des Leprosoriums gedeutet werden können. Hierzu liefern die Artikel der Statuten bei genauer Analyse eine Vielzahl von Indizien. Darüber hinaus soll auch der Versuch unternommen werden, die an der inhaltlichen Formulierung der Statuten beteiligten Personen oder Personengruppen zu bestimmen. Werden die Regelungen allein von den Verwaltern der Leprosorien erlassen, oder lässt sich möglicherweise eine Beteiligung der Leprosen selbst erkennen? Im Vorfeld muss die Thematik jedoch in den Verlauf der Ausbildung eines speziellen Leprosenrechts und dessen Entwicklung bis zum Spätmittelalter eingeordnet werden. Auf dieser Grundlage ist dann ein Vergleich mit den Bestimmungen in den Statuten möglich.

Die ältesten Zeugnisse der Lepra finden sich im Alten Testament, sie weisen bereits einen normativen Charakter auf.[4] In den Büchern Leviticus (13,45) und Numeri (5,1–3) fordert Jahwe von Moses, alle Aussätzigen streng von den Wohnstätten der Gesunden abzusondern. Bei dem hier erwähnten „Aussatz" handelte es sich jedoch wahrscheinlich nicht um die in mittelalterlichen Krankheitsbeschreibungen fassbare Lepra, sondern es ist darunter eher eine Reihe nicht näher spezifizierter Hauterkrankungen zu verstehen.[5] Dennoch wurde die Gleichsetzung von

---

2   Vgl. Jürgen Belker: Aussätzige. „Tückischer Feind" und „Armer Lazarus", in: Bernd-Ulrich Hergemöller (Hg.): Randgruppen der spätmittelalterlichen Gesellschaft. Ein Hand- und Studienbuch. Warendorf ²1994, S. 253–283, hier S. 261.

3   Mit Ausnahme der größten und bedeutendsten Leprosorien wie beispielsweise des Kölner Leprosoriums Melaten ist die Quellenüberlieferung für die meisten Leprosorien sehr schlecht und lückenhaft. Viele Einrichtungen sind oftmals nur durch Flurnamen oder beiläufige Erwähnungen in Rechnungen, Testamenten und Grenzbeschreibungen belegt. Von einigen Leprosorien erfährt man sogar erst im Zusammenhang mit ihrer Schließung oder dem Abriss der Gebäude. Vgl. hierzu die Erfassung und Dokumentation der Leprosorien in den Rheinlanden bei Martin Uhrmacher: Leprosorien in Mittelalter und früher Neuzeit (Publikationen der Gesellschaft für Rheinische Geschichtskunde 12. Abt. 1b N. F.; Geschichtlicher Atlas der Rheinlande, Beiheft und Karte VIII.5). Köln 2000, hier zur Quellenlage S. 4.

4   Eine ausführliche Interpretation aller diesbezüglichen Belegstellen in der Bibel bietet Otto Betz: Der Aussatz in der Bibel, in: Christa Habrich/Jörn Henning Wolf (Hg.): Aussatz, Lepra, Hansen-Krankheit. Ein Menschheitsproblem im Wandel, Bd. 2: Aufsätze (Katalog des Deutschen Medizinhistorischen Museums, Beiheft 1). Würzburg 1986, S. 45–62, hier S. 45–57.

5   Annette Niederhellmann: Arzt und Heilkunde in den frühmittelalterlichen Leges. Eine wort- und sachkundige Untersuchung (Arbeiten zur Frühmittelalterforschung 12). Berlin/New York

Aussatz mit Lepra während des Mittelalters und auch noch in der frühen Neuzeit nicht in Zweifel gezogen, sondern man stützte sich bei der rechtlichen Behandlung der Aussätzigen auf diese alttestamentarischen Anweisungen.

Die Praxis des „Aussetzens" war für die Erkrankten mit weitreichenden rechtlichen und sozialen Konsequenzen verbunden. Auf Grundlage der alttestamentarischen Vorschriften und aus Angst vor einer Ansteckung wurden die Leprakranken deshalb bereits seit dem frühen Mittelalter einem speziellen Rechtsstatus, dem Leprosenrecht unterworfen. Es umfasste eine Vielzahl von Vorschriften und Normen, sowohl im kanonischen wie auch im bürgerlichen Recht.

Bis zum fünften nachchristlichen Jahrhundert hatte sich die Lepra im römischen Reich vom nahen Osten bis nach Mitteleuropa ausgebreitet.[6] Im Rhein-Maas-Raum sind durch das Testament des Diakons Adalgisel Grimo aus dem Jahr 634 erstmals Leprosorien zur Aufnahme und Pflege von Aussätzigen in den Kathedralstädten Metz, Maastricht und Verdun belegt.[7] Die Mehrzahl der Aussätzigen hat wahrscheinlich als sogenannte „Feldsiechen" in einfachen Hütten außerhalb der Ansiedlungen gelebt oder ist – entgegen den vielfach überlieferten Regeln – bettelnd durch die Lande gezogen.[8] Im hohen Mittelalter setzte dann ein grundlegender Wandel ein und es kam im Umfeld von Städten und größeren Siedlungen zur Gründung von Leprosorien als dauerhaften Einrichtungen mit fester Infrastruktur. In Frankreich lässt sich dieser Prozess bereits ab dem 12. Jahrhundert in den Quellen fassen; er führte schließlich, mit einer zeitlichen Verzögerung, auch im Reichsgebiet zur Entstehung eines regelrechten Netzes von Leprosorien. Am Ende des Spätmittel-

---

1983, S. 55f., mit weiterführender Literatur; nach Betz: Aussatz in der Bibel (wie Anm. 4), hier besonders S. 60, dürfte es sich in der überwiegenden Mehrzahl nicht um Lepra, sondern um andere Hautkrankheiten gehandelt haben; vgl. zum Problem der Lepra-Terminologie in der Antike auch Fridolf Kudlien: Lepra in der Antike, in: C. Habrich/J. H. Wolf (Hg.): Aussatz (wie Anm. 4), S. 39–44, hier S. 40; eine Zusammenstellung und Analyse der verwirrenden Terminologie der Lepra bieten Antoinette Stettler–Schär: Leprologie im Mittelalter und in der frühen Neuzeit, in: Huldrych Martin Koelbing (Hg.): Beiträge zur Geschichte der Lepra. Zürich 1972, S. 55–83, hier S. 55–63; sowie im gleichen Sammelband Huldrych Martin Koelbing/Antoinette Stettler-Schär: Aussatz, Lepra, Elephantiasis Graecorum. Zur Geschichte der Lepra im Altertum, S. 34–54, hier S. 46–48.

6   Vgl. zur Herkunft und Verbreitung der Lepra Jörn Henning Wolf: Zur historischen Epidemiologie der Lepra, in: Neithard Bulst/Robert Delort (Hg.): Maladies et Société (XIIᵉ–XVIIIᵉ siècles). Actes du colloque de Bielefeld, novembre 1986. Paris 1989, S. 99–120; Koelbing/Stettler-Schär : Aussatz, Lepra, Elephantiasis Graecorum (wie Anm. 5), S. 34–54 ; sowie den Ausstellungskatalog Michel van der Eycken/Marleen Forrier/Walter De Keyzer (Hg.): „La Lèpre dans les Pays-Bas (XIIᵉ–XVIIIᵉ siècles)" (Archives Générales du Royaume et Archives de l'Etat dans les Provinces, service éducatif, Dossiers 6). Brüssel 1989, S. 16–22.

7   Das in einer Abschrift aus dem 10. Jahrhundert überlieferte Testament enthält unter anderem umfangreiche Güterübertragungen an die Leprosen in Verdun, Metz und Maastricht. Vgl. Franz Irsigler: Gesellschaft, Wirtschaft und religiöses Leben im Obermosel-Saar-Raum zur Zeit des Diakons Adalgisel Grimo, in: Hochwälder Geschichtsblätter 1 (1989), S. 5–18.

8   Siegfried Reicke: Das deutsche Spital und sein Recht im Mittelalter, Bd. 1: Das deutsche Spital. Geschichte und Gestalt (Kirchenrechtliche Abhandlungen 111), Bd. 2: Das deutsche Spitalrecht (Kirchenrechtliche Abhandlungen 114). Stuttgart 1932, hier Bd. 1, S. 314; Belker: Aussätzige (wie Anm. 2), S. 264.

alters ist davon auszugehen, dass wohl jede Stadt und auch jede größere, städtisch geprägte Siedlung über zumindest ein Leprosorium verfügt hat.[9] Diese Entwicklung war bedingt durch einen Wandlungsprozess im Leprosenrecht, der den bürgerlichen und kanonischen Bereich betraf und sich vom Frühmittelalter bis zum Beginn des Spätmittelalters hinzog.[10] Die Regelung der Lebensverhältnisse der Leprosen fiel als Krankenrecht zunächst in die Ordnungskompetenz der Kirche. Schwerpunkte bildeten hierbei die Existenzsicherung der Aussätzigen, ihre Absonderung von den Gesunden und das Eherecht.[11] So wurden die Bischöfe auf der Synode von Orléans im Jahre 549 zur Versorgung der Leprosen innerhalb ihres Bistums mit Nahrung und Kleidung verpflichtet.[12] Einen wichtigen Aspekt bildete auch die Regelung der eherechtlichen Stellung der Leprosen, denn die Absonderung der Erkrankten erfolgte ohne Rücksichtnahme auf die bestehende Familiengemeinschaft. Zunächst galt der auf dem Konzil von Compiègne 757 festgelegte Grundsatz, dass eine Lepraerkrankung eine Ehescheidung ermöglicht.[13] Zudem war auch eine Wiederverheiratung des gesunden Ehepartners erlaubt, falls der erkrankte Partner dies zuließ. Doch mit dem Beginn der klassischen Kanonistik setzte ein Wandel ein. So ist im *Dekretum Gratiani*, das um 1140 zusammengestellt wurde, ein Kanon aufgenommen, in dem jede Art von Krankheit, also auch Lepra, als Scheidungsgrund nicht anerkannt wird.[14] Diese Ansicht wurde in spezieller

---

9   François-Olivier Touati konnte in seiner eindrucksvollen Studie zum Leprosenwesen in der französischen Kirchenprovinz Sens bis zum Jahr 1200 bereits 91 Leprosorien nachweisen, bis 1370 dokumentiert er für diesen Raum sogar insgesamt 395 Einrichtungen. François-Olivier Touati: Maladie et société au Moyen Âge. La lèpre, les lépreux et les léproseries dans la province ecclésiastique de Sens jusqu'au milieu du XIVe siècle (Bibliothèque du Moyen Âge 11). Paris/Bruxelles 1998, S. 281–285 ; Elsanne Gilomen-Schenkel konnte für die Schweiz in den heutigen Grenzen für die Zeit bis zur Reformation 99 Leprosorien dokumentieren. Elsanne Gilomen-Schenkel: Mittelalterliche Spitäler und Leprosorien im Gebiet der Schweiz, in: Brigitt Sigel (Red.): Stadt- und Landmauern, Bd. 3: Abgrenzungen – Ausgrenzungen in der Stadt und um die Stadt (Veröffentlichungen des Instituts für Denkmalpflege an der Eigenössischen Technischen Hochschule Zürich 15/3). Zürich 1999, S. 117–124; für die Rheinlande, den Untersuchungsraum des „Geschichtlichen Atlas der Rheinlande" sind von der ersten urkundlichen Erwähnung eines Leprosenhauses im Jahre 1180 bis zur Schließung der letzten Einrichtungen am Ende des 18. Jahrhunderts 181 Leprosorien belegt. Vgl. Uhrmacher: Leprosorien (wie Anm. 3), S. 3f.

10 Vgl. zum Leprosenrecht Reicke: Spital (wie Anm. 8), Bd. 2, S. 233–286; Peter Landau: Die Leprakranken im mittelalterlichen kanonischen Recht, in: Dieter Schwab u. a. (Hg.): Staat, Kirche, Wissenschaft in einer pluralistischen Gesellschaft. Festschrift zum 65. Geburtstag von Paul Mikat. Berlin 1989, S. 565–578; Friedrich Merzbacher: Die Leprosen im alten kanonischen Recht, in: Zeitschrift der Savigny-Stiftung für Rechtsgeschichte, kanonistische Abteilung 84 (1967), S. 27–45; Hans Niedermeier: Soziale und rechtliche Behandlung der Leprosen, in: Habrich/Wolf: Aussatz (wie Anm. 4), Bd. 1: Katalog. Ingolstadt 1982, S. 76–85.

11 Gundolf Keil/Claudia Schott-Volm u. a.: Artikel „Aussatz", in: Lexikon des Mittelalters, Bd. 1. München/Zürich 1980, Sp. 1249–1257, hier Sp. 1251.

12 Reicke: Spital (wie Anm. 8), Bd. 1, S. 312; Landau: Leprakranken (wie Anm. 10), S. 566; Merzbacher: Leprosen (wie Anm. 10), S. 28–30.

13 Vgl. Landau: Leprakranken (wie Anm. 10), S. 566f.; Merzbacher: Leprosen (wie Anm. 10), S. 34; Reicke: Spital (wie Anm. 8), Bd. 2, S. 251f.

14 Landau: Leprakranken (wie Anm. 10), S. 568; Reicke: Spital (wie Anm. 8), Bd. 2, S. 252f.

Anwendung auf das Leprosenrecht von den Päpsten Alexander III. und Urban III. in der zweiten Hälfte des 12. Jahrhunderts bekräftigt. Durch die Aufnahme dieser Regelungen in die Dekretalen Gregors IX. (1227–1241), dort im achten Titel *De coniugio leprosorum* des vierten Buches, wurden sie zur Grundlage der eherechtlichen Behandlung der Aussätzigen. Der gesunde Ehepartner war verpflichtet, dem Kranken zu folgen. Dies bedeutete aber nicht, dass Gesunde mit den Leprakranken gemeinsam im Leprosorium wohnen sollten; vielmehr bezog sich die Folgepflicht auf das *carnale debitum* und eine gewisse räumliche Nähe zum Ehepartner. Die Frage, wann ein Leprose die Gemeinschaft mit Ehepartner in Anspruch nehmen konnte, sollte jeweils im Einzelfall durch einen richterlichen Schiedsspruch entschieden werden. Folgte dagegen ein Teil dem anderen nicht, so wurde von beiden Ehegatten *continentia* also Enthaltsamkeit verlangt.[15] Dass gerade die Regelung des Eherechts immer wieder zu Problemen führte, darf wohl kaum verwundern; hierfür sind viele Beispiele belegt und die Thematik wird uns – wenn im Folgenden auf die Statuten näher eingegangen wird – wieder begegnen.

Eine neue Grundlage für die Behandlung der Leprosen schuf das dritte Laterankonzil von 1179.[16] Hier wurde zunächst das Verbot des Zusammenlebens von Leprosen und Gesunden bekräftigt; dann bestimmte der Canon 23, dass die Leprosen eigene Kirchen, Friedhöfe und Priester erhalten sollten. Diese Regelung führte dazu, dass sich Leprosorien in der Folgezeit zu dauerhaften und angesehenen Institutionen entwickelten.

In der weltlichen Gesetzgebung wurde die Behandlung Leprakranker erstmals im *Edictus Rothari* erörtert, einer langobardischen Gesetzessammlung aus dem Jahre 643.[17] Demnach galt ein an Aussatz Erkrankter rechtlich als tot. Falls eine Lepraerkrankung festgestellt wurde, musste der Betroffene sein Haus verlassen und abseits jeder Ansiedlung leben. Er durfte nicht mehr über seinen Besitz verfügen, verlor sein Erbrecht und konnte auch kein Gericht mehr anrufen. Gemildert wurde diese nahezu vollkommene Entrechtung nur durch die Verpflichtung der Angehörigen, den Kranken auch weiterhin zu verpflegen.[18] Die Bestimmungen des Rothar-Ediktes, die wohl auch in anderen Rechtskreisen der germanischen Welt Gültigkeit besessen haben, markieren den Beginn der gesetzlich festgelegten Isolierung der Leprosen und ihres rechtlichen Status als „lebende Tote".

Erst im Sachsenspiegel des Eike von Repgow (um 1230) zeigten sich Abmilderungen dieser strengen Bestimmungen, denn den Leprosen wurde das Recht ein-

---

15 Vgl. Landau: Leprakranken (wie Anm. 10), S. 570–574 mit ausführlicher Diskussion der Belegstellen; Reicke: Spital (wie Anm. 8), Bd. 2, S. 253f.; Merzbacher: Leprosen (wie Anm. 10), S. 34f.

16 Vgl. Merzbacher: Leprosen (wie Anm. 10), S. 29–31; Reicke: Spital (wie Anm. 8), Bd. 2, S. 122–124 ; sehr detailliert Joseph Avril: Le IIIᵉ Concile du Latran et les Communautés de Lépreux, in: Revue Mabillon 60 (1981), S. 21–76.

17 Franz Beyerle (Übers.): Die Gesetze der Langobarden, Bd. 1: Edictus Rothari (Germanenrechte 3). Witzenhausen 1962, S. 35, hier Nr. 176.

18 Die genaue Interpretation dieser Bestimmung des Ediktes ist in der Forschung umstritten. Vgl. hierzu Niederhellmann: Leges (wie Anm. 5), S. 55; Reicke: Spital (wie Anm. 8), Bd. 2, S. 235 Anm. 1, mit einer ausführlichen Diskussion der Problematik.

geräumt, über den noch vor dem Ausbruch der Krankheit ererbten Besitz weiterhin zu verfügen, ihn selbst zu nutzen und auch zu vererben.[19] Schließlich wurde ihnen auch die volle Erbfähigkeit zugestanden.[20] Alle rechtlichen Handlungen, die nicht ausschließlich ihre Existenz als Aussätzige betrafen, blieben den Leprosen formal untersagt; wie dies in der Praxis gehandhabt wurde, wird uns bei der Analyse der Statuten noch beschäftigen.

Die Verbesserung des Rechtsstatus stand im engen Zusammenhang mit der zunehmenden Verbreitung von Leprosorien. Auf der Grundlage der Bestimmungen des 3. Laterankonzils wurden diese nun vielfach als dauerhafte Institutionen zur Versorgung leprakranker Bürger außerhalb der Stadtmauern errichtet. Bei der Organisation und Verwaltung orientierte man sich am Beispiel der Hospitäler; finanziert wurden sie überwiegend durch Stiftungen und Schenkungen. Ähnlich wie bei den Hospitälern musste zur Aufnahme in die Einrichtung zunächst eine Pfründe erworben oder ein Teil des persönlichen Besitzes eingebracht werden, um so zum wirtschaftlichen Fortbestand der Anstalt beizutragen.[21] Einem Leprakranken konnte somit die volle Verfügungsgewalt über sein Vermögen und die Möglichkeit, Vermögen auch durch Erbfälle zu erwerben, nicht länger vorenthalten werden, denn nur so war er in der Lage, seinen Besitz der Anstalt zu übertragen und auf diese Weise ihren Erhalt zu sichern.

Im Zuge dieser Entwicklung verbesserte sich die rechtliche Situation der Leprosen noch weiter. Für das späte Mittelalter kann sogar die Gerichtsfähigkeit sowie der selbständige Abschluss von Pfrundverträgen durch Aussätzige belegt werden.[22] Hier zeigt sich, dass die rechtliche Stellung der Leprosen maßgeblich durch Vorkommnisse aus der Praxis beeinflusst und verbessert wurde, also durch die Orientierung an notwendigen Entwicklungen im Umgang mit einer steigenden Zahl leprakranker Personen in den Städten.

Neben dem Leprosenrecht gab es mit der sogenannten Lepraschau einen weiteren wichtigen Aspekt, der präziser Regelungen bedurfte. Bestand bei einer Person der Verdacht einer Lepraerkrankung, dann musste sie sich einer solchen Untersuchung unterziehen, die eine Trennung der wenigen wirklich an Lepra Erkrankten von der Gruppe der Lepraverdächtigen ermöglichte. Diese schwierige und verantwortungsvolle Aufgabe wurde nur in den bedeutendsten Leprosorien von einem vereidigten Untersuchungsgremium bestehend aus den ältesten und erfahrensten Insassen vorgenommen. Ab dem 15. Jahrhundert wurde die Lepraschau dann auch an den Medizinischen Fakultäten einiger Universitäten durchgeführt.[23] Das in einem

19 Eike von Repgow: Der Sachsenspiegel, hrsg. von Clausdieter Schott. Zürich 1984, S. 39; Reicke: Spital (wie Anm. 8), Bd. 2, S. 238.

20 Hierauf deutet das Fehlen von Bestimmungen über die mangelnde Erbfähigkeit der Leprosen im Schwabenspiegel, im Deutschenspiegel und in weiteren süddeutschen Rechtsbüchern hin. Vgl. Reicke: Spital (wie Anm. 8), Bd. 2, S. 239f. mit zahlreichen Quellenbelegen; ferner Keil/ Schott-Volm u. a.: Aussatz (wie Anm. 11), Sp. 1251.

21 Reicke: Spital (wie Anm. 8), Bd. 1, S. 290–292 und Bd. 2, S. 240f.

22 Ebenda, Bd. 2, S. 246.

23 In den Rheinlanden führte die Medizinische Fakultät der Universität zu Köln seit der Mitte des 15. Jahrhunderts Untersuchungen lepraverdächtiger Personen durch. Nach einem Rats-

besiegelten Lepraschaubrief festgelegte Ergebnis der Untersuchung entschied dann über das weitere Schicksal des Patienten. Falls er für „unrein" und somit leprakrank befunden wurde, war gemäß dem Leprosenrecht eine umgehende Absonderung die Folge.[24]

Das alltägliche Leben der Leprosen und insbesondere ihr Kontakt mit der Außenwelt war durch eine Vielzahl von Vorschriften geprägt, die zeitlich und regional differierten. Als Beispiel ist hier das sogenannte „alte Trierer Rituale" zu nennen, das in einer Abschrift des 17. Jahrhunderts aus dem Besitz der Luxemburger Jesuiten überliefert ist; die Bestimmungen datieren jedoch inhaltlich ins Spätmittelalter. Demnach galten für Leprose in der Diözese Trier die folgenden, knapp zusammengefassten Verhaltensregeln:[25]

Verboten war der Besuch von Kirchen, Märkten, Volksversammlungen, Wirtshäusern, Mühlen und Backöfen sowie das Waschen an Quellen und Bächen. Den Aussätzigen wurde das Tragen der Leprosentracht vorgeschrieben und es wurde ihnen verboten, außerhalb des Leprosoriums barfuß zu gehen.[26] Sie sollten nicht mit Gesunden sondern nur in Gemeinschaft mit Aussätzigen essen und trinken und Getränke nur aus ihrer eigenen Trinkflasche zu sich nehmen. Beim Gespräch mit Gesunden sollten sie aus der Windrichtung gehen und nicht geraden Weges auf

---

beschluss von 1447 blieb jedoch die Lepraschau im Kölner Leprosorium Melaten zunächst die allein gültige Instanz für die Stadt. Erst ab 1478 durften Lepraverdächtige zwischen einer Untersuchung bei den „Melaten" oder den „Doktoren" wählen. In Zweifelsfällen wurde nun vom Kölner Rat sogar die Diagnose der Mediziner für zuverlässiger erachtet als die der Leprosen; Hintergrund waren einige betrügerische Fehldiagnosen. Vgl. hierzu Martin Uhrmacher: „So vinden wyr an euch als an eynen krancken und seichen manne...". Köln als Zentrum der Lepraschau für die Rheinlande im Mittelalter und früher Neuzeit, in: Die Klapper. Mitteilungen der Gesellschaft für Leprakunde e. V. 8 (2000), S. 4–6; Franz Irsigler/Arnold Lassotta: Bettler und Gaukler, Dirnen und Henker. Außenseiter in einer mittelalterlichen Stadt. München ⁸1998, S. 72; Johannes Asen: Das Leprosenhaus Melaten bei Köln. Bonn 1908, S. 67–69; Hermann Keussen: Beiträge zur Geschichte der Kölner Lepra-Untersuchungen, in: Lepra. Biblioteca internationalis 14 (1913), S. 80–112.

24 Vgl. Uhrmacher: Leprosorien (wie Anm. 3), S. 13–19 mit weiterführender Literatur.

25 *Modus ejiciendi seu separandi leprosos a sanis in diocesi Trevirensi*, Bibliothèque Royale de Belgique, Cote du Manuscrit 2104–2134, fol. 227–229 ; vgl. zu den Bestimmungen auch Dieter Staerk: Gutleuthäuser und Kotten im südwestdeutschen Raum. Ein Beitrag zur Erforschung der städtischen Wohlfahrtspflege in Mittelalter und Frühneuzeit, in: Werner Besch/Franz Irsigler u. a. (Hg.): Die Stadt in der europäischen Geschichte. Festschrift Edith Ennen. Bonn 1972, S. 529–553, hier S. 541; Uhrmacher: Leprosorien (wie Anm. 3), S. 14f.

26 Eine charakteristische Kleidung der Leprosen hatte sich spätestens seit dem 14. Jh. herausgebildet. Sie konnte zwar regional und zeitlich differieren, blieb in ihren Hauptteilen jedoch bis zum endgültigen Verschwinden der Lepra in Mitteleuropa zu Beginn des 18. Jhs. nahezu unverändert. In der Regel bestand sie aus einem langen grauen oder schwarzen Mantel, langen Hosen, einem breitkrempigen Hut, ähnlich der Kopfbedeckung von Pilgern, aus Handschuhen, Schuhwerk und einem Warninstrument, meistens einer dreiteiligen Leprosenklapper. Vgl. Robert Jütte: Stigma Symbole. Kleidung als identitätsstiftendes Merkmal bei spätmittelalterlichen und frühneuzeitlichen Randgruppen (Juden, Dirnen, Aussätzige, Bettler), in: Neithard Bulst/Robert Jütte (Hg.): Zwischen Sein und Schein. Kleidung und Identität in der ständischen Gesellschaft (Saeculum 44). Freiburg i. Br. 1993, S. 66–90, hier S. 75–77; Niedermeier: Soziale und rechtliche Behandlung (wie Anm. 10), S. 79.

jemanden zulaufen; Balken und Geländer, vor allem von Brücken, durften sie nur mit Handschuhen anfassen und Gegenstände beim Kauf nur mit einem Stäbchen berühren. Ausdrücklich untersagt war es, Kinder zu berühren oder ihnen etwas zu schenken. Zwei Bestimmungen beziehen sich auch auf das kanonische Recht: So war der Beischlaf, auch mit dem Ehepartner, verboten. Schließlich durften die Leprosen nach dem Tod nicht innerhalb einer Kirche beigesetzt werden.

Das Leprosenwesen war, wie der knappe Überblick gezeigt hat, stärker als viele andere Bereiche der mittelalterlichen Lebenswelten von Normen geprägt; in vielerlei Hinsicht ähnelte es klösterlichen Lebensweisen. Im Folgenden soll nun versucht werden zu zeigen, ob und wenn ja in welchem Maße diese Vorschriften in der Praxis umgesetzt wurden. Hierzu bieten die Statuten der beiden Trierer Leprosorien einen guten Ansatz: Sie gewähren bei genauer Betrachtung sowohl Einblicke in die administrativen Strukturen eines Leprosenhauses und das normative Idealbild gemeinschaftlichen Zusammenlebens als auch in die alltäglichen Lebensgewohnheiten der Insassen. Da es sich bei den Statuten selbst um normative Quellen handelt, lassen sich hier Einflüsse der Praxis auf die Norm untersuchen.

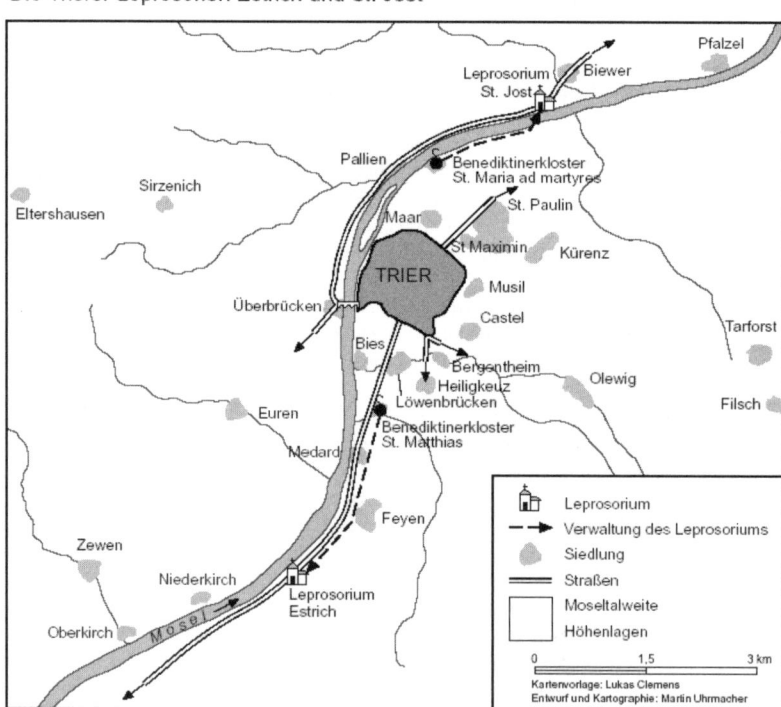

Die Trierer Leprosorien Estrich und St. Jost

Karte: Trier und die Leprosorien Estrich und St. Jost im Spätmittelalter[27]

27   Kartenvorlage: Lukas Clemens. Abdruck in: Hans Hubert Anton/Alfred Haverkamp: 2000 Jahre Trier, Bd. 2: Trier im Mittelalter. Trier 1996, S. 165; vgl. zu den Trierer Leprosorien: Johann

Vor den Mauern Triers bestanden seit dem hohen Mittelalter zwei Leprosorien: Estrich und St. Jost. Beide Einrichtungen sind 1283 im Testament des Trierer Domherrn Wilhelm von Dawels erstmals erwähnt: Er vermachte den Leprosenhäusern je fünf *solidi* (60 Denare/Pfennige). Das ehemalige Leprosorium Estrich war südlich der Stadt auf dem rechten Moselufer an der Straße nach Metz zwischen Medard und Karthaus gelegen. Heute erinnert nur noch der Name des Gasthofs „Estricher Hof" an die Einrichtung, bis zum Ende des 18. Jahrhunderts hatte hier ein Leprosenhof mit einer Kapelle bestanden. Das zweite Trierer Leprosorium, St. Jost, nördlich der Stadt auf dem linken Moselufer kurz vor der Ortschaft Biewer gelegen, ist dagegen bis heute erhalten geblieben. Der Komplex umfasst eine Kapelle, ein niedriges, langgestrecktes Wohnhaus und den ehemaligen Friedhof. Die dem Heiligen Jodocus geweihte Kapelle bestand wahrscheinlich schon im 13. Jahrhundert, in ihrer heutigen Form wurde sie allerdings erst 1706 erbaut. In der zweiten Hälfte des 15. Jahrhunderts gab es auf dem Leprosenhof ein Haupthaus, das als Versammlungsort der Leprosenbruderschaft von St. Jost diente. Möglicherweise befanden sich in diesem Gebäude auch separate Wohnungen für die Leprosen. Einmal jährlich, nach dem Bartholomäusfest, diente das Leprosenhaus auch als Treffpunkt der Mitglieder einer „Erzbruderschaft", in der alle Aussätzigen des Erzstiftes Trier vereinigt waren; Höhepunkt der zwei Tage dauernden Versammlung war eine Messe. Die Kosten für den Prediger und die Kerzen trug die Bruderschaft, während der Abt des Benediktinerklosters St. Maria *ad martyres*, dem von alters her die Oberaufsicht über das Leprosorium zukam, für den Gottesdienst sorgen musste.[28]

Zur Aufnahme ins Leprosorium musste nach einer kurfürstlichen Verordnung von 1591 jeder Leprose, sofern er nicht arm und mittellos war, eine Pfründe um den Preis von 12 Talern erwerben.[29] Weitere Einkünfte kamen dem Leprosorium in geringem Maße aus Renten und Naturalabgaben sowie aus seinem Grundbesitz zu, der ebenfalls nicht sehr umfangreich war. Als Haupteinnahmequelle diente deshalb das Sammeln von Almosen. Mit dieser Aufgabe war der sogenannte Schellenknecht betraut, der sich auch um die Bewirtschaftung des Grundbesitzes und um die Verpflegung der Kranken kümmerte. Bei seinen Bettelgängen richtete er sich nach einem festgelegten Termin- und Straßenplan. Dabei sammelte er nicht nur in Trier selbst Almosen, sondern auch in den Dörfern der benachbarten Ämter. Nur

---

Christian Lager: Einige noch erhaltene Notizen über die ehemaligen Leprosenhäuser Estrich und St. Jost bei Trier, in: Trierisches Archiv, Ergänzungsheft 3 (1903), S. 73–88; Richard Laufner: Die Geschichte der Trierer Hospitäler, der Leprosen- und Waisenhäuser, des Spinnhauses und der adligen Benediktinerinnenabtei St. Irminen-Oeren bis zur Säkularisation, in: Heinz Cüppers u. a. (Hg.): Die Vereinigten Hospitien in Trier. Trier 1980, S. 33–72 ; Uhrmacher: Leprosorien (wie Anm. 3), S. 55–56.

28 Uhrmacher: Leprosorien (wie Anm. 3), S. 56.

29 LHA Koblenz, Bestand I A, Nr. 11242, *Constitutio Archiepiscopalis de cura leprosorum in Archidioecesi Trevirensi* (1591, Nov. 27). Edition bei Johann Nikolaus von Hontheim: *Historia Trevirensis diplomatica et pragmatica* (...). 3 Bde. Augsburg/Würzburg 1750, hier Bd. 3, S. 167, Nr. MCXLI; unveränderter Abdruck bei Wilhelm Frohn: Der Aussatz im Rheinland. Sein Vorkommen und seine Bekämpfung (Arbeiten zur Kenntnis der Geschichte der Medizin im Rheinland und in Westfalen 11). Jena 1933, S. 266–270.

während der Weinlese gingen die Aussätzigen auch selbst mit ihren Klappern zu den benachbarten Winzern und baten um Zuwendungen in Form von Lesegut oder Wein.[30]

Neben seiner herausgehobenen Stellung als Sitz der Erzbruderschaft besaß das Leprosorium St. Jost im Erzstift Trier auch als Lepraschauort eine überregionale Bedeutung. Die Einrichtung einer Lepra-Untersuchungskommission geht dabei auf eine Verfügung des päpstlichen Legaten für Deutschland, Kardinal Julian de Angelis, aus dem Jahr 1437 zurück. Um einer weiteren Ausbreitung der Lepra vorzubeugen, sollten vereidigte und mit den Merkmalen der Krankheit vertraute Personen die Besehung vornehmen. Zunächst wurden zwei Leprose aus St. Jost mit der Lepraschau beauftragt; sie mussten einen Eid schwören, nach bestem Wissen und Gewissen ihre Aufgabe zu erfüllen. Seit 1449 nahmen dann ein Karmelitermönch und ein Bartscherer die Lepraschau vor, bevor diese Aufgabe im Jahr 1508 durch den Trierer Erzbischof Jakob von Baden einem Arzt und zwei Scherern übertragen wurde. Diese Regelung fand auch Aufnahme in die 1591 von Erzbischof Johann VII. von Schönenberg erlassene Leprosenordnung für das Erzstift Trier. Hierin bestimmte der Kurfürst auch, dass allein die in St. Jost durchgeführte Untersuchung zukünftig im Erzstift gültig sein sollte. Doch trotz dieser Bemühungen blieb der Einzugsbereich der Lepraschau in St. Jost auf das Trierer Umland bis nach Luxemburg beschränkt; die meisten Lepraverdächtigen ließen sich auch weiterhin in Köln untersuchen, entweder im Leprosorium Melaten oder an der Medizinischen Fakultät der dortigen Universität.[31]

Obwohl die Anzahl der leprakranken Personen spätestens seit der Mitte des 17. Jahrhunderts stark zurückgegangen war und seit dem Beginn des 18. Jahrhunderts wohl keine Neuerkrankungen mehr auftraten, bestand die Einrichtung noch als Pfründneranstalt weiter. 1804 wurde das Leprosorium St. Jost unter der französischen Herrschaft gemeinsam mit allen anderen städtischen Hospitälern zu den Vereinigten Hospitien zusammengeschlossen.

Für eine Untersuchung der Zusammenhänge von Norm und Praxis bieten sich die drei überlieferten Statuten der beiden Trierer Leprosorien aus zwei Gründen besonders an. So sind die beiden für St. Jost überlieferten Statuten sehr kurz nacheinander, in einem Zeitraum von nur sechzehn Jahren abgefasst worden. Es lassen sich somit durch den kurzen zeitlichen Abstand Entwicklungen und neue Schwerpunktsetzungen beobachten, die auf eine Beeinflussung der Norm durch konkrete Erfahrungen hindeuten. Darüber hinaus ist auch der Vergleich mit den annähernd zeitgleich zur zweiten St. Joster Urkunde erlassenen Statuten des Estricher Leprosenhauses von besonderem Interesse: Zeigen sich hier ähnliche Bestimmungen, was auf eine regionale Trierer Tradition oder eine mögliche gemeinsame Vorlage hindeuten würde, oder unterscheiden sich die Inhalte der Statuten signifikant voneinander? Dies würde auf eine autarke Abfassung der Regelwerke hindeuten, mit

---

30   Vgl. Uhrmacher: Leprosorien (wie Anm. 3), S. 56.
31   Vgl. ebenda, S. 18–19; Lager: Estrich und St. Jost (wie Anm. 27), S. 76–77; Staerk: Gutleuthäuser und Kotten (wie Anm. 25), S. 536.

dem Zweck, die im betreffenden Leprosorium aufgetretenen Probleme und Konflikte normativ zu regeln.

Die erste Trierer Leprosenordnung von 1448 für das Leprosorium St. Jost umfasst sechs Paragraphen.[32] Aussteller sind der Abt des Klosters St. Maria *ad martyres*, Heinrich II. von Blenich, unter dessen Oberhoheit sich die Einrichtung befand,[33] sowie zwei hohe erzbischöfliche Beamte, der Offizial[34] Johann *wunnemann*[35] und der Amtmann Johann *Stuydyegell* von Bitsch[36]. Bei ihnen handelte es sich um die Provisoren des Hauses. Im Anschluss nennt der Einleitungstext die Ursache für die Abfassung der Statuten: Demnach hatte es zwischen den Leprosen seit längerem tiefgreifende Konflikte gegeben, die ohne ein Eingreifen von Abt und Provisoren nicht gelöst werden konnten.

Die Gemeinschaft der Insassen von St. Jost war, wie bei mittelalterlichen Leprosorien üblich, bruderschaftlich organisiert. Dies zeigt sich in den Trierer Statuten bereits deutlich in ihrer Bezeichnung als „Brüder und Schwestern". Bei einer solchen Leprosenbruderschaft handelte es sich um eine Gemeinschaft von Laien, die sich durch eine klosterähnliche Lebensweise auszeichnete und ursprünglich auf Gebetsverbrüderungen zum Gedächtnis der Verstorbenen zurückgeht. Charak-

---

32 LHA Koblenz, Bestand 207, Nr. 425; Rudolph: Quellen (wie Anm. 1), S. 407–409, Nr. 139 A; Frohn: Aussatz im Rheinland (wie Anm. 29), S. 282–284 [unveränderter Wiederabdruck der o. a. Edition].

33 Johannes Simmert: Trier, St. Maria ad Martyres, in: Friedhelm Jürgensmeier (Bearb.): Die Männer- und Frauenklöster der Benediktiner in Rheinland-Pfalz und Saarland (Germania Benedictina 9: Rheinland-Pfalz und Saarland). St. Ottilien 1999, S. 969–979, hier S. 975 mit weiterführender Literatur.

34 Der in der Urkunde als *Siegeler des geistlichen gerychts* bezeichnete Offizial stand als oberster erzbischöflicher Richter der Offizialatskurie vor, einer bischöflichen Gerichtsbehörde, die in Trier seit dem 13. Jahrhundert bestand und ein eigenes Siegel führte. Deren Zuständigkeit umfasste ursprünglich nur den Bereich der geistlichen Gerichtsbarkeit, d. h. Laien waren nur in Fällen betroffen, in denen auch Geistliche beteiligt waren. Der Geltungsbereich dehnte sich aber schon bald auch auf weltliche Streitsachen und Gerichtshandlungen sowie vor allem auf notarielle Beurkundungen aus. Im vorliegenden Fall ist die Beteiligung des Offizials als Mitaussteller der Urkunde wohl aus der klosterähnlichen, bruderschaftlichen Lebensweise der Leprosen in St. Jost zu erklären; Verordnungen zur Regelung ihres Zusammenlebens fielen deshalb in den Kompetenzbereich des geistlichen Gerichts. Vgl. Friedhelm Burgard: Auseinandersetzungen zwischen Stadtgemeinde und Erzbischof (1307–1500), in: Anton/Haverkamp: Mittelalter (wie Anm. 27), S. 295–398, hier S. 379–386.

35 Johann *wunnemann* oder *wynneman* stammte mit seiner Familie, wie der Namenszusatz *von Arvell* nahelegt, aus Arlon in der heutigen südbelgischen Provinz Luxembourg. Durch sein Amt als Siegler des Geistlichen Gerichtes, sein Kanonikat im angesehenen Stift St. Simeon und seine familiären Bindungen ist er der städtischen Führungsschicht Triers zuzurechnen. Er starb wohl im Jahr 1467. Vgl. Michael Matheus: Trier am Ende des Mittelalters. Studien zur Sozial-, Wirtschafts- und Verfassungsgeschichte der Stadt Trier vom 14. bis 16. Jahrhundert (Trierer Historische Forschungen 5). Trier 1984, S. 249.

36 Johann *Stuydyegell* von Bitsch gehörte als kurtrierischer Amtmann von Pfalzel und Trierer Schultheiß der städtischen Führungsschicht an. Er ist wahrscheinlich mit Johann Siegelmann von Bitsch zu identifizieren, der in anderen zeitgenössischen Quellen genannt wird. Er war mit Margarethe von Britte, einer Tochter des Trierer Schöffen Johann von Britte verheiratet. Vgl. Matheus: Trier (wie Anm. 35), S. 193.

teristische Kennzeichen waren die mündlich oder schriftlich tradierten Statuten, regelmäßige gemeinsame Mahlzeiten und gemeinschaftliche religiöse Verrichtungen in der Leprosenkapelle. Weitere wichtige Merkmale waren das Prinzip des Gemeinschaftseigentums und die weitgehende Autonomie bei der Organisation und Verwaltung des Leprosoriums. Die Oberaufsicht lag jedoch üblicherweise in den Händen von Provisoren.[37]

Im ersten Paragraph der St. Joster Statuten wird festgelegt, dass kein Pfründner des Leprosoriums *zu der eh[e] grijffen* solle. Bei einem Verstoß gegen diese Vorschrift drohte ein sofortiger Ausschluss aus dem Leprosorium verbunden mit dem Verlust der Pfründe. Die Nennung des Eheverbots an exponierter Stelle zu Beginn der Ordnung deutet darauf hin, hier den Auslöser für die in der Einleitung angesprochenen Streitigkeiten der vergangenen Zeit festzumachen. Von kanonischer Seite war die Heirat eines Leprakranken nicht grundsätzlich untersagt, verboten war lediglich die Eheauflösung wegen einer Lepraerkrankung.[38] Wahrscheinlich hängt diese Verschärfung des Leprosenrechts mit der bruderschaftlichen Lebensweise im Leprosorium zusammen, die auf den klösterlichen Grundsätzen Gehorsam, Keuschheit und Armut beruhte. Denkbar ist aber auch, dass mit dem Eheverbot der Zuzug von Ehepartnern ins Leprosorium unterbunden werden sollte, denn wie die beiden folgenden Artikel bestimmten, kontrollierten allein die Provisoren die Aufnahme ins Leprosorium. Sie entschieden über den Verkauf von Pfründen (Artikel 2) und die Verwendung dieser Gelder zum *nutz des huses* und seiner Pfründner (Artikel 3).

Im vierten Artikel wird bestimmt, dass nach dem Tod eines jeden Pfründners *un[d] kyndes*[39] dessen gesamter Besitz an das Leprosorium und die anderen Pfründner fallen soll; eventuelle Ansprüche Dritter, wahrscheinlich der Angehörigen, wurden ausgeschlossen. Diese Regelung barg zweifellos viel Konfliktpotential mit den Hinterbliebenen, die wohl nur ungern auf einen Anteil am Erbe verzichteten. Wie bei Leprosorien größerer Städte üblich, stammten die Bewohner zumeist aus

---

37 Vgl. allgemein zu Bruderschaften Bernd-Ulrich Hergemöller/Rudolf Weigand: Artikel „Bruderschaft", in: Lexikon des Mittelalters, Bd. 2, Sp. 738–741; Wolfgang Schieder: Artikel „Brüderlichkeit, Bruderschaft, Brüderschaft, Verbrüderung, Bruderliebe", in: Otto Brunner (Hg.): Geschichtliche Grundbegriffe. Historisches Lexikon zur politisch-sozialen Sprache in Deutschland. Bd. 1. Stuttgart 1972, S. 552–581; Ludwig Remling: Bruderschaften als Forschungsgegenstand, in: Jahrbuch für Volkskunde und Kulturgeschichte NF 3 (1980), S. 89–112.

38 Vgl. zum Eherecht für Leprosen Landau: Leprakranken (wie Anm. 10), S. 567–574; Merzbacher: Leprosen (wie Anm. 10), S. 32–39.

39 Die vielfach belegte Bezeichnung „Kinder" für die Leprosen, die auch im vorliegenden Quellentext verwendet wird, ist im Sinne von „auserwählte Kinder Gottes" zu verstehen. Dieser Vorstellung liegt das Gleichnis vom „reichen Prasser" und dem „armen Lazarus" im Lukas-Evangelium zugrunde (Lukas 16, 19–31). Hierbei erduldet der leprakranke Lazarus im Gegensatz zum mitleidlosen Reichen alle Leiden bereits zu Lebzeiten und wird nach dem Tod mit himmlischem Trost in Abrahams Schoß belohnt. Die Leprosen konnten demnach als von Gott Auserwählte angesehen werden, die durch das Erleiden der Krankheit ihre Sünden schon zu Lebzeiten verbüßten und denen eine himmlische Erlösung sicher war. Wie in der Quelle deutlich wird, diente die Bezeichnung auch als identitätsstiftendes Element der bruderschaftlichen Gemeinschaft, denn die Leprosen bezeichnen sich darin als Brüder, Schwestern, Pfründner *und kynder des huyßes zu sent Joist.*

der städtischen Mittel- und Oberschicht. Dies erklärt auch die großzügige Ausstattung einzelner Einrichtungen mit eigener Kapelle, Seelsorger und Bediensteten; sie spiegelt den gewohnten Lebensstandard der Bewohner wider.[40] Im Erbfall war also durchaus mit größeren Werten zu rechnen, neben der Wohnung und dem Hausrat werden auch *sijlber un[d] golt gemü[n]tzet un[d] ungemü[n]tzet* und *scholt*, also noch ausstehende Geldschulden Dritter genannt. Über die Verwendung dieser Gelder entschieden wiederum der Abt und die Provisoren. In einem weiteren Artikel (Artikel 6) wird jedem Pfründner verboten, seine Pfründe ohne Wissen und Erlaubnis der drei Provisoren zu *verkeuffen versetzen verpfenden noch in anderer wijß* (zu) *verwenden;* bei einem Verstoß sollte der Betreffende *uff stunt* seine Pfründe verlieren und aus dem Leprosorium ausgeschlossen werden.

Die in diesen Bestimmungen deutlich hervorgehobene Kontrolle der Provisoren über die inneren Angelegenheiten des Leprosoriums (Eheverbot, Pfründenverkauf und Erbfall) wird schließlich in Artikel 5 noch verstärkt. Demnach sollten die drei Provisoren jederzeit *eynen[n] getruwen procurator mu[m]per un[d] verweser* für das Leprosorium und seine Pfründner einsetzen. Die drei Begriffe bezeichnen jeweils die gleiche Person, den sogenannten „Momper". Der Begriff leitet sich von mittelhochdeutsch „muntbor" für Vormund ab.[41] Der Momper vertritt also einen nicht voll rechtsfähigen Schutzbefohlenen, den sogenannten Muntling, im vorliegenden Fall die Leprosen, nach außen. Seine Aufgabe wird in der Urkunde genau festgeschrieben; er soll vor allem die *dinge und sachen* der Leprosen regeln, sich also um deren rechtliche Angelegenheiten kümmern und ihnen Schutz bieten. Gleichzeitig befinden sich die Leprosen dem Momper gegenüber in einem starken Abhängigkeitsverhältnis, da er in strittigen Fragen sowohl „bestimmen" als auch „zurechtweisen" darf. Er war zudem der Stellvertreter der Provisoren vor Ort und diesen verpflichtet. Das Leprosorium unterstand somit der Kontrolle durch den Momper und die Provisoren; eine bisherige weitgehende Selbstverwaltung durch die Bruderschaft wurde stark eingeschränkt. Im siebten und letzten Artikel wird schließlich festgelegt, dass zukünftig jeder neue Insasse bei seiner Aufnahme geloben muss, diese Vorschriften *vest un[d] unv[er]brochlich zu ewige[n] zijden zu halden.*

Wie bereits an diesen ältesten Trierer Leprosorien-Statuten deutlich wird, stellen die Bestimmungen keine umfassende Ordnung der Lebensverhältnisse im Leprosorium dar. Es werden keine grundlegenden Regeln des Zusammenlebens oder administrative Rahmenbedingungen wie etwa Aufnahmeformalitäten, Fragen der Bekleidung, Regelung des Tagesablaufs u. ä definiert; es steht vielmehr die Klärung problematischer Einzelaspekte im Vordergrund. Man muss somit davon ausgehen, dass eine grundlegende Ordnung der Lebensumstände im Leprosorium entweder mündlich tradiert wurde, oder dass eine mögliche schriftliche Form existierte, die bisher nicht bekannt ist. Zu denken ist hier beispielsweise an eine Stiftungsurkunde. Die vorliegenden Statuten sind eher als Ergänzung einer solchen Ordnung zu betrachten, ähnlich den consuetudines, die in einem Kloster die Ordensregel

---

40   Vgl. Uhrmacher: Leprosorien (wie Anm. 3), S. 22f. u. S. 31.
41   Vgl. Gerhard Köbler: Artikel „Munt", in: Lexikon des Mittelalters, Bd. 6, Sp. 918f.

ergänzen. In diesem Sinne zeigen sie einen deutlichen Praxisbezug und spiegeln Aspekte des Alltagslebens im Leprosorium wider. Diese Beobachtung bestätigt sich auch bei den anderen beiden Statuten.

Die 1464 nur fünfzehn Jahre später abgefasste zweite Ordnung von St. Jost wurde vom Momper und der Gemeinschaft der Insassen selbst verfasst; eine Beteiligung von Amtmann, Offizial oder Abt wird nicht erwähnt.[42] Inhaltlich umfasst sie 26 Paragraphen, dabei wird jedoch keine Bestimmung der ersten Ordnung erneut aufgenommen. Es handelt sich bei diesem zweiten Regelwerk also um eine Ergänzung der ersten, älteren Statuten. Bestätigt wird dies in Paragraph 22, der demjenigen Strafe androht, der sich gegen diesen und den *anderen gesetz brieff*, gemeint sind die ersten, älteren Statuten, widersetzt.

Inhaltlich und chronologisch lässt sich die Urkunde in vier Teile untergliedern: zwei umfangreiche, je neun Artikel umfassende Abschnitte und zwei kürzere mit je drei Paragraphen. Eingeleitet werden die Statuten mit der Gehorsamspflicht der Leprosen gegenüber dem Abt und abgeschlossen mit einem Gelöbnis der Insassen, alle genannten Punkte treu einzuhalten in *indracht* und ohne *argelist und geveerde*. Ähnlich wie bei der ersten Urkunde weisen auch hier alle Bestimmungen einen deutlichen Praxisbezug auf; d. h. man regelte mit ihnen in der Vergangenheit aufgetretene Probleme und Missstände.

Der erste Hauptteil (Art 1–9) widmet sich Fragen der Lepraschau. Er beinhaltet jedoch keine grundsätzlichen Vorschriften, wie die Lepraschau durchgeführt werden soll oder aus welchen Personen sich das Untersuchungsgremium zusammensetzt. Streng verboten wird jedes Gespräch über die Besehung, sowohl innerhalb des Leprosoriums als auch mit Fremden außerhalb. Den lepraverdächtigen Personen soll das Resultat der Untersuchung nur gemeinsam durch alle Mitglieder des vereidigten Untersuchungsgremiums mitgeteilt werden. Darüber hinaus darf niemand mit dem Probanden sprechen, wohl aus Furcht vor möglichen Absprachen. Bei Verstößen muss eine Aussage umgehend widerrufen werden, der Betroffene wird zudem lebenslang aus dem Gremium ausgeschlossen. In diesem Zusammenhang wird auch deutlich auf diesbezügliche unrechtmäßige Vorkommnisse in der Vergangenheit hingewiesen: Artikel zwei und drei enthalten die Ergänzung *wie das* – also die Unrechtmäßigkeiten – (bereits) *geschehen* ist.

Die Besehung selbst soll von den Beteiligten mit *all yren flisß* und *nae allen yren vermoegen* durchgeführt und die Probanden *guetlich* untersucht und behandelt werden. Die Mitglieder der Untersuchungskommission werden zur besonderen Sorgfalt ermahnt: Weder Bekanntschaft oder Freundschaft noch Mitleid dürfen sie in ihrem Urteil beeinflussen, auch Bestechung mit *gelt odir guet* ist natürlich verboten. Das Ergebnis der Lepraschau wird schließlich in einem besiegelten Schaubrief festgehalten, ausgestellt vom Abt des Klosters St. Maria *ad martyres*, und dem Probanden übergeben.

Der zweite thematische Schwerpunkt behandelt Probleme des Zusammenlebens in der Leprosengemeinschaft (Artikel 10–18). Vorangestellt wird zunächst eine grundsätzliche Gehorsamspflicht der Insassen gegenüber dem Momper. Diesem

---

42   LHA Koblenz, Bestand 207, Nr. 425.

kam auch eine richterliche Funktion zu, da ihm Streitfälle unter den Leprosen zur Entscheidung vorgelegt werden mussten. Falls der Kläger mit seinem Urteil nicht zufrieden war, wurde ihm untersagt, seine Klage selbst außerhalb des Leprosoriums beim Abt, dem Amtmann oder sonstigen Personen vorzutragen. Stellvertretend für ihn sollte der Momper gemeinsam mit den ältesten Insassen seine Klage gewissermaßen in zweiter Instanz vor dem Abt vorbringen. Dessen Urteil war dann bindend. Falls dennoch jemand eine Klage außerhalb des Leprosenhofes anstrengte, drohte der sofortige Verlust der Pfründe. In diesem Zusammenhang steht auch das Verbot, Unwahrheiten zu verbreiten, durch die der Leprosenhof und die dortige Lepraschau in Verruf geraten könnten. Geregelt wurden auch Streitfälle zwischen den Leprosen; so vor allem das Vorgehen bei Verleumdung und Ehrabsprechung. Falls solche Vorwürfe nicht öffentlich belegt werden konnten, musste der Täter dem zu Unrecht Beschuldigten vor allen Bewohnern auf Knien Abbitte leisten und seine Aussage zurücknehmen. Mitunter scheinen Streitigkeiten auch zu Körperverletzungen und Wunden geführt zu haben. Hier reichte jedoch eine Geldzahlung als Strafe aus.

Drei Artikel ermöglichen tiefe Einblicke in das Leben im Leprosorium: Wer mit einer Magd oder einem Knecht zu tun hat und deshalb in einen Streit mit diesen gerät, der zu deren Entlassung führt, muss einen Jahreslohn der Bediensteten als Strafe zahlen und umgehend Nachfolger einstellen. Dass es sich hierbei möglicherweise um sexuelle Kontakte gehandelt hat, legt ein Vergleich mit Artikel sechs der Statuten des Estricher Leprosoriums nahe; hier ist die Formulierung eindeutiger, allerdings ist nur vom Verhältnis mit einer Magd und nicht mit einem Knecht die Rede. Dies geht wohl auf konkrete Erfahrungen zurück, denn grundsätzlich wohnten in beiden Leprosorien Personen beiderlei Geschlechts. Bemerkenswert ist der folgende Paragraph, in dem Leprose, die bei ihren Mitbewohnern Argwohn und Misstrauen erregten, aufgefordert wurden, die Ursache hierfür sofort auszuräumen. Was hierunter genau zu verstehen ist, bleibt jedoch leider im Dunkeln. Deutlicher ist der Inhalt des nächsten Artikels. In ihm wird die unrechtmäßige Nutzung der privaten Gärten durch andere Insassen verboten und bei Veruntreuung von Gemeinschaftsgut eine Geldstrafe angedroht.

Ein drei Paragraphen umfassender Abschnitt regelt das Verhalten der Pfründner außerhalb des Leprosoriums. Demnach soll kein Insasse *bij nacht odir bij dage* [oder] *uff heylige dage* oder dann, wenn Leute auf der Straße am Leprosorium vorbeigehen, Schreien, Singen, Kreischen, Rufen oder Gerüchte verbreiten, wodurch das Leprosorium *eynche schande haben moechte* und die Leute sich dann *ergeren moegen*. Ausdrücklich verboten wird den Insassen, dass sie über Beratungen und Beschlüsse der Leprosengemeinschaft Informationen an Außenstehende weitergeben. Darüber hinaus legen die Pfründner für sich und ihre Nachkommen fest, dass niemand *zu Trier uff deme Geske*, also innerhalb der Stadt, Gerüchte und Schmähungen verbreite, durch die das Leprosorium in Verruf gerate und der Hof Schaden nehme. Es wird somit eine bereits zu Beginn der Urkunde erlassene Vorschrift nochmals aufgegriffen und präzisiert. Hier zeigt sich ein Widerspruch zum vielfach überlieferten Verbot für Leprose, Städte zu betreten. Ausnahmen sind in einigen Städten nur für bestimmte Feiertage überliefert; so z. B. in Köln; hier erhielten die Leprosen an den vier „Hochzeiten" im Jahr Zugang in die Stadt, um dem Bettel nachgehen zu können.[43] Für die Bewohner von St. Jost hingegen scheint ein Besuch in der Stadt nicht ungewöhnlich gewesen zu sein. Dieser muss auch nicht zwangsläufig mit dem Betteln in Zusammenhang stehen, beschäftigten die beiden Trierer Leprosorien doch je einen nicht an Lepra erkrankten Angestellten, den sogenannten Schellenknecht, der auf festgelegten Routen regelmäßig in der Stadt Almosen für sie sammelte. Vielmehr dienten die Besuche in Trier wohl der Aufrechterhaltung persönlicher Kontakte und familiärer Bindungen. Die Isolation im Leprosorium wurde also offenbar in der Praxis nicht so streng gehandhabt, wie die überlieferten Normen vermuten lassen.

Den Abschluss der Statuten bildet die Aufforderung an die Insassen, stets alle Verordnungen zu befolgen, als Strafe droht die Ausweisung aus dem Leprosorium und der Verlust der Pfründe. Bei der Neuaufnahme eines Leprosen soll man ihn die Statuten *hoeren und leßen* lassen und *gruntlich* darauf achten, dass alle Punkte auch verstanden und verinnerlicht werden, um späteren Konflikten vorzubeugen. Auch dies scheint eine Reaktion auf konkrete Vorfälle aus der Praxis zu sein. Schließlich müssen alle Paragraphen vor dem Momper gelobt werden, der auch mit der Durchsetzung und Überwachung der Bestimmungen beauftragt ist.

Betrachten wir nun zum Vergleich die Statuten des zweiten Trierer Leprosoriums Estrich, die 1464, nur wenige Monate nach dem gerade besprochenen Regelwerk für St. Jost abgefasst wurden.[44] Im Gegensatz zu den beiden Statuten des Leprosoriums St. Jost sind die Statuten des Leprosoriums Estrich jedoch nur in einer Abschrift vom 19. Juli 1764 überliefert. Glücklicherweise ist dem Text ein Brief vorangestellt, der uns über die Beweggründe, die zur Erstellung der Abschrift führten, informiert. Der Brief wurde von Adalbert, Abt des Klosters St. Eucharius/ St. Matthias, an den Trierer Kurfürsten Johann Philipp von Walderdorff gesandt. Es handelt sich um ein Antwortschreiben, mit dem Abt Adalbert auf eine Anfrage des Kurfürsten hinsichtlich Besitz, Zustand und Nutzung des Leprosoriums Estrich reagiert. Vermutlich ließ der Abt die Abschrift der Statuten seinem Brief beifügen, um seinen Rechtsanspruch auf das Leprosorium zu bekräftigen.

Das Regelwerk ist überschrieben mit *Statuta Leprosorum in Oestrich*. Auffällig ist das Fehlen eines bei solchen Urkunden sonst üblichen einleitenden Textes, der die Aussteller und die Ursache für die Abfassung nennt. Vermutlich wurde für die Abschrift bewusst auf diesen Teil verzichtet, um nur das Wesentliche, also die einzelnen Paragraphen, aufzuführen. Nur ein knapper Satz dient als Einleitung, anschließend folgen 9 Paragraphen, die Siegelankündigung und das Datum, insgesamt etwas weniger als 600 Wörter. Im Vergleich mit den 16 Jahre älteren ersten Statuten von St. Jost (871 Worte) und vor allem mit dem zeitgleichen zweiten St. Joster Regelwerk (2.533 Worte) erscheint die Estricher Hausordnung vom Umfang her deutlich knapper. Von der Anzahl der enthaltenen Paragraphen relativieren sich diese Unterschiede zumindest teilweise: Hier stehen den 9 Paragraphen der Estricher Statuten, 8 Artikel in der ersten und 25 in der zweiten St. Joster Haus-

---

43   Irsigler/Lassotta: Bettler und Gaukler (wie Anm. 23), S. 82.
44   Bistumsarchiv Trier, Abt. 67, Nr. 119.

ordnung gegenüber. Die Estricher Statuten liegen somit vom Umfang her auf dem Niveau der ersten, etwas älteren St. Joster Urkunde.

Auch wenn der einleitende Teil des Originaltextes wahrscheinlich stark gekürzt wurde, so deuten Ausdruck und Sprachduktus des folgenden inhaltlichen Teils eindeutig ins 15. Jahrhundert; hier scheinen keine Änderungen bzw. Kürzungen vorgenommen worden zu sein. Bereits in der Einleitung zeigt sich ein großer Unterschied zu den ersten Statuten von St. Jost: In der Estricher Urkunde werden keine Aussteller genannt. Statt dessen wird knapp erklärt, dass *diese seynd die Statuten und gesetze, die wir Kinder von Oestrich unter uns bishero gehabt und gehalten haben, und forthin halten werden und wollen.* Es waren also allein die Insassen des Leprosoriums, die sich selbst das Regelwerk gegeben haben, offenbar ohne Einflussnahme oder Druck von außen. Die bruderschaftliche Organisation der Bewohner, die sich wie bei den beiden St. Joster Statuten in ihrer Bezeichnung als „Kinder" zeigt, ermöglichte auch hier eine weitgehend autonome Organisation und Verwaltung des Leprosoriums und somit auch die Abfassung von Statuten. Ein charakteristisches Merkmal von Bruderschafts-Statuten ist bei ihrer schriftlichen Fixierung vielfach auch eine schon lange mündlich tradierte Vorlage. Auf eine ältere Vorlage, *die wir [...] bishero gehabt und gehalten haben* wird auch in dieser Einleitung ausdrücklich hingewiesen; leider fehlen weitere Angaben. Die folgenden neun Artikel weisen keine inhaltliche Ordnung auf, sie wurden wahrscheinlich in der Reihenfolge ihrer Abfassung, die der Wichtigkeit für die Insassen entsprach, gestaffelt:

Im ersten Artikel wird einem Insassen, der einem anderen seine Ehre abspricht und ihn verleumdet und diese Vorwürfe nicht beweisen kann, eine Strafe von vier Gulden angedroht. Darüber hinaus musste er gegenüber dem von ihm Angeschuldigten seine Aussagen widerrufen. Das Bußgeld musste an den *Ehrwürdigen herren zu St. Matheis* entrichtet werden. Gemeint ist der Abt des Klosters St. Eucharius/ St. Matthias, dem die Oberaufsicht des Leprosoriums zustand und dem somit eine Richterfunktion zukam.

Auch der zweite Paragraph beschäftigt sich mit Streitfällen im Leprosorium. Ohne auf konkrete Einzelfälle einzugehen, wird ganz allgemein die Vorgehensweise festgeschrieben. So sollen im Streitfall die beteiligten Personen vor dem Momper und der bruderschaftlichen Gemeinschaft der Bewohner erscheinen und *ihr zweytrag und Missel* schildern, um möglicherweise zu einer Einigung zu kommen. Dem Momper kommt hierbei, wie auch in St. Jost, neben seiner Funktion als Verwalter und Ansprechpartner vor Ort auch die Aufgabe als Schlichter kleinerer Streitigkeiten zu. Falls es vor dem Momper und der Hausgemeinschaft zu keiner Einigung kommt, so sollen die Streitparteien die Sache dem Abt zur Entscheidung vortragen. Diesem kommt als höherer Instanz die Funktion des Richters zu, der ein endgültiges Urteil fällt. Es wird ausdrücklich verboten, eine Klage außerhalb dieser Instanzen anzustrengen, also andere kirchliche oder weltliche Gerichte anzurufen. Dies soll nur dann möglich sein, wenn *sie unsern Ehrw*[ürdigen] *herren darüber hätten ersuchet*, also beim Abt eine Genehmigung einholen würden. Es war also nicht grundsätzlich ausgeschlossen, ein Verfahren auch außerhalb der Zuständigkeiten des Leprosoriums zu führen, auch wenn es hierzu in der Praxis wohl nur in schwierigen Ausnahmefällen gekommen sein dürfte. Eine Verhandlung interner

Streitigkeiten zwischen Bewohnern des Leprosoriums vor einem weltlichen oder kirchlichen Gericht hätte die volle Souveränität des Abtes über das Leprosorium in Frage gestellt und auch die bruderschaftliche Organisation und weitgehende Selbstverwaltung der Insassen geschwächt. Deshalb wird nicht nur eine Strafe von zwei Pfund Wachs bei Zuwiderhandlung festgelegt, sondern zusätzlich bestimmt, dass auch nach einer solchen Klageeinreichung die Sache *vor unserem Ehrw*[ürdigen] *herren zu St. Mattheis kommen* [muss], dieser also immer zuständig bleibt. Der vierte Artikel greift das Thema der ersten beiden Paragraphen nochmals auf und bestimmt eine Strafe von vier Gulden für jeden, der *seine Händ frewentlicher weis unter uns Kinderen an den anderen legte*, also handgreiflich wurde.

Während die drei genannten Paragraphen Probleme betrafen, die beim Zusammenleben einer inhomogenen, teilweise unter Zwang zusammengekommenen Bewohnerschaft sicher häufig auftraten, regelt der folgende Artikel einen auf den ersten Blick erstaunlichen und ungewöhnlichen Fall. Gegenstand ist hierin nämlich die Frage, wie mit der bei der Aufnahme gezahlten Pfründe im Fall eines durch die Gesundung eines Insassen ermöglichten Austritts aus dem Leprosorium verfahren werden soll. Unabhängig von der eigentlichen inhaltlichen Absicht des Artikels ermöglicht bereits die Formulierung wichtige Anhaltspunkte zu Fragen, die die Krankheit der Bewohner betreffen: Waren die Insassen an Lepra bzw. Aussatz erkrankt? Kann diese Krankheit mit der in zeitgenössischen medizinischen Texten beschriebenen Lepra übereinstimmen? Hatten sich die Bewohner als Pfründner freiwillig ins Leprosorium begeben oder waren sie aus Angst vor Ansteckung zum Eintritt gezwungen worden? Die Formulierung der entsprechenden Textstelle ist eindeutig: [...] (Wenn) *gott ihm die gesundheit zuschickt, und würde wiederum gesund, und des Mangels erlediget, und wiederum abwiche, so solle er [...] abziehen [...]. Wäre auch sach, daß solches abgewichenes Kind wieder hinterfällig, und mit dem Mangel wiederum mögt behaft werden, solle das selbige, nicht schuldig seyn zum zweyten die Probent zu kaufen und also wiederum kan angenohmen werden* [...]. Offenbar war die Heilung von einer Lepraerkrankung für die Bewohner des Leprosoriums durchaus denkbar, denn die genaue Regelung der finanziellen Auswirkungen deutet darauf hin, dass es in der Vergangenheit zu mindestens einem solchen Vorfall gekommen sein muss. Ebenso muss es auch vorgekommen sein, dass ein als gesund entlassener Leprose später erneut „erkrankte" und wiederum ins Leprosorium aufgenommen wurde. Bei einer tatsächlichen Lepraerkrankung ist eine solche Krankengeschichte, wie einleitend angesprochen, nicht möglich. Zur Erklärung dieses Phänomens ist die Frage entscheidend, was die Zeitgenossen unter dem Begriff „Aussatz" verstanden. Bezeichnete der Begriff ausschließlich die heute als Lepra bezeichnete Krankheit, so muss die Lepra-Diagnose der Betroffenen falsch oder zumindest ungenau gewesen sein. Möglich ist aber auch, dass unter dem Begriff „Aussatz" verschiedene Hautkrankheiten subsumiert wurden, die bei den Betroffenen zwar ein erschreckendes und entstellendes Aussehen verursachten, aber nicht zwangsläufig ansteckend oder unheilbar waren.

An diesem Beispiel zeigen sich deutlich die Schwierigkeiten bei der Beschäftigung mit der Lepra- bzw. Aussatzthematik für das Mittelalter und die frühe Neuzeit. Es ist schlicht unmöglich, die zeitgenössischen Krankheitsbegriffe in die heutige

Zeit zu übertragen. Unabhängig davon, welche der beiden genannten Möglichkeiten dem damaligen Krankheitsverständnis am nächsten kommt, steht fest, dass der Eintritt ins Leprosorium zu dieser Zeit noch nicht freiwillig, sondern auf äußeren Druck hin erfolgte. Ein Austritt aus dem Leprosorium war nämlich nur dann möglich, wenn *gott ihm* (einem Insassen) *die gesundheit zuschickt*(e). Zweifellos musste die wiedergewonnene Gesundheit erneut von dem Untersuchungsgremium bestätigt werden. Gegen einen freiwilligen Eintritt ins Leprosorium spricht auch die Tatsache, dass die hierbei zu kaufende Pfründe bei einem eventuellen Austritt bei der Einrichtung verblieb und somit der Kaufpreis für den Betroffenen im vollen Umfang verloren war.

Aufgrund der starken rechtlichen und sozialen Einschränkungen für die Betroffenen im Leprosorium erstaunt es, dass in den Statuten anscheinend selbstverständlich von einer möglichen Gesundung der Insassen und dem Austritt aus der Anstalt die Rede ist. Offenbar war die Lepraschau in der Praxis nicht so zuverlässig, wie dies die vielfach überlieferten medizinischen Vorschriften vermuten lassen. Bei einer ordnungsgemäßen und sorgfältigen Lepraschau, wie sie beispielsweise ab dem späten 15. Jahrhundert durch die Ärzte der Medizinischen Fakultät der Kölner Universität durchgeführt und protokolliert wurde, war durchaus eine sichere Diagnose möglich, wenn auch in einigen Fällen erst nach dem zweiten oder dritten Untersuchungstermin.[45] Die Besehung in den Leprosorien scheint hingegen nicht immer zuverlässig gewesen zu sein. So sind für das Kölner Leprosorium Melaten, die angesehenste und meistfrequentierte Lepraschau im ganzen Rheinland, Fälle von Bestechung und Betrug überliefert,[46] was bei den mit dem Untersuchungsergebnis verbundenen weitreichenden Konsequenzen für die Probanden kaum verwundert. Die Vielzahl diesbezüglicher Paragraphen in der zweiten St. Joster Urkunde von 1463 und die große Sorge um das Ansehen der Einrichtung deuten auf ähnliche Probleme hin. Als schwierig erwies sich in Estrich lediglich die finanzielle Regelung des Austritts aus dem Leprosorium. In diesem Fall durfte ein Betroffener zwar seinen gesamten Besitz und Hausrat mitnehmen, die beim Eintritt erworbene Pfründe verblieb jedoch beim Leprosorium. Falls er *mit dem Mangel wiederum mögt behaft werden*, so sollte ihm beim Wiedereintritt der erneute Erwerb einer Pfründe erlassen werden, vorbehaltlich dem *Vorwissen und willen des Ehrw*[ürdigen] *Herren zu St. Matheis* [...].

Aufschlussreiche Einblicke in das Alltagsleben im Estricher Leprosorium ermöglichen die übrigen fünf Paragraphen. Demnach sollen die Insassen abends nach dem Ave-Maria-Läuten das Gemeinschaftshaus verlassen und dort keine Bekannten mehr treffen, gemeint sind hier sicher Besucher, keine Bewohner des Leprosoriums (Artikel 5). Die Isolation im Leprosorium scheint auch hier nicht

45 Vgl. Uhrmacher: Köln als Zentrum der Lepraschau (wie Anm. 23), S. 4–6; Keussen: Kölner Lepra-Untersuchungen (wie Anm. 23), S. 80–112.

46 Vgl. Irsigler/Lassotta: Bettler und Gaukler (wie Anm. 23), S. 72; Gregor Heinrich Klövekorn: Der Aussatz in Köln. München 1966, S. 58f.; Asen: Leprosenhaus Melaten (wie Anm. 23), S. 67–69.

sehr konsequent gewesen zu sein; den Leprosen war also eine problemlose Kontaktpflege mit Außenstehenden möglich.

Artikel 6 regelt das Vorgehen im Falle einer als unzüchtig angesehenen, wahrscheinlich sexuellen Beziehung zwischen einem Leprosen und einer Dienstmagd. Für die Magd hatte dies drastische Konsequenzen: Sie wurde umgehend vom Leprosenhof vertrieben. Der Leprose soll hingegen relativ glimpflich bestraft werden: Er muss das Jahreseinkommen einer Dienstmagd an die Gemeinschaftskasse des Leprosoriums zahlen und dem Haus umgehend eine *andere nützliche Magd zustellen*. Dieser Paragraph findet sich, wie bereits angesprochen, in ähnlicher Weise auch in der zeitgleichen Leprosenordnung von St. Jost. Hier wird allerdings auch der umgekehrte Fall, nämlich das Verhältnis einer weiblichen Bewohnerin mit einem Knecht berücksichtigt. Ob es sich dabei um Erfahrungswerte oder schlicht um Gleichbehandlung der Bewohner gehandelt hat – in beiden Häusern lebten „Brüder und Schwestern", also Männer und Frauen, – bleibt unklar.

Eine Estricher Besonderheit stellt das in den Artikeln sieben und acht genannte Verbot dar, sich am obersten Wassertrog zu waschen und diesen zu verschmutzen. Gemeint ist wahrscheinlich eine Quellfassung oberhalb des Hofes. Diese besonders für Leprakranke eigentlich selbstverständliche Regelung zur Reinhaltung des Trinkwassers kann nur als Reaktion auf derartige Vorfälle verstanden werden.

Kommen wir abschließend auf die eingangs gestellte Frage nach möglichen Parallelen oder Unterschieden zwischen den Bestimmungen der drei Trierer Statuten zurück. Für die beiden Statuten von St. Jost konnte deutlich gezeigt werden, dass sie aufeinander aufbauen und sich inhaltlich ergänzen. Kein Artikel der ersten Statuten wird in der jüngeren Urkunde wiederholt und in Artikel 22 wird sogar explizit auf das ältere Regelwerk verwiesen. Dieser enge inhaltliche Bezug beider Statuten und der geringe zeitliche Abstand von nur 15 Jahren lässt eine interessante Interpretation zu: Zum Zeitpunkt der Abfassung der ersten Urkunde 1447 gab es offenbar keinen Anlass, mehr als die in den sieben Artikeln angesprochenen Regelungen schriftlich zu fixieren. Die große Anzahl zusätzlicher Regelungen in der zweiten St. Joster Urkunde, vor allem die Durchführung der Lepraschau und das Verhalten der Leprosen außerhalb des Leprosoriums betreffend, deuten jedoch auf eine Vielzahl von Konflikten und Problemen hin, die in dem kurzen Zeitraum nach 1447 erstmals auftraten oder stark an Brisanz gewonnen hatten. Vielleicht ist diese Beobachtung auch durch die zunehmende Tendenz zur Verschriftlichung von bisher mündlich tradierten Regelungen bestimmt. Möglicherweise lässt sich hier aber auch eine Umbruchphase greifen, in der die Leprosorien und ihre Bewohner beginnen, sich aus ihrer räumlichen und gesellschaftlichen Isolation zu lösen und verstärkt Kontakte zu ihrer Umwelt aufnehmen. Die hierbei fast unvermeidlich auftretenden Konflikte hätten dann ihren Niederschlag in den zweiten Statuten gefunden.

Ein Vergleich der beiden Statuten von St. Jost mit der Estricher Hausordnung weist keine identischen Bestimmungen auf. Ähnlichkeiten bestehen neben dem streng bestraften Verhältnis mit einer Magd oder einem Knecht nur in der Regelung von Streitigkeiten und Verleumdungen zwischen den Bewohnern: So werden nicht zu beweisende Verleumdungen (Estrich Artikel 1; St. Jost [1463] Artikel 11) ebenso wie Handgreiflichkeiten (Estrich Artikel 4; St. Jost [1463] Artikel 12) mit einer Geldstrafe belegt.

Auffällig ist jedoch die besonders herausgehobene Position, die dem Momper in allen drei Urkunden eingeräumt wird: als Vormund der Leprosen, als Verwalter des Leprosoriums und Stellvertreter der Provisoren sowie durch seine richterlichen Funktionen bei kleineren Streitfällen zwischen den Insassen. Die starke Machtposition des Mompers ist die einzige charakteristische Gemeinsamkeit zwischen den Statuten der beiden Leprosenhäuser. Inwieweit es sich hierbei um eine regionale Besonderheit oder eine typische Organisationsform bei spätmittelalterlichen Leprosorien handelt, wird erst ein Vergleich mit den Statuten anderer Leprosorien erweisen können.

Wie gezeigt werden konnte, enthalten die drei Statuten keine grundlegende Ordnung der Lebensumstände in den Trierer Leprosorien, wie sie möglicherweise in einer Stiftungsurkunde festgeschrieben waren. Sie sind vielmehr im Sinne von *consuetudines* als ergänzende Regelungen zu betrachten, als Reaktionen auf konkrete Vorfälle aus der Praxis und Spiegelbild sich abzeichnender Wandlungsprozesse. Gerade in dieser Hinsicht ermöglichen die Statuten einen realistischen Blick auf das alltägliche Leben in spätmittelalterlichen Leprosorien, das sich in vielerlei Hinsicht doch recht deutlich von dem weitverbreiteten Bild unterscheidet, das die überlieferten Normen des allgemeinen Leprosenrechts zeichnen und das in der Literatur vielfach plakativ zitiert wird: lebenslange vollkommene Isolation und strengste Reglementierung des Alltags als „lebende Tote". Dass dieses Bild in vielen Bereichen nicht der Realität entsprach, haben uns die an der Praxis orientierten Normen der Leprosorienstatuten gezeigt. Sie haben besonderen Wert für die Erforschung des Alltagslebens in den Leprosorien.

„DAS BEIM HAUS NUTZ UND KEIN UNNUTZ GE-SCHEHE" – NORM UND PRAXIS DER WIRTSCHAFTS-FÜHRUNG IN KLEINSTÄDTISCHEN SPITÄLERN AM BEISPIEL VON SIEGEN UND MEERSBURG

JENS ASPELMEIER[1]

Der normative Anspruch der Ratsherren oder Landesherren an die Hospitäler, die Versorgung der Alten, Armen, Waisen und Kranken zu gewährleisten, ist in den Hospitalordungen und Almosenordnungen sowie weiteren Instruktionen der Obrigkeiten für städtische Anstalten in Spätmittelalter und früher Neuzeit vergleichsweise gut dokumentiert. Diese Institutionen sollten dem wie auch immer definierten „Gemeinen Nutzen" dienen. Der dem Definitonsprozess zugrundeliegende Diskurs zur Armut und vor allem die Ausgestaltung des Fürsorgewesens gehören zu den breit untersuchten Feldern der Geschichtswissenschaft.[2] Die kritische Auseinandersetzung mit vermeintlich schlüssigen Theorien und Erklärungsansätzen, wie

---

1   Der Artikel beruht im Wesentlichen auf meinem Tagungsvortrag und wurde für den Druck lediglich geringfügig überarbeitet.

2   Vgl. dazu exemplarisch für die ältere Forschung, die vielfach auf rechts- und besitzgeschichtliche Aspekte sowie eine Darstellung der christlichen Fürsorgetätigkeit begrenzt blieb. Georg Ratzinger: Geschichte der kirchlichen Armenpflege. 2., umgearbeitete Aufl., Freiburg i. Br. 1884; Gerhard Uhlhorn: Die christliche Liebestätigkeit. Stuttgart ²1895; Wilhelm Liese: Geschichte der Caritas. 2 Bde. Freiburg i. Br. 1922; Franz Meffert: Caritas und Krankenwesen bis zum Ausgang des Mittelalters (Schriften zur Caritaswissenschaft, Bd. 2). Freiburg i. Br. 1927; Alfred Wörner (Hg.): Das städtische Hospital zum Hl.-Geist in Schwäb. Gmünd in Vergangenheit und Gegenwart. Mit einer Abhandlung über die Geschichte der Hospitäler im Altertum und Mittelalter und einem medicinisch-wissenschaftlichen Anhang unter Mitwirkung von J. N. Denkinger. Tübingen 1905. Vgl. zur neueren Forschung folgende Auswahl aus den zahlreichen Untersuchungen: Bernhard Zeller: Das Heilig-Geist-Spital zu Lindau im Bodensee von seinen Anfängen bis zum Ausgang des 16. Jahrhunderts (Schwäbische Geschichtsquellen und Forschungen 4). Lindau 1952; Herbert Aderbauer: Das Tübinger Spital und der Wandel seiner sozialen Funktion in der frühen Neuzeit (Beiträge zur Tübinger Geschichte, Bd. 9). Stuttgart 1997; Annette Boldt: Das Fürsorgewesen der Stadt Braunschweig in Spätmittelalter und Früher Neuzeit. Eine exemplarische Untersuchung am Beispiel des St. Thomae-Hospitals. Chronik der Stiftung St. Thomae-Hof für die Zeit von 1705 bis in die Gegenwart (Veröffentlichungen aus dem Stadtarchiv und der Staatsbibliothek, Reihe A, Bd. 24). Braunschweig 1988; Karl Wellschmied: Die Hospitäler der Stadt Göttingen. Ihre Entwicklung, Verwaltung und Wirtschaft von den Anfängen bis zum Beginn des 19. Jahrhunderts (Studien zur Geschichte der Stadt Göttingen, Bd. 4). Göttingen 1963; Rudolf Kleiminger: Das Heiliggeisthospital von Wismar in sieben Jahrhunderten. Ein Beitrag zur Wirtschaftsgeschichte der Stadt, ihrer Höfe und Dörfer (Abhandlungen zur Sozialgeschichte 4). Weimar 1962.

dem der Sozialdisziplinierung, verweist auf Forschungslücken.[3] Auch wenn bereits zahlreiche Untersuchungen der Frage nachgegangen sind, wie die Hospitäler den allgemein formulierten Anspruch auf obrigkeitliche Armenfürsorge umsetzten, löst dies nicht das grundlegende methodische Problem, dass sich die Praxis vor Ort auf der normativen Ebene nur in Ansätzen ermitteln lässt.[4] Greifbar wird die Funktionsweise der Spitäler in ihrer Wirtschaftsführung. Betrachtet man jedoch die Wirtschaftsführung der Spitäler als *einen* Ausdruck der Praxis, so ergibt sich in Teilen ein etwas anderes Bild. Die eingangs gestellte Frage nach dem *Wie* der Umsetzung kann bzw. muss ergänzt werden durch die Frage, *ob* Spitäler primär überhaupt der Armenfürsorge dienten.

Die Erforschung des Armen- und Fürsorgewesens und insbesondere der Spitäler hat unter verschiedenen Aspekten in den letzten Jahren in der Stadtgeschichtsforschung zunehmend an Bedeutung gewonnen, wobei aber detaillierte vergleichende Untersuchungen zu landstädtischen Anstalten sowie zu deren Rechnungsüberlieferung weniger im Blickfeld stehen.

Die anstaltliche Armenfürsorge in größeren (Reichs-)Städten wie Nürnberg, Basel oder Memmingen mit ihren vielfältigen Funktionen prägten das Bild der Wirtschaftsführung und des Konsumaufwands der Spitäler in Spätmittelalter und früher Neuzeit. Die zahlenmäßig überwiegende Gruppe der landstädtischen Einrichtungen dagegen umfasste sowohl qualitativ als auch quantitativ nicht alle Dimensionen anstaltlicher Fürsorge gleichermaßen. Dennoch nahmen sie zentrale wirtschaftliche und soziale Funktionen innerhalb der Städte wahr. In welchem Maße dabei die verschiedensten Funktionen ausgefüllt werden konnten, wurde nicht zuletzt durch die wirtschaftliche Grundlage und die Struktur einer Einrichtung bestimmt.

Die Wirtschaftlichkeit[5] städtischer Hospitäler als Teil eines mehr oder weniger ausgebauten, städtischen Fürsorgewesens und deren langfristige Sicherung sollte

---

3   Vgl. Winfried Schulze: Gerhard Oestreichs Begriff „Sozialdisziplinierung in der frühen Neuzeit", in: Zeitschrift für Historische Forschung 14 (1987), S. 265–302; Martin Dinges: Normsetzung als Praxis? Oder: Warum werden die Normen zur Sachkultur und zum Verhalten so häufig wiederholt und was bedeutet dies für den Prozeß der „Sozialdisziplinierung"?, in: Gerhard Jaritz (Hg.): Norm und Praxis im Alltag des Mittelalters und der frühen Neuzeit. Internationales Round-Table-Gespräch (Krems an der Donau, 7. Oktober 1996; Forschungen des Instituts für Realienkunde des Mittelalters und der Frühen Neuzeit 2). Wien 1997, S. 39–53; ders.: Frühneuzeitliche Armenfürsorge als Sozialdisziplinierung? Probleme mit einem Konzept, in: Geschichte und Gesellschaft, 17 (1991), S. 5–29; Robert Jütte: „Disziplin zu predigen ist eine Sache, sich ihr zu unterwerfen eine andere" (Cervantes). Prolegomena zu einer Sozialgeschichte der Armenfürsorge diesseits und jenseits des Fortschritts, in: Geschichte und Gesellschaft 17 (1991), S. 92–101. Vgl. auch den Beitrag von Frank Hatje im vorliegenden Band.

4   Vgl. beispielsweise Elisabeth Schepers: Als der Bettel in Bayern abgeschafft werden sollte. Staatliche Armenfürsorge in Bayern im 16. und 17. Jahrhundert (Studien zur Geschichte des Spitals-, Wohlfahrts- und Gesundheitswesens; Schriftenreihe des Archivs des St. Katharinenspitals Regensburg, Bd. 3). Regensburg 2000.

5   Vgl. allgemein zur Wirtschaftlichkeit von Hospitälern folgende Auswahl neuerer Veröffentlichungen aus den zahlreichen Untersuchungen: Ulrich Knefelkamp: Das Heilig-Geist-Spital in Nürnberg vom 14.–17. Jahrhundert. Geschichte, Struktur, Alltag (Nürnberger Forschungen, Bd 26). Nürnberg 1989; ders.: Stiftungen und Haushaltsführung im Heilig-Geist-Spital in Nürn-

für viele Anstalten im Übergang vom Spätmittelalter zur frühen Neuzeit unter dem Eindruck einer allgemeinen Neubewertung von Armut[6] sowie damit einhergehend einer Ausdifferenzierung im Fürsorgewesen[7] zur existentiellen Frage werden. Obwohl die Ratsherren seit dem Spätmittelalter mit der Intensivierung und Ausdehnung ihrer Ratsherrschaft das städtische Fürsorgewesen weitgehend in ihren Zuständigkeitsbereich integriert hatten,[8] blieb die finanzielle Einbeziehung in die

---

berg. 14.–17. Jahrhundert. Bamberg 1989; Wolfgang F. Reddig: Bürgerspital und Bischofsstadt. Das St. Katharinen- und das St. Elisabethenspital in Bamberg vom 13.–18. Jahrhundert. Vergleichende Studie zu Struktur, Besitz und Wirtschaft (Spektrum Kulturwissenschaften, Bd. 2). Bamberg/Frankfurt (Oder) 1998; Hannes Lambacher: Das Spital der Reichsstadt Memmingen. Geschichte einer Fürsorgeanstalt, eines Herrschaftsträgers und wirtschaftlichen Großbetriebes und dessen Beitrag zur Entwicklung von Stadt und Umland (Memminger Forschungen, Bd. 1). Kempten 1991; Wolfgang Sannwald: Spitäler in Pest und Krieg. Untersuchungen zur Wirtschafts- und Sozialgeschichte südwestdeutscher Spitäler im 17. Jahrhundert. Gomaringen 1993; Michaela von Tscharner-Aue: Die Wirtschaftsführung des Basler Spitals bis zum Jahre 1500. Ein Beitrag zur Geschichte der Löhne und Preise (Quellen und Forschungen zur Basler Geschichte, Bd. 12). Basel 1983; Klaus Militzer: Das Markgröninger Heilig-Geist-Spital im Mittelalter. Ein Beitrag zur Wirtschaftsgeschichte des 15. Jahrhunderts (Vorträge und Forschungen, Sonderband 19). Sigmaringen 1975, mangels weiterer Rechnungsjahre auf wenige Jahre konzentriert; Wolfgang Berger: Das St.-Georgs-Hospital zu Hamburg. Die Wirtschaftsführung eines mittelalterlichen Großhaushalts (Beiträge zur Geschichte Hamburgs, Bd. 8). Hamburg 1972; Christian Heimpel: Die Entwicklung der Einnahmen und Ausgaben des Heiliggeistspitals zu Biberach an der Riß. Von 1500 bis 1630 (Quellen und Forschungen zur Agrargeschichte, Bd. 15). Stuttgart 1966; Aderbauer: Tübinger Spital, (wie Anm. 1).

6 Vgl. zur Neubewertung der Armut Otto Gerhard Oexle: Armut, Armutsbegriff und Armenfürsorge im Mittelalter, in: Christoph Sachße/Florian Tennstedt (Hg.): Soziale Sicherheit und soziale Disziplinierung. Beiträge zu einer historischen Theorie der Sozialpolitik. Frankfurt a. M. 1986, S. 73–100; Schulze: Sozialdisziplinierung (wie Anm. 2); Dinges: Frühneuzeitliche Armenfürsorge (wie Anm. 2); Jütte: Disziplin (wie Anm. 2); Kai Detlev Sievers/Harm-Peter Zimmermann: Das disziplinierte Elend. Zur Geschichte der sozialen Fürsorge in schleswig-holsteinischen Städten 1524–1914. Neumünster 1994; Jesko von Steynitz: Mittelalterliche Hospitäler der Orden und Städte als Einrichtungen der sozialen Sicherung (Sozialpolitische Schriften, Bd. 26). Berlin 1970.

7 Vgl. ein frühes Beispiel für eine zusammenfassende Betrachtung des Fürsorgewesens einer Stadt bei Otto Winckelmann: Das Fürsorgewesen der Stadt Strassburg vor und nach der Reformation bis zum Ausgang des sechzehnten Jahrhunderts, 2 Bde (ND der Ausgabe Leipzig 1922; Quellen und Forschungen zur Reformationsgeschichte, Bd. 5). New York/London 1971; Peter Johanek (Hg.): Städtisches Gesundheits- und Fürsorgewesen vor 1800 (Städteforschung: Reihe A, Darstellungen; Bd. 50). Köln u. a. 2000; Robert Jütte: Obrigkeitliche Armenfürsorge in deutschen Reichsstädten der frühen Neuzeit. Städtisches Armenwesen in Frankfurt a. M. und Köln (Kölner Historische Abhandlungen, Bd. 31). Köln/Wien 1984; Thomas Fischer: Städtische Armut und Armenfürsorge im 15. und 16. Jahrhundert. Sozialgeschichtliche Untersuchung am Beispiel der Städte Basel, Freiburg i. Br. und Straßburg (Göttinger Beiträge zur Wirtschafts- und Sozialgeschichte, Bd. 4). Göttingen 1979; Werner Moritz: Die bürgerlichen Fürsorgeanstalten der Reichsstadt Frankfurt a. M. im späten Mittelalter (Studien zur Frankfurter Geschichte 14). Frankfurt a. M. 1981; Steynitz: Mittelalterliche Hospitäler (wie Anm. 5).

8 Daneben existierten immer noch Hospitäler in kirchlicher Trägerschaft. Vgl. Siegfried Reicke: Das deutsche Spital und sein Recht im Mittelalter. Bd. I/II (Kirchenrechtliche Abhandlungen 111 u. 114). ND der Ausgabe Stuttgart 1932. Amsterdam 1970; Fischer: Städtische Armut (wie Anm. 6), S. 161ff.

städtischen Haushalte sowohl qualitativ als auch quantitativ rudimentär, d.h., die Spitalhaushalte galten in der Regel als städtische Sonderkassen, aus denen man sich bei Bedarf bediente[9] und denen nur gelegentliche Zuschüsse gewährt wurden.

Aufgrund dieser Tatsache erfolgte in vielen Fällen parallel zum strukturellen Wandel in Verfassung und Verwaltung der Hospitäler ein grundlegender Umbau der Wirtschaftsführung, wobei Ausgangspunkt und Folge dieser drei miteinander verbundenen Prozesse schwer bestimmbar sind.[10] Zeitlich nur am Fallbeispiel konkret einzugrenzen, erweiterte sich der doppelköpfige Charakter der Spitäler als landwirtschaftlicher Großbetrieb und Versorgungsanstalt für Bedürftige durch die vermehrten Kapitalgeschäfte der Anstalten zu einer Trias.[11] Die städtischen Hospitäler entwickelten sich bei entsprechend vorhandenem Eigenbesitz und Einnahmen vermehrt zu Kreditanstalten sowohl der Bürgerschaft als auch der Stadtherren. Die damit verbundene Kapitalakkumulation konsolidierte die gesamte vorhandene Wirtschaftsführung. Für die langfristige Existenz entscheidender war jedoch, sowohl den Ausbau der Anstalt selber als auch die Ausweitung der lukrativen Kapitalgeschäfte und des Grund- und Immobilienbesitzes finanzieren zu können. Somit waren die Hospitäler seit dem Spätmittelalter: „bedeutende Faktoren der städtischen Entwicklung [...], und zwar nicht nur für Gesundheitswesen, Wohlfahrt und Altenversorgung, sondern insbesondere auch für Immobilienverkehr, Geld- und Rentenmarkt bei der Ausweitung von Stadthoheit und Stadtterritorium [...]".[12]

Über eine Einzelfallstudie hinaus, bietet eine vertiefte Betrachtung der Wirtschaftsführung der kleinen landstädtischen Spitäler die Möglichkeit, ergänzend zu anderen Aspekten, wie Gründungs- und Besitzgeschichte, Rechts- und Verfassungsgeschichte, ein weiteres Kriterium zur Unterscheidung bzw. Einordnung dieser Form der anstaltlichen Fürsorge in größere Hospitallandschaften zu gewinnen.

Anhand der beiden Fallbeispiele landstädtischer Spitäler in Siegen und in Meersburg am Bodensee soll versucht werden, einige Strategien und Prozesse innerhalb der Wirtschaftsführung dieser Institutionen anhand dreier zentraler Funktionen – der als landwirtschaftlicher Großbetrieb, der als Kreditinstitut sowie der als Fürsorgeanstalt – mittels der Rechnungsüberlieferung nicht nur quantitativ grob zu skizzieren, sondern hinsichtlich der Ertragssituation im landwirtschaftlichen Bereich, der Kapitalgeschäfte, der Beschäftigungspolitik, der Versorgungslei-

---

9   Dies zeigt sich deutlich in allgemeinen Krisenzeiten, wie z. B. dem Dreißigjährigen Krieg. Viele Hospitäler waren durch hohe Transferleistungen an den Stadthaushalt im Zuge von Kontributionsforderungen in ihrer Existenz bedroht. Vgl. dazu exemplarisch Lambacher: Memmingen (wie Anm. 4).

10   Vgl. zum Prozess der Kommunalisierung, wenn auch älter, jedoch immer noch grundlegend Reicke: Spital (wie Anm. 7); aus der Vielzahl der Beispiele Militzer: Markgröningen (wie Anm. 4), S. 108.

11   Wenngleich alle drei Bereiche in fast allen Spitälern in Ansätzen vorhanden waren, so ist in der Regel ein signifikantes Ansteigen der Kapitalgeschäfte zu verzeichnen.

12   Wolfgang Hartung: Armut und Fürsorge. Eine Herausforderung der Stadtgesellschaft im Übergang vom Spätmittelalter zur Frühen Neuzeit, in: Joachim Jahn/Wolfgang Hartung/Immo Eberl (Hg.): Oberdeutsche Städte im Vergleich. Mittelalter und Frühe Neuzeit (REGIO. Forschungen zur schwäbischen Regionalgeschichte 2). Sigmaringendorf 1989, S. 158–181, hier S. 163.

stungen für die Insassen und der finanziellen Möglichkeiten zumindest in Teilen qualitativ zu bewerten.

Für eine vergleichende Untersuchung zur Haushalts- und Wirtschaftsführung landstädtischer Spitäler boten sich die Quellenbestände, hier vorwiegend die Rechnungsüberlieferung, der Hospitäler in Siegen und Meersburg an. Beide Landstädte verfügen über weitgehend ähnliche Rahmenbedingungen hinsichtlich Bevölkerungsgröße, Verfassungs- und Sozialstruktur.[13] Die verschiedenen Konfessionen innerhalb der Territorien bzw. Städte erlauben am Rande eine weitergehende Betrachtung einer konfessionsspezifischen Modellierung der Armenfürsorge.

Der Untersuchungszeitraum umfasst primär die Jahre 1575–1620, wobei für Siegen erste Rechnungen mit einer Kontensystematik bereits Ende des 15. Jahrhunderts angelegt wurden. In Meersburg vollzog sich der Schritt von einer rein chronologischen Verbuchung hin zu einer Kontensystematik – vergleichbar der in Siegen – erst in den 1570er Jahren. Die hier präsentierten Zahlen basieren auf Fünf-Jahres-Schritten, wobei dies nur eine vereinfachte Längschnittanlayse darstellt, die im Rahmen der detaillierten Untersuchung durch die Einzeljahre sowie Querschnittsanalysen ergänzt wird.

Um die Rechnungen der beiden Anstalten quantitativ auswerten zu können, wurden die Einzeleinträge der Rechnungen anhand eines einheitlichen Standardkontenplans neu verbucht.[14] Zur qualitativen Beschreibung und Analyse war es notwendig, die Einzeleinträge in Form von Teilregesten mit aufzunehmen. Erst hiermit erschließen sich die Ergebnisse der quantifizierenden Untersuchung.

13 Vgl. zur Geschichte der beiden Städte Andreas Bingener/Gerhard Fouquet: Die Stadt Siegen im Spätmittelalter. Verfassung, Bevölkerung, Wirtschaft. Ein Überblick, in: Nassauische Annalen 105 (1994), S. 103–117; Andreas Bingener: Zur Entwicklung der Stadt Siegen im Hoch- und Spätmittelalter. Unter besonderer Berücksichtigung der Urkunde von 1224, in: Nassauische Annalen 111 (2000), S. 29–50; ders.: Verwaltung und Finanzwesen der Stadt Siegen (1500–1610). 2. Bde. Dargestellt vornehmlich anhand der Bürgermeisterrechnungen (Sachüberlieferung und Geschichte. Siegener Abhandlungen zur Entwicklung der materiellen Kultur, Bd. 20). St. Katharinen 1997; Heinrich von Achenbach: Geschichte der Stadt Siegen. Kreuztal 1983; ders.: Aus des Siegerlandes Vergangenheit. 2 Bde (ND der Ausgabe Siegen 1898). Kreuztal 1982; Franz Götz: Die Stadt Meersburg, in: Elmar Kuhn u. a. (Hg.): Die Bischöfe von Konstanz, Bd. 1: Geschichte. Friedrichshafen 1988, S. 331–336; Guntram Brummer: Meersburg und die Bischöfe zur Zeit der Stadtrechtskämpfe, in: Elmar Kuhn u. a. (Hg.): Die Bischöfe von Konstanz, Bd. 1: Geschichte. Friedrichshafen 1988, S. 337–343; Franz Schwarzbauer (Hg.): Meersburg. Spaziergänge durch die Geschichte einer alten Stadt. Friedrichshafen 1999; Steven Roger Fischer: Meersburg im Mittelalter. Aus der Geschichte einer Bodenseestadt und ihrer nächsten Umgebung. Meersburg 1988; Roderich Oechsle: Die Finanzgeschichte der fürstbischöflich-konstanzischen Residenzstadt Meersburg (Diss.) Meersburg 1957; Berthold Widemann: Die Verfassung und Verwaltung der Stadt Meersburg in der Zeit vom 16. bis zum 18. Jahrhundert (Diss.). Freiburg i. Br. 1958.

14 Vgl. zur Methode eines neuen Kontenplans die Forschungen im Bereich der städtischen Haushalte Josef Rosen: Verwaltung und Ungeld in Basel. 1360–1535. 2 Studien zu Stadtfinanzen im Mittelalter (Vierteljahrschrift für Sozial- und Wirtschaftsgeschichte, Beiheft 77). Stuttgart 1986; Bernd Fuhrmann: Der Haushalt der Stadt Marburg in Spätmittelalter und Früher Neuzeit (1451/52–1622) (Sachüberlieferung und Geschichte. Siegener Abhandlungen zur Entwicklung der materiellen Kultur, Bd 19). St. Katharinen 1996; Bingener: Verwaltung (wie Anm. 12).

Da es sich hierbei um einen Werkstattbericht handelt, bitte ich um Verständnis, wenn ich nicht für alle Bereiche abschließende Ergebnisse präsentieren kann. Viele der im Folgenden gestreiften Themen- und Fragekomplexe können hier nur unzureichend dargestellt werden.

Die Hospitalrechnungen

Zum besseren Verständnis der gemeinhin als spröde bezeichneten Quellengattung der Rechnungsbücher vorweg noch einige Bemerkungen zu Aufbau und Besonderheiten der Quellen in Meersburg und Siegen.

Siegen

Die Hospitalrechnungen in Siegen umfassen für jedes Rechnungsjahr ca. 70 Folioseiten. Die Rechnungen sind in eine Einnahmen- (25 Seiten) und eine deutlich umfangreichere Ausgabenseite (40 Seiten) sowie in eine Fruchtrechnung (5 Seiten) unterteilt. Abgeschlossen wurden die Rechnungen durch einen Rezess der Einnahmen und Ausgaben, ein Rechnungsprotokoll sowie ein teilweise ausführliches Abhörprotokoll, in dem auf Mängel in der Haushalts- und Wirtschaftsführung und Maßnahmen zu Abhilfe derselben eingegangen wurde. Das zu Beginn des 16. Jahrhunderts entwickelte Rechnungskonzept erweiterte man mit dem Rechnungsjahr 1545/46 deutlich. In der Folgezeit sind die Modifizierungen auf der Ausgabenseite jedoch nicht abgeschlossen, besonders die Konten für Lohnzahlungen des Hospitals erfuhren häufige Umstrukturierungen.

Gerade dieser Umstand erfordert für eine detaillierte Auswertung der Rechnungen über einen längeren Zeitraum eine Umbuchung in einen stabileren Kontenplan; zumindest jedoch eine genauere Betrachtung der Einzeleinträge, um nicht dem Eindruck einer scheinbaren Rationalität der Verbuchungspraxis und der Zahlen aufzusitzen.

Vor allem die Verwendung von Summen aus den Rechnungen birgt die Gefahr von Fehlinterpretationen. Besonders betroffen ist von diesem Phänomen das nahezu in allen Spitalrechnungen auftauchende Konto „Sonstiges". Entgegen den Gewohnheiten in der heutigen Buchführung diente dieses Konto nicht nur der Verbuchung geringer, nicht weiter zuzuordnender Beträge, vielmehr verbergen sich hinter manchen Einträgen bedeutende Transaktionen: So verbuchte man beispielsweise im Rechnungsjahr 1611 in Meersburg unter den Ausgaben *insgemain* einen Zuschuss für den Bau eines neuen „Leprosenhauses im Felde" und zwar einen Betrag von 1.000 gl., immerhin 1/5 der Gesamtausgaben des Jahres.[15]

Aber auch andere vermeintlich klar gegliederte Konten wie Almosenvergabe oder Lohnzahlungen beinhalten oftmals Transferleistungen, die nicht primär der spitalischen Wirtschaftsführung zuzuordnen sind. Ein Beispiel dafür sind die Lohnzahlungen an städtische Bedienstete wie Schulmeister oder Stadtschreiber,

---

15   StadtA Meersburg, BÜ 137, 1611.

die einen Teil ihres jährlichen Lohnes aus den Kassen der Spitäler erhielten, ohne dafür in vollem Umfange die entsprechenden Gegenleistungen zu liefern.[16] Würde man nun einfach die Summe der Lohnzahlungen des entsprechenden Kontos für Spitalbedienstete übernehmen, ergeben sich erstaunliche Verzerrungen. Im Falle Meersburgs entfielen beispielsweise ca. 30 % der Lohnzahlungen auf solche Transferleistungen. Es gäbe noch eine ganze Reihe von Beispielen, die deutlich machen, dass die Verbuchungspraxis des 16. Jahrhunderts für eine wirtschaftsgeschichtliche Mikrostudie nicht ohne weiteres übernommen werden kann.

Die Einnahmenseite der Rechnungen in Siegen behandelt in erster Linie die Geldgeschäfte des Hospitals wie Renten, Erbgülten, Kreditablösungen sowie Pfründeinkäufe. Darüber hinaus verbuchte man Einnahmen aus dem Verkauf von Naturalien wie Holz, Getreide und Heu. Die Ausgabenseite beziffert in den Buchungstiteln vorrangig die zum Teil umfangreichen Baumaßnahmen, Kreditgeschäfte, Lohnzahlungen an Bedienstete und saisonale Kräfte sowie Kosten für die Verwaltung und Unterhaltung des spitalischen Wirtschaftsbetriebs.

Mit dem Rechnungsjahr 1576/77 wurde eine Sonderrechnung für das verkaufte Hofgut des Spitals in Seelbach angelegt. Erst nach weiteren 20 Jahren flossen die Gelder aus der Sonderrechnung, die von einem Mitglied des Rates geführt wurde, im Rechnungsjahr 1597/98 in den normalen Spitalhaushalt zurück, wurden aber auch dort noch einige Jahre in gesonderten Konten geführt. Während dieser 21 Jahre erhielt das Hospital im Wesentlichen eine jährlich festgesetzte Summe von 80 Rädergulden aus dem Kapitalstock der Sonderrechnung. Lediglich für umfangreichere Baumaßnahmen durfte auf den Sonderhaushalt zurückgegriffen werden.[17]

16 Vgl. Stadt Meersburg, BÜ 137, 1588 und BÜ 122, 1587/88; Akten XVI/2106. Als Beispiel soll hier der Stadtschreiber angeführt werden: Er erhielt für seine Bemühungen an den vier Fronfastenterminen zusammen im Jahr 13 lb 2 ß 6 d. Verbunden mit einem Wechsel der Person erhöhte man ab dem Rechnungsjahr 1588 seine Bezüge um immerhin 30 % auf 17 lb 10 ß. Gleiches erfolgte auch seitens der Stadt die seinen Lohn nahezu im gleichen Maßstab (ca. 36 %) von 11 lb 7 ß 6 d auf 15 lb 15 ß anhob. Ähnlich den Pflegern war auch die städtische Entlohnung als Teilentgelt gedacht, die der Schreiber mit weiteren Tätigkeiten für andere städtische Institutionen deutlich steigerte. In Meersburg betreute er neben dem Spital auch die weiteren Sozialfonds, wie die Arme-Leute-Pflegschaft im *Häuslin*, die ihm 1577 die bescheidene Summe von 5 ß an Jahrbesoldung für seine Anfertigung der allerdings auch knappen Jahresrechnung schuldeten. Die zahlreichen Stiftungen in Meersburg konnten hier nicht alle berücksichtigt werden, aber allein die Zahlungen von Stadt und Spital bescherten ihm ein jährliches Einkommen an Geld von 24 lb 10 ß bzw. ab 1588 von 33 lb 5 ß. Ob und wieviel durch Schreibarbeiten für Privatpersonen hinzukamen, lässt sich nicht ermitteln. Auch die diversen Termine mit umfangreichen Mahlzeiten sind ähnlich den weiteren städtischen Bediensteten nicht in Geldäquivalente zu bemessen. Unabhängig davon zählte er mit diesem Einkommen zu der oberen Einkommensschicht in der Stadt.

17 Vgl. StadtA Siegen, Akten Hospital; StadtA Siegen, HR 1581/82, fol. 25. HR 1601/02, fol. 16ff. Die als Sonderkasse geführten Zinseinnahmen des in Kredite investierten Kapitals, flossen erst ab dem Rechnungsjahr 1596/97 komplett in den Spitalhaushalt ein. Zuvor bezog das Spital aus diesem gesonderten Fonds lediglich einen Zuschuss in den Rechnungen von 80 gl jährlich, wobei diese Summe erst ab 1582/83 regelmäßig verbucht wurde. In den Jahren davor erhielt das Spital je nach Sachlage einen zweckgebundenen Zuschuss, so zum Beispiel 1581/82 als Heinrich Schickard *„uff Bewilligung der Hern Bürgermeister und Scheffen vorgestreckt*

Meersburg

Die Hospitalrechnungen in Meersburg umfassen für jedes Rechnungsjahr ca. 70–100 Folioseiten.[18] Neben den Hospitalrechnungen existiert mit den Zinsrodelbüchern ein gesondertes Verzeichnis aller Zinseinnahmen des Hospitals, so dass in den Meersburger Hospitalrechnungen die Zinseinnahmen nur summarisch erfasst wurden.[19] Der Aufbau der Hauptrechnungen entspricht im Wesentlichen den Siegener Gewohnheiten. Ein angefügtes Rechnungsprotokoll ist allerdings in keinem Jahr überliefert, vermutlich existierten hierzu gesonderte Akten, die allerdings nicht vorhanden sind.

Auf der Einnahmenseite dominieren die in der Fruchtrechnung lediglich in Mengen angegeben Weinverkäufe, von denen an dieser Stelle die dazugehörigen Beträge verbucht wurden. Darüber hinaus konnte das Hospital in Meersburg auch Getreideüberschüsse erwirtschaften, die lokal verkauft wurden.

Die Ausgabenseite umfasste überwiegend die festen Lohnzahlungen an Spitalbedienstete, die Verwaltungs- und Unterhaltungskosten für den Anstaltbetrieb, die hohen Aufwendungen für den Weinbau des Spitals und die Zahlungen an Tagelöhner und Handwerker. Auch in Meersburg bildeten die zum Teil erheblichen Bautätigkeiten ein eigenes Konto.

Ähnlich der Entwicklung in Siegen ist mit der Ausweitung des Anstaltbetriebes gegen Ende des 16. Jahrhunderts eine Zunahme der Verbuchungen zu verzeichnen. Eine Modifizierung des Rechnungskonzepts erfolgte damit in Meersburg allerdings nicht; wie überhaupt in Meersburg im Hinblick auf die Ausgestaltung der Rechnungsführung eine andere, später einsetzende Entwicklung stattgefunden hat. Die bis zum Jahr 1570 vorhandenen Rechnungen weisen lediglich eine Unterteilung in Einnahmen und Ausgaben auf, wobei die einzelnen Buchungen chronologisch fortlaufend eingetragen wurden, eine Rechnungssystematik gab es nur in Ansätzen. Die für Siegen feststellbare Orientierung an bestehenden Kirchen- und vor allem Bürgermeisterrechnungen – letztlich durch denselben Schreiber intendiert – war in Meersburg umgekehrt gegeben. Die Stadtrechnungen sollten gemäß einem Ratsprotokoll von 1574 vielmehr analog zu den Rechnungen der *Gottesheusern* (Hospital, Kirchenrechnung, Dominikanerinnenkloster) erstellt werden.[20]

---

und geliefert zur Erkhauffung zweyer Schweine 15 Daler thuet an reder Gellt xix gl. ix alb." Den Höhepunkt sowie den Abschluss der Transferzahlungen in einem markierte das Rechnungsjahr 1596/97, als das Spital in zwei Zahlungen zusammen 299 gl Zuschuss zum Neubau erhielt. Trotz der Überführung in die spitalische Hauptkasse waren die Zinseinnahmen aus dem Hofgutverkauf durch eine eigene Rubrik in der Spitalrechnung, *Innahm ablösiger Guldt, von des Hospitals verkaufften Hoffgüter zu Selbach herrührend*, bis zum Rechnungsjahr 1601/02 integriert, aber buchungstechnisch noch zu identifizieren. Erst im folgenden Rechnungsjahr löste man diesen Kontentitel auf, und die Zinsen gingen komplett in den Haushalt ein.

18 StadtA Meersburg, BÜ 137.
19 StadtA Meersburg, BÜ 225.
20 StadtA Meersburg, BÜ 86.

Landwirtschaft

Betrachten wir zunächst die Spitäler in ihrer Funktion als wirtschaftlicher Großbetrieb mit mehr oder weniger ausgeprägter Landwirtschaft, die besonders in der
ersten Gründungsphase der Anstalten Grundlage der Versorgung und finanzieller
Möglichkeiten darstellte.

Vergleicht man die Einnahmen aus den Erträgen der Landwirtschaft, die als
Überschüsse nicht selbst verbraucht wurden und verkauft werden konnten, so ergeben sich für Siegen folgende Zahlen:[21]

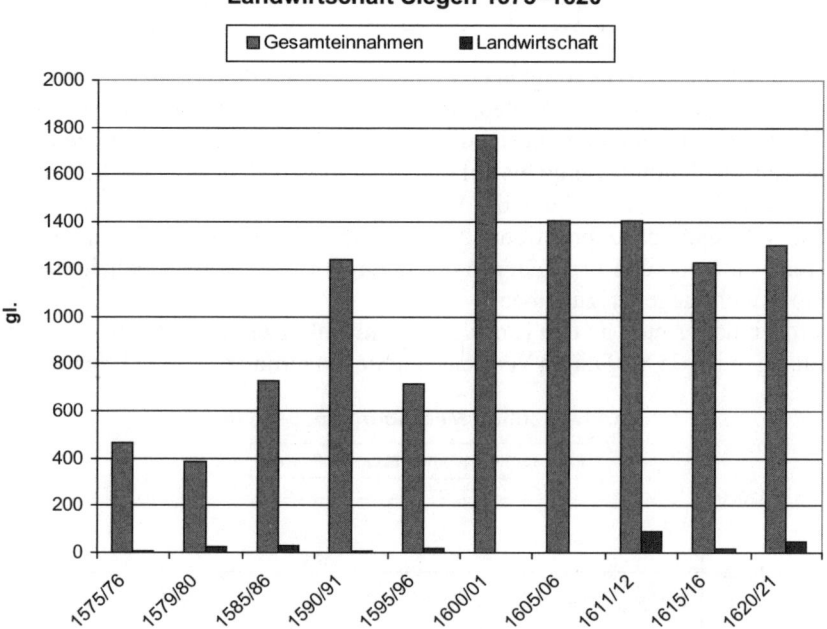

Landwirtschaft Siegen 1575–1620

Der wechselhafte Verlauf basiert auf den allgemein stark schwankenden Erträgen
der vorindustriellen Landwirtschaft. Mit den Jahren 1611/12 beginnt ein tenden-
zieller Anstieg, der durch veränderte Strukturen auch längerfristig zu verzeichnen
ist.[22] Das Spital verpachtete nun einen Teil seiner landwirtschaftlichen Nutzflächen
und erzielte aus dem Verkauf der Naturalzinsen höhere Einnahmen. Dies betrifft in
Siegen vor allem die Grünlandwirtschaft. Insgesamt jedoch bewegte sich der Anteil
an den Gesamteinnahmen aus verkauften Erträgen in Siegen lediglich zwischen
1–6 %. Das Siegener Spital konnte aufgrund der niedrigen Erträge und des gleichzeitig hohen Verbrauchs kaum Überschüsse erwirtschaften. Ein umfangreicher
Getreidehandel, wie er für andere Spitäler belegt ist, war in Siegen nicht möglich.
Im Gegenteil, in den meisten Jahren musste Korn hinzugekauft werden.

---

21 StadtA Siegen, HR 1575–1620.
22 StadtA Siegen, HR 1611/12.

Tabelle 1: Einnahmen und Ausgaben an Getreide, Siegen 1574/75 bis 1620/21[23]

Jahr	Einnahmen Korn		Ausgaben Korn	
	malter	mesten	malter	mesten
1574/75	27	14,5	27	14,5
1579/80	33	10	29	8
1585/86	33	6,5	19	6,5
1590/91	25	14	18	4
1595/96	33	6,5	33	6,5
1600/01	36	11	35	3
1605/06	35	12	33	12
1611/12	26	11	22	10
1615/16	32	1,5	26	8
1620/21	38	10	23	10

Lediglich 20–30 % des benötigten Getreides konnte auf den eigenen Feldern erwirtschaftet werden, weitere 20 % steuerte der Landesherr mit jährlich 6 Malter Korn bei. Der Rest wurde auf dem hiesigen Markt eingekauft. Die im bescheidenen Maße betriebene Viehhaltung diente bis auf den Verkauf von Häuten an Gerber und Schuster ausschließlich zur Deckung des Eigenbedarfs.

Im Vergleich dazu profitierte das Meersburger Spital in einem wesentlich höheren Maße von den Erträgen aus der Landwirtschaft. Eine Viehhaltung scheint es jedoch nicht gegeben zu haben.

Der prozentuale Anteil an den Einnahmen schwankt zwischen 11–46 %, im Durchschnitt lag er bei 35 %. Die im Vergleich zu Siegen umfangreichere Fruchtrechnung

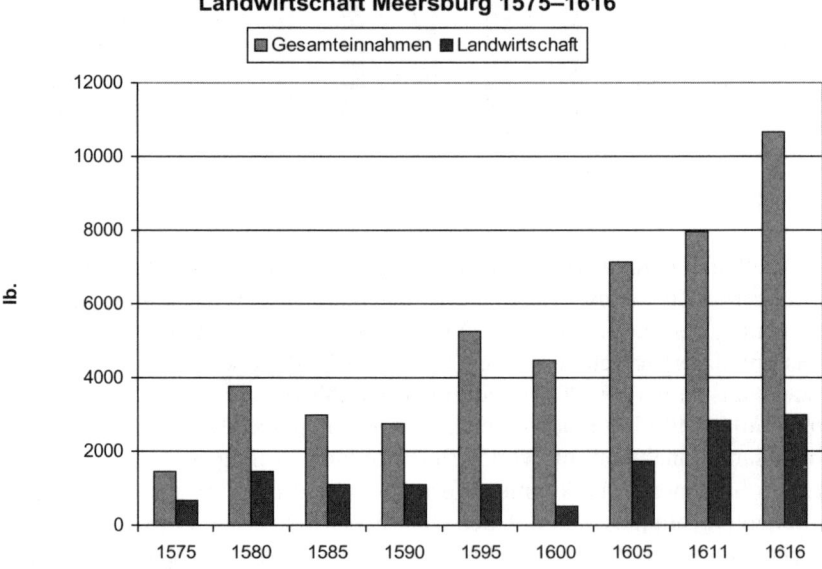

Landwirtschaft Meersburg 1575–1616

23 Vgl. StadtA Siegen, Fruchtrechnungen innerhalb der Spitalrechnungen der Jahre 1574/75–1620/21.

mit detaillierten Angaben zu eingebrachtem Wein sowie Verkaufsmengen unterstreicht die immense Bedeutung des Weinbaus für die Wirtschaft des Hospitals.[24] So lässt sich anhand der Ertragszahlen und der Weinverkäufe an städtische Bürger und Käufer aus dem nahen und weiteren Umland ein Profil der Weinwirtschaft quantitativ und qualitativ bestimmen.

Es lässt sich festhalten, dass der beliebte Meersburger Wein (u. a. als Messwein) in größeren und in kleineren Mengen ebenso an Bürger der Stadt Meersburg wie auch im gesamten Bodenseeraum verkauft wurde. Zu einer ersten Einschätzung der Größenordnung des produzierten Weins bietet sich das Konstanzer Spital als Vergleichsmaßstab an. Es besaß nicht nur in Meersburg sondern im gesamten Linzgau umfangreichen Besitz und profitierte ähnlich dem Meersburger Spital entscheidend von diesen Einnahmen. Naturgemäß ergaben sich auch hier breite Schwankungen, wobei das Konstanzer Spital im Zeitraum von 1570–1650 jährlich zwischen 30 und 211 Fuder Wein (Rekordjahr 1578) einnahm.[25] Das Meersburger Spital erwirtschaftete im Vergleich dazu beachtliche Mengen:[26]

Tabelle 2: Einnahmen und Ausgaben an Wein, Meersburg 1575 bis 1616

Jahr	Einnahmen			Ausgaben		
	Fuder	Eimer	Quart	Fuder	Eimer	Quart
1575	67	16	8	14	28	14
1580	65	23	0	19	28	5
1585	80	15	4	30	8	4
1590	42	17	0	12	1	4
1595	57	23	8	15	20	14
1600	61	4	0	8	21	2
1605	123	4	0	34	24	10
1611	147	25	15,5	68	3	4
1616	124	19	4,5	60	6	4

Dass die Einnahmen aus landwirtschaftlichen Erträgen in einer Region mit der hochprofitablen Sonderkultur Wein einträglicher gewesen sind als der Versuch, im vergleichsweise kargen Siegerland erhebliche Gewinne aus der Landwirtschaft zu beziehen, ist eine banale Erkenntnis. Entscheidender sind die sich daraus für die Ökonomie der Anstalten ergebenden Konsequenzen.

Das Siegener Spital war also zur Kapitalakkumulation langfristig auf andere Quellen angewiesen, wollte es seine Existenz sichern bzw. bestehende Versorgungsleistungen ausbauen. So führte die Ausweitung der Geldgeschäfte – auf die im Folgenden näher eingegangen wird – besonders im Bereich der spitalischen Landwirtschaft zu einem Rückgang der Aktivitäten. Vermehrt wurden Wirtschaftsflächen nicht mehr selber bearbeitet, sondern an dem Hospital nahestehende Personen verpachtet.[27]

---

24 Vgl. StadtA Meersburg, BÜ 137, 1575–1616.
25 Vgl. Wolfgang W. Schürle: Das Hospital zum Heiligen Geist in Konstanz. Ein Beitrag zur Rechtsgeschichte des Hospitals im Mittelalter (Konstanzer Geschichts- und Rechtsquellen17). Sigmaringen 1970.
26 1 Fuder = ca. 1150 l = 30 Eimer, 1 Eimer=38,4 l.
27 Vgl. zu entsprechenden Einträgen in den Abhörprotokollen der Spitalrechnungen, StadtA Siegen, HR 1585/86.

Für die Ausgaben im Bereich der Landwirtschaft in Meersburg – nahezu gleichbe-
deutend mit dem im Teilbau betriebenen Weinbau – ergeben sich zu den Einnahmen
prozentual geringere Aufwendungen.[28]

Weinbau

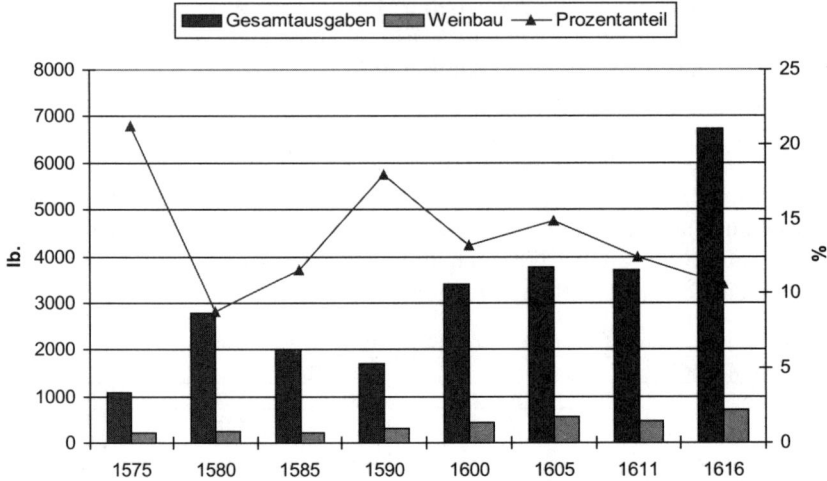

Ein gegenteiliges Bild ergibt sich für Siegen. Da das Spital die erwirtschafteten
Erträge überwiegend selbst verbrauchte und allenfalls geringe Mengen verkaufen
konnte, diese zudem nicht so profitabel waren wie Wein, konnte es aus diesem
Bereich weit weniger Einnahmen erzielen, wie folgendes Diagramm zeigt.

Landwirtschaft

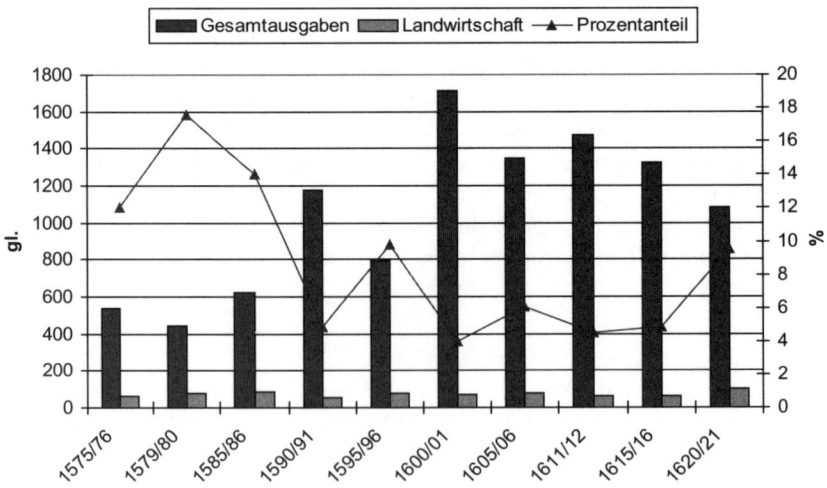

28   StadtA Meersburg, BÜ 137, 1575–1616.

Ganz stimmt dies freilich nicht. Bei beiden Spitälern sind die Naturalerträge an Getreide hierbei nicht berücksichtigt. In Meersburg wurde das eingenommene Getreide, das aus Pachtzinsen stammte, nahezu vollständig verkauft. Siegen konnte, wie bereits erläutert, die Naturalerträge kaum versilbern.

Kreditgeschäfte

Kommen wir nun zu dem zweiten großen Bereich der Wirtschaftsführung der Anstalten, dem Bereich der Kreditgeschäfte. Die Zusammenstellung der Kreditgeschäfte – unter denen hier die Gült- und Renteinnahmen, Pfründverträge sowie Schuldentilgungen zusammengefasst wurden – macht deutlich, dass das Siegener Spital ganz wesentlich auf diese Einkünfte angewiesen war und diesen Bereich auch deutlich ausbaute, wie das folgende Diagramm zeigt.[29]

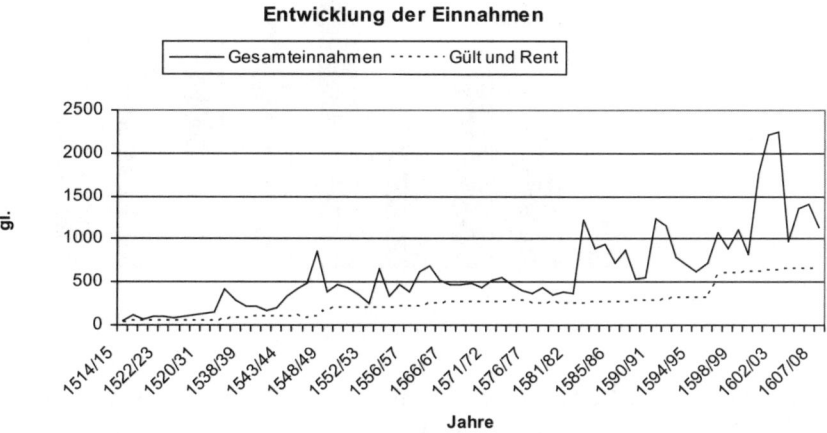

29 Vgl. zu anderen Anstalten beispielsweise Reddig: Bürgerspital (wie Anm. 4), S. 299f. u. 331–338, wobei Reddig für die beiden Anstalten in Bamberg einen Rückgang der Prozentanteile der Zinseinnahmen an den Gesamteinnahmen feststellt. Bereits im Spätmittelalter reduzierte sich der Anteil bei beiden deutlich und lag nach 1688 zwischen 4–8 % der Gesamteinnahmen. Eine gegenteilige Entwicklung stellt Berger: St-Georgs-Hospital (wie Anm. 4), S. 99–115, hier besonders, S. 102f., für das Hamburger Spital fest, der betont, dass „die Eigenwirtschaft des Spitals bei weitem nicht in der Lage ist, den laufenden Bedarf zu decken," so dass man „auf regelmäßige Geldeinnahmen angewiesen" war. Allerdings investierte die Spitalleitung dabei weniger in Rentengeschäfte, sondern erwarb verstärkt Häuser und bezog Miet- und Pachteinnahmen. Dass das Hamburger Spital dabei offensichtlich genau die spezifische Entwicklung auf dem städtischen Rentenmarkt beobachtete und seine Aktivitäten gezielt verlagerte, konnte Berger anhand der Geldgeschäfte nachweisen. Tscharner-Aue: Wirtschaftsführung (wie Anm. 4), S. 74–78, berechnet für das Basler Spital einen Prozentanteil von bis zu 40 % der Gesamteinnahmen. Werner Haug: Das St.-Katharinen-Hospital der Reichsstadt Esslingen: Geschichte, Organisation und Bedeutung. Esslingen 1965, S. 132ff., betont, dass nach den Einnahmen aus dem Weinverkauf die Zinsen aus Stadt und Land die zweitwichtigste Einkunftsquelle des Spitals waren.

Das für weitere Kreditgeschäfte notwendige Kapital erlöste das Spital vor allem durch den Verkauf von Grundbesitz. So verkaufte man bereits 1576 – wie mit der Sonderrechnung vorhin schon erwähnt – für 3541 gl. das Hofgut zu Seelbach, dessen Kaufpreis allerdings erst 1597/98 vollständig in den Hospitalhaushalt eingebracht wurde.[30] Darüber hinaus verkaufte man 1582 den Hof in Birlenbach für 712 gl.[31] Neben weiteren Pfründverkäufen waren dies entscheidende Einnahmen, die den weiteren Ausbau der Kreditgeschäfte ermöglichten. In der Regel wurden die eingenommen Beträge sofort wieder in Kredite reinvestiert oder dienten zur Finanzierung besonderer Ausgaben – hier vor allem im Bereich des Bauwesens.

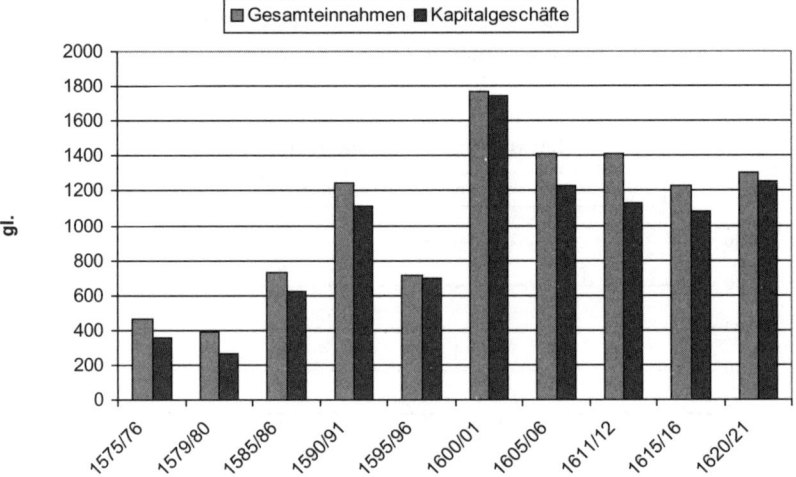

Für das Meersburger Spital hingegen waren die Einkünfte aus Kreditgeschäften sekundär. Sie entsprachen einem Anteil von durchschnittlich 20 % (zwischen 53 und 12 %) und waren damit eine zweite Einkommensquelle der Anstaltsökonomie, die bei Bedarf ausgebaut werden konnte.[32]

Der überwiegende Teil der Kreditnehmer rekrutierte sich sowohl in Siegen als auch in Meersburg aus der städtischen Bürgerschaft, aber auch Amtleute der Territorialherren bedienten sich des Spitals. Die Städte selbst griffen unregelmäßig, aber zumeist mit größeren Summen auf die Spitäler als Kreditgeber zurück, wobei es sich in Teilen, wie für Meersburg, letztendlich um Transferleistungen handelte, da die Stadt einige Kredite bis in das 19. Jahrhundert nicht zurückbezahlte.

30   StadtA Siegen, HR 1576/77.
31   StadtA Siegen, HR 1582/83.
32   StadtA Meersburg, BÜ 137, 1575–1616.

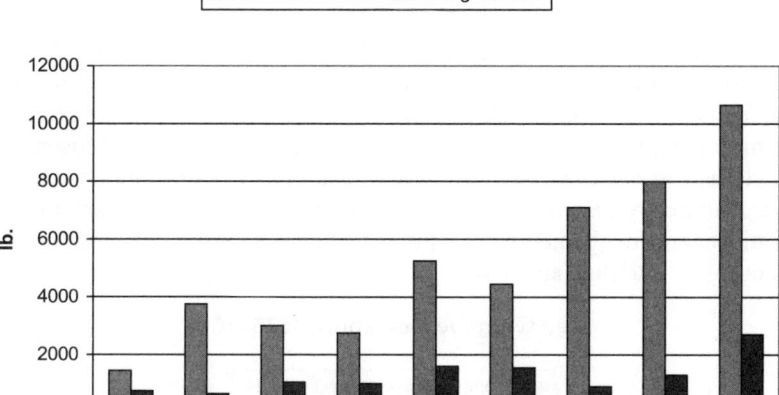

Kreditgeschäfte Meersburg 1575–1616

Entsprechend der Einnahmen entfiel auf die Kreditgeschäfte des Siegener Spitals auch bei den Ausgaben ein hoher Anteil an den Gesamtausgaben, er schwankte stark zwischen 10–77 %.[33]

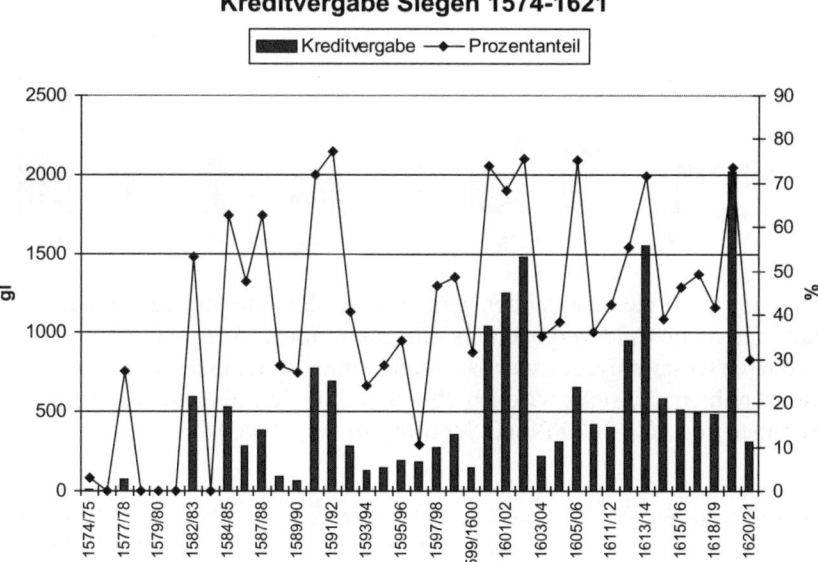

Kreditvergabe Siegen 1574-1621

33 Vgl. StadtA Siegen, HR 1574/75–1620/21. In 20 der 38 Rechnungsjahre lag der Anteil zumeist deutlich über 40 %, in sieben Rechnungsjahren über 70 %. Trotz eines insgesamt stark schwankenden Verlaufes stieg die Kreditvergabe sowohl absolut als auch relativ, wobei das Spital vor allem in den ersten Rechnungsjahren von 1574/75 bis 1589/90 nur wenige Darlehen vergab.

Der stark wechselhafte Verlauf entspricht der vorherrschenden Vergabepraktik der Hospitalleitung. Zunächst mussten auf der Einnahmenseite Überschüsse erwirtschaftet bzw. Kredite abgelöst werden, um wieder Kredite vergeben zu können. Zur Kreditvergabe wurden seitens des Hospitals keine zusätzlichen Mittel aufgenommen.

An dieser Stelle sei auf ein Beispiel für die Praxis verwiesen: Der Spitzenwert 1600/01 basiert auf einem Pfründverkauf, wobei die eingenommenen 400 *Cölnischen Thaler* direkt als Kredit an die Stadt Siegen weitergegeben wurden, die damit wiederum einen höher verzinsten Kredit in Frankfurt ablösen konnte.[34] Transaktionen in dieser Größenordnung blieben jedoch Ausnahmeerscheinungen. Weitaus häufiger vergab man Kleinkredite bis 100 gl., wobei sich hier entsprechend des gestiegenen Engagements des Spitals auf dem Kreditmarkt eine Entwicklung hin zu höheren Darlehen abzeichnet.[35]

Kreditvergabe Meersburg 1575–1616

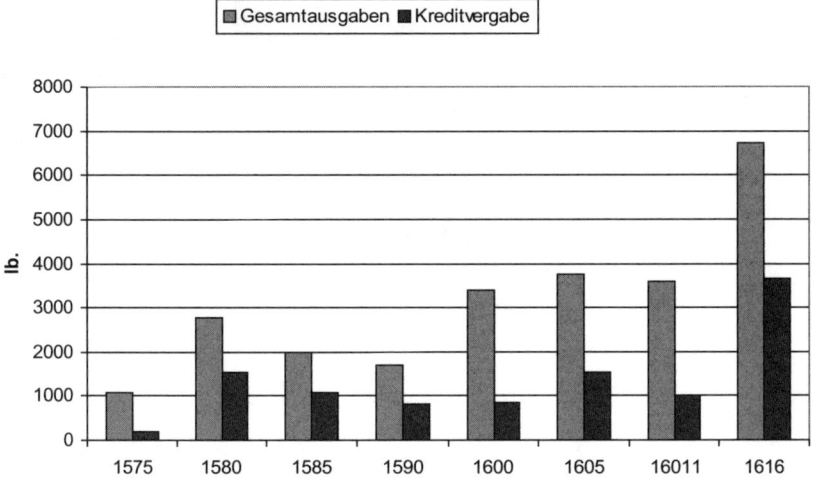

In Meersburg verfolgte man bei der Vergabe eine ähnliche Strategie wie in Siegen: Es wurde nie mehr Geld vergeben als eingenommen. Aufgrund des vergleichsweise höheren Gesamtniveaus war das Meersburger Spital in der Lage, neben Konsumptionskrediten, die sich zwischen 20–100 Pfund Schilling bewegten, auch größere Summen von 100–1000 Pfund Schilling zu vergeben. Diese Kredite gewährte

---

34 Vgl. StadtA Siegen, HR 1601/02; vgl. auch Bingener: Verwaltung (wie Anm. 12), S. 378.
35 Zu Beginn des Untersuchungszeitraums überwiegen deutlich die niedrigeren Darlehenssummen, die als kurzfristige Konsumentenkredite halfen, Notlagen zu überbrücken und kleinere Investitionen zu tätigen. Bis zum Rechnungsjahr 1620/21 nimmt die Zahl der höheren Darlehen beständig zu. So betrug der Anteil der Kreditbeträge in Höhe von 100–200 gl. lediglich 4 %, 1620/21 dagegen bereits 17,08 %. Markanter ist der Anstieg, wenn man die Darlehenskategorien zwischen 51–200 gl betrachtet, die 1574/75 einen Anteil von 23,25 % erreichten und sich 1620/21 mit 43,67 % fast verdoppelt hatten.

man zumeist vertrauenswürdigen Kreditnehmern wie dem Stadtvogt oder dem Magistrat.

Daneben gewährte man den *Gemaindern* – den im Teilbau beteiligten Weinbauern – Kleinkredite zur Bewirtschaftung ihrer Rebflächen, die insgesamt ca. 2–500 Pfund Schilling im Jahr betrugen. Detaillierte Angaben zu Einzelsummen und Kreditnehmern sind leider kaum verzeichnet, in wenigen erhaltenen sogenannten *Gemainderbüchern* – Verzeichnissen der Pächter im Teilbau aus den 1650er Jahren – werden 15 *Gemainder* aufgeführt. Es handelte sich in Meersburg um die Form des ½ Teilbau, d.h. das Spital erhielt die eine Hälfte des Ertrags als Pachtzins, die andere Hälfte erhielten die Gemainder für die ordnungsgemäße Bewirtschaftung. Die Hälfte der Gemainder kaufte das Spital in der Regel jedoch auf und entledigte so den *Gemainder* von der Sorge, seinen Anteil gewinnbringend vermarkten zu müssen.[36]

Für beide Spitäler gilt, dass die Einnahmen aus Kreditgeschäften, wenn auch wie im Fall Meersburgs, nicht zwingend den höchsten Anteil ausmachten, sie jedoch sichere Einnahmen bedeuteten, mit denen das Spital kalkulieren konnte. Dies weit weniger aufgrund der absoluten Beträge, die in einigen Jahren deutlich von Rückflüssen aus Kredittilgungen sowie durch Pfründeinkäufe übertroffen werden konnten, als vielmehr durch die Konstanz der zur Verfügung stehenden Mittel.[37] Für beide Anstalten ist eine kontinuierliche Steigerung in diesem Bereich festzustellen, die auf gezielte Politik hindeutet. Beide Anstalten übernahmen in den Städten also definitiv eine bankähnliche Funktion.

Fürsorgeanstalt

Betrachten wir im letzten Teil nun die in den Spitalordnungen festgelegte primäre Funktion - die Versorgungsleistungen der Häuser.

Die Insassenstruktur ist aufgrund der mangelhaften Quellenüberlieferung für beide Anstalten nur in Ansätzen zu beschreiben, so dass eine Individualisierung nur in Einzelfällen möglich ist. Allerdings kann bezüglich der Unterbringung der Insassen ein grundlegender Unterschied zwischen beiden Anstalten festgehalten werden: In Meersburg wurden die Insassen auf mindestens zwei Häuser verteilt, wobei sie nur geringfügig mit Nahrungsmitteln versorgt wurden. Die wesentlichen Versorgungsleistungen wurden neben einer Unterkunft durch Geldzahlungen bestritten. Vermutlich waren die wenigen Pfründner im Haupthaus untergebracht und einige

---

36   Ein Beispiel für einen solchen Kreislauf der Wirtschaft, der auch in anderen landwirtschaftlichen Bereichen funktionierte, konnte für das Spital in St. Gallen aufgezeigt werden. Vgl. Stefan Sonderegger: Landwirtschaftliche Entwicklung in der spätmittelalterlichen Nordostschweiz. Eine Untersuchung ausgehend von den wirtschaftlichen Aktivitäten des Heiliggeist-Spitals St. Gallen. St. Gallen 1994.

37   Abgesehen von der Restanzenproblematik, die für beide Anstalten kaum zu erfassen ist. Vgl. dazu beispielsweise Tscharner-Aue: Wirtschaftsführung (wie Anm. 4), S. 78, die ähnliches für Basel feststellt. Obwohl hier der Prozentanteil kaum mehr als 40 % erreicht, die Restanzen eingerechnet, war die Konstanz der Zahlungen angesichts der sonstigen Einnahmequellen, die bisweilen komplett ausfielen, für die Spitalleitung maßgeblich.

Hausarme in einem Nebenhaus in der Unterstadt. In beiden Häusern lebten insgesamt zwischen 20–30 Personen, wovon der überwiegende Teil eine Armenpfründe erhielt. Eine Unterteilung in verschiedene Pfründkategorien mit festen Preisklassen, wie sie für andere, zumeist größere Anstalten überliefert ist, existierte in Siegen und in Meersburg lediglich in Ansätzen. Der Pfründeinkauf war hier ein Individualverfahren.

Versorgung Meersburg

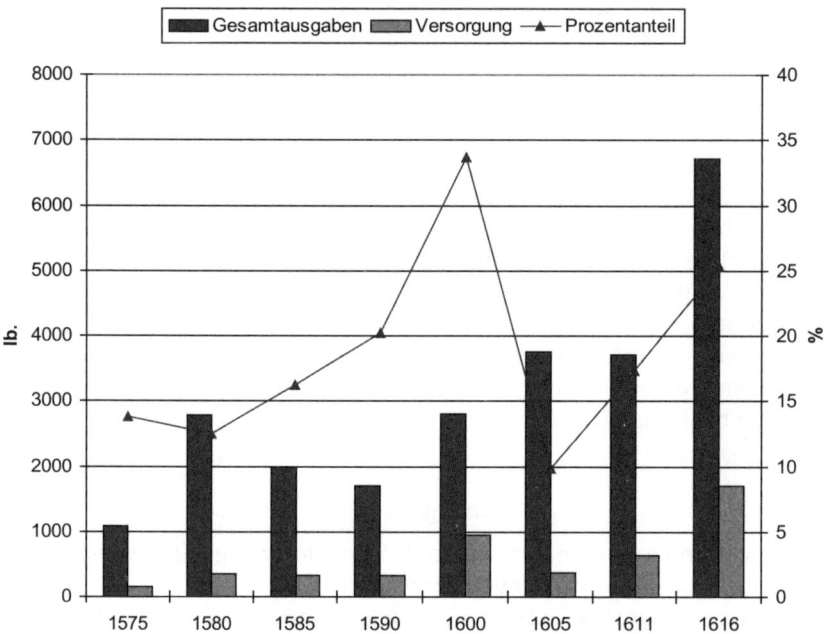

In Siegen investierte man relativ mehr in die Versorgung der ca. 20–30 Insassen. Dies war aber nicht immer so gewesen. Mit dem Neubau der Siegener Anstalt in den 1530er Jahren ging ein deutlicher Wandel im Bereich der Versorgung einher.[38] Die zuvor, ebenso wie in Meersburg, weitgehend mit Geld versorgten Insassen wurden ab 1546 dauerhaft in den erweiterten Haushaltsbetrieb integriert, so dass ab hier die Ausgaben für Ernährung und Kleidung deutlich zunahmen. Der quantitative Vergleich beider Häuser verweist deutlich auf die bereits in den beiden anderen „Geschäftsbereichen" angeklungene andersartige Entwicklung und Politik. Die Ausgaben zur Versorgung der Insassen umfassten in Meersburg in der Regel nicht mehr als 1/3 der Gesamtausgaben. In Siegen lag der Anteil zwischen 30-60 %. Wobei die Erklärung für diesen Umstand wohl *nicht* in einer besonderen, den Süddeutschen überlegenen moralischen Verfasstheit der Siegerländer zu suchen ist.

38 Vgl. dazu Jens Aspelmeier: Die innere und äußere Entwicklung des Siegener Hospitals in Spätmittelalter und früher Neuzeit im Spiegel der Hospitalrechnungen, in: Scripta Mercaturae 35, H. 2 (2001), S. 91–114.

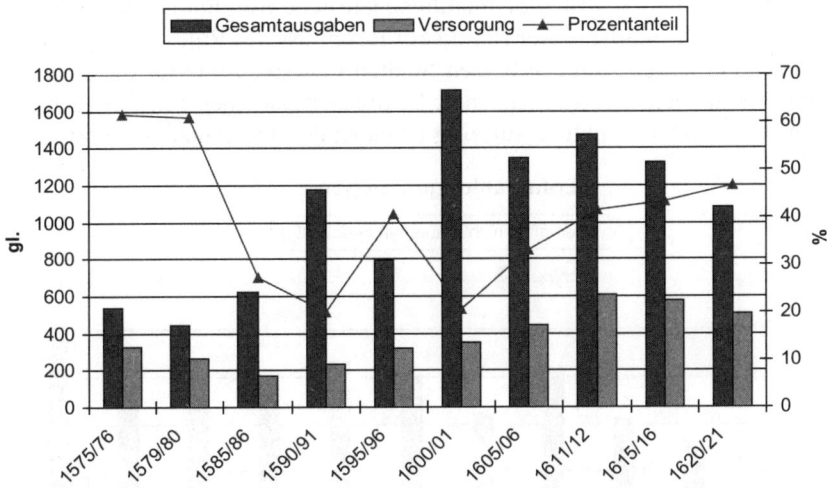

Versorgung Siegen

Vielmehr wird einmal mehr deutlich, dass bei genauerer Betrachtung der Wirtschaftsführung der Anstalten, der Versorgungsauftrag in ganz unterschiedlicher
Weise interpretiert und ausgefüllt wurde. Entscheidend waren dabei eben weit mehr
die jeweiligen finanziellen Handlungsspielräume und Strukturen vor Ort als obrigkeitliche Konzepte zur Armenfürsorge, wie sie auf der Verordnungsebene greifbar
sind.[39]

Den Ausbau der Anstalt in Siegen dokumentiert u. a. die Aufstockung des Personals mit vermehrt festen Angestellten. Zu Beginn des 16. Jahrhunderts beschäftigte das Hospital lediglich den Hausvater mit seiner Frau und eine Magd. Am Ende
des Untersuchungszeitraums waren bereits zwei Mägde und ein Knecht vorhanden.
Den überwiegenden Teil des Personals stellten jedoch saisonale Kräfte bzw. lokale
Handwerker, die für die unterschiedlichsten Arbeiten und Dienstleistungen bezahlt
wurden.

Das Meersburger Spital hingegen beschäftigte aufgrund seiner eher offenen
Armenfürsorge kein festes Personal. Dies änderte sich zu Beginn des 17. Jahrhun-

39   Vgl. zu den Spitalordnungen und Almosenordnungen beider Städte StadtA Siegen, Akten Hos-
     pital und StadtA Meersburg, Akten XVI/ 1657; vgl. zu den Almosenordnungen Ludwig Mone:
     Armen und Krankenpflege vom 13. bis 16. Jahrhundert, in: Zeitschrift für die Geschichte des
     Oberrheins, Bd. 12 (1861), S. 45–47; Jens Aspelmeier: Almosenordnung für die Grafschaft
     Nassau-Katzenelnbogen einschließlich der Stadt Siegen 1589, in: Theodor Strohm/Michael
     Klein (Hg.): Die Entstehung einer sozialen Ordnung Europas. Bd. 2: Europäische Ordnungen
     zur Reform der Armenpflege im 16. Jahrhundert (Veröffentlichungen des Diakoniewissen-
     schaftlichen Instituts an der Universität Heidelberg, Bd. 23). Heidelberg 2004, S. 328–341;
     Friedrich Weber: Die Wohltätigkeit der Stadt Siegen gegenüber Fremden in der ersten Hälfte
     des 17. Jahrhunderts auf der Grundlage der Nassau-Katzenelnbogischen Almosenordnung vom
     21.4.1589 und der Nassau-Katzenelnbogischen Polizeiordnung von 1615/1616, unveröffent-
     lichte Magisterarbeit. Bonn 1989.

derts lediglich insofern, als dass die Spitalpfleger – der städtische Verwaltungsausschuss –, die bisher, abgesehen von Korndeputaten, keine Entlohnung erhielten, nun eine mit 26 Pfund Schilling beträchtliche jährliche Besoldung bekamen. Schon wenige Jahre später wurde dieser Betrag auf Beschluss des Rates verdoppelt.[40]

Die Spitäler waren somit in beiden Städten in erster Linie für die Tagelöhner wichtige Arbeitgeber, die so als saisonale Kräfte zumeist einen Teil ihres Jahreseinkommens vom Spital erhielten. Auffällig ist dabei der überschaubare Kreis der

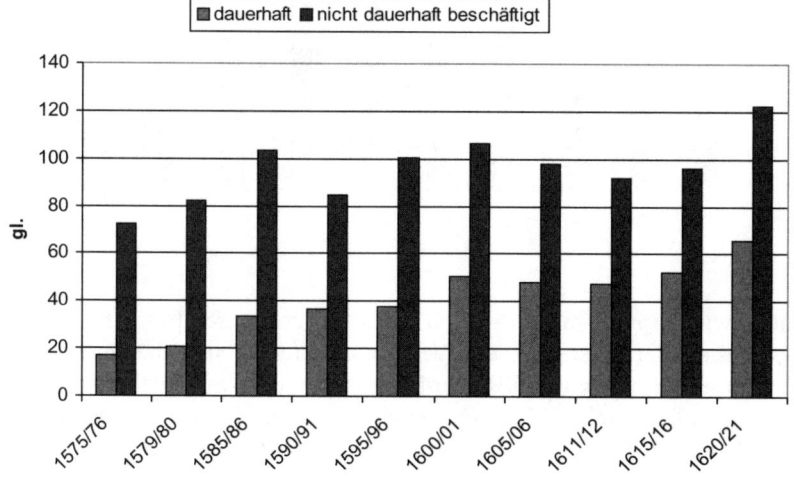

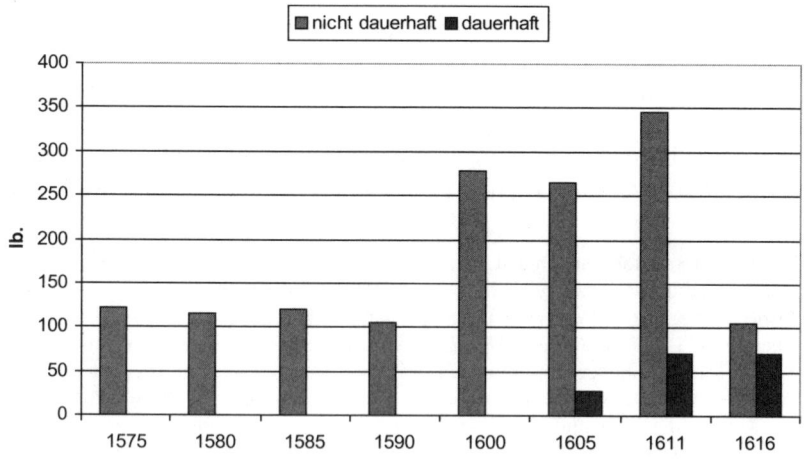

---

40 Vgl. StadtA Meersburg, BÜ 137, 1611.

Beschäftigten, aus denen die Spitalleitung ihre Arbeitskräfte rekrutierte.

Ähnliches gilt für das städtische Handwerk, das immer wieder zu kleineren Tätigkeiten herangezogen wurde und so auf mehr oder weniger feste Einnahmen bauen konnte. Besonders im Bereich des Bauwesens profitierten die Handwerker und Tagelöhner von der Notwendigkeit, die vergleichsweise großen Gebäude instandzuhalten bzw. sie profitierten weiterhin von der Ausweitung des Anstaltsbetriebs mit neuen Gebäuden.

Schluss

Zum Schluss möchte ich noch einmal zur eingangs gestellten Frage, ob Spitäler *primär* der Armenfürsorge dienten, zurückkehren: Zumindest für Siegen und Meersburg lässt sich die Frage mit nein beantworten. Sicherlich war in beiden Anstalten die Versorgung der Bedürftigen eine zentrale Funktion, aber eben nicht die einzige und quantitativ bei weitem nicht die bedeutendste. Die in der Spitalforschung unter dem Begriff der Multifunktionalität bezeichnete Vielfalt an Aufgaben und Aktivitäten der Häuser tritt in den Rechnungsbüchern deutlich hervor, wobei hier nur ein Teil dieser Vielfalt präsentiet werden konnte. Die einzelnen „Geschäftsbereiche" – Landwirtschaft, Kreditinstitut, Versorgungsanstalt – lassen sich natürlich noch differenzierter darstellen, wobei erst dann zahlreiche strukturelle und lokale Besonderheiten dieser Form der anstaltlichen Fürsorge zu erkennen sind.

Versteht man die Funktionen als temporärer Arbeitgeber und städtische Kreditanstalt als Teil öffentlicher Fürsorgepolitik, dann allerdings erscheinen die Spitäler als *das* zentrale Steuerungsinstrument städtischer und landesherrlicher Armenfürsorge in den kleinen und mittleren Landstädten und dienten somit auch primär der Armenfürsorge. Das Siegener Spital war im Vergleich der Versorgungsleistungen die aktivere Anstalt. Ob dieser Befund auf konfessionsspezifischen Formen der Armenfürsorge oder vielmehr auf lokalen Gegebenheiten beruht, ist eine Fragestellung, die im Rahmen der Gesamtuntersuchung berücksichtigt wird.[41] Auffallend ist jedoch die Kontinuität spätmittelalterlicher Formen und Institutionen der Armenfürsorge in der katholischen Bischofsresidenz Meersburg im Gegensatz zum reformierten Siegen. Wobei einige der Institutionen wie z. B. die Spendpflege und weitere kleine Stiftungen in Meersburg zu Beginn des 17. Jahrhunderts dem Spital zugewiesen wurden, welche es treuhänderisch mitverwaltete und die Verteilung in Form von Geldzuweisungen organisierte. Somit führten die Auswirkungen der Gegenreformation in Meersburg zu ähnlichen Konzepten der Armenfürsorge, wie sie in den reformierten Territorien und Städten zeitlich früher realisiert wurden.[42]

---

41   Vgl. dazu auf territorialer Ebene das Projekt: *Katholische und protestantische Armenfürsorge in der Frühen Neuzeit zwischen kirchlicher, staatlicher und kommunaler Zuständigkeit* des SFB 600 „Fremdheit und Armut" an der Universität Trier sowie den Beitrag von Sebastian Schmidt in diesem Band.

42   Dieser in der Forschung bereits nachgewiesene Effekt lässt sich für Meersburg in seiner konkreten Ausprägung nachvollziehen. Gleiches gilt für den Bereich der Bildung, der ebenfalls im Verlauf des 16. Jahrhunderts umstrukturiert wurde.

Die Betrachtung der Wirtschaftsführung landstädtischer Spitäler liefert einen vertieften Einblick in die wirtschaftliche Struktur, Lebensverhältnisse und soziale Funktion dieser in der Forschung bisher vernachlässigten Form der Fürsorge. Das so gewonnene Profil erlaubt auf der Basis weiterer Untersuchungen eine genauere Einordnung der Anstalten und eine systematischere Betrachtung größerer Hospitallandschaften.[43]

---

43 Vgl. dazu auch den Beitrag von Jutta Grimbach in diesem Band mit einigen Ansätzen der Systematisierung von Hospitallandschaften, wobei erst die Zusammenführung der Ergebnisse aus größeren Vergleichsstudien zahlreicher Anstalten eines Raumes sowie einer Vielzahl von mikrogeschichtlichen Einzeluntersuchungen kleinerer Anstalten ein differenzierteres Bild dieser Form der anstaltlichen Fürsorge ermöglicht.

HOSPITALGRÜNDUNGEN DES 15. UND 16. JAHRHUNDERTS AM NIEDERRHEIN UND IM HERZOGTUM WESTFALEN

JUTTA GRIMBACH

Im 16. Jahrhundert findet man nicht selten Bestimmungen in bürgerlichen Testamenten, wonach „nichts den kirchen, kloestern oder spytaelen des augenscheinlichs mißbrauchs halben zukhomen" solle.[1] Dies gibt angesichts der früheren privaten Spendenfreudigkeit zugunsten der institutionellen Armenfürsorge zu denken – offensichtlich war das Vertrauen in die Wirksamkeit der Fürsorgemaßnahmen, wie sie die Hospitäler praktizierten, geschwunden. Misswirtschaft und die Entwicklung zahlreicher ursprünglich als Armenherbergen gegründeter Hospitäler zu Pfrundhäusern wohlhabender Bürger sind zweifellos als entscheidende Gründe dieses Wandels auszumachen.[2] Um so mehr interessiert die Frage, inwieweit die spätmittelalterlich-frühneuzeitlichen Gesetzesverordnungen seitens der städtischen oder der landesherrlichen Obrigkeit in der Praxis tatsächlich regulierend eingreifen konnten, um in diesem Bereich eine in ihrem Sinne gerechtere und effizientere Armenfürsorge zu gewährleisten.[3]

---

1   Zitiert nach Robert Jütte: Obrigkeitliche Armenfürsorge in deutschen Reichsstädten der frühen Neuzeit. Städtisches Armenwesen in Frankfurt am Main und Köln (Kölner Historische Abhandlungen 31). Köln/Wien 1984, hier S. 21.

2   Grundlegend zur allgemeinen Geschichte des mittelalterlichen Hospitalwesens: Siegfried Reicke: Das deutsche Spital und sein Recht im Mittelalter, Bd. 1: Das deutsche Spital. Geschichte und Gestalt (Kirchenrechtliche Abhandlungen 111), Bd. 2: Das deutsche Spitalrecht (Kirchenrechtliche Abhandlungen 114). Stuttgart 1932; unter den neueren Publikationen zur Geschichte einzelner Hospitäler im niederrheinisch-westfälischen Raum vgl. Beate Sophie Gros: Das Hohe Hospital in Soest (ca. 1178–1600). Eine prosopographische und sozialgeschichtliche Untersuchung (Veröffentlichungen der Historischen Kommission für Westfalen 25, Urkunden-Regesten der Soester Wohlfahrtsanstalten 5). Münster 1999; Ralf Klötzer: Kleiden, Speisen, Beherbergen. Armenfürsorge und soziale Stiftungen in Münster im 16. Jahrhundert, 1535–1588 (Studien zur Geschichte der Armenfürsorge und der Sozialpolitik in Münster 3). Münster 1997; Hermann Queckenstedt: Die Armen und die Toten. Sozialfürsorge und Totengedenken im spätmittelalterlich-frühneuzeitlichen Osnabrück. Osnabrück 1997; Hans Otto Brans: Hospitäler, Siechen- und Krankenhäuser im früheren Regierungsbezirk Aachen von den Anfängen bis 1971, Bd. 1: Hospitäler und Siechenhäuser bis zum 18. Jahrhundert. Herzogenrath 1995.

3   Vgl. hierzu den von Gerhard Oestreich in seinem Aufsatz 'Strukturprobleme des europäischen Absolutismus' (Vierteljahrschrift für Sozial- und Wirtschaftsgeschichte 55 (1968), S. 329–347), geprägten Begriff der 'Sozialdisziplinierung', der von der späteren Forschung immer wieder aufgegriffen wurde, so z. B. bei Robert Jütte: Disziplinierungsmechanismen in der städtischen Armenfürsorge der Frühneuzeit, in: Christoph Sachße/Florian Tennstedt (Hg.): Soziale Sicherheit und soziale Disziplinierung. Beiträge zu einer historischen Theorie der Sozialpolitik. Frankfurt a. M. 1986, S. 101–118; Martin Dinges setzte sich indes kritisch mit der Vorstel-

Meine Untersuchung soll zur Erhellung dieser Frage folgenden Beitrag leisten: Es werden die Strukturen hospitalischer Einrichtungen des 15. und 16. Jahrhunderts am Niederrhein und in Teilen Westfalens genauer in den Blick genommen, um mögliche wegweisende Veränderungen innerhalb der 'Hospitallandschaften' zu analysieren. Angesichts des ausgedehnten Untersuchungsraumes kann es in diesem Rahmen dabei nicht darum gehen, auf die Armenfürsorge in den jeweiligen Städten und Ortschaften im Sinne einer umfangreichen 'Tiefenbohrung' einzugehen; vielmehr zielt mein Ansatz darauf ab, grundlegende Entwicklungslinien der Hospitalfürsorge zu zeichnen, auf deren Basis eine weitergehende Beschäftigung mit der Materie erfolgen könnte.

Es gilt zunächst, einen Überblick über die Hospitalbelege innerhalb des Untersuchungsraumes zu gewinnen und festzustellen, wie sich der quantitative und qualitative Befund darstellt. Dabei wird zu untersuchen sein, welche Typen von Hospitälern in bestimmten Zeitabschnitten vorherrschen und wie sie sich in den einzelnen Herrschaftsgebieten verteilen. Die Typisierung der Einrichtungen meint hier eine Einordnung sowohl nach Aufgabenbereichen als auch nach Verwaltungsstrukturen. Davon ausgehend sollen schließlich die Gründe für die Entstehung bestimmter Hospitalstrukturen untersucht und mit Blick auf die obrigkeitliche Fürsorgepolitik erörtert werden. Dabei wird ein besonderes Augenmerk auf die Frage gerichtet sein, welche Rolle bestimmte regionale Gegebenheiten im Vergleich zu den übergeordneten Gesetzesbestimmungen als Impulsgeber für Veränderungen und Verbesserungen innerhalb der Sozialfürsorge einnehmen können.

Der Untersuchungsraum umfasst den jülichschen Herrschaftsbereich, einen Teil Gelderns, die Territorien Kleve, Mark, Berg und Kurköln mit dem Vest Recklinghausen und dem Herzogtum Westfalen. Für den Zeitraum zwischen 1400 und 1600 sind insgesamt 140 Hospitäler erstmals bezeugt, von denen ich etwa 60 % als Hospitäler „alten Typs" bezeichne.[4] Damit sind diejenigen Einrichtungen beschrieben, die als allgemeine Hospitäler fungierten und somit verschiedene Aufgaben der Armenfürsorge wahrnahmen und die sich diesen Charakter auch bei starken Tendenzen hin zu einer Spezialisierung oder gar zu einer Zweckentfremdung

---

lung von einer effektiven Disziplinierungspolitik auseinander. Martin Dinges: Normsetzung als Praxis? Oder: Warum werden die Normen zur Sachkultur und zum Verhalten so häufig wiederholt und was bedeutet dies für den Prozess der „Sozialdisziplinierung"?, in: Gerhard Jaritz (Hg.): Norm und Praxis im Alltag des Mittelalters und der frühen Neuzeit. Internationales Round-Table-Gespräch (Krems an der Donau, 7. Oktober 1996; Forschungen des Instituts für Realienkunde des Mittelalters und der Frühen Neuzeit 2). Wien 1997, S. 39–53; vgl. auch ders.: Frühneuzeitliche Armenfürsorge als Sozialdisziplinierung? Probleme mit einem Konzept, in: Geschichte und Gesellschaft 17 (1991), S. 5–29.

4   Die vorliegende Studie bietet einen Teilaspekt meines Dissertationsprojektes, in dem ich mich mit den Strukturen des mittelalterlichen Hospitalwesens im niederrheinisch-westfälischen Raum beschäftige. Diese Untersuchung bildet einen Schwerpunkt des an der Universität Trier bis Ende 2002 geförderten Forschungsprojektes „Hospitäler im Rhein-Maas-Mosel-Raum vom 7. bis zum 15. Jahrhundert" unter der Leitung von Prof. Dr. Franz Irsigler. Da eine umfassende Quellenangabe für jedes der genannten 140 Hospitäler an dieser Stelle den Rahmen meines Beitrages sprengen würde, muss ich für die jeweiligen Einzelbelege auf die Datenbank des genannten Forschungsprojektes verweisen.

als Pfrundhäuser letztlich bewahrt hatten. In vielen Fällen fehlt hier ein exakter Gründungsbeleg, so dass man nicht ausschließen kann, dass diese Spitäler bereits eine geraume Zeit bestanden, bevor die schriftlichen Zeugnisse über ihre Existenz Nachricht geben. Interessant sind demgegenüber die verbleibenden Spitalbelege, die in der Mehrzahl Gründungsbelege sind und in verschiedener Hinsicht als „neue Typen" hospitalischer Einrichtungen gelten können. Diese sollen im Folgenden näher betrachtet werden:

Es handelt sich überwiegend um Hospitäler, die aus privater Hand gestiftet und meist auch durch diese Stifter verwaltet wurden. Ihre Aufgabe war es, einem ausgewählten, mitunter sehr kleinen Kreis von Hilfsbedürftigen für die Dauer ihres Lebens unentgeltlich Wohnung und Unterhalt zu bieten. Im Unterschied zur Situation in den alten Hospitälern wurde hier einer 'geschlossenen Gesellschaft' von Armen eine Pfründe geboten – in dieser Hinsicht waren sie den frühmittelalterlichen Armenmatrikeln nicht unähnlich.[5] Die von den Gründern festgelegten Richtlinien welche und wieviele Personen aufgenommen werden sollten, wurden – soweit sich dies anhand der Quellenlage nachvollziehen lässt – in der Regel strenger befolgt und nicht zugunsten einer undifferenzierten Armenfürsorge aufgeweicht, geschweige denn durch eine Entwicklung der Einrichtungen zu Altersheimen wohlhabender Bürger außer Kraft gesetzt.

Die Lebensbedingungen der Hausbewohner unterschieden sich aufgrund der besonderen Architektur der Anlagen von denen in den anderen Hospitälern. Die Armen wohnten nicht in einem Gemeinschaftsraum, einer Wohn- bzw. Schlafstube wie es dort üblich war, sondern bezogen eigene kleine Wohnungen oder einzelne Häuschen, die – in einer Reihe angeordnet oder um einen Hof gruppiert – die Hospitalanlage bildeten. Jedem Pfründner stand oftmals ein eigener kleiner Garten zur Verfügung, so dass er zu seiner Grundverpflegung selbst etwas beisteuern konnte. Den Armen war es somit möglich, ihre Privatsphäre zu wahren, gleichzeitig bildeten sie jedoch eine Hospitalgemeinschaft, deren Leben durch Statuten geregelt war. An Personal waren neben den Provisoren, die das Stiftungsvermögen und die Einkünfte verwalteten, Pfleger und Hausangestellte tätig, die meist ebenfalls auf dem Hospitalgelände wohnten. Aufgrund ihrer charakteristischen baulichen Anlage wurden diese Einrichtungen 'Armenhöfe' oder 'Armenhäuschen' genannt.

In Emmerich sind zwischen 1469 und 1551 fünf solcher Armenstiftungen bezeugt.[6] Die älteste und umfangreichste war die des reichen Kaufmanns Jakob van Hohenburg, der mit 18 Häusern, die in zwei Reihen einen langen Hofgang säumten, einen verhältnismäßig großen Armenhof für arme und altersschwache Personen errichten ließ. Zu ihrer Verpflegung erhielten die Bewohner finanzielle Zuwendungen und Naturalleistungen sowie Brennmaterial für ihren jeweiligen Wohnbereich. Als Provisor war stets das älteste Mitglied der Stifterfamilie tätig. Die Anlage wurde nach dem Beinamen des Stifters 'Koop-All-Armenhof' genannt. 1514 und

5   Egon Boshof: Armenfürsorge im Frühmittelalter. Xenodochium, matricula, hospitale pauperum, in: Vierteljahrschrift für Sozial- und Wirtschaftsgeschichte 71 (1984), S. 153–174.
6   Im folgenden siehe Andreas Dederich: Annalen der Stadt Emmerich. Meist nach archivalischen Quellen. Wesel 1867, S. 362–364.

1525 folgten die Gründungen des Dechanten Wilhelm Bruyns und der Schöffen-
familie van Vuirden. Hier entstanden jeweils acht Häuser, wieder in zwei Reihen
einander gegenübergestellt. Wilhelm Bruyns stiftete seinen Armenhof zum Nutzen
armer Schüler, in den Quellen wird er daher als 'Clercken Armenhoff' bezeichnet.[7]
Für den Vuirden-Armenhof ist bekannt, dass er arme Frauen beherbergen und wie
im Falle des ersten Beispiels durch das älteste Mitglied der Stifterfamilie verwaltet
werden sollte. Gestaltet war die Hospitalanlage so, dass jedem Häuschen ein kleiner Garten zugeteilt war. Von einem weiteren Emmericher Schöffen, Jakob Gaem,
ist 1533 eine Armenhausgründung bezeugt. Hier handelte es sich wiederum um
eine große Anlage bestehend aus 14 Häuschen.

   Ausführlichere Informationen sind für die 1551 erfolgte Fundation einer hospitalischen Einrichtung durch die Familien Kluyten und Nicolen überliefert: Die
Witwe Christina Nicolen, stiftete ein Grundstück, auf dem die ebenfalls verwitwete
Elsken Kluyten, sieben Armenhäuser erbauen ließ, damit – wie es in der Stiftungsurkunde heißt – „guede frome Armen dairinne moegen komen".[8] In erster Linie waren
damit in Not geratene Freunde Elsken Kluytens gemeint; wurden die Pfrundplätze
jedoch nicht von diesen in Anspruch genommen, sollten andere ausgesuchte Hilfsbedürftige in ihren Genuss kommen. Die Stifterfamilien behielten sich das Recht
vor, ihre Fundation selbst zu verwalten und die Auswahl der Präbendaten zu treffen;
dies wollten sie allerdings stets im Einvernehmen mit dem Stadtrat tun. Elsken
Kluyten vergab fünf der Armenhäuser und überließ ihrer Mitstifterin die Besetzung
der beiden anderen Plätze, allerdings hatten im Zweifelsfall auch hier Angehörige
der Familie Kluyten das letzte Wort. Aus den diesbezüglichen Bestimmungen geht
hervor, dass sie als Hauptstifter sehr darum bemüht waren, im Einzelfall sicherzu-
stellen, dass die Voraussetzungen zum Erwerb einer Pfründe gegeben waren.[9]

   Ein anschauliches Bild von der Anlage eines privaten Armenhofes lässt sich
anhand der Quellen zum Zwölf-Apostel-Armenhof in Rees zeichnen. 1480 grün-
dete der Reeser Bürger Goswin van den Wydick den Hof zur Beherbergung und
Versorgung von zwölf Armen; dies sollten jeweils sechs alleinstehende Männer und
Frauen sein, die nicht älter als 50 Jahre und so verarmt und gebrechlich waren,
dass sie „niet gewinnen off gewerken konden".[10] Ein besonderes Anrecht auf einen
Pfrundplatz durften auch hier etwaige verarmte Freunde der Stifterfamilie für sich in
Anspruch nehmen, außerdem wurden Bürger der Stadt gegenüber Fremden bevor-

7   So beispielsweise in einem Testament aus dem Jahre 1575; vgl. hierzu Claire Pelzer: Studien
    zur topographischen und bevölkerungsgeschichtlichen Entwicklung der Stadt Emmerich, in:
    Annalen des Historischen Vereins für den Niederrhein 146/147 (1948), S. 203.
8   Dederich: Annalen (wie Anm. 6), S. 373–374, hier S. 374. Die Stiftungsurkunde ist in voller
    Länge im Wortlaut wiedergegeben.
9   Von der Mitstifterin wurde vor einer Pfründvergabe verlangt, „dat zie ind oere Erven yrst die
    weduwe Cluyten vurss. oder oere Erven dairomb ansuecken soellen [...] op dat zie eyn Medein-
    siehen draegen, dat die vith gheynen andern beweegen vergieven weerden, dan Armen umb
    Gaidtz willen"; Dederich: Annalen (wie Anm. 6), S. 374.
10 Zitiert nach Christian Jansen: Das Armenwesen der Stadt Rees vom 15. bis zum 19. Jahrhun-
    dert in seiner Beziehung zur Wirtschafts- und politischen Geschichte der Stadt, Diss. Köln
    1923, S. 25.

zugt. Der Hof umfasste zwölf Wohnhäuschen und ein weiteres Haus, indem ein Armenmeister mit seiner Frau wohnte. Er beaufsichtigte das Zusammenleben der Pfründner im Sinne der Hausregeln. Diese schrieben ausdrücklich vor, dass in jeder Kammer „nit mer den eene person alleene wonen soll"[11] und dass jedem Bewohner dort Lebensmittel, Heizmaterial und andere notwendige Dinge zukommen sollten.

Als Beispiel für einen durch den Landesherrn gegründeten Armenhof sei der Arme-Diener-Hof in Kleve erwähnt. 1444 entstand er auf Initiative Herzog Adolphs I. als Heim für fünf ehemalige Bedienstete des klevischen Hofes. Auch hier achtete man darauf, ausschließlich ehrliche alte und arme Personen, die nicht mehr selbständig für sich sorgen konnten, zu begünstigen. Eine Haushälterin wohnte zusammen mit den Armen in einem einzigen Haus, in dem vermutlich einzelne Kammern für die Bewohner eingerichtet waren.[12]

Um einen konkreten Eindruck von der Gestaltung der Armenhäuser als einer besonderen Form von Privatspitälern zu gewinnen, mögen die beschriebenen Einzelfälle an dieser Stelle genügen. Seitens der Städte wurden in Spätmittelalter und beginnender früher Neuzeit ebenfalls Hospitäler gegründet bzw. unterhalten, die es bis dahin in dieser spezialisierten Form nur vereinzelt gegeben hatte: Zunächst sind es Waisen- und Findelhäuser, die nun verstärkt als eigene Institutionen bezeugt sind. So erwarb beispielsweise der Kölner Stadtrat 1523 ein Haus, um dort verwaiste und verlassene Kinder unterzubringen.[13] Aus dem Jahr 1520 ist hier eine Waisen- und Findlingsordnung überliefert.[14] Sie schrieb vor, keine Kinder von Bettlern, Müßiggängern oder anderen Personen zu versorgen, die in der Lage waren, ihrer Unterhaltpflicht durch Lohnarbeit nachzukommen.[15] Die städtischen Provisoren

---

11 Ebenda, S. 25.

12 Friedhelm Weinforth: Armut im späten Mittelalter. Armenpflege in Kleve in der ersten Hälfte des 15. Jahrhunderts, in: Kalender für das Klever Land 1985, S. 160–165; Friedrich Gorissen: Historische Topographie der Stadt Kleve von den Anfängen bis zum Beginn der brandenburgischen Zeit (ND der Ausgabe Kleve 1939/42). Kleve 1992, S. 189–190 sowie ders.: Kleve. Niederrheinischer Städteatlas, Reihe 1: Klevische Städte (Heft 1), hrsg. von Gerhard Kallen. Kleve 1952, S. 40.

13 Die Stadt Köln verfügte bereits im 14. Jahrhundert über ein Waisenhospital; ob dies bis zum 16. Jahrhundert kontinuierlich geführt wurde ist allerdings fraglich. Das im 16. Jahrhundert gegründete Spital sollte ausdrücklich den meist an der Dompforte bettelnden Waisen- und Findelkindern eine Herberge bieten; dies deutet darauf hin, dass die institutionelle Waisenfürsorge nicht mehr oder nur mehr unzureichend praktiziert wurde. Vgl. Friedrich-Arnold Lassotta: Formen der Armut im späten Mittelalter und zu Beginn der Neuzeit. Untersuchungen vornehmlich an Kölner Quellen des 14. bis 17. Jahrhunderts. 2 Bde. Köln 1993, S. 290ff.; Jütte: Obrigkeitliche Armenfürsorge (wie Anm. 1), S. 269; Hermann Keussen: Topographie der Stadt Köln im Mittelalter, Bd. 2 (ND der Ausgabe Bonn 1910). Düsseldorf 1986, S. 88; Eberhard von Groote: Das Waisenhaus zu Köln am Rhein. Köln 1835, besonders S. 2ff.

14 Diese findet sich gedruckt bei Groote: Waisenhaus (wie Anm. 13), S. 4–7; vgl. auch Keussen: Topographie (wie Anm. 13), S. 89; zur allgemeinen Kölner Waisenfürsorge Jütte: Obrigkeitliche Armenfürsorge (wie Anm. 1), S. 269–275.

15 „Item ouch so en sall man gheyner Muylenstoisser, bedler oder eynicher anderer luyde Kynder in dat fundelinge huyssz vntfangen oder annemen dye ire Kynder selffs vpzien oder sust mit irer arbeyt off hantwerk erneren kunnen", zitiert nach Groote: Waisenhaus (wie Anm. 13), S. 6.

sollten das Waisenhospital regelmäßig visitieren, um nachzuprüfen, ob die Bestimmungen eingehalten wurden und die Kinder gut versorgt waren.

Ausführlichere Reglementierungen sind für das durch private Initiative entstandene Waisenhaus der Stadt Kalkar überliefert. Der Kalkarer Bürger Hermann Vischer stiftete 1580 ein Haus mit Garten und Nebengebäuden zur Einrichtung eines Waisenhauses und übertrug die Trägerschaft dem Stadtrat und dem Pfarrer der St. Nikolai-Kirche. Der Bürgermeister und seine Beigeordneten nahmen zusammen mit dem Geistlichen die Oberprovisorschaft an; aus den Reihen der Schöffen oder anderer Bürger wählten sie die Unterprovisoren als direkte Verwalter der Stiftung. Hier durften ausschließlich katholische ehelich geborene Waisen unbescholtener Bürger, also keine Findelkinder oder fremde Waisen, aufgenommen werden. Außerdem sollten die Neuankömmlinge nicht älter als zwölf Jahre sein. Die bedürftigsten Kinder sollten in erster Linie einen Pfrundplatz bekommen. Um die Einhaltung der Bestimmungen zu überwachen, führten die Unterprovisoren wöchentlich, die Oberprovisoren wenigstens vierteljährlich eine Visitation des Hauses durch. Zum Provisorenkreis zählte in den ersten Jahren auch der Stifter Hermann Vischer.[16]

Weitere Beispiele für die Gründung von Waisenhäusern mit Hilfe privaten Vermögens finden sich in Wesel, Emmerich und Duisburg. Das Emmericher Waisenhaus entstand 1567 auf der Grundlage von Spenden mehrerer Bürger. Die Originalfundationsurkunde ist nicht erhalten, allerdings gibt eine spätere Version der Statuten aus dem 18. Jahrhundert – von der angenommen wird, dass sie weite Teile des ursprünglichen Reglements wörtlich übernommen hat – Aufschluss über die innere Organisation des Spitals.[17] Die Trägerschaft lag ähnlich wie im Falle des Kalkarer Hospitals in den Händen der Stadt und der Kirche. Als Oberprovisoren waren der Bürgermeister und der Pfarrer der St. Martinus-Kirche tätig; ihnen zur Seite standen mehrere Unterprovisoren aus den Reihen angesehener Bürger, die sich unmittelbar um die wirtschaftlichen Belange kümmerten. Sie hatten die Verhältnisse im Waisenhaus einmal wöchentlich zu überprüfen; zusätzlich sollte sich das gesamte Provisorenkollegium am ersten Sonntag im Monat ein Bild von den Zuständen im Haus machen. Das Hospital sollte ausschließlich Emmericher Vollwaisen katholischer Konfession zwischen vier und zehn Jahren aufnehmen, die ehelich geboren und deren Eltern gut beleumundet gewesen waren. Wieder heißt es, dass in erster Linie „die aermste, ellendigste, behoeffigste en troostloosigste" versorgt werden sollten.[18] In Wesel ermöglichte die Familie des ehemaligen Bürgermeisters Dietrich van Jökeren durch eine Kapital- und Immobilienstiftung um 1576 die Waisenhausgründung, für die sie zusammen mit dem Stadtrat auch Verantwortung in der Verwaltung übernahm. 1577 lebten hier nachweislich 14 Kinder, nach den Bestimmungen ausschließlich Kinder Weseler Bürger.[19] Im Zusammenwirken von privaten Stiftern und städtischen Vertretern wurde auch das Duisburger Wai-

---

16 Siehe ausführlich J. A. Wolff: Geschichte der Stadt Calcar. Frankfurt a. M. 1893, S. 54–56.
17 Dederich: Annalen (wie Anm. 6), S. 368–373.
18 Zitiert nach ebenda, S. 370.
19 Isabella Benninghoff-Lühl: Die sozialen Stiftungen Wesels, in: Jutta Prieur (Hg.): Geschichte der Stadt Wesel, Bd. 2. Düsseldorf 1991, S. 71–106, besonders S. 90–92.

senhaus um 1587 eingerichtet. Auf Drängen des Stadtrates wandelten die angesehenden Duisburger Familien Tacke und Tibis ein von ihnen gestiftetes Beginenhaus in ein Waisenhaus um. Wie in Emmerich und Wesel war es wiederum nur für Bürgerkinder gedacht, die ehelich geboren worden waren.[20]

Neben den Waisenhäusern sind im Untersuchungszeitraum erstmals Pesthäuser bezeugt. Für die westfälische Stadt Hamm datiert der Erstbeleg des „Ellende" genannten Pesthauses aus dem Jahr 1537.[21] Der Magistrat hatte das Haus am Südenwall in der Nähe der Scharfrichterwohnung errichten lassen für an der Pest oder an anderen Seuchen erkrankte Einwohner der Stadt. Als Pesthaus in Soest ist 1568 das sogenannte Kleine Altena bezeugt.[22] Der Weseler Stadtrat beschloss um 1580 angesichts immer wiederkehrender Pestwellen, das alte allgemeine Heilig-Geist-Hospital in ein Haus für ansteckend Kranke umzuwandeln.[23] In Jülich wurden erst 1597 seitens des Magistrates Anstrengungen zur Gründung eines Spitals für Pestkranke unternommen. Bürgermeister, Schöffen und Rat wandten sich hierfür mit Erfolg an den Landesherrn, damit er ihnen materielle Hilfe zukommen lasse. Das Haus wurde außerhalb der Stadt errichtet; die Anlage umspülte ein Wassergraben. In dem zweigeschossigen Haupthaus richtete man acht kleine Kammern ein. Ein kleineres Haus diente dem Krankenwärter als Wohnung. Das Pesthaus war für alle Einwohner Jülichs gegründet worden und stand de facto sowohl unter städtischer als auch unter landesherrlicher Trägerschaft.[24]

Pesthospitäler, Waisenhäuser und private Armenhöfe sind also nach dem Befund als neue Hospitaltypen bezeugt. Schaut man sich die genaue zeitliche Verteilung der Belege an, so wird deutlich, dass eine Vielzahl von privaten Armenhäusern zwischen 1411 und 1590 gegründet wurde (siehe Tabelle). Die Stiftungswelle erreichte dabei in der Mitte des 15. Jahrhunderts einen ersten Höhepunkt und stieg im Laufe des 16. Jahrhunderts erneut stark an bis zu einem Maximalwert in den 1570er Jahren. Dagegen sind die neuen städtischen Einrichtungen erst im 16. Jahrhundert und dabei nur in sehr geringer Zahl bezeugt. Für den ganzen Untersuchungsraum finden sich nur je vier Belege für Waisenhäuser und Pesthospitäler. Zu den übrigen Hospitalbelegen des 16. Jahrhunderts ist zu bemerken, dass es sich hierbei in keinem Falle um Gründungsbelege handelt. Bis auf wenige Ausnahmen fußen sie auf Hinweisen in Protokollen landesherrlich angeordneter Kirchenvisitationen.[25] Meines Erachtens kann man in diesen Fällen von alten Hospitalgründungen ausgehen: Es werden überwiegend kleine Pilgerherbergen im ländlichen Raum genannt, über

---

20 Günter von Roden: Geschichte der Stadt Duisburg, Bd. 1. Duisburg ³1975, S. 230–231.
21 Vgl. A. Schillup: Milde Stiftungen, in: Josef Schlichter (Hg.): 700 Jahre Stadt Hamm. Hamm 1926, S. 267–292, besonders S. 284.
22 Friedrich von Klocke (Bearb.): Urkundenregesten der Soester Wohlfahrtsanstalten, Bd. 3. Münster/Soest 1953–1973, S. 444f., Nr. 832.
23 Benninghoff-Lühl: Stiftungen (wie Anm. 19), S. 78–80.
24 Vgl. ausführlich Brans: Hospitäler (wie Anm. 2), S. 245–247.
25 Zur Visitationsordnung des Herzogs Johann von Jülich-Kleve-Berg vgl. Otto Reinhard Redlich: Jülich-Bergische Kirchenpolitik am Ausgange des Mittelalters und der Reformationszeit, Bd. 2: Visitationsprotokolle und Berichte. Erster Teil: Jülich (1533–1589), (ND der Ausgabe Bonn 1911). Düsseldorf 1986, S. 3–7.

deren Existenz andere Quellengattungen, wie etwa Rechnungsbücher, in den vorher-
gehenden Jahrhunderten keine Zeugnisse bieten können. Die Hospitäler werden in
den Protokollen oftmals als bereits verfallen beschrieben oder es heißt bezeichnen-
derweise, die Hospitäler sollten wie „von alters her" geführt werden.[26] Somit kann
man annehmen, dass im 16. Jahrhundert im niederrheinisch-westfälischen Raum
praktisch keine allgemeinen Hospitäler alten Typs mehr neu gegründet wurden.

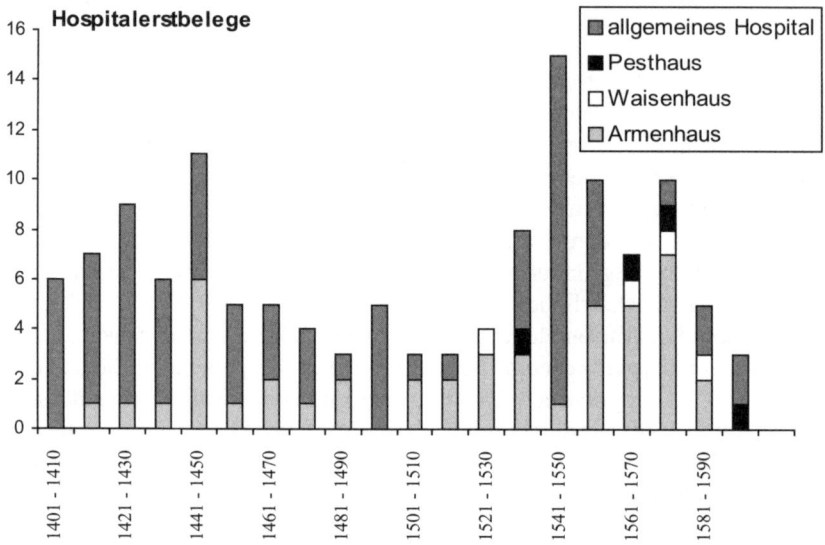

Betrachtet man die räumliche Verteilung der neuen Hospitalbelege, so wird
deutlich, dass sich die privaten Armenhausstiftungen am unteren Niederrhein, und
zwar vorwiegend in den klevischen Städten, konzentrieren. Die meisten Stiftungen
sind für die reiche Handelsstadt Wesel und die Residenzstadt Kleve mit sieben bzw.
sechs Einrichtungen bezeugt. Eine herausragende Stellung nehmen auch die Hanse-
städte Emmerich und Duisburg mit je fünf Armenhäusern ein. In Kalkar wurden zwischen 1440 und 1533 nachweislich drei private Armenspitäler gegründet, für Rees
liegen zwei Belege vor. Aber auch in weniger wirtschaftsstarken klevischen Städten
wie Goch, Xanten und sogar in den kleinen Städten Uedem und Sonsbeck wurden
im 15. und 16. Jahrhundert Armenhäuser gegründet. Außerhalb dieses Raumes sind
solche Einrichtungen neben Einzelbelegen in Lünen, Viersen, Aachen und Mün-

---

26 So wird beispielsweise im Fall der Ortschaft Sievernich im Dürener Raum im Visitationspro-
    tokoll aus dem Jahr 1550 vermerkt: „Haben hospitalen und spinden, sullen mit vurwissen der
    amptlude gehalden werden, wie van alders." Zitiert nach Redlich: Jülich-Bergische Kirchenpo-
    litik (wie Anm. 25), Bd. 2, S. 635.

stereifel in größerer Zahl in den bevölkerungsreichen und wirtschaftsstarken Städten Soest, Dortmund und Köln bezeugt sowie in Dorsten, Hamm, Düsseldorf und in Jülich, wo erst 1575 das Heilig-Geist-Armenhaus gegründet wurde.[27]

Die genannten Waisen- und Pesthäuser findet man ebenfalls überwiegend im klevischen Raum: in Emmerich, Wesel, Kalkar und Duisburg. Weitere Belege wurden für Hamm und Soest sowie Köln und Jülich konstatiert.

Die auffallende Häufung der Armenhausbelege im Nordwesten des Untersuchungsraumes ist zweifellos in Zusammenhang mit der Entwicklung der Hospitalstrukuren in den benachbarten niederländischen Städten zu interpretieren. Hier entstanden bereits Mitte des 14. Jahrhunderts für Mittellose und Gebrechliche kleine Privatspitäler, die diesen Stiftungen offensichtlich als Vorbilder dienten. Sie weisen in ihrem streng umrissenen Aufgabenbereich, in der Verwaltungsform und in der architektonischen Anlage eben jene Merkmale auf, wie sie für die Armenhäuser östlich der Maas beschrieben wurden. Um die Wende vom 14. zum 15. Jahrhundert ist in zahlreichen flandrischen und brabantischen Städten bereits eine regelrechte Gründungswelle einfacher Armenhäuser zu verzeichnen, während sich im Laufe

---

27 Zu den Einzelbelegen, auf die an dieser Stelle erstmals Bezug genommen wird, vgl. Gorissen: Topographie der Stadt Kleve (wie Anm. 12), S. 184–190; ders.: Kleve. Niederrheinischer Städteatlas (wie Anm. 12), S. 40; Benninghoff-Lühl: Stiftungen (wie Anm. 19), S. 96–101; Peter Theodor Anton Gantesweiler: Chronik der Stadt Wesel (ND der Ausgabe Wesel 1881) Wesel 1974, S. 150; Martin Wilhelm Roelen: Studien zur Topographie und Bevölkerung Wesels im Spätmittelalter. Unter besonderer Berücksichtigung der Steuer- und Heerschaulisten 1373–1435, Teil 1. Wesel 1989, S. 168f.; Joseph Milz: Duisburg. Rheinischer Städteatlas, Lieferung 4, Nr. 21, hrsg. vom Landschaftsverband Rheinland. Bonn 1978, S. 15; Friedrich Gorissen: Kalkar. Niederrheinischer Städteatlas, Reihe 1: Klevische Städte (Heft 2). Kleve 1953, S. 56; Hermann Terlinden: St. Spiritus-Armenhof Rees 500 Jahre, in: Jahrbuch Kreis Rees 1971, S. 201–206; Alphons Schmitz: Geschichte der katholischen Pfarrgemeinde Goch. Goch 1955, S. 63–66; Horst Körner: Die Medizingeschichte der Stadt Xanten unter besonderer Berücksichtigung ihrer Hospitäler, Lazarette und Seuchen (1297–1911). Münster 1977, S. 9; Dieter Kastner: 750 Jahre Stadt Xanten. Ausstellung der Stadt Xanten und der Archivberatungsstelle Rheinland 26. August – 24. September 1978. Köln/Bonn 1978, S. 50; Margret Wensky: Sonsbeck. Rheinischer Städteatlas, Lieferung 12, Nr. 67, hrsg. vom Landschaftsverband Rheinland. Bonn 1996, S. 12; Fredy Niklowitz: Armenfürsorge in der Stadt Lünen vom Mittelalter bis zur Gründung einer Städtischen Armenpflegekommission 1836. Lünen 1994, S. 17–19; Antje Sander-Berke: Armut und Armenfürsorge im Spätmittelalter und in der frühen Neuzeit, in: Heinz-Dieter Heimann u. a. (Hg.): Soest. Geschichte der Stadt, Bd. 2: Die Welt der Bürger. Politik, Gesellschaft und Kultur im spätmittelalterlichen Soest. Soest 1996, S. 315–335, hier S. 317f.; Gustav Luntowski u. a.: Geschichte der Stadt Dortmund. Dortmund 1995, S. 167; Karl Rübel: Die Armen- und Wohltätigkeitsanstalten der freien Reichsstadt Dortmund, in: Beiträge zur Geschichte Dortmunds und der Mark 20 (1911), S. 128; Franz Heinrich Mies: Die Kölner Hospitäler, Diss. Bonn 1921 (maschinenschriftliches Exemplar mit Beilagen im Historischen Archiv der Stadt Köln), S. 55, 57, 64, 66 u. 94; Schillup: Milde Stiftungen (wie Anm. 21), S. 285f.; Wilhelm Engberding: Armenanstalten und Wohlfahrtspflege der Stadt Dorsten bis zum Anfang des 19. Jahrhunderts. Gütersloh 1936, S. 12f.; Hugo Weidenhaupt (Hg.): Düsseldorf. Geschichte von den Ursprüngen bis ins 20. Jahrhundert, Bd. 1: Von der ersten Besiedelung bis zur frühneuzeitlichen Stadt (bis 1614). Düsseldorf 1988, S. 275; Brans: Hospitäler (wie Anm. 2), S. 240–242.

des 15. und 16. Jahrhunderts komplexere Anlagen in Form der ausgedehnteren Armenhöfe bildeten, die hier 'Hofjes' genannt wurden.[28]

In dieser Form der hospitalischen Fürsorge äußert sich zweifellos eine veränderte Einstellung zu Armut und Armenfürsorge.[29] Kapitalkräftige Bürger gaben eigenen Stiftungen, in denen sie selbst bestimmen durften, welche Armen Obdach und Verpflegung erhalten sollten, den Vorzug gegenüber der Förderung allgemeiner Hospitäler, die ihre Almosen weniger differenziert verteilten. Die Statuten der beispielhaft beschriebenen Armenhöfe zeigen, dass es den Stiftern darauf ankam, nur tatsächlich hilfsbedürftige Personen zu versorgen. Häufig sorgten sie dabei in erster Linie für in Not geratene Freunde und Bekannte.

Diese Entwicklung verlief insofern ganz im Sinne der obrigkeitlichen Armenordnungen, die sich ja auch in den beschriebenen Reglements für die städtischen Waisenhäuser niederschlugen: Die Fürsorge, zentral durch städtische Provisoren organisiert, sollte im Interesse der Stadt allein den nachweislich Hilfsbedürftigen zugute kommen. Dabei widmeten sich die städtischen Einrichtungen allein den einheimischen Armen, fremde hatten kein Anrecht auf die städtischen Sozialleistungen. In diesem Geiste sind nicht zuletzt für einige ältere Hospitalgründungen im 16. Jahrhundert Neuordnungen der Statuten bezeugt, die auf eine strengere Auswahl der Präbendaten abzielen. So wird beispielsweise im Falle des Dortmunder Heilig-Geist-Hospitals 1502 bestimmt, dass Anwärter auf einen Hospitalplatz nachweisen mussten, dass sie nicht in der Lage waren, ihren Lebensunterhalt ohne fremde Hilfe zu bestreiten; ebenso lehnte der Dürener Stadtrat 1582 ausdrücklich ab, arbeitsfähige Müßiggänger im Gasthaus zu unterhalten.[30]

In Wesel wurde 1580 eine ausführliche Armenordnung erlassen, die festlegte, wer in den einzelnen Stadtvierteln zum Almosenempfang berechtigt sei; zur Vertreibung betrügerischer Bettler wurde eigens ein 'Knüppelträger' angestellt.[31] Auch die im 16. Jahrhundert erstmals auftretenden Pesthäuser zeugen von einer pragmatischeren, stärker auf die jeweils anstehenden sozialen und in diesem Falle auch gesundheitspolizeilichen Belange ausgerichteten städtischen Fürsorgepolitik – im Sinne der rechtlichen Bestimmungen.

Es fehlen jedoch flächendeckende Belege, angesichts derer man die Umsetzung der obrigkeitlichen Verordnungen zur Armenfürsorge im Allgemeinen positiv beurteilen könnte. Nur in wenigen Orten fanden die neuen Bestimmungen in Form

---

28 Vgl. hierzu ausführlich Otto Nübel: Mittelalterliche Beginen- und Sozialsiedlungen in den Niederlanden. Tübingen 1970, besonders S. 204–253; Peter Hans Ropertz: Die Wohnungsstiftungen des 15. bis 18. Jahrhunderts. Eine besondere Form anstaltsmäßigen Wohnens, in: Die alte Stadt. Zeitschrift für Stadtgeschichte, Stadtsoziologie und Denkmalpflege 4 (1977), S. 183–214.

29 Vgl. ausführlich Michel Mollat: Die Armen im Mittelalter (Frz. Erstausgabe Paris 1978). München ²1987.

30 Jasmin Kleemann: Die Neuordnung des Heilig-Geist-Hospitals im Jahre 1502, in: Thomas Schilp (Hg.): Himmel, Hölle, Fegefeuer. Jenseitsvorstellungen und Sozialgeschichte im spätmittelalterlichen Dortmund. Dortmund 1996, S. 135–141; Brans: Hospitäler (wie Anm. 2), S. 311.

31 Vgl. Benninghoff-Lühl: Stiftungen (wie Anm. 19), S. 77 u. 80.

von Waisenhäusern und Pestspitälern nachweislich ihren Niederschlag in der Entwicklung des kommunalen Hospitalwesens. Die vereinzelten Spitalbelege werfen jedoch Schlaglichter auf eine Entwicklung, die sich ganz offensichtlich in erster Linie in Abhängigkeit von lokalen Bedingungen gestaltete. In jenen Städten, die aufgrund einer günstigen wirtschaftlichen Lage oder einer besonderen Förderung durch den Landesherrn traditionell über ein reich differenziertes institutionelles Fürsorgewesen verfügten, wurden die restriktiven obrigkeitlichen Bestimmungen im eigenen Interesse umgesetzt. Ermöglicht wurde diese Entwicklung in nicht unerheblicher Weise durch das private Engagement wohlhabender Bürger, die nicht selten den städtischen Führungsschichten angehörten. Schließlich entstanden die Waisenhausgründungen oftmals aus privaten und städtischen Mitteln oder wurden durch Privatleute mitverwaltet.

Am Beispiel der Armenhöfe wurde besonders deutlich, wie spezifische regionale Traditionen ausgehend von günstigen sozioökonomischen Voraussetzungen entscheidende Impulse für eine Veränderung der Formen hospitalischer Fürsorge liefern konnten. Diese Spitäler nahmen im Sinne einer selektiven Armenfürsorge eine elementare Forderung späterer Verordnungen vorweg. Die gesetzlichen Bestimmungen, die auf landesherrlicher Ebene ja erst im 16. Jahrhundert erlassen wurden,[32] waren für diese Einrichtungen nicht wegweisend, sondern konnten in diesem Punkt nur unterstützen, was bereits in die Praxis umgesetzt worden war. In anderer Hinsicht standen die Privatspitäler im Gegensatz zu den obrigkeitlichen Bestimmungen: Die zahlreichen dezentralen Einrichtungen wirkten aufgrund ihrer Verwaltungsstrukturen dem Bestreben, die gesamte Armenfürsorge zentral unter städtischer Trägerschaft verwalten zu lassen, entgegen.

Abschließend ist somit festzuhalten, dass die Entwicklung der institutionellen Armenfürsorge in dem hier betrachteten Raum getragen von privater Frömmigkeit und besonderen lokalen Traditionen eine starke Eigendynamik entfaltete, die sich in sehr unterschiedlichen Formen der Hospitalfürsorge – vom Fortbestand alter Hospitalstrukturen über Neuordnungen der bestehenden Spitäler bis hin zu den spezialisierten Neugründungen – niederschlug. Es zeigt sich das sehr komplexe Bild einer mancherorts praktizierten obrigkeitlichen Fürsorgepolitik und davon unabhängiger erfolgreicher Erneuerungsbestrebungen.

---

32 Unter den verschiedenen Erlassen der Herzöge von Jülich-Kleve-Berg sei hier stellvertretend auf die Armenordnungen von 1534 und 1554 verwiesen; vgl. hierzu Johann Joseph Scotti: Sammlung der Gesetze und Verordnungen, welche in dem Herzogthum Cleve und in der Graffschaft Mark über Gegenstände der Landeshoheit, Verfassung, Verwaltung und Rechtspflege ergangen sind, Bd. 1. Düsseldorf 1826, S. 86–91, Nr. 39 u. S. 127–132, Nr. 52.

„DIESER STADT BESTE MAUR VNDT WÄLLE". FRÜHNEU-ZEITLICHE ARMENFÜRSORGE UND SOZIALBEZIEHUNGEN IN DER STADTREPUBLIK AM BEISPIEL HAMBURGS

FRANK HATJE

I.

Wer die Normenhierarchie von oben nach unten, im Sinne der Juristen und der Sozialpolitik des späten 19. und 20. Jahrhunderts vom Reich hinunter zu den Kommunen liest, mag leicht zu dem Schluss gelangen, dass der frühmoderne Staat maßgeblichen Einfluss auf die Armenfürsorge gehabt habe. Dies gilt insbesondere für die modernisierungstheoretisch geprägten Leitmotive der Kommunalisierung, Rationalisierung, Zentralisierung, Bürokratisierung, Individualisierung, Pädagogisierung und schließlich sozialen Disziplinierung.[1] Wer so liest, überschätzt freilich die Möglichkeiten des Staates bis weit ins 19. Jahrhundert und schenkt dem Umstand zu wenig Beachtung, dass die Probleme – wie wäre es auch anders möglich? – zuerst in den Städten und Dörfern auftraten und die Menschen nicht darauf warten konnten, bis eine Obrigkeit eine landesweite Lösung konzipiert hatte.[2] Tatsächlich gingen die Städte den Landesherrschaften voran, und die Kompetenzzuweisung

---

1 Die Literatur, die mit diesen Ansätzen operiert, ist umfangreich. Stellvertretend seien hier genannt: Christoph Sachße/Florian Tennstedt: Geschichte der Armenfürsorge in Deutschland, Bd. 1: Vom Spätmittelalter bis zum Ersten Weltkrieg. Stuttgart u. a. 1980; Robert Jütte: Obrigkeitliche Armenfürsorge in deutschen Reichsstädten der frühen Neuzeit. Städtisches Armenwesen in Frankfurt am Main und Köln (Kölner Historische Abhandlungen 31). Köln/Wien 1984; J. Friedrich Battenberg: Obrigkeitliche Sozialpolitik und Gesetzgebung. Einige Gedanken zu mittelrheinischen Bettel- und Almosenordnungen des 16. Jahrhunderts, in: Zeitschrift für Historische Forschung 18 (1991), S. 33–70; Robert Jütte: Poverty and Deviance in Early Modern Europe. Cambridge 1994; Heinz Schilling (Hg.): Institutionen, Instrumente und Akteure sozialer Kontrolle und Disziplinierung im frühneuzeitlichen Europa (Ius Commune, Sonderheft 127). Frankfurt a. M. 1999, insbesondere die Einleitung von Schilling mit reichlichen Literaturangaben.

2 Abgesehen von der bekannten grundlegenden Kritik Martin Dinges' (Frühneuzeitliche Armenfürsorge als Sozialdisziplinierung? Probleme mit einem Konzept, in: Geschichte und Gesellschaft 17 (1991), S. 5–29) verdeutlicht eine Fülle von regionalen Studien diese Problematik. Vgl. Bernhard Sicken: Fremde in der Stadt. Beobachtungen zur „Fremdenpolitik" und zur sozioökonomischen Attraktivität der Haupt- und Residenzstadt Würzburg gegen Ende des 18. Jahrhunderts, in: Kersten Krüger (Hg.): Europäische Städte im Zeitalter des Barock. Gestalt – Kultur – Sozialgefüge. Köln/Wien 1988, S. 271–329; Alexander Klein: Armenfürsorge und Bettelbekämpfung in Vorderösterreich 1753–1806, unter besonderer Berücksichtigung der Städte Freiburg und Konstanz. München 1994; Konrad Dussel: Katholisches Ethos statt Sozialdisziplinierung? Die Armenpolitik des Hochstifts Speyer im 18. Jahrhundert, in: Zeitschrift für die Geschichte des Oberrheins 143 (1995), S. 221–244; Helmut Bräuer: Der Leipziger Rat

an die Kommunen in Sachen Armenfürsorge durch die Reichspoliceyordnungen trug dem Rechnung. Dass die Kommunen dazu strukturell in der Lage waren, auch wenn sie im Detail und in Anbetracht eines großen Problemdrucks an die Grenzen ihrer Möglichkeiten gerieten, hat Peter Blickle mit seinem Kommunalismuskonzept klargestellt, auch wenn er selbst die kommunale Armenfürsorge ausklammert.[3] Doch kann man, wie mir scheint, in dieser Richtung noch ein gutes Stück über das hinausgehen, was bislang unter „Kommunalisierung der Armenfürsorge" konstatiert worden ist. So hat Olaf Mörke am Beispiel niederländischer Städte der Frühen Neuzeit das analytische Potential entfaltet, das sich aus der Verschränkung politisch-sozialer und armenfürsorgerischer Strukuturen ergibt, und gezeigt, dass die Rolle des Armenwesens sich nicht darin erschöpfte, „Dienstleistungen zur Sicherung individueller physischer Existenz" zu bieten, sondern dass es eine Äußerungsform kollektiver städtischer Identität, Garant eines Sinnzusammenhanges und damit des „politisch-sozialen Systems Stadt" darstellte.[4]

Wer nicht das politisch-soziale System, sondern basis- und quellennäher die einzelnen Institutionen des Armenwesens zum Ausgangspunkt nimmt und berücksichtigt, dass es sich dabei zum großen Teil um Stiftungen handelt, wird auf den komplexeren sozialwissenschaftlichen Institutionenbegriff zurückgreifen. Dieser Ansatz fragt danach, wie es möglich ist, selbst über Zeiten beschleunigten Wandels hinweg eine Stabilität sozialer Strukturen zu bewahren, und fußt darauf, dass es normative Verhaltensstrukturen gibt, die individuelle Handlungswünsche kanalisieren und soziale Interaktion im Alltag berechenbar machen. Die Verhaltensstrukturen werden von allen Beteiligten im Prinzip anerkannt, und dass sie allgemein anerkannt werden können, beruht darauf, dass sie aus Sinnvorstellungen herrühren, über die gesellschaftlicher Konsens besteht.[5]

Der Institutionenansatz lenkt erstens den Blick auf das Verhältnis von Norm und Praxis auf der Ebene expliziter Schriftlichkeit wie auf der Ebene impliziter Vollzüge, auf die Normierung der Praxis, die Praktizierung der Norm und auf durch wiederholten Vollzug normierende Praktiken, gegen die sich Normsetzungen nur schwer durchzusetzen vermögen. Zweitens stehen diese Vorgänge nicht für sich, sondern sind in Wertorientierungen und Sinnvorstellungen eingebettet, aus denen heraus sich die Institutionalisierung vollzieht. In diesem Punkt berührt sich der insti-

und die Bettler. Quellen und Analysen zu Bettlern und Bettelwesen in der Messestadt bis ins 18. Jahrhundert. Leipzig 1997.

3   Vgl. vor allem Peter Blickle: Kommunalismus und Republikanismus in Oberdeutschland, in: Helmut Georg Koenigsberger (Hg.): Republiken und Republikanismus im Europa der Frühen Neuzeit. München 1988, S. 57–75; Peter Blickle (Hg.): Landgemeinde und Stadtgemeinde in Mitteleuropa. München 1991; ders.: Kommunalismus. Skizzen einer gesellschaftlichen Organisationsform. 2 Bde. München 2000.

4   Olaf Mörke: Daseinsvorsorge in Städten der niederländischen Republik. Bemerkungen zur Persistenz des alteuroäischen Gemeindekorporatismus, in: Peter Johanek (Hg.): Städtisches Gesundheits- und Fürsorgewesen vor 1800 (Städteforschung A/50). Köln u. a. 2000, S. 125–150.

5   Vgl. Gert Melville: Institutionen als geschichtswissenschaftliches Thema. Eine Einleitung, in: Ders. (Hg.): Institutionen und Geschichte. Theoretische und mittelalterliche Befunde. Köln u. a. 1992, S. 1–24; Mary Douglas: Wie Institutionen denken. Frankfurt a. M. 1991.

tutionengeschichtliche Ansatz am stärksten mit dem systemtheoretischen Mörkes. Drittens geht der Institutionenansatz davon aus, dass wir es mit Sozialbeziehungen zu tun haben. Damit scheint er geeignet, das für die Armenfürsorge wichtige Stiftungswesen mit seinen Charakteristika der Dauerhaftigkeit und des Personenverbandlichen einzubeziehen. Viertens öffnet er den Blick dafür, dass die Institutionen des Armenwesens nicht für sich stehen. Sie sind kein Werk der Obrigkeit allein, sondern entstehen aus einem kommunikativen Zusammenhang und unterliegen vom ersten Augenblick an der Bewertung durch Bürger und Einwohner. Sie sind aber auch kein Medium der Eliten zur hegemonialen Übermächtigung der unteren Schichten, sondern erlegen beiden Seiten Verpflichtungen auf, normative Verhaltensmuster einzuhalten, sich gegeneinander berechenbar zu verhalten. Der Institutionalisierungsprozess ist damit grundsätzlich ein Prozess zwischen Aushandeln und Rekurs auf das Herkommen – und damit ein Prozess, in dem Sozialbeziehungen vorausgesetzt, gestaltet bzw. bekräftigt werden.

II.

Als die Provisoren des Gast- und Krankenhauses in Hamburg – einer Hospitalstiftung, die 1628 aus der Pilger- und Elendenherberge des Hospitals zum Heiligen Geist hervorging[6] – 1702 ihre Statuten mit den Veränderungen seit Gründung des Hauses in Einklang bringen wollten, begründeten sie dies damit, dass es in gutem Zustand erhalten werden müsse, *„da unßere gottseelige vorfahren wohl gesehen, das dieses vndt andere Armen Häußer dieser Stadt beste Maur vndt wälle weren, Indehm durch gottseligen Armen auffnahm vndt deroselben gebet zu gott, deßen gerechten Zorn vndt straff von dieser guten Stadt ab, hergegen aber sein verschonen, Schutz vndt segen zugewendet vndt beybehalten werde“.*[7] Diese Begründung, die zugleich eine Begründung für ein wohlgeordnetes Armenwesen überhaupt liefert, enthält drei zentrale Elemente: (1) die Berufung auf das Herkommen (*„vorfahren“*), die handlungsorientierend wirkt. Das Armenwesen soll wie ererbtes Gut ungeschmälert an die kommende Generation weitergegeben werden. Ziel ist, Dauer in der Zeitlichkeit zu gewährleisten. (2) die Berufung auf den Almosencharakter. Die Aufnahme in ein Armenhaus und das Gebet zu Gott erscheinen als Gabe und Gegengabe. Nicht von ungefähr hielt sich in Hamburg der Begriff „Almosen“ für Unterstützungsleistungen des Armenwesens und insbesondere der Hospitäler bis ins 18. Jahrhundert.[8] Dass der Gabentausch in einem weit gefassten Sinne Sozi-

---

6 Vgl. dazu insgesamt Frank Hatje: Das Gast- und Krankenhaus in Hamburg 1248 – 1998. Hamburg 1998.

7 StA Hamburg Gast- und Krankenhaus, B.1, S. 92.

8 Einige Beispiele müssen hier genügen. (1) „Almosen“ als dauerhafte, regelmäßige Unterstützung, insbesondere mit Geld, aber auch durch Naturalien an Hausarme durch Stiftungen, Gotteskasten oder Allgemeine Armenanstalt: StA Hamburg Heilig-Geist-Hospital II.A.I.2 (1579 Dezember 19); II.A.I.13, S. 36 (1790); St. Katharinenkirche A.XII.a.6, S. 442 (1744); A.XII. a.7, S. 171f. (1753); St. Nikolaikirche XIII.2 Bd. 2, S. 46 (1772); Allgemeine Armenanstalt I 81, fo. 3r (1788). – (2) „Almosen“ bezeichnet ganz allgemein Unterbringung und Versorgung im Hospital: StA Hamburg Heilig-Geist-Hospital II.A.I.41, S. 16 (1635, 1663, 1673); II.B.1,

albeziehungen gestaltet[9] und für den Stiftungsgedanken bereits im Mittelalter von großer Bedeutung war,[10] kann hier nicht näher ausgeführt werden, muss aber in diesem Zusammenhang mitgedacht werden. Doch geht es (3) hier nicht um die individuelle Relation von Almosengeber und -empfänger. Vielmehr ist der Bezugspunkt die Stadt als Ganzes. Die Begründung evoziert insofern die Vorstellung der Stadt als einer Heilsgemeinschaft.[11] Darin liegt mehr als ein Topos. Die Vorstellung, dass neben *pax, concordia* und „*guter Policey*" das Festhalten an der lutherischen Konfession und das System der Armenfürsorge die Stadt vor Krieg und Not bewahrt und ihren Wohlstand gesichert habe, weil gerade aus diesen Gründen ein „gnädiger Gott" seine schützende Hand über die Stadt und ihre Bürger halte – diese Vorstellung gehörte zum Bestand der immer wieder vorgetragenen stadtrepublikanischen Grundüberzeugungen auch in Hamburg.[12] Indessen wurde der Gedanke im

---

　　　S. 256f. (1789). – (3) „Almosen" bezeichnet „milde Gabe" an eine Institution des Armenwesens: StA Hamburg Gast- und Krankenhaus B.1, S. 93 (1702). Dabei wird gelegentlich explizit, dass ein bestimmtes Verhalten als „Gegengabe" verstanden wurde, so etwa Anwesenheit beim und Bestehen des Katechismusexamens (St. Katharinenkirche A.XII.a.7, S. 394 [1761]) oder Schulbesuch der Armenkinder bzw. Einhaltung von Mindeststandards an Reinlichkeit (Allgemeine Armenanstalt I 84 [1789]).

9　　Grundlegend und vielfach rezipiert: Marcel Mauss: Essai sur le don. Paris 1950 (dt. Die Gabe. Form und Funktion des Austauschs in archaischen Gesellschaften. Frankfurt a. M. 1968); vgl. neuerdings Christian Papilloud: Le don de Relation. Georg Simmel – Marcel Mauss. Paris 2002; das Aushandeln, Bekräftigen oder (Neu-)Etablieren von Beziehungen geschah in vielfältigen Formen auf allen Ebenen der Gesellschaft. Vgl. u. a. Jürgen Hanning: Ars donandi. Zur Ökonomie des Schenkens im früheren Mittelalter, in: Richard van Dülmen (Hg.): Armut, Liebe, Ehre. Studien zur historischen Kulturforschung. Frankfurt a. M. 1988, S. 11–37; Beverly Ann Tlusty: Bacchus and Civic Order. The Culture of Drink in Early Modern Germany. Charlottesville/London 2001; Gerd Althoff: Das Privileg der deditio. Formen gütlicher Konfliktbeendigung in der mittelalterlichen Adelsgesellschaft, in: Ders.: Spielregeln der Politik im Mittelalter. Kommunikation in Frieden und Fehde. Darmstadt 1997, S. 99–125; Frank Hatje: Repräsentationen der Staatsgewalt. Herrschaftsstrukturen und Selbstdarstellung in Hamburg 1700–1900. Basel 1997, S. 76–125; Richard van Dülmen: Kultur und Alltag in der Frühen Neuzeit, Bd. 1: Das Haus und seine Menschen. 2. durchges. Aufl., München 1995, S. 138ff.

10　　Hier spielt vor allem die Verknüpfung von Stiftung und Memoria eine entscheidende Rolle, die jedoch auch nachreformatorisch nicht vollständig erlosch und im 19. Jahrhundert eine neue Blüte erlebte. Vgl. Michael Borgolte: „Totale Geschichte" des Mittelalters? Das Beispiel der Stiftungen. Berlin 1992; Dieter Geuenich/Otto Gerhard Oexle (Hg.): Memoria in der Gesellschaft des Mittelalters. Göttingen 1994; Ralf Lusiardi: Stiftung und städtische Gesellschaft. Religiöse und soziale Aspekte des Stiftungsverhaltens im spätmittelalterlichen Stralsund (Stiftungsgeschichten 2). Berlin 2000; Manuel Frey: Macht und Moral des Schenkens. Staat und bürgerliche Mäzene vom späten 18. Jahrhundert bis zur Gegenwart. Berlin 1999; Frank Hatje: Stiftung, Stadt und Bürgertum. Konjunkturen karitativer Stiftungen, in: Eva Schöck-Quinteros (Hg.): Gemeinschaft und Gemeinsinn im langen 19. Jahrhundert [im Druck].

11　　Bernd Moeller: Reichsstadt und Reformation, bearbeitete Neuausgabe der 1. Aufl. 1962. Berlin 1987; Peter Blickle: Gemeindereformation. Die Menschen des 16. Jahrhunderts auf dem Weg zum Heil. München 1987; Berndt Hamm: Bürgertum und Glaube. Konturen der städtischen Reformation. Göttingen 1996.

12　　Franklin Kopitzsch: Grundzüge einer Sozialgeschichte der Aufklärung in Hamburg und Altona. 2. Aufl., Hamburg 1990, S. 606–610; Johann Michael Hudtwalcker: Anrede an die Versammlung in dem neuen Schul= und Arbeitshause bey der Einführung der Kinder unsrer Armen,

Kontext des aufklärerischen Patriotismus' von einer stärker säkularen, stärker das ökonomische „Heil" betreffenden und das Gemeinwohl beschwörenden Variante überlagert und bestimmte in dieser Form auch noch im Vormärz die Debatten um die Armenfürsorge.[13] Immerhin konnte diese Sichtweise – sieht man einmal von der Zeit der französischen Besetzung der Stadt 1806 bis 1814 ab – als durch die realhistorischen Gegebenheiten beglaubigt gelten.

Die Verschränkung von Armenwesen und Republik hatte seit der Reformation eine handfeste, verfassungsrechtliche Grundlage. Nachdem die Bürger in ihren Kirchspielen und unter Umgehung des Rats zunächst Fakten zur Durchsetzung lutherischer Predigt und freier Pfarrerwahl geschaffen hatten, nahmen sie die Organisation der Armenfürsorge in die Hände, gründeten an jeder der vier Kirchspielkirchen nach gleichen Prinzipien arbeitende Gotteskasten und richteten durch Vertragsschluss zwischen den Gotteskastenverwaltungen eine zentrale Hauptkiste ein.[14] Zur Verwaltung auf Kirchspielsebene wurden je zwölf Diakone gewählt und wiederum zwölf aus den 48 Diakonen wurden als „Oberalte" für die Hauptkiste und die mit der Hauptkiste vereinigten zwei Hospitäler eingesetzt. 48er und Oberalte jedoch übernahmen praktisch zum selben Zeitpunkt die Funktion von ständigen Bürgerausschüssen.[15] Die Institutionalisierung der Gotteskästen war zugleich ein Vehikel, die politische Partizipation der Bürger gegenüber dem Rat zu stärken.[16] Tatsächlich waren sie bis 1860 Verhandlungspartner des Rats *in politicis*, hatten bis

den 30sten October 1800, zit. nach Frank Hatje: Das Armenwesen in Hamburg und die Ausbreitung der Aufklärung in Bürgertum und Unterschichten zwischen Integration und Abgrenzung, in: Anne Conrad/Arno Herzig/Franklin Kopitzsch (Hg.): Das Volk im Visier der Aufklärung. Studien zur Popularisierung der Aufklärung im späten 18. Jahrhundert. Hamburg 1998, S. 163–197, hier S. 196 Anm. 101; Hatje: Gast- und Krankenhaus (wie Anm. 6), S. 70–79. Vergleichbare Grundüberzeugungen sind auch für andere Städte überliefert und keineswegs auf Hamburg beschränkt.

13 Frank Hatje: Ehrenamt und „Gemeinnützigkeit" zwischen Familientradition und Geselligkeit (Hamburg 1740 bis 1840), in: Anja Victorine Hartmann/Malgorzata Morawiec/Peter Voss (Hg.): Eliten um 1800. Erfahrungshorizonte – Verhaltensweisen – Handlungsmöglichkeiten. Mainz 2000, S. 201–229; ders.: Patriotismus und Ökonomie. Zum 200. Todestag von Johann Georg Büsch (1728–1800), in: Hamburger Wirtschafts-Chronik N. F. 1 (2001), S. 7–48; Stephen Pielhoff: Paternalismus und Stadtarmut. Armutswahrnehmung und Privatwohltätigkeit im Hamburger Bürgertum 1830–1914. Hamburg 1999.

14 Vgl. Rainer Postel: Die Reformation in Hamburg 1517–1528. Gütersloh 1986; Frank Hatje: „Gott zu Ehren, der Armut zum Besten". Hospital zum Heiligen Geist und Marien-Magdalenen-Kloster in der Geschichte Hamburgs vom Mittelalter bis in die Gegenwart. Hamburg 2002, S. 173–213.

15 Rainer Postel: Bürgerausschüsse und Reformation in Hamburg, in: Wilfried Ehbrecht (Hg.): Städtische Führungsgruppen und Gemeinde in der werdenden Neuzeit. Köln/Wien 1980, S. 369–383.

16 Dazu in vergleichender Perspektive Frank Hatje: Kommunalisierung und Kommunalismus. Frühneuzeitliche Armenfürsorge als „Politikum", in: Hans-Jörg Gilomen/Sébastien Guex/Brigitte Studer (Hg.): Von der Barmherzigkeit zur Sozialversicherung. Umbrüche und Kontinuitäten vom Spätmittelalter bis zum 20. Jahrhundert. De l'assistance à l'assurance sociale. Ruptures et continuités du Moyen Age au XXe siècle (Schweizerische Gesellschaft für Wirtschafts- und Sozialgeschichte 18). Zürich 2002, S. 73–90.

1870 zusammen mit dem Rat das Kirchenregiment inne, bildeten das personelle Rückgrat für die gesamte, weit über 1.000 Ehrenämter umfassende Selbstverwaltung der Stadt, der Kirchspiele und – des Armenwesens.[17] Drei der vier mittelalterlichen Hospitäler wurden fortan durch Kollegien verwaltet, die sich aus Bürgern (vorwiegend Kaufleuten) zusammensetzten und in denen sich das Patronat zweier Ratsherren überwiegend in ihrer Anwesenheit bei der Rechnungslegung erschöpfte – ein Prinzip, das auch bei allen Neugründungen beibehalten wurde und dazu führte, dass die Administration eines Hospitals oder Armenhauses fester Bestandteil im *cursus honorum* wurde und bisweilen den Aufstieg in den Rat abkürzen konnte.[18]

Obwohl die Zentralisierung bei den Gotteskästen sehr bald schon rückgängig gemacht wurde,[19] deutete sich früh an, dass man eine systematische Erweiterung der dezentralen Unterstützung durch die Gotteskästen auf gesamtstädtischer Ebene ins Auge fasste.[20] Die Kapazitäten des Hospitals zum Heiligen Geist und des Leprosoriums St. Georg aus dem 13. Jahrhundert sowie des Hospitals St. Elisabeth für 20 Witwen und ledige Frauen und des für venerisch Erkrankte gestifteten Hiobhospitals aus dem 15. und frühen 16. Jahrhundert wurden als zu gering diagnostiziert.[21] Der Ausbau des Heilig-Geist-Hospitals 1559 verdreifachte die Zahl seiner Plätze.[22] Dem Pestzug von 1595 folgten die Gründung des Waisenhauses[23] und eines permanenten Pestspitals.[24] In Ergänzung dazu wurde ein Werk- und Zuchthaus gefordert

17 Den besten Überblick über die hamburgische Verfassung und Verwaltung bietet immer noch Kopitzsch: Grundzüge (wie Anm. 12), S. 146–178; vgl. auch Hans Wilhelm Eckardt: Von der privilegierten Herrschaft zur parlamentarischen Demokratie. Hamburg 2002. Detailliertere Einsichten zur Funktionsweise bei Hatje: Gott zu Ehren (wie Anm. 14), S. 215–280; vgl. nun auch Frank Hatje: Zwischen Republik und Karitas: karitative Ehrenamtlichkeit im Hamburg des 18. und 19. Jahrhunderts, in: Westfälische Forschungen 55 (2005), S. 239–266.

18 Hatje: Gast- und Krankenhaus (wie Anm. 6), S. 65–69; ders.: Ehrenamt (wie Anm. 13), passim.

19 Hatje: Gott zu Ehren (wie Anm. 14), S. 208f.

20 Den umfassendsten Überblick über die nachreformatorischen Institutionen des Armenwesens bietet immer noch Johann Klefeker: Sammlung der Hamburgischen Gesetze und Verfassungen [...] samt historischen Einleitungen, Bd. 1. Hamburg 1765, S. 227–309; vgl. Hatje: Gott zu Ehren (wie Anm. 14), S. 57ff., 215ff.

21 StA Hamburg St. Nikolaikirche XIII.1, fo. 7v–8r; Johannes Bugenhagen: Der Ehrbaren Stadt Hamburg Christliche Ordnung 1529. De Ordeninge Pomerani, hrsg. von Hans Wenn. Hamburg 1976, S. 218f.

22 Hatje: Gott zu Ehren (wie Anm. 14), S. 301ff.

23 Meno Günther Kiehn: Das Hamburger Waisenhaus. Hamburg 1821; Rudolf Sieverts: 350 Jahre Jugendwohlfahrt in Hamburg. Vom Waisenhauskollegium zur Jugendbehörde. Hamburg 1955; Harald Weber: Die geschichtliche Entwicklung des Waisenhauses und der Jugendhilfe in Hamburg. Hamburg 1978; Ingeborg Grolle: Bettelkinder, Findelkinder, Waisenkinder 1600–1800. Hamburg 1991.

24 Georg Hermann Sieveking: Zur Baugeschichte des Pesthofes in Hamburg, in: Mitteilungen des Vereins für hamburgische Geschichte 18/3, 53. Jg. (1940), S. 281–292; ders.: Die Verwaltung des Pesthofes in Hamburg, in: Mitteilungen des Vereins für hamburgische Geschichte 18/3, 53. Jg. (1940), S. 305–316; ders.: Prediger, Schulmeister, Organisten, Ökonomen, Chirurgen und Ärzte des Pesthofes in Hamburg, in: Mitteilungen des Vereins für hamburgische Geschichte 19/1, 54. Jg. (1941), S. 1–24; Dieter Boedecker: Die Entwicklung der Hamburgischen Hospitäler seit Gründung der Stadt bis 1800 aus ärztlicher Sicht. Hamburg 1977.

und 1622 realisiert.[25] Den Schlussstein bildete das Gast- und Krankenhaus, das als Akutkrankenhaus für die Armen, die in den Gotteskästen eingezeichnet waren, konzipiert wurde, bei seiner Fertigstellung 1632 jedoch vor allem Kriegsflüchtlinge versorgen musste, bis diese Aufgabe der Pesthof übernahm, der 1676 um ein reguläres Krankenhaus erweitert wurde, weil sich das Gast- und Krankenhaus bis dahin zu einer Versorgungsanstalt für bedürftige, gebrechliche alte Menschen gewandelt hatte.[26]

Die Verschiebungen zwischen den Einrichtungen deuten bereits an, was sich in der Praxis, speziell in der Aufnahmepraxis noch sehr viel stärker zeigt: Nicht die normativ zugeschriebene Zuständigkeit war maßgebend, sondern praktische, zum Teil buchstäblich aus der Not geborene Entscheidungen, die sich zu Institutionalisierungen verdichteten. Wie wenig man Statuten und Mandate beim Wort nehmen darf, wird bei einer Kompetenzverteilung von 1632 sichtbar. Danach sollten z. B. das St. Georgshospital für die Leprösen und das Heilig-Geist-Hospital für „Blinde, Lahme, Taube und Stumme" zuständig sein. Doch für diese Zeit sind keine Leprafälle mehr nachweisbar und St. Georg beherbergte vor allem Pfründner und 45 Witwen, für die die Kirchspiele aufkamen. Ebensowenig entspricht die Liste der Behinderungen den Quellenbefunden. Stattdessen entspricht die Formulierung der Antwort, die Jesus Johannes dem Täufer ausrichten lässt, als er fragt, ob Jesus der verheißene Messias sei (Mt. 11,5). Die Kompetenz, um die es geht, liegt also vor allem in der Assoziation des Hospitals mit der Nachfolge Jesu und reflektiert damit den kirchlichen Charakter kommunalisierter Armenpflege.

III.

Die Reformation hatte – so können wir festhalten – den Grad der Kommunalisierung auf ein deutlich höheres Niveau gehoben und einer sukzessiven Verdichtung der Armenfürsorge den Boden bereitet. Dies ging mit einem Stiftungsboom einher. Während Neugründungen in den Jahrzehnten vor der Reformation gegen Null tendierten, erlebte die Stiftungstätigkeit in der Folgezeit eine außergewöhnliche Blüte. Von den rund 220 privaten milden Stiftungen, die im Jahre 1820 existierten, ging knapp die Hälfte auf Fundationen der Jahre 1530–1630 zurück – darunter fast alle der 21 Armenhäuser („Gottesbuden") mit ihren rund 400 Freiwohnungen.[27]

25 Adolf Streng: Geschichte der Gefängnißverwaltung in Hamburg von 1622–1872. Hamburg 1890; Dirk Brietzke: Arbeitsdisziplin und Armut in der Frühen Neuzeit. Die Zucht- und Arbeitshäuser in den Hansestädten Bremen, Hamburg und Lübeck und die Durchsetzung bürgerlicher Arbeitsmoral im 17. und 18. Jahrhundert. Hamburg 2000.

26 Hatje: Gast- und Krankenhaus (wie Anm. 6), S. 109–126; ders.: Auf der Suche nach den Flüchtlingen und Exulanten des Dreißigjährigen Krieges in Hamburg, in: Sven Tode/Martin Knauer (Hg.): Der Krieg vor den Toren. Hamburg im Dreißigjährigen Krieg 1618–1648. Hamburg 2000, S. 181–211.

27 Daten ermittelt aus Johann Michael Lappenberg: Die milden Privatstiftungen in Hamburg. Hamburg 1845; zu den „Gotteswohnungen" vgl. Carl Hieronymus Wilhelm Sillem: Bürgermeister Joachim vom Kampe und Nicolaus van den Wouwer Gotteswohnungen in Hamburg 1582 bis 1907. Hamburg 1907; Klaus Bocklitz: Die Erbauung der Kramer-Amtswohnungen,

Dies war jedoch in eine allgemeine Kultur der Mildtätigkeit eingebettet. Das Konto der „Milden Gaben" beim Gast- und Krankenhaus kann das exemplarisch verdeutlichen, weil es im 17. Jahrhundert zu über 50 % von Spenden und Legaten abhängig war. 1651 beispielsweise schloss die Rubrik „Milde Gaben" immerhin mit 4.809 Mk in 476 Positionen ab, wobei die Hälfte allein aus 15 Einzelspenden stammte. Dazu kamen noch Naturalspenden und die Einnahmen aus halbjährlichen Sammlungen von Haus zu Haus, die von den Provisoren unterstützt von einigen Bewohnern der Einrichtung durchgeführt wurden.[28]

Der Abschluss eines Vertrages wurde mit einem Gottespfennig besiegelt, den man an ein Armenhaus oder in einen Gotteskasten zahlte. Man „verehrte" dem Hause Geld, wenn man einen Rechtsstreit gütlich beigelegt hatte oder einen längst abgeschriebenen Gewinn doch noch hatte einstreichen können. Man gab, weil man von einem Provisor direkt darauf angesprochen worden war oder weil es den Usancen bei der Wahl zum Ratsherrn oder Oberalten entsprach. Bei der Bank und der Börse gab es – wie bei den Bürgermeistern und Prätoren – Armenbüchsen, in die Strafgelder gelegt wurden, und dass die Erträge von Jahr zu Jahr schwankten, lag an der Qualität der Beziehungen des jeweiligen Provisors zum betreffenden Gerichtsherrn. Sammelbüchsen standen ferner in Gasthäusern und Schenken und vor dem Hause selbst.[29] Etliche Armenhäuser unterhielten Bräutigamsbücher, in die der jahrverwaltende Provisor zu Jahresbeginn einen Zettel mit seinen allgemeinen Glückwünschen einlegte und die dann per Boten zu den Hochzeiten wohlhabender Familien geschickt wurden, damit der Bräutigam seinen Namen und – weit wichtiger – einen ansehnlichen Betrag einzeichne. Ganz selbstverständlich gingen übrigens die Kollekten aus Taufen und Begräbnissen nicht an die jeweilige Kirchenkasse, sondern an den Gotteskasten.[30] In klingender Münze zahlten sich auch gute Beziehungen zum Zehnpfennigsamt aus, bei dem Testamente aufgesetzt bzw. beglaubigt wurden.[31] Bei den großen Testamenten, falls das zu testierende Vermögen nicht gleichmäßig verteilt wurde, waren es ohnehin persönliche Bindungen, die über die Begünstigung einer bestimmten Institution entschieden – so etwa die lebenslange Mitgliedschaft in dessen Kollegium oder die bevorzugte Aufnahme eines Verwandten oder langjährigen Dienstboten. Das Bekanntwerden großzügiger Verfügungen zugunsten der Armen insgesamt begründete nicht selten schon zu Lebzeiten des Testators eine Mehrung der Reputation – auch ein Fall von Konversion ökonomischen Kapitals in symbolisches.

Auf einen Nenner gebracht sind es im weitesten Sinne Sozialbeziehungen, die auf Geberseite die Armenfürsorge alltagspraktisch verankerten, sind es die Positionierungen im gesellschaftlichen Gefüge der Stadt, die Rituale, in denen familiäre und außerfamiliäre Netzwerke ihren Ausdruck fanden, und die rechtlichen und

in: Zeitschrift des Vereins für Hamburgische Geschichte 56 (1970), S. 117–120; Peter Gabrielsson: Von Gottesbuden zum Wohnstift. Die Geschichte der hamburgischen Stiftung "Dirck Koster Testament" 1537–1977. Hamburg 1980.

28 Hatje: Gast- und Krankenhaus (wie Anm. 6), S. 79–86, siehe dort auch zum Folgenden.
29 Vgl. dazu auch den Beitrag von Sebastian Schmidt in diesem Band.
30 Vgl. z. B. StA Hamburg St. Katharinenkirche B (1601–1700) VII.b.2; B (1701–1800) VII.b.4.
31 Hatje: Gast- und Krankenhaus (wie Anm. 6), S. 78.

ökonomischen Beziehungen, die habituell mit Spenden verbunden waren. So sehr Spenden und Legate *ad pias causas* in der städtischen Gesellschaft strukturell verankert waren, so wenig sicher konnten die einzelnen Institutionen der Armenfürsorge auf einen konstanten Zufluss rechnen. Spenden und Legate hingen von den Zufälligkeiten persönlicher Beziehungen, dem Ansehen der jeweiligen Institution im Allgemeinen und im Besonderen davon ab, welche armenfürsorgerische Zielsetzung die „öffentliche Meinung" gerade für erforderlich bzw. zweckdienlich hielt. Zu Beginn des 17. Jahrhunderts konstatierte der Oberaltensekretär Henricus Claen, dass das Heilig-Geist-Hospital nicht auf milde Gaben bauen könne, weil sie „*meist na dem Waysenhuse vnd Tuchthuse gegeuen werdt*";[32] außerdem galt – zumindest im 18. Jahrhundert – das Hospital wegen seines umfangreichen Landbesitzes nicht gerade als eine unterstützungsbedürftige Einrichtung, was die Spenden- und Testierbereitschaft weiter gesenkt haben dürfte.[33] Als der Pesthof 1638 die Versorgung der Kriegsflüchtlinge übernahm, sanken die milden Gaben an das gerade sechs Jahre alte Gast- und Krankenhaus binnen Jahresfrist auf ein Zehntel und die zugewandten Naturalien auf die Hälfte.[34] Die Gründung der Allgemeinen Armenanstalt 1788 schließlich bedeutete für alle großen, von Spenden abhängigen Stiftungen einen finanziellen Einbruch, weil gerade die Spendenfinanzierung des Großprojekts Allgemeine Armenanstalt zu dessen konstitutiven Merkmalen gehörte und als solches in der gesamten Breite der Stadtgesellschaft anerkannt wurde.[35]

IV.

Das entscheidend Neue der Reformationszeit war der Paradigmenwechsel hin zum Gemeindeprinzip. Unverkennbar rekurrierten die Gotteskastenordnungen auf das paulinische Konzept der Gemeinde als einem Leib aus vielen Gliedern mit unterschiedlichen Gaben und einer engen Verbundenheit in Wohlergehen und Leiden.[36] Unterstützungsberechtigt waren die eingesessenen Bewohner des Kirchspiels, und zwar sowohl diejenigen, die einen eigenen Haushalt führten, als auch deren Bedienstete, soweit ihre Dienstherren nicht für sie aufkamen, dazu klassischerweise Witwen und Waisen und – nicht neu, aber mit einer deutlich konfessionellen Wendung –

32 StA Hamburg Heilig-Geist-Hospital II.C.I.2, fo. 63v.
33 Vgl. Jonas Ludwig von Heß: Hamburg, topographisch, politisch und historisch beschrieben, 2. bearb. und verm. Aufl., Hamburg 1811, Teil 2, S. 213.
34 StA Hamburg Gast- und Krankenhaus G.d.1, S. 766: Wegen der Durchzüge der Kriegsheere seien „*die eingeseßene vnd Vnterthanen, der gestalt erschöpflich vnd ruiniret, daß solche hauffenweise Von Hunger verdorben im Ehlende in diese Stadt auffgenommen, vnd großentheils in daß Pesthauß geschaffet werden mußen: dahero ein Jeder solchem Hause affectionirt geworden, vnd fast alle Milde gaben nach dem orte gewandt*".
35 Zur Bedeutung der Allgemeinen Armenanstalt als patriotisch-republikanisches Projekt *kat'exochen* siehe Franklin Kopitzsch: Die Hamburgische Gesellschaft zur Beförderung der Künste und nützlichen Gewerbe (Patriotische Gesellschaft von 1765) im Zeitalter der Aufklärung. Ein Überblick, in: Rudolf Vierhaus (Hg.): Deutsche patriotische und gemeinnützige Gesellschaften. München 1980, S. 71–118; Hatje: Ehrenamt (wie Anm. 13); vgl. insgesamt auch Mary Lindemann: Patriots and Paupers. Hamburg (1712–1830). New York/Oxford 1990.
36 StA Hamburg St. Nikolaikirche XIII.1.

Schüler und Studenten. Sie waren nicht mehr Bettler, die zufällig Nachbarn waren, sondern Gemeindeglieder, die zufällig – oder genauer: durch Gottes Verhängnis – arm waren. Dies bedeutete zunächst einmal eine Besserstellung – nicht zuletzt der (verschämten) Hausarmen – gegenüber der vorreformatorischen Almosenpraxis, zumal diese Bedürftigen im Bedarfsfalle auch auf eine längerfristige, konstante Unterstützung hoffen konnten. Diese gab es zwar auch schon vorher. Aber unter den 22 Bruderschaften, die ihr Vermögen an die Hauptkiste abtraten, waren nur drei, die insgesamt 29 Arme regelmäßig unterstützten.[37] Die Kehrseite lag in der Ausgrenzung fremder Bettler – nicht jedoch Fremder ganz allgemein. Denn die Gotteskastenordnungen von 1527 bestimmten, dass fremde Bettler, sobald sie sich in der Gemeinde sesshaft machten, in den Genuss von Almosen aus dem Gotteskasten kommen konnten, und bis ins 19. Jahrhundert war es weder hierfür noch für die Aufnahme in ein Hospital erforderlich, das Bürgerrecht zu besitzen. Stichproben aus dem 18. Jahrhundert zeigen, dass der Anteil derer, die als Herkunftsort Hamburg oder dessen Landgebiet angaben, nicht über 60 % lag.[38]

Das Gegenstück zum Gemeindeprinzip bildete die Verpflichtung der besser situierten Gemeindeglieder, durch Kollekten und andere milde Gaben den Unterhalt der Bedürftigen zu ermöglichen. Eine Schlüsselrolle kam der vermittelnden Funktion der „Diakone" (Gotteskastenverwalter) zu. Indem sie regelmäßig die Armen in ihren Wohnungen aufsuchten, um festzustellen, wie ihnen am besten geholfen werden könnte, repräsentierten sie die gebende Gemeinde. Indem sie im Gottesdienst die Kollekten einsammelten, baten sie stellvertretend und mit dem Gewicht ihres sozialen Rangs um Almosen für die empfangende Gemeinde.

Dieses Wechselspiel aus Gaben und Gegengaben verstand sich letztlich aus seinem religiösen Horizont heraus, wie ein Gedicht aus dem Jahre 1770 illustriert, das an recht unvermuteter Stelle aufgezeichnet wurde, nämlich als Vorsatzblatt zum Hauptrechnungsbuch des Gotteskastens von St. Nikolai:[39] „*Wir flehn mit Inbrunst Dich, o Brunnquell guter Gaben! / Der Menschen Herzen so wie Bäche lenken kann, / Beym Anfang dieses Buchs, damit wir etwas haben / Für Arm und Dürftige, um milde Geber an.*" Derjenige, der das Kollektengeld gibt, wie derjenige, der es „gerecht" an die Bedürftigen verteilt, darf einen ehrenvollen Platz im Jenseits sowie Wohlstand und Seelenfrieden im Diesseits erwarten, weil ihm als Gegengabe das

---

37 Eigene Auswertung von StA Hamburg Heilig-Geist-Hospital II.C.I.1; zu den Bruderschaften in Hamburg vgl. Gertrud Brandes: Die geistlichen Brüderschaften in Hamburg während des Mittelalters, Teil 1, in: Zeitschrift für Hamburgische Geschichte 34 (1934), S. 75–176; Teil 2, in: Zeitschrift für Hamburgische Geschichte 35 (1936), S. 57–98; Teil 3, in: Zeitschrift für Hamburgische Geschichte 36 (1937), S. 65–110. Die etwas unübersichtlich publizierte Untersuchung widmet sich der Armenfürsorge durch die Bruderschaften nur mit knappen Sätzen und methodisch nicht unproblematisch.

38 StA Hamburg St. Katharinenkirche A.IX.a.3 (Haus- und Kirchenarme des Gotteskastens); StA Hamburg Heilig-Geist-Hospital II.A.I.10, passim; III.F.4 (Bewohner des Hospitals zum Heiligen Geist); vgl. Hatje: Gott zu Ehren (wie Anm. 14), S. 340ff.; StA Hamburg Gast- und Krankenhaus D.2, D.4, D.9a (Bewohner des Gast- und Krankenhauses); vgl. Hatje: Gast- und Krankenhaus (wie Anm. 6), S. 134.

39 StA Hamburg St. Nikolaikirche XIII.4 Bd. 1, fo. 2. Das fünfstrophige Gedicht stammt vom Oberküster und Kirchenschreiber Johann Hinrich Runge.

Gebet der Unterstützungsempfänger zuteil wird: *„Und wer da reichlich giebt, und wer dem Gottes=Kasten / Gerecht und also, wie Herr Fleischmann*[40] *ihm vorsteht, / Wird dort von Gott geehrt, kann hier in Friede rasten / Und stets begleitet ihn der Dürftigen Gebeht."* Dieses Gebet umfasste – so jedenfalls erwartete man es auf Seiten der Geber – Gesundheit, Wohlergehen, ein langes Leben und einen seligen Tod.[41]

Im Raum der Kirche war die Ausübung dieser Rollen unproblematisch. Bei den Sammlungen von Haus zu Haus, die die Provisoren einiger großer Einrichtungen veranstalteten, zeigte sich jedoch die Fragilität dieser Institution. Denn mit gutem Grund wurden die Sammlungen von den Kanzeln mit der Ermahnung abgekündigt, den Sammelnden mit allem gebotenen Respekt zu begegnen.[42]

Ganz so ideal sah es in der Praxis auch nicht mit den Armenvisitationen aus. Bezeichnend ist eine Notiz von 1736, derzufolge die Armenvisitation schon zwei Jahre lang nicht stattgefunden habe.[43] Bezeichnend ist daran, dass wir aus der Notiz erfahren, dass die Diakone die Aufgabe generell an den Unterküster und die Vögte delegiert hatten, und ferner, dass die Diakone sich sofort bereit fanden, der nächsten Visitation persönlich beizuwohnen. Bezeichnend ist aber auch, was nicht darin zu lesen steht, warum sie nämlich das Versäumnis erst so spät bemerkt hatten. Denn anscheinend reichte ihnen im Allgemeinen die institutionelle Basis gegenseitiger Wahrnehmung auch ohne die Visitation als Grundlage sozialer Kontrolle aus.

Diese Basis hatte zwei Ebenen: eine alltägliche und eine symbolische. Auf der ersten Ebene bekam jeder Diakon sämtliche Kirchenarmen mindestens dreimal im Jahr an vier aufeinanderfolgenden Sonnabenden bei der Austeilung der Almosen zu Gesicht.[44] Dazu kamen die jährlichen Naturalverteilungen, bei denen ebenfalls

---

40 Johann Fleischmann (1696–1781) war seit 1751 Diakon und seit 1764 Oberalter an der Hauptkirche St. Nikolai. Die Jahrverwaltung des Gotteskastens hatte er 1752 und eben 1770 inne. Friedrich Georg Buek: Die Hamburgischen Oberalten, ihre bürgerliche Wirksamkeit und ihre Familien. Hamburg 1857, hier S. 246f.

41 *„HERR! sprechen sie, wir wolln für unsre Gönner bitten: / Erhalte Sie gesund, von Angst und Noth befreit, / Du wollest Sie mit Gnad und Segen überschütten, / Und das Erbarmen selbst erwecke Ihnen Freud! // Die Herren Sechziger nächst Herren Oberalten / Giebt unser Seufzen noch besonders deiner Treu, / Sie sinds, die wechselsweis das Armen=Geld verwalten; / Leg' Ihrem Lebens=Ziel dafür mehr Jahre bey! // Hilf! daß Sie unverrückt, HERR! deiner Lieb' geniessen, / Ihr Herz und Hand sey stets zur Armen=Pfleg bereit, / Bis daß Sie endlich auch Ihr Leben selig schliessen / Und singen dort mit uns, Gott Lob! in Ewigkeit."*

42 StA Hamburg Gast- und Krankenhaus B.7, S. 24; vgl. Friedrich Blank: Sammlung der von E. Hochedlen Rathe der Stadt Hamburg [...] ausgegangenen allgemeinen Mandate, bestimmten Befehle und Bescheide, auch beliebten Aufträge und verkündigten Anordnungen, Bd. 1: 1619–1700, Bd. 2: 1700–1730, Bd. 3: 1731–1750. Hamburg 1763–1764, passim; Hatje: Gast- und Krankenhaus (wie Anm. 6), S. 83ff.

43 StA Hamburg St. Katharinenkirche A.XII.a.6, S. 294f.

44 Bugenhagen: Christliche Ordnung (wie Anm. 21), S. 244/245ff.; StA Hamburg St. Petrikirche C.I.b und c. Dass die Praxis bei verschiedenen Gotteskasten zeitweilig von der Norm abwich, zeigt ein Memorandum der Waisenhausvorsteher aus dem Jahre 1613, abgedruckt bei Kiehn: Waisenhaus (wie Anm. 23), S. 363–391, hier S. 368ff.; vgl. dazu auch künftig Frank Hatje: Soziale Ungleichheit in der Heilsgemeinschaft. Armenfürsorge vom Gotteskasten zur Allgemeinen Armenanstalt, in: Ders. (Hg.): Die Kirche in der Stadt. Beiträge zur Geschichte von

Gotteskastenverwalter zugegen waren. Wichtiger erscheint jedoch, dass das Kollegium über jede einzelne Bitte um Einschreibung in den Gotteskasten oder um Bewilligung einer Zulage *in toto* entschied.[45] Dabei dürften zudem Leumundszeugnisse von Pastoren für ihre Beichtkinder, Empfehlungsschreiben oder Atteste von Bürgercapitänen, Hauswirten usw. häufiger eine Rolle gespielt haben, als es die Überlieferungslage vermuten lässt.[46]

Ähnliches gilt für die Hospitäler, wo ohnehin die alltäglichen Kommunikationsmöglichkeiten mannigfaltiger waren – und auch die Notwendigkeiten, die sich daraus ergaben, dass die Hospitalarmen Mitglieder des betreffenden Haushalts waren und das jeweilige Kollegium die Funktion des *curator* für jeden von ihnen wahrnahm. Besonders bezeichnend ist der Usus, der sich gegen Ende des 17. Jahrhunderts für die Aufnahme in das Heilig-Geist-Hospital herausgebildet hatte. Jeder Vorsteher hatte nach einem festgelegten Turnus das Recht, einen freigewordenen Platz nach freiem Ermessen zu belegen, so dass jeder Hospitalarme „seinen" Oberalten und jeder Oberalte „seine" Hospitalarmen hatte – eine Beziehung, die erst mit dem Tod des Hospitalarmen endete und durch das in Protokollen und Registern allgegenwärtige „belegt von" hinter dem Namen des Hospitaliten dokumentiert wurde. Es gibt Indizien, die darauf hindeuten, dass diese Verbindung nicht nur auf dem Papier bestand. In Aktion erleben wir sie freilich nur in Konfliktfällen – in einem Fall von Abendmahlsverweigerung beispielsweise oder in Fällen, in denen die Fürsprache des betreffenden Oberalten eine Verweisung aus dem Haus verhinderte.[47]

Die symbolische Ebene diente vor allem der repetitiven Konstituierung der Gemeinschaft als einer christlichen im Ritual. Die verschiedenen Institutionen entwickelten unterschiedliche Praktiken. Im Gast- und Krankenhaus wurden sie verteilt auf den Jahreswechsel, die vierteljährlichen Kommuniongottesdienste und aufgrund einer gewissen Affinität der Provisoren zum Pietismus auf die wöchentlichen Katechisationen.[48] In den Hauptkirchen St. Katharinen und St. Jakobi ergänzten sich die halbjährlichen „Großen Kirchenexamina" und wöchentliche Katechismusexamina. Kennzeichnend war, dass sowohl die unterstützten Armen als auch die Provisoren bzw. Diakone vollzählig zu erscheinen hatten. Unentschuldigte Absenz kam vor, wurde aber auf beiden Seiten registriert und bei den Diakonen sogar mit Sanktionen belegt.[49]

Religion und Gesellschaft in Hamburg von der Reformation bis zur Gegenwart [in Vorbereitung].

45 StA Hamburg St. Katharinenkirche A.XII.7 und 8 passim.

46 Bugenhagen: Christliche Ordnung (wie Anm. 21), S. 226/227; StA Hamburg St. Katharinenkirche B (1701–1800) VII.b.1; vgl. für Köln Norbert Finzsch: Obrigkeit und Unterschichten. Zur Geschichte der rheinischen Unterschichten gegen Ende des 18. und zu Beginn des 19. Jahrhunderts. Stuttgart 1990.

47 Ausführlich Hatje: Gott zu Ehren (wie Anm. 14), S. 353–359.

48 Hatje: Gast- und Krankenhaus (wie Anm. 6), S. 156ff., 165–172.

49 Dieter Klemenz: Der Religionsunterricht in Hamburg von der Kirchenordnung von 1529 bis zum staatlichen Unterrichtsgesetz von 1870. Hamburg 1971, S. 55, 88f.; Hans Stange: Die St. Jacobi Kirchenschule und ihre Lehrer. Hamburg 1934, S. 34; zu den Sanktionen vgl. StA Hamburg St. Katharinenkirche A.V.b.5 bis 8 unter „Mannigerlei Einnahme"; zur Entwicklung der

Eine besonders dichte Inszenierung solcher gemeinschaftsstiftenden Rituale fand zweimal jährlich im Hospital zum Heiligen Geist statt. Die Oberalten als Hospitalvorsteher und ihr Syndikus begingen das Haus, begutachteten das Inventar und präsentierten sich zuerst den Kranken, dann den Gesunden als Kollegium. Die Oberalten erschienen dabei als diejenigen, deren Fürsorge die Hospitalarmen ihre Wohnung, Nahrung und Kleidung verdankten. Freilich erschien diese Fürsorge nur als ein Abbild und Werkzeug der höheren Fürsorge Gottes. Dementsprechend begann die Mahlzeit im Speisesaal mit dem Lied „Nun danket alle Gott". Nach einer kurzen Ansprache durch den Präses des Kollegiums verlas der Syndikus die Hausordnung. Dies hatte dieselbe Funktion wie die Verlesung der Burspraken auf dem Rathaus oder die Morgensprachen der Zünfte und entsprach mit der Trias aus Choral, Ansprache und Abkündigung dem Muster des Predigtteils im sonntäglichen Gottesdienst. Erst dann wurden die Speisen aufgetragen, das Tischgebet gesprochen und im Beisein der Oberalten, aber ohne dass diese an der Mahlzeit teilnahmen, gegessen. Der Vergegenwärtigung der rechtlichen Aspekte der Hausgemeinschaft folgte also diejenige der Tischgemeinschaft.[50]

In der über 200 Jahre unveränderten Hausordnung wurden vier Komplexe angesprochen, die auch in den Statuten anderer Armenhäuser Hamburgs – zum Teil sogar wortgleich – enthalten sind: die vermögensrechtlichen Regelungen, die sich aus der Aufnahme in das Hospital ergaben, die Einschärfung der Tischgemeinschaft, der Katalog der religiösen Pflichten und die Einschärfung, im Zusammenleben Friede und Eintracht zu bewahren.[51] Die letzten beiden Punkte hingen eng miteinander zusammen. Denn die Armen sollten Gott nicht nur im liturgischen Rahmen für seine Wohltaten, Gnade und Barmherzigkeit danken, sondern auch durch ihren christlichen Lebenswandel, der zugleich ein verträgliches Zusammenleben gewährleisten sollte. Sieht man auf die dokumentierte Sanktionspraxis, so sind es vor allem Verstöße gegen die vermögensrechtlichen Bestimmungen, die geahndet wurden, weil sie die materielle Basis des Hauses schädigten, und ein wie auch immer gearteter „liederlicher" Lebenswandel, sobald er so auffällig wurde, dass er geeignet war, den Ruf des Hauses zu beeinträchtigen.[52] Unverkennbar ist aber auch, dass das Einhalten der religiösen Pflichten und die Wahrung von Friede und Eintracht zu den essentiellen Bestandteilen des Wertesystems in der Stadt des Spätmittelalters und der Frühen Neuzeit gehörten.[53] Stadt und Haus wurden also nicht nur in der

Formen, Funktionen und Aufgaben der Katechisation siehe u. a. Werner Jetter: Artikel „Katechismuspredigt", in: Theologische Realenzyklopädie 17 (1988), S. 744–786.

50 Hatje: Gott zu Ehren (wie Anm. 14), S. 326ff.

51 Ausführlich ebenda, S. 395–408; Ordnung des Gast- und Krankenhauses von 1702 (revidiert 1726), abgedruckt bei Klefeker: Sammlung (wie Anm. 20), S. 366 – 373; Armen-Ordnung bey dem Hospital zum Heiligen Geist von 1636, abgedruckt ebenda, S. 316–321; Statuten der Dirk Koster Gottesbuden in Übersetzung abgedruckt bei Gabrielsson: Gottesbuden (wie Anm. 27), S. 32ff.

52 Hatje: Gott zu Ehren (wie Anm. 14), S. 395–408 et passim; ders.: Gast- und Krankenhaus (wie Anm. 6), passim.

53 Hans-Christoph Rublack: Political and Social Norms in Urban Communities in the Holy Roman Empire, in: Kasper von Greyerz (Hg.): Religion, Politics and Social Protes. Three Studies on

Theorie als analoge Strukturen begriffen. Der wechselseitige Analogieschluss hatte vielmehr auch alltagspraktische Konsequenzen.

V.

Ein letzter Aspekt soll wenigstens noch angesprochen werden, weil er für den Gesamtrahmen von Bedeutung ist. Denn so beeindruckend die Finanzvolumina sind, die im frühneuzeitlichen Armenwesen Hamburgs umgesetzt wurden – es blieb ein weiter Bereich, der sich dieser Form der Institutionalisierung entzog. Nicht einmal unter den ganz anders gearteten Bedingungen der 1788 gegründeten Allgemeinen Armenanstalt war ein Verbot des Almosengebens durchsetzbar. Die gesamte frühe Neuzeit bis weit ins 19. Jahrhundert wurden Bedürftige – teils täglich, teils wöchentlich, teils in unregelmäßigen Abständen – von Privatleuten mit Nahrungsmitteln, Kleidungsstücken oder auch Geld unterstützt.[54]

Tatsächlich basierte die institutionelle Armenfürsorge auf der Fülle von quellenmäßig kaum erfassbaren Hilfeleistungen. Die Höhe der Almosen aus den Gotteskasten konnte kaum anders als subsidiär gemeint sein, und selbst die Versorgungsleistungen der Hospitäler wiesen signifikante Lücken auf, die die Bewohnerinnen und Bewohner aus anderen Quellen stopfen mussten. Doch wurden diese Unterstützungsleistungen in der Regel überhaupt erst nachgefragt, wenn sich die Selbsthilfepotentiale erschöpft hatten – wenn man aufgrund von Altersgebrechen nicht mehr in seinem angestammten Beruf arbeiten konnte und die Einkünfte aus Gelegenheitsarbeiten zu gering wurden, wenn Werkzeuge und Hausrat bis auf einen kleinen Rest verkauft waren, wenn man nicht oder nicht mehr von Kindern, Ehepartnern oder entfernteren Verwandten versorgt werden konnte und wenn sich das soziale Kapital, das man mit seinen Beziehungen zu Nachbarn, Arbeitgebern, Bekannten aufgebaut hatte, auf die Länge der Zeit, über die sich die Bedürftigkeit erstreckte, verbraucht hatte. Armenregister, Protokoll- und bisweilen auch Rechnungsbücher bieten eine Fülle von Mosaiksteinen, die sich zu Beispielen dafür zusammensetzen lassen, dass und wie die frühneuzeitliche Selbsthilfegesellschaft funktioniert hat und wo ihre Grenzen lagen. Der Grund dafür, dass die Aufnahmepraxis bei den Hospitälern und Armenhäusern wie auch die Einzeichnungspraxis bei den Gotteskasten von einem Minimum an normativen Festlegungen und einem Maximum an Einzelfallentscheidung geprägt waren, scheint genau hier zu liegen. Es ging Diakonen und Provisoren darum, auf der Basis eines durch Praxis und Erfahrung bewährten stillschweigenden Konsenses die individuellen Umstände eines jeden Bittstellers zu ergründen und zu bewerten. Letztlich setzten sie, wenn nötig, selbst die expliziten Normen hintan, wenn sie familiale Selbsthilfepotentiale stärken konnten, und akzeptierten, dass ihre Institution als Baustein in eine spezi-

Early Modern Germany. London 1985, S. 24–60.

54 Belege dazu bei Hatje: Gott zu Ehren (wie Anm. 14), S. 60f.; Pielhoff: Paternalismus (wie Anm. 13), S. 55ff.

fische Selbsthilfestrategie eingefügt wurde.[55] Dies impliziert indes mehr als eine Transferleistung von Geld oder Sachgütern – nämlich die vorgängige Etablierung einer Sozialbeziehung.

VI.

Fassen wir zusammen: Am Hamburger Beispiel ließ sich zunächst zeigen, in welch hohem Maße kirchliche, politische und armenfürsorgerische Institutionen seit der Reformation ineinandergriffen und miteinander verwoben waren. Dies betraf die Ebene der Sinnvorstellungen, die Ebene der Verfassungen und die Ebene der Akteure. Die in kirchlichen und politischen Institutionen verankerten Sinnvorstellungen wirkten als Motor für einen systematischen Ausbau des Armenwesens, der in die bestehenden Verfassungen so „eingebaut" wurde, dass er sowohl die Funktionsfähigkeit der Selbstverwaltung zu bestätigen schien, als auch einen Ausbau des Gefüges selbst mit sich brachte. Private Stiftungen, Spendenpraxis und testamentarische Verfügungen deuten genauso wie die bis ins 19. Jahrhundert verbreiteten alltäglichen Unterstützungspraktiken darauf hin, dass das reformatorische Gemeindeprinzip, der lutherische Paradigmenwechsel von den „guten Werken" zur unter Beweis zu stellenden Nächstenliebe oder die aus genossenschaftlich-gildemäßigen Handlungsorientierungen herrührenden stadtbürgerlichen Werte und Normen wichtige Motive für ein breitenwirksames Handeln zugunsten der Armen und Bedürftigen bereitstellten – doch mitnichten das ganze Spektrum abdeckten. Für das Verständnis frühneuzeitlicher Armenfürsorge ist unabdingbar, dass das Handeln der Akteure von Sozialbeziehungen bestimmt war. Das gilt für die Praktiken der Selbsthilfegesellschaft als Ganzes wie für die subsidiäre Indienstnahme der Institutionen des Armenwesens. Es äußert sich in Spenden an die großen Einrichtungen wie in der warmen Suppe für den bedürftigen Nachbarn. Umgekehrt ist aber auch zu beobachten, dass gerade die kirchlich-„politisch" fundierten Einrichtungen einige Arbeit darauf verwandten, Sozialbeziehungen zu begründen und/oder zu bestätigen, in denen sich die religiösen und stadtrepublikanischen Werte und Normen abbildeten. All das beseitigte freilich nicht die Armut – weder in Hamburg noch sonstwo. Die auf umfassenden Selbsthilfepraktiken aufbauende Armenfürsorge blieb überfordert von der Aufgabe, allen Mitgliedern des Gemeinwesens wenigstens das Existenzminimum zu garantieren. Die auf Sozialbeziehungen aufbauende Armenfürsorge verhalf jedoch der frühneuzeitlichen städtischen Gesellschaft zu einem erstaunlichen Maß an Stabilität.

---

55 Ausführlich behandelt in Hatje: Gott zu Ehren (wie Anm. 14), S. 315–360 und ders.: „Wenn die bösen Tage kommen". Einige Bemerkungen zu Alter, Armut und Selbstbehauptung in der städtischen Gesellschaft des „langen" 18. Jahrhunderts, in: Jörg Deventer/Susanne Rau/Anne Conrad (Hg.): Zeitenwenden. Herrschaft, Selbsthauptung und Integration zwischen Reformation und Liberalismus. Festgabe für Arno Herzig zum 65. Geburtstag. Münster/Hamburg/London 2002, S. 481–505.

NORMALE PRAXIS: VON NEUEN KONZEPTEN IN DER ARMENPFLEGE, ANGESTRENGTEN BEMÜHUNGEN ZWEIER MEDIZINALRÄTE UND DER ERFOLGREICHEN NICHT-GRÜNDUNG EINES KRANKENHAUSES

FRITZ DROSS

Wenn sich Historikerinnen oder Historiker mit dem Spannungsfeld zwischen Norm und Praxis befassen, pflegen sie gerne die „Praxis" im Sinne eines „eigentlich Gewesenen" stark zu machen. Denn wie die Lektüre von Katechismen recht wenig Aufschluss über die jeweils gelebten Glaubensüberzeugungen und Frömmigkeitsformen erlaubt, lässt sich eine Geschichte der Armut oder der Armenfürsorge nicht aus einer historischen Folge von Armen- und Bettelordnungen erschließen. Auf einer anderen Ebene liegt die Behauptung, die historischen Subjekte hätten sich nicht allein den Normen ihrer Zeit, sondern – gewissermaßen in einem Akt vorauseilenden Ungehorsams – auch noch Max Weber bzw. diversen Spielarten einer Modernisierungstheorie widersetzt. Da wir indes der unmittelbaren Verhaltensbeobachtung der uns interessierenden Menschen grundsätzlich entraten müssen, ist der Beobachtungsmodus von Norm-Praxis-Konflikten ein prekärer. Einiges spricht dafür, dass dasjenige, was wir unsere Quellen nennen, stets auf solchen Konflikten basiert. Dies hieße, dass die uns uneinholbar entrückte historische Praxis nur dann und in solchen Bruchstücken überliefert wäre, die aus Normkonflikten resultierten. Historisches Forschen erlaubte dann auf der Basis wiederum hochgradig normierter Vorentscheidungen allenfalls Hypothesen über die jeweils konfligierenden Normen.

Nicht minder problematisch ist der Normbegriff. Denn zum einen heißt soziale Norm im allgemeineren Sinne dasjenige, was Entscheidungen und somit Handeln, oder eben: Praxis, überhaupt erst ermöglicht.[1] Gleichzeitig sollten wir als HistorikerInnen daran interessiert sein, wann und als Ergebnis welcher historischen Praxis einzelne Normen entstehen und verändert werden. Insofern wir darauf verzichten wollen, historische Prozesse letztlich als die Erfüllung eines im Modus neuzeitlicher Wissenschaft nicht mehr zu klärenden Schicksals, als göttliche Fügung oder das Wirken und Wesen der einen großen „sittlichen Idee" zu erkennen, die ihrerseits nicht mehr zu begründen, sondern nur noch aufzufinden wäre,[2] liegt es auf der

---

1   Vgl. Rüdiger Peuckert: Norm (soziale), in: Bernhard Schäfers (Hg.): Grundbegriffe der Soziologie. 6. Aufl., Opladen 2000, S. 255–259. Auf den soziologischen Normbegriff kann hier nicht weiter eingegangen werden.

2   So zuletzt der Vorwurf an den Oestreich'schen Begriff der „Sozialdisziplinierung" bei Winfried Freitag: Mißverständnis eines ‚Konzeptes'. Gerhard Oestreichs ‚Fundamentalprozeß' der Sozialdisziplinierung, in: Zeitschrift für Historische Forschung 28 (2001), S. 513–538.

Hand, bereits das Entstehen und die Veränderung von Normen als eine Form – vermutlich wiederum normgeleiteter – historischer Praxis zu untersuchen.[3] Eine von Normen unabhängige Praxis ist mithin ebenso wenig vorstellbar, wie sie überdies abseits einer – ausformulierten oder unreflektiert implizit unterstellten – „Theorie der Praxis"[4] beobachtet werden kann. Für die Geschichtswissenschaft gilt weiterhin, dass sie bezüglich der sie interessierenden Praktiken allenfalls den Status eines Beobachterbeobachters beanspruchen darf.

Dass jede quellenvermittelt-historische Betrachtung also auf mehreren Ebenen immer schon normiert ist und jede Norm andererseits unter zu befragenden Umständen „gemacht" oder „erfunden" sein muss, möchte ich in der Formulierung einer „normalen Praxis" fassen. Um der bereits angedeuteten Falle zu entgehen, schlicht inkommensurable Normen und Praktiken in ein eher verdunkelndes als erhellendes Spannungsverhältnis zu setzen, möchte ich den Normbegriff grob vierfach differenzieren. Zum einen sind Normbegriffe der historiografischen Diskursebene von solchen der historischen Diskursebene zu unterscheiden. Damit soll die Chance gewonnen werden, den historischen Diskurs als Gegenstand historischen Forschens von dem Diskurs der Geschichtswissenschaft bezüglich ihrer methodischen Grundbegriffe (bspw. „Diskurs"[5]) zu unterscheiden. Der Umstand, dass historischer Befund und historiografische Erklärung mehrfach voneinander abhängig und miteinander verwoben sind, kann auf diesem Wege nicht beseitigt, aber doch diskutiert werden.[6] Zweitens sollen Normbegriffe auf der Legislationsebene von Normbegriffen differenziert werden, die außerhalb der Legislationspraxis liegen, aber für deren Zustandekommen ebenso notwendig sind, wie sie deren Wirkungen beeinflussen.[7] Zwar wird auf diesem Wege noch immer den obrigkeitlicher Legislationspraxis

---

3   Martin Dinges: Normsetzung als Praxis? Oder: Warum werden die Normen zur Sachkultur und zum Verhalten so häufig wiederholt und was bedeutet dies für den Prozess der „Sozialdisziplinierung"?, in: Gerhard Jaritz (Hg.): Norm und Praxis im Alltag des Mittelalters und der frühen Neuzeit. Internationales Round-Table-Gespräch (Krems an der Donau, 7. Oktober 1996; Forschungen des Instituts für Realienkunde des Mittelalters und der Frühen Neuzeit 2). Wien 1997, S. 39–53.

4   „Zwar ist der Hinweis zutreffend, daß die Theorie der Praxis, die als Bedingung einer strengen Wissenschaft von den Praxisformen und praktischen Handlungen erscheint, nicht weniger theoretisch – mithin theoretisch und praktisch von der Praxis getrennt – ist als jene Theorie der Praxis, die implizit in die objektivistischen Modelle eingeht; doch ist damit noch nicht die Frage hinfällig, inwieweit die gesellschaftlichen Voraussetzungen, die *faktisch* gegeben sein müssen, damit eine besondere Kategorie von Individuen zur Ausübung einer theoretischen Tätigkeit bereitgehalten werden kann, nicht per se die unbewusste Übernahme eines bestimmten Typs einer Theorie der Praxis begünstigen." Pierre Bourdieu: Entwurf einer Theorie der Praxis. Frankfurt a. M. 1976, S. 139.

5   Vgl. Achim Landwehr: Geschichte des Sagbaren. Einführung in die historische Diskursanalyse. Tübingen 2001.

6   Vgl. Otto Gerhard Oexle: Die Entstehung politischer Stände im Spätmittelalter. Wirklichkeit und Wissen, in: Reinhard Blänkner/Bernhard Jussen (Hg.): Institution und Ereignis. Über historische Praktiken und Vorstellungen gesellschaftlichen Ordnens. Göttingen 1998, S. 137–162.

7   Vgl. Beate Schuster: Wer gehört ins Frauenhaus? Rügebräuche und städtische Sittlichkeitspolitik im 15. und 16. Jahrhundert, in: Blänkner/Jussen: Institution und Ereignis (wie Anm. 6), S. 185–252.

entstammenden (Gesetzes-)Normen ein wohl unangemessenes Übergewicht eingeräumt. Da in dieser Hinsicht Normabweichung gleichzeitig als Voraussetzung der
Normsetzung gelten kann[8] und ihre Sanktion als deren Folge, handelt es sich aber
um einen historisch besonders gut nachvollziehbaren Bereich. Diese Differenzierung will ausdrücklich nicht die vollständige Unabhängigkeit der Normierungsebenen behaupten. Im Gegenteil: Abseits einer solchen analytischen, und insofern
zwangsläufig idealen Differenzierung scheint mir die spezifische Abhängigkeit der
vorgeschlagenen Normierungsebenen nicht zu klären zu sein. Schließlich sei betont,
dass mit dieser Differenzierung noch keine hinreichende und praktikable Definition
des Normbegriffes in der Geschichtswissenschaft vorliegt.

Im Folgenden möchte ich versuchen, die erfolgreiche Nicht-Gründung eines
Krankenhauses im späten 18. Jahrhundert[9] als die Geschichte „normaler Praxis"
zu verstehen. Dazu wird vorerst eine Reihe von normierenden Begriffen auf den
verschiedenen Ebenen eingeführt.

Medikalisierung & *Medicinische Policey*

Ähnlich wie der Konfessionalisierungsbegriff kann „Medikalisierung" als ein
Derivat des Sozialdisziplinierungsparadigmas – wenn auch nicht im orthodox
Oestreich'schen Sinne – gelten; wie dieses ist auch die „Medikalisierung" in den
letzten Jahren tiefgreifender und bedenkenswerter Kritik ausgesetzt gewesen.[10] Es
handelt sich um einen Normbegriff auf der historiografischen Diskursebene, der in
den Worten der Titel der beiden maßgeblichen deutschsprachigen Pionierstudien
von Ute Frevert und Claudia Huerkamp als ein Prozess gefasst werden kann, innerhalb dessen „Krankheit als politisches Problem" verstanden wurde, dessen Lösung
einer von weltanschaulich-religiösen Fragen wissenschaftlich objektivierten Lehre
– nämlich der Medizin – übertragen wurde, deren Schüler sich „vom gelehrten Stand

---

8   Karl Härter: Soziale Disziplinierung durch Strafe? Intentionen frühneuzeitlicher Policeyord-
     nungen und staatliche Sanktionspraxis, in: Zeitschrift für Historische Forschung 26 (1999),
     S. 365–379.
9   Auf der Basis der Ergebnisse meiner Dissertation: Fritz Dross: Krankenhaus und lokale Politik
     1770–1850. Das Beispiel Düsseldorf. Essen 2004.
10   Vgl. Francisca Loetz: Vom Kranken zum Patienten. „Medikalisierung" und medizinische Ver-
     gesellschaftung am Beispiel Badens 1750–1850. Stuttgart 1993, S. 13–136, S. 253–325; Dies.:
     „Medikalisierung" in Frankreich, Großbritannien und Deutschland. 1750–1850. Ansätze,
     Ergebnisse und Perspektiven der Forschung, in: Wolfgang Uwe Eckart/Robert Jütte (Hg.): Das
     europäische Gesundheitssystem. Gemeinsamkeiten und Unterschiede in historischer Perspek-
     tive. Stuttgart 1994, S. 123–161; Martin Dinges: The Reception of Michel Foucault's Ideas on
     Social Discipline, Mental Asylums, Hospitals and the Medical Profession in German Histori-
     ography, in: Colin Jones/Roy Porter (Hg.): Reassessing Foucault. Power, Medicine, and the
     Body. London/New York 1994, S. 181–212, besonders S. 190–197; Michael Stolberg: Heil-
     kundige Professionalisierung und Medikalisierung, in: Norbert Paul/Thomas Schlich (Hg.):
     Medizingeschichte. Aufgaben, Probleme, Perspektiven. Frankfurt a. M./New York 1998,
     S. 69–86; Bettina Wahrig/Werner Sohn (Hg.): Zwischen Aufklärung, Policey und Verwaltung.
     Zur Genese des Medizinalwesens 1750–1850. Wiesbaden 2003.

zum professionellen Experten" wandelten.[11] Es kann und soll somit ausdrücklich nicht die Rede sein von einem „Medikalisierungsprozeß in Form einer geplanten und in Zusammenarbeit mit dem Staatsapparat ins Werk gesetzten Strategie der Ärzteschaft zur Disziplinierung der Unterschichten".[12] Dem Medikalisierungsprozess einen intentionalen historischen Urheber zu unterstellen, heißt letztlich, den Begriff – in meines Erachtens unzulässiger Weise – von der historiografischen auf die historische Diskursebene zu übertragen.

Dort ist indes die *Medicinische Policey*[13] angesiedelt, womit ein Normbegriff auf der historischen Diskursebene genannt ist. Im Zusammenhang mit der frühneuzeitlichen „Verfleißigungskampagne"[14] und der nationalökonomischen Überlegung, die Summe der im Staat produzierten Güter hänge von der Menge der produzierenden Arbeitskräfte ab, geriet die *Peuplierung* zum merkantilistischen Gebot, Arbeit zur ersten Untertanenpflicht.[15] Die „gesunde und dauerhafte Beschaffenheit der Bürger"[16] war gefragt, um unter staatlich garantierter Sicherheit den gewünschten „genugsamen Reichthum" erwirtschaften zu können.[17] Im Begriff eines gefährdeten Volkskörpers, den es zu stärken gelte, wurde ärztliche Wissenschaft zur

11 Ute Frevert: Krankheit als politisches Problem 1770–1880. Soziale Unterschichten in Preußen zwischen medizinischer Polizei und staatlicher Sozialversicherung. Göttingen 1984; Claudia Huerkamp: Der Aufstieg der Ärzte im 19. Jahrhundert. Vom gelehrten Stand zum professionellen Experten. Göttingen 1985.

12 Martin Krauß: Armenwesen und Gesundheitsfürsorge in Mannheim vor der Industrialisierung 1750–1850/60. Sigmaringen 1993, S. 148.

13 Martin Dinges: Medicinische Policey zwischen Heilkundigen und „Patienten" (1750–1830), in: Karl Härter (Hg.): Policey und frühneuzeitliche Gesellschaft (Ius commune. Sonderhefte, Studien zur europäischen Rechtsgeschichte 129). Frankfurt a. M. 2000, S. 263–295.

14 Paul Münch: Lebensformen in der frühen Neuzeit. Frankfurt a. M./Berlin 1992, S. 397; ders. (Hg.): Ordnung, Fleiß und Sparsamkeit. Texte und Dokumente zur Entstehung der „bürgerlichen Tugenden". München 1984.

15 Christof Dipper: Deutsche Geschichte 1648–1789. Frankfurt a. M. 1991, S. 23–29; vgl. Arnim Thakkar-Scholz: Der Wert des Menschen. Der Wert des Menschen in der Diskussion der Medizin von der Entdeckung des gesunden, arbeitsamen Menschen in der kameralistischen „Peuplierungspolitik" bis zur „Gesundheitswirtschaftslehre" Pettenkofers als Verbindung von Nationalökonomie und kommunaler Gesundheitsfürsorge, Diss. Düsseldorf 1998; Artikel „Bevölkerung", in: Ludwig Julius Friedrich Hoepfner u. a. (Hg.): Deutsche Encyclopädie oder Allgemeines Real-Wörterbuch aller Künste und Wissenschaften von einer Gesellschaft Gelehrten. 24 Bde. Frankfurt a. M. 1778–1804, Bd. 3. (1780), S. 511–516; Artikel „Berechnung des Volkes im Lande", in: Johann Georg Krünitz: Oekonomische-technologische Encyklopädie oder allgemeines System der Stats-, Stadt-, Haus- und Land-Wirthschaft, und der Kunst-Geschichte, in alphabetischer Ordnung. 242 Bde. Berlin 1773–1858, Bd. 4 (1783), S. 210–228.

16 Johann Peter Frank: System einer vollständigen medicinischen Policey. 13 Bde. Frankenthal 1791–1794, Bd. 1, S. 11 (Vorbericht).

17 Vgl. Ulrich Engelhardt: Zum Begriff der Glückseligkeit in der kameralistischen Staatslehre des 18. Jahrhunderts (Johann Heinrich Gottlob von Justi), in: Zeitschrift für Historische Forschung 8 (1981), S. 37–79; Frank Grunert: Die Objektivität des Glücks. Aspekte der Eudämonismusdiskussion in der deutschen Aufklärung, in: Ders./Friedrich Vollhardt (Hg.): Aufklärung als praktische Philosophie. Tübingen 1998, S. 351–368.

Voraussetzung obrigkeitlicher Regierungskunst.[18] Die *Medicinische Policey* war Teil der Verwaltungslehre. Eine Lebensäußerung, die nicht auch unter gesundheitlichen Aspekten zu regulieren wäre, ist im Rahmen *medicinischer Policey* kaum mehr denkbar. Höchste Priorität hatten die Vorgänge um Geburt und Tod; daneben werden Wohnung, Nahrung, Kleidung, Arbeitsbedingungen und nicht zuletzt die Vergnügungen zum Gegenstand medizinalpolizeilich geforderter Reglementierung. Die Konzepte der Armenkrankenpflege des ausgehenden 18. Jahrhunderts basieren auf diesen Vorstellungen insbesondere in der Betonung präventiver Maßnahmen,[19] musste es doch darum gehen, insbesondere die handarbeitende Bevölkerung zu erhalten und zu vermehren, bevor ein Siechtum einsetzte, das vielleicht noch hinausgezögert, aber nicht mehr abgewendet werden konnte.

Neben einer ausgedehnten literarischen Debatte beeindruckt die im Rahmen spätabsolutistischer Regelungswut erlassene Fülle einschlägiger Bestimmungen, womit schließlich Normbegriffe auf der Legislationsebene angesprochen wären. Die Umsetzung der Bestimmungen sollte durch einen Behördenapparat von den Physici vor Ort bis zu zentralen Medizinalkollegien überwacht werden, deren politische und verwaltungstechnische Einflussmöglichkeiten allerdings eng begrenzt blieben.[20] Die Forderung der *Medicinischen Policey* nach gesunder Lebensführung der Untertanen stellt die Proklamation absolutistischer Allzuständigkeit ebenso dar wie sie einen spezifisch ärztlichen Blick auf die soziale Welt eröffnet. Es besteht indes kein Anlass, aus der Fülle der nunmehr reglementierten gesundheitswirksamen Lebensbedingungen auf allzu vehemente Fortschritte eines vermeintlich aufgeklärten Gesundheitswesens zu schließen. Vielmehr spricht derzeit alles dafür, die umfassende Kenntnis der einschlägigen Bestimmungen selbst in den Zentralbehörden eher skeptisch zu beurteilen. Was in diesem Zusammenhang über die Verwaltungsmacht und Gestaltungspotenz der frühneuzeitlichen Territorien, die Implementation von Kirchen- und Polizeiordnungen, der Normproduktion, -durchsetzung und -kontrolle in den letzten Jahren erarbeitet wurde,[21] gilt selbstverständlich auch für den Bereich des Medizinalwesens.

---

18 Markus Pieper: Der Körper des Volkes und der gesunde Volkskörper. Johann Peter Franks „System einer vollstaendigen medicinischen Polizey", in: Zeitschrift für Geschichtswissenschaft 46 (1998), S. 101–119.

19 Mary Lindemann: The Allgemeine Armenanstalt and the Non-Registered Poor, in: Erich Braun/ Franklin Kopitzsch (Hg.): Zwangsläufig oder abwendbar? 200 Jahre Hamburgische Allgemeine Armenanstalt. Symposium der Patriotischen Gesellschaft von 1765. Hamburg 1990, S. 37–45.

20 Vgl. Mary Lindemann: Health & Healing in Eighteenth Century Germany. Baltimore 1996; die Beiträge in Andrew Cunningham/Ole Peter Grell/Robert Jütte (Hg.): Health Care and Poor Relief in 18th and 19th Century Northern Europe. Aldershot 2002; Dinges: Medicinische Policey (wie Anm. 13), S. 275–285.

21 Vgl. Karl Härter: Gesetzgebungsprozess und gute Policey. Entstehungskontexte, Publikation und Geltungskraft frühneuzeitlicher Policeygesetze. (PoliceyWorkingPapers. Working Papers des Arbeitskreises Policey, Polizei in der Vormoderne 3) 2002, in http://www.univie.ac.at/policey-ak/pwp/pwp_03.pdf (Stand: 23.06.2006); Martin Dinges: Policeyforschung statt „Sozialdisziplinierung"?, in: Zeitschrift für Neuere Rechtsgeschichte 24 (2002), S. 327–344; Achim Landwehr: „Normdurchsetzung" in der Frühen Neuzeit? Kritik eines Begriffs, in: Zeitschrift für Geschichtswissenschaft 48 (2000), S. 146–162; André Holenstein: Die ‚Ordnung' und die

Verfolgt man die Diskursnorm *Medicinische Policey* hinsichtlich ihrer Praxis, so stößt man zuallererst auf Legislationsnormen – im hier betrachteten Territorium Jülich-Berg wie anderswo. Mit dem Erlass einer am 8. Juni 1773 datierten Medizinalordnung[22] verfügte Jülich-Berg über ein einschlägiges Regelwerk, das den zeitgenössischen Vorstellungen von *Medicinischer Policey* in jeder Hinsicht genügte. Die Medizinalordnung wurde nicht allein den unmittelbar betroffenen Medizinalpersonen, sondern ausdrücklich allen Beamten, Gerichtspersonen und Magistraten *nachtrücklich zu halten* anbefohlen (§ 42), wie auch alle diese *obgedachtem Consilio Medico auf dessen geziemende Requisition gebührlich an Hand zu gehen* hatten (Präambel).

Aus dem März 1774 ist eine Auseinandersetzung innerhalb des Medizinalrates überliefert,[23] die geeignet ist, die Reichweite der angesprochenen Ordnung einzuschätzen. Der Direktor des Medizinalrates und Urheber der geradezu mustergültigen Medizinalordnung, Johann Peter Brinckmann,[24] wurde zum Gegenstand bitterer Kritik seiner Ratskollegen. Denn offenbar hatte sich Brinckmann normgerecht vorgenommen, aus dem Consilium Medicum eine funktionierende Regierungsbehörde mit Zentralkompetenz im Gesundheitswesen zu schaffen. Im Sommer 1776 beklagte er nicht allein nachlässigen und verspäteten Besuch der Ratssitzungen seiner Kollegen, sondern darüber hinaus, dass es dem Consilium noch immer an einem regulären Tagungsort gebreche. Der Medizinalrat tagte privatissime im Wohnhaus seines Direktors. Neben der Unterstützung insbesondere des Geheimen Rates klagte er beim Landesherrn in Mannheim eine präzise Instruktion ein, aus der die Kompetenzen des Consilium Medicum und seiner Mitglieder – allen voran des Direktors – eindeutig hervorgingen.

Die geforderte Instruktion blieb jedoch aus. Weder am Mannheimer, dann Münchener Hof, noch bei den Stellen der Landesregierung in Düsseldorf, ja selbst unter den Mitgliedern des Consilium Medicum selbst hatte sich die Auffassung durchsetzen können, das Consilium Medicum als eine Regierungsbehörde mit Zuständigkeit im territorialen Gesundheitswesen zu betrachten. Die etablierten Behörden – insbesondere der Geheime, dann auch der Hofkammerrat – waren durchaus nicht bereit, von ihren Kompetenzen an eine neue Behörde abzugeben, zu akzeptieren, dass der Medizinalrat Amtspersonen – gleich welchen Ranges – anwies, oder sich dazu verpflichten zu lassen, den Medizinalrat in bestimmten, katalogisierbaren Angelegenheiten des Medizinalwesens zu konsultieren. Die das Consilium Medicum bil-

---

,Mißbräuche'. ,Gute Policey' als Institution und Ereignis, in: Blänkner/Jussen: Institution und Ereignis (wie Anm. 6), S. 253–273.

22 Johann Joseph Scotti: Sammlung der Gesetze und Verordnungen, welche in den ehemaligen Herzogthümern Jülich, Cleve und Berg und in dem vormaligen Großherzogthum Berg über Gegenstände der Landeshoheit, Verfassung, Verwaltung und Rechtspflege ergangen sind [...]. 4 Bde. Düsseldorf 1821/22, Nr. 2096.

23 HStA Düsseldorf JB II 5070, Bl. 52–67; Else Rümmler: Düsseldorfer Ärztestreit im 18. Jahrhundert. Jan Wellem Aug. 1965, S. 116–120.

24 Alfons Labisch: Einleitung, in: Johann Peter Brinckmann: Patriotische Vorschläge zur Verbesserung der Medicinalanstalten, hauptsächlich der Wundarznei und Hebammenkunst auf dem platten Lande. Mit einer Einführung von Alfons Labisch. Düsseldorf 1997, S. 7–67.

denden Medizinalräte – mit Ausnahme ihres Direktors – waren schließlich offenbar nicht bereit, ihren Medizinalratstitel als das Dokument einer ihnen übertragenen Aufgabe im Regierungsgeschäft zu begreifen. Es stellt sich die Frage, wie sich der Medizinalrat auf einer etwas bescheideneren Ebene, nämlich in Angelegenheiten des ärztlichen Standes, verhielt – immerhin gehörte das Approbationswesen, nicht allein in Jülich-Berg, zu den ältesten und zentralen Aufgaben dieser Einrichtung.

Im Juni 1794 lehnte es der in München erfolgreich approbierte Arzt van Geldern junior ab, sich vor dem Düsseldorfer Medizinalrat prüfen zu lassen.[25] Um den von der Düsseldorfer Stelle mehrfach verhängten Strafen zu entgehen, weil er ohne Approbation in der Praxis seines Vaters aushelfe, hatte sich van Geldern in München beim Obercollegium Medicum approbieren lassen, was die Düsseldorfer Stelle nicht anerkennen wollte. Van Geldern supplizierte beim Landesherrn. Der ausdrücklichen Anerkennung seiner in München erlangten Approbation ließ ein kurfürstliches Reskript[26] die Anweisung folgen, der jülich-bergische Geheime Rat möge das Düsseldorfer Consilium Medicum ernsthaft verweisen. Die Angelegenheit war damit erledigt. Welches Verständnis van Geldern von der Qualität eines Medizinalrates pflegte, belegt sein nur ein Vierteljahr später erfolgtes Gesuch um diesen Titel. Er benötige ihn, damit er um die Hand einer Handelstocher aus Amsterdam anhalten könne. Bekanntlich leiste *der Charakter eines Rathes von einem so mächtigen Churfürsten bey den Holländern wie bekannt, alleine schon den besten Vorschub.*[27] Wenige Wochen später wurde van Geldern zum kurfürstlichen Hofmedikus ernannt.[28]

Dem jungen Hofmedikus war indes weder die Heirat noch eine weiterhin erfolgreiche Praxis vergönnt. Bald nach seinem im Oktober 1795 verstorbenen Vater starb auch Joseph Gottschalk im April 1796. Wenn auch nicht mehr in Erfahrung zu bringen ist, welchen Eindruck der Hofratstitel des Arztes Joseph Gottschalk van Geldern bei der Heiratskandidatin und ihrer Familie in Amsterdam gemacht hat, scheint ihm derselbe zumindest das Vertrauen seiner zahlungskräftigen Düsseldorfer Klientel eingebracht zu haben.[29]

25   LHA Speyer, Abt. A 7, Nr. 104, Bl. 2; vgl. Joseph A. Kruse: Hofmedikus Joseph Gottschalk von Geldern (1765–1796). Zur Geschichte der Düsseldorfer Familie Heinrich Heines. Düsseldorfer Jahrbuch 56 (1978), S. 122–127; ausführlicher zur Familie van Geldern: Ders.: „Sehr viel von meiner mütterlichen Familie". Geschichte und Bedeutung der van Gelderns. Düsseldorfer Jahrbuch 61 (1988), S. 79–118.
26   LHA Speyer, Abt. A 7, Nr. 104, Bl. 18.
27   Ebenda, Bl. 22/23.
28   Gülich Bergisch Wöchentliche Nachrichten vom 3. März 1795 Nr. 9 [1.]; 20. Oktober 1795 Nr. 42 [19.]; 3. Mai 1796 Nr. 18 [10.]; 17. Mai 1796 Nr. 20 [14.]; 18. Oktober 1796 Nr. 42 [1.]; 25. Oktober 1796 Nr. 43 [1.]; 1. November 1796 Nr. 43 [2.].
29   Seine Schwester, die Mutter Heinrich Heines, klagte in einem Brief über den frühen Verlust ihres mit 30 Jahren verstorbenen Bruders: „Ach es giebt wenig Trost für den Verlust eines zärtlichen Bruders, der kaum ein Jahr Hofmedicus und hiesiger Arzt war, und schon ein Verdienst besaß, das sich täglich wenigstens auf 6 Kronthaler belief; dabei hinterließ er ein eben so großen und ungetheilten Lob, wie mein Vater, und ein gleichen Ruhm und Ehre folgte ihm ins Grab. Dies tröst zwar ein wenig, aber es lindert und heilt nicht." Zit. nach Kruse: Hofmedikus (wie Anm. 25), S. 125.

Weder „Medikalisierung" noch „ärztliche Professionalisierung" können die These erhärten, im Zusammenhang mit *Medicinischer Policey* sei faktisch ein staatliches Gesundheitswesen unter ärztlicher Leitung entstanden, dass die Sorge um die Gesundheit der Untertanen in behördlich institutionalisierter Form Teil der obrigkeitlichen Verwaltungen des 18. Jahrhunderts geworden wäre. Eine Regierungskunst auf den Spuren der *Medicinischen Policey* war offenbar im Gegenteil auf Ärzte angewiesen, die sich weniger auf berufliche Leistungen im bürgerlichen Sinne als auf ständische Privilegien beriefen. Gerade ärztliche Eliten konstituierten sich noch im vermeintlich aufgeklärten Absolutismus eher durch höfische Titel als durch obrigkeitliche Ämter. Während sich die gelehrten Räte und studierten Juristen *de facto* als politische und Machtelite neben dem landständigen Adel etablieren konnten, blieb den Ärzten vorerst nur die peinlich genaue Beachtung ständischer Etikette.

Vom Hospital zum Krankenhaus?

Die historischen Forschungen der letzten Jahre bevorzugen die Vorstellung eines grundsätzlichen Bruches zwischen (mittelalterlichem) Hospital und (modernem) Krankenhaus.[30] Als Normbegriff auf der historiografischen Diskursebene wäre „modernes Krankenhaus" dann eine Begriffsbildung in typisierender Absicht, die den Medikalisierungsbegriff voraussetzt und einen abgrenzbaren Ort bezeichnet, der konkret und ausschließlich einen Heilzweck verfolgt – formulierbar als Wiederherstellung von Arbeitskraft –, und zu diesem Zweck der Medizin als einer professionsbildenden Wissenschaft die Deutungsmacht über alle Vorgänge an diesem Ort zuweist.

Um dies als historischen Vorgang zu beschreiben, könnte auf der historischen Diskursebene weitergefragt werden. Worüber redeten denn diejenigen, die sich im letzten Drittel des 18. Jahrhunderts zum Thema Krankenhaus äußerten? Denn tatsächlich, dies wäre der erste Befund, lässt sich eine rege Debatte über das Krankenhaus im letzten Drittel des 18. Jahrhunderts feststellen. Die Debattanten waren sich völlig darüber einig, dass es der konzentrierten, medizinisch geleiteten Bemühung speziell und ausschließlich für die *curablen* Fälle bedürfe. Sie waren sich in der angestrengtesten Nützlichkeitserwägung weiterhin darüber einig, dass die Erhaltung der Brauchbarkeit der Untertanen auch große finanzielle Anstrengungen langfristig lohne. Es gab keinen Dissens darüber, dass der gesamte Heilprozess zum frühest möglichen Termin von Ärzten zu beaufsichtigen war sowie darüber, dass sich die Aus- und Fortbildung von Ärzten dadurch befördern ließ, angehende Mediziner eher früher als später neben Lehrbüchern auch mit Kranken resp. deren Krankheiten zu konfrontieren. Die Frage war, ob es dafür eigener Häuser bedürfe.

---

30 Vgl. Alfons Labisch: Das Allgemeine Krankenhaus in der kommunalen Sozial- und Gesundheitspolitik, in: Ders./Reinhard Spree (Hg.): „Einem jeden Kranken in einem Hospitale sein eigenes Bett". Zur Sozialgeschichte des Allgemeinen Krankenhauses in Deutschland im 19. Jahrhundert. Frankfurt a. M./New York 1996, S. 253–296, hier S. 287.

Im Sinne des Krankenhausbegriffes auf der historiografischen Diskursebene ist jedenfalls für Deutschland unzweifelhaft die Besuchsanstalt (im Gegensatz zum Krankenhaus) der unmittelbare Vorläufer des modernen Krankenhauses und zwar sowohl im Sinne der Heilung kranker Armer bzw. armer Kranker als auch im Sinne der Klinik als Stätte ärztlicher Bildung und medizinischer Wissenschaft. Christoph Wilhelm Hufeland, preußischer Leibarzt und Medizinalratsdirektor in Berlin, formulierte in seinem 1809 publizierten Aufsatz über die Armenkrankenverpflegung zu Berlin: *Der Geist des reinen Wohlthuns und der Menschenliebe allein muss das belebende Princip einer solchen Anstalt seyn. Das ganze Geschäft muss als Gottesdienst betrieben, und unentgeldlich, aus freiem inneren Antriebe besorgt werden.*[31]

Daraus entwickelte Hufeland seine Kritikpunkte am Krankenhaus, welches ärztliches Handeln des gottesdienstlichen Charakters beraube. Neben der „Herzlosigkeit" der Krankenhäuser sei die zwangsläufig dort entstehende „Luft- und Sittenverderbnis" nicht hinzunehmen.[32] Wenn Krankheiten im Sinne der Konstitution umgebungsbezogen entstanden und verliefen, welche neuen, tendenziell unbeherrschbaren Krankheiten würden dann an einem Ort erzeugt, an dem verschiedenste Kranke gezielt konzentriert würden? Was, wenn die Population dieses Ortes in der Hauptsache aus der „niedrigen und rohen Volksklasse" bestünde? Die Frage, ob eine Krankheit unter diesen Umständen überhaupt noch in ihrem wesenhaften, natürlichen Verlauf beobachtet und (ärztlich) begleitet werden könne, betrifft die beiden zentralen Vorüberlegungen und Bedingungen, unter denen ein Krankenhaus sinnvoll gefordert werden konnte: die Effektivität der Heilung und die Bildung und Ausbildung eines Ärztestandes, die auf Beobachtung und Praxis beruhten.

Doch nicht allein die Heilchancen der Kranken galt es zu bedenken. Überlegungen über die „gesunde und dauerhafte Brauchbarkeit der Untertanen" basieren selbstverständlich auf ständischen Gesellschaftsbegriffen. Der hamburgische Arzt Philipp Gabriel Hensler beklagte den Tod mehrerer Kollegen, die bei Kranken-

---

31 Christoph Wilhelm Hufeland: Die Armenkrankenverpflegung zu Berlin, nebst dem Entwurfe einer Armenpharmakopöe, in: Ders.: Journal der practischen Heilkunde, Bd. 29 (1809), Teil 6, S. 7.

32 Auf das problematische Verhältnis von Hygiene und Moral soll hier nicht weiter eingegangen werden. Vgl. Michael Stolberg: Der gesunde und der saubere Körper, in: Richard van Dülmen (Hg.): Erfindung des Menschen. Schöpfungsträume und Körperbilder 1500–2000. Wien/Köln/Weimar 1998, S. 305–317, hier S. 313f.; Alfons Labisch: „Hygiene ist Moral. Moral ist Hygiene" – soziale Disziplinierung durch Ärzte und Medizin, in: Christoph Sachße/Florian Tennstedt (Hg.): Soziale Sicherheit und soziale Disziplinierung. Beiträge zu einer historischen Theorie der Sozialpolitik. Frankfurt a. M. 1986, S. 265–285; zum Verhältnis physischer und moralischer Gesundheit bei Hufeland vgl. Alfons Labisch: Homo Hygienicus. Gesundheit und Medizin in der Neuzeit. Frankfurt a. M. 1992, S. 99–101; Hufeland verfocht die pietistisch gedeutete stoische Lebensregel vom „naturgemäßen Leben", in Hufelands Formulierung: „Mediocrität". Zum Gesundheitsbegriff, den er in seiner bereits zeitgenössisch berühmten und 1796 erstmals erschienenen Schrift „Die Kunst, das menschliche Leben zu verlängern" vertritt, vgl. Ortrun Riha: Diät für die Seele. Das Erfolgsrezept von Hufelands Makrobiotik, in: NTM. internationale Zeitschrift für Geschichte und Ethik der Naturwissenschaft, Technik und Medizin 9 (2001), S. 80–89.

besuchen selbst erkrankt waren:[33] *Laß mißverstandene Menschen-Liebe über die geraden reinen Hinsichten uns doch nicht verblenden. Jedes Menschen-Leben hat einen Werth, des Armen sowohl als des Reichen, (des Krahn-Ziehers so gut als des Kaufmanns, des Bauern so gut als seines Fürsten). Was der Werth davon dort seyn wird, dazu haben wir nicht Wage und Gewicht. Aber verschieden ist er doch für dies Leben auch; und die Wichtigkeit für dies Leben ist doch hier der Maßstab der verschiedenen Schätzung des Lebens-Werthes. Es ist doch nicht eins, ob ein unbeerbter Kurfürst, oder sein Trompeter, in den Pocken verhudelt wird. Und es ist auch nicht völlig einerley, ob ein hoffnungsvoller junger Arzt, oder ein Handwerks-Bursch, dahin stirbt.*[34]

Die Konstruktion eines spezifischen und gerichteten historischen Verlaufs „Vom Hospital zum Krankenhaus" ist daher in mehrfacher Weise problematisch. Mit gleichem Erkenntniswert könnte „Vom Hospital zum Obdachlosenasyl" oder vom „Hospital zum Waisenhaus" formuliert werden – wobei etwa die enorme Bedeutung der Hospitäler als Regulative der örtlichen und regionalen Kapital- und Immobilienmärkte noch immer völlig ausgeblendet bliebe.[35] Es scheint derzeit nicht viele öffentliche Einrichtungen zu geben, die sich nicht in irgendeiner Form auf das „Hospital" als wenigstens entfernten historischen Verwandten berufen könnten. Wenn mithin über das Hospital in einer solchen Formulierung nichts ausgesagt wird, so ist die Aussage bezüglich des Krankenhauses zumindest außerordentlich

---

33 „Ansteckung" bedeutet in diesem Zusammenhang nicht die Übertragung von Krankheitserregern im bakteriologischen oder gar mikrobiologischen Sinne! Im 18. Jahrhundert stand die Vorstellung eines in der Luft befindlichen *Miasmas* als krankheitserregender Ausdünstung aus (ruhigen) Gewässern bzw. Morasten oder dem Erdreich neben derjenigen eines – durch Ausscheidungen bzw. im Zweifel ebenfalls durch die Luft transportierten – *Contagiums* als vergleichsweise spezifischem Ansteckungsstoff.

34 Philipp Gabriel Hensler: Ueber Kranken-Anstalten. Altona 1785, zit. nach Krünitz: Enzyklopädie (wie Anm. 15), Bd. 47, S. 136; vgl. Archiv der medizinischen Polizey 4, 2. Abt. (1786), S. 47–60 (Zit. S. 56) nach Stats-Anzeigen, gesammelt und zum Druck befördert von August Ludwig Schlözer. Bd. 7, Heft 27. Göttingen 1785, S. 273–284. Eine Entgegnung des hamburgischen Arztes Daniel Nootnagel schließt sich unmittelbar an (S. 284–294); vgl. Hamburg im vorigen Jahrhundert (Aus den „Nachrichten eines Engländers über Holstein, Hamburg, Altona, etwa 1785, mit Bemerkungen von 1824". August von Hennings Handschriften, 17, fol. 60–78.), in: Mitteilungen aus der Stadtbibliothek Hamburg 3 (1886), S. 3–38, S. 24–26. „Der junge Doctor Reimarus hat sich seinen frühzeitigen Tod durch Besuche armer Kranken zugezogen, deren Heilung gewisse wohlthätige Männer sich annehmen. [...] Dieses scheint nun freilich sehr menschlich, aber das Institut ist kaum einige Jahre alt und Reimarus ist schon der vierte Arzt, dem seine Gutthätigkeit Todesgefahr zugezogen hat, und der zweite, der darin geblieben ist. Es ist freilich schwer zusagen, die Erhaltung des einen Menschen ist wichtiger, als die Erhaltung des andern, aber, menschlich zu urtheilen, gewinnt oft der Arme selbst wenig mit dem Leben, und die Welt verliehrt viel an einem practisch guten und einsichtsvollen Mann. Genesen ist oft bey dem Armen leichter, als seine Genesung zu unterhalten. Auch sterben ist genesen."

35 Überblicksweise: Ulrich Knefelkamp: Stadt und Spital im späten Mittelalter. Ein struktureller Überblick zu Bürgerspitälern süddeutscher Städte, in: Peter Johanek (Hg.): Städtisches Gesundheits- und Fürsorgewesen vor 1800 (Städteforschung A/50). Köln u. a. 2000, S. 19–40; vgl. auch den Beitrag von Jens Aspelmeier in diesem Band.

missverständlich. Denn wenn das Krankenhaus im engeren Sinne als ein Gebäude aufgefasst wird, in welchem heilbare Kranke nach Maßgabe medizinischer Fähigkeiten der Zeit kuriert werden, handelt es sich um eine Einrichtung, die insbesondere von Ärzten – wie das Beispiel Hufelands illustrieren sollte – grundsätzlich abgelehnt werden konnte. Der deutschsprachige medizinische Diskurs der Zeit um 1800 plädiert eindeutig für ein „Krankenhaus" im Sinne der funktionalen Differenzierung von Heil- zu diversen anderen Versorgungsfunktionen. Er plädiert überdies mehrheitlich dafür, dies durch ambulante (armen)ärztliche Tätigkeit zu unternehmen und eben keine Kranken-Häuser zu errichten. Von der medizinischen Wissenschaft waren um 1800 ebenso überzeugende wie zahlreiche Argumente für und gegen stationäre bzw. ambulante Behandlungsoptionen beizubringen.

Erfolgreiche Nicht-Gründungen eines Krankenhauses in Düsseldorf

Im Sommer 1776 hatte der bereits erwähnte Medizinalratsdirektor Brinckmann die Etablierung eines Krankenhauses in Düsseldorf angeregt.[36] Konkret ist darüber nicht mehr viel in Erfahrung zu bringen. Bekannt ist ein Brief, den Justus Möser in dieser Angelegenheit an Brinckmann geschrieben hatte.[37] Das Schreiben Mösers, offenbar ein Antwortschreiben auf eine Anfrage von Brinckmann, die indes nicht bekannt ist, liefert immerhin einen Beleg für die These, dass die Krankenhaus-Debatte weit über Ärztekreise hinaus nachvollzogen wurde. Dass sich Staatsmänner gerne von den organisatorisch unspektakulären Besuchsanstalten überzeugen ließen, liegt auf der Hand. Möser ging noch einen Schritt weiter und empfahl, Bruderschaften oder klösterliche Gemeinschaften mit der Krankenpflege zu betrauen. Der Plan sollte später noch Karriere machen.

Daneben exisitiert eine 130 Blatt starke Akte mit dem verheißungsvollen Titel: „Die Errichtung eines neuen Krankenspitals 1776–1792".[38] Sie beginnt mit einer kurfürstlichen Resolution unter dem Datum Schwetzingen, 1. Juni 1776, die ein ausführliches Gutachten der Düsseldorfer Stellen anfordert. Ganz offenbar hatte Brinckmann angesichts seiner Probleme mit den Düsseldorfer Regierungsstellen mittels einer Immediateingabe beim kurpfalzbaierischen Landesherrn diese Resolution ausgelöst. Der Geheime Rat beschied innerhalb von sechs Wochen umstandslos, dass Mittel für ein solches Vorhaben nicht zur Verfügung stünden.

Im Oktober wurde dann angewiesen, eine landesweite Kollekte in Jülich-Berg zu veranstalten, die im Februar 1778 mit dem Ergebnis von immerhin 1.400 Reichstalern abgeschlossen wurde. Da diese Summe jedoch bei weitem nicht ausreichte,

---

36 Dross: Krankenhaus und lokale Politik (wie Anm. 9), S. 174–182.
37 Druck bei Karl Sudhoff: Johann Peter Brinckmann, ein niederrheinischer Arzt im 18. Jahrhundert, in: Düsseldorfer Jahrbuch 16 (1902), S. 256–258; danach auch Justus Möser: Briefwechsel, bearb. von William F. Sheldon. Hannover 1992, S. 518f. Möser korrespondierte mit Brinckmann sowie Christoph Ludwig Hoffmann in Münster vor allem über Fragen der Medizinalordnungen; vgl. auch Manfred Rudersdorf: „Das Glück der Bettler". Justus Möser und die Welt der Armen. Mentalität und soziale Frage im Fürstbistum Osnabrück zwischen Aufklärung und Säkularisation. Münster 1995.
38 HStA Düsseldorf JB II 3931 Die Errichtung eines neuen Krankenspitals 1776–1792.

schlug der Düsseldorfer Geheime Rat vor, das Kapital *zum unterhalt hiesiger Hauß armen einsweilen zu verwenden*, was von der Landesherrschaft abgelehnt wurde. Vielmehr solle ein Fond eingerichtet werden. Die Akte verlort sich vorerst in der Diskussion geeigneter Anlageformen. Im Januar 1783 wurde der aktenkundige Schriftverkehr wieder lebhafter: Von Brinckmann war nicht mehr die Rede, genauso wenig von einem Krankenhaus. Verhandelt wurde nun die Einrichtung einer Kommission *wegen Errichtung eines Armenhauses*. Und genau dies traf ganz offenbar den Nerv der Beteiligten: die Errichtung einer Kommission – zu welchem Zweck auch immer. Die Beratungen über die daran beteiligten Behörden und dahin abzustellenden Personen, über den Beratungs- und administrativen Modus der Kommission zogen sich zehn Jahre lang hin, ohne dass die Kommission tagte. Ende der Akte.

Der zweite vorzustellende Krankenhaus-Protagonist Johann Andreas Jakob Varnhagen, Vater des ungleich bekannteren Schriftstellers Karl August, der seinen Nachnamen um das Prädikat „von Ense" ergänzen ließ, fiel den Behörden weniger als Medizinalpolitiker denn als streitlustiger Arzt auf.[39] Im November des Jahres 1786 erhob er in einem gedruckten Sendschreiben „die Stimme der leidenden Menschheit", um zu Beiträgen für eine „Gesellschaft der thätigen Menschenliebe" aufzurufen, die ein Armenkrankenhaus unterhalten solle. Regelmäßig ließ er Berichte über den Fortgang der Sache im Wochenblatt publizieren. Vor allem Kaufleute und Verwaltungsbeamte der mittleren Ebene waren Varnhagens inzwischen 28köpfiger „Philantropischen Societät" beigetreten, weiterhin die Nachbarschaftsmeister der Stadt. Er scheiterte an seinen offenherzig geäußerten konstitutionell-demokratischen Vorstellungen, die ihn 1791 zur Übersiedlung nach Straßburg und die Philantropische Societät in die Versenkung führten.

In Jülich-Berg und seiner Hauptstadt Düsseldorf, so lässt sich im ersten Zugriff bilanzieren, wurden die Normvorgaben auf breiter Front verfehlt. Damit stehen Stadt und Territorium in einer langen Reihe, die vermittels weiterer Forschungen – so steht zu vermuten – annähernd beliebig verlängert werden könnte. Dies, obwohl wir in der Düsseldorfer Krankenhausangelegenheit zwei Promotoren ausgemacht haben, denen in der Literatur zur Subepoche des vermeintlich „aufgeklärten Absolutismus"[40] geradezu chronisch „Modernisierungserfolge" attestiert werden. Bürgerlicher Geburt und Hochschulabsolventen waren beide. Typus Reformbeamter der eine – als nicht indigener fürstlicher Rat von landesherrlicher Stelle mit weitreichenden Verwaltungsreformen beauftragt, die er mit großem Ernst und einigem Langmut gegen verkrustete Strukturen, Nepotismus und ängstlich ihre Pfründe hortende angesessene lokale und territoriale Eliten durchzusetzen versuchte. Typus engagierter aufgeklärter Bürger der andere – als (vorerst) glühender Verehrer des in Frankreich begonnenen Reformwerkes auf die vernünftige Einsicht seiner Zeitge-

---

39 Dross: Krankenhaus und lokale Politik, (wie Anm. 9), S. 182–199.
40 Vgl. Peter Baumgart: Absolutismus ein Mythos? Aufgeklärter Absolutismus ein Widerspruch? Reflexionen zu einem kontroversen Thema gegenwärtiger Frühneuzeitforschung, in: Zeitschrift für Historische Forschung 27 (2000), S. 573–589.

nossen bauender Initiator von Verbesserungen im Armen- und Gesundheitswesen in „weltbürgerlicher Absicht".

Beide hier pointiert vorgetragenen Stilisierungen entsprechen hartnäckigen Normvorstellungen über den personalen Ursprung von Fortschritt, wie sie die Geschichtswissenschaft der letzten beiden Jahrhunderte vertrat. Die Frage: „Woran scheiterten Brinckmann und/oder Varnhagen?" ist also wenig geeignet, das Verhältnis von Norm und Praxis zu klären – man verträte denn die Auffassung, große Fortschritte würden von großen Männern bewirkt, der ich mich nicht einmal dann anschließen wollte, wenn „große Frauen" eingeschlossen würden. Dagegen scheint es mir zulässig und hilfreich, danach zu fragen, gegen welche Normen denn die beiden „großen Männer" verstoßen hatten.

Als Varnhagen aus Straßburg wieder nach Düsseldorf zurückkehrte, sah er sich sehr bald einem Verfahren vor dem Hofrat ausgesetzt, in welchem schließlich auf Landesverweis gegen den Arzt entschieden wurde.[41] Laut Vernehmungsprotokoll äußerte er dort, als Stadt-Physicus völlig unangemessen besoldet gewesen zu sein, während *die belohnungs-quellen des wahrhaft besten und gütigsten Landes-fürsten durch die kunstgriffe deren höfflingen /: calchante ministro :/ theils beraubet, theils verstopfet* würden. Das Vernehmungsprotokoll fährt fort: *Er scheuete sich nicht, hiesiges Land als eine ohnaufgeklärte oder in seiner alten finsternis noch vergrabene landschaft* [zu bezeichnen], *wo die polizey selbst noch allerseits kranck und mangelhaft, wo die quacksalber und marktschreyer noch immer begünstiget würden."*

Der eklatante Normverstoß liegt darin, dass es zweifelsohne völlig inakzeptabel war, dass ein Medizinalrat und Stadtphysicus aus dem Arsenal der *Medicinischen Policey* Argumente entlehnen zu können sich anmaßte, mit denen die *Policey* als gute Ordnung schlechthin beurteilt und die Rechtfertigung der Remuneration der Regierungsbeamten in Zweifel gezogen werden konnte. *Medicinische Policey* als Normbegriff auf der historischen Diskursebene konnte also mit dem logisch übergeordneten *Policey*-Diskurs auf der nämlichen Ebene unvereinbar sein. Auch die noch so luzide Applikation einer Diskursnorm kann keine Kompetenznorm überfahren. Varnhagen sagte das Richtige am falschesten Ort.

Ganz ähnlich liegen die Dinge bei der Brinckmannschen Krankenhausinitiative. Brinckmann wurde von den Düsseldorfer Regierungsstellen eben nicht als ein Beamter der Landesregierung betrachtet, sondern als Arzt im Dienste der Landesregierung. Wenn ein solcher auf dem Wege der Immediateingabe landesherrliche Arbeitsaufträge an den Geheimen Rat erwirkte, stellte er damit die ordentlich normierten Verhältnisse auf den Kopf. Weder die politischen Beamten der jülich-bergischen Landesregierung noch die Angehörigen des „Consilium Medicum" selbst waren bereit, in diesem Gremium eine amtliche Behörde mit Initiativrecht und der Befugnis zu erkennen, Anweisungen an nicht-medizinisches Personal zu erteilen.

Aus den Normbegriffen auf der historischen Diskursebene ergeben sich keinesfalls unmittelbar Normen auf der Legislationsebene – dazwischen stehen not-

---

41 HStA Düsseldorf JB Hofrat B VII Nr. 549a, Bl. 6–9.

wendig politische Verfahren, die ihrerseits hochgradig normiert sind.[42] Selbst wenn die Übersetzung gelang, wenn etwa der Diskurs über die *Medicinische Policey* in Jülich-Berg als Medizinalordnung eine rechtskräftige gesetzesformige Formulierung fand, war damit nicht sichergestellt, dass diese wenigstens den unmittelbar angesprochenen höheren Verwaltungsstellen als Maßstab diente – von der Implementation und dem Nachvollzug solcher Normen seitens der Untertanen ganz zu schweigen. Dies liegt nicht zuletzt daran, dass die gesetzten Normen in ihrer Summe im juristischen Sinne widersprüchlich waren. Schließlich müssen wir mit streng normierten und hochwirksamen Verhaltensmaßregeln rechnen, die in keiner Polizeiordnung erwähnt werden, weil sie solchen als übergeordnet betrachtet wurden. Erwähnt seien etwa die Bereiche Religiosität, Ehre und Rang.[43] Der Konflikt um die Approbation des Arztes van Geldern etwa kann als Rangkonflikt betrachtet werden. Immerhin besaß er den Doktorgrad einer medizinischen Fakultät, die ihr Recht, diesen Grad zu verleihen, auf ein kaiserliches Privileg zurückführte, sowie die in München ausgefertigte landesherrliche Approbation. Welche Person innerhalb des Reiches und selbst des wittelsbachischen Territorialverbandes sollte sich das Recht anmaßen dürfen, über seine ärztliche Befähigung zu urteilen?

Ich hoffe, bis hierhin wenigstens angedeutet zu haben, dass Normbegriffe auf allen verschiedenen Ebenen grundsätzlich konflikthaltig sind. Ich hoffe darüber hinaus, dass es etwas mehr als ein anregendes Sprachspiel wäre, historische Konflikte und Auseinandersetzungen als „normale Praxis" zu betrachten, die von allen Parteien hochgradig normgeleitet geführt werden. Die entscheidende Frage wäre dann die nach den jeweils konfligierenden Normen. Nicht zu unterschätzen ist der Spielraum der Subjekte, eine gegebene Menge von Normen den aktuellen Interessen entsprechend spezifisch zu ordnen. Dies könnte mit dem Menschenfreund und Medizinalrat Varnhagen als „geflissentliche Inadvertenz" oder mit Alf Lüdtke als „Eigen-Sinn"[44] gefasst werden.

---

42 Vgl. Barbara Stollberg-Rilinger (Hg.): Vormoderne politische Verfahren (Zeitschrift für Historische Forschung, Beiheft 25). Berlin 2001.

43 Vgl. Barbara Stollberg-Rilinger: Rang vor Gericht. Zur Verrechtlichung sozialer Rangkonflikte in der frühen Neuzeit, in: Zeitschrift für Historische Forschung 28 (2001), S. 385–418; „Als Gelenkstelle zwischen Struktur und Praxis hat er [der Habitus, FD] zwei Seiten: Einmal ist er generatives Prinzip (aktiv), indem er strukturierte Praxisformen erzeugt; das andere Mal ist er reproduktives Prinzip (passiv), indem die individuellen Praxisformen gemäß den strukturierten Ausgangsbedingungen geformt werden." Gerhard Göhler/Rudolf Speth: Symbolische Macht. Zur institutionentheoretischen Bedeutung von Pierre Bourdieu, in: Blänkner/Jussen: Institution und Ereignis (wie Anm. 6), S. 17–48, hier S. 33; Heiko Droste: Habitus und Sprache. Kritische Anmerkungen zu Pierre Bourdieu, in: Zeitschrift für Historische Forschung 28 (2001), S. 95–120.

44 Alf Lüdtke: Geschichte und Eigensinn, in: Berliner Geschichtswerkstatt (Hg.): Alltagskultur, Subjektivität und Geschichte. Zur Theorie und Praxis von Alltagsgeschichte. Münster 1994, S.139–153; Richard van Dülmen: Historische Anthropologie, Entwicklung, Probleme, Aufgaben. Köln/Weimar/Wien 2000, S. 32–43. „Es ist von Bedeutung, daß jeder Versuch ..., eine Praxis/Praktik auf der gehorsamen Erfüllung einer explizit formulierten Regel zu begründen, sich an der Frage nach *den* Regeln stößt, die die angemessenste Art und Weise sowie den günstigsten Zeitpunkt ... der Anwendung der Regel oder, wie man so schön sagt, der *praktischen*

Sind nun Medikalisierung im Allgemeinen und das moderne Krankenhaus im Speziellen in Düsseldorf unter die Räder konfligierender Normen und allzu inadvertent-eigensinniger Medizinalräte geraten? Ich habe zum einen ein historisches Indiz anzubieten, das dagegen sprechen könnte: Wenn es ausgerechnet eine Marianische Sodalität war, die im Auftrag der Allgemeinen Armen-Versorgungsanstalt seit 1799 ein Armenkrankenhaus, das allen erfüllbaren Normen der Armenkrankenversorgung entsprach, errichtete, betrieb und finanzierte,[45] gewinnt die Hypothese eines grundsätzlicheren Wandels der Verhältnisse in dieser Angelegenheit meines Erachtens erheblich an Reiz. Wo wäre denn der „organisierte Widerstand" gegen eine auf Arbeitsamkeit abzielende Gesundheitsethik zu suchen, wenn nicht in einer katholischen Laienbruderschaft jesuitischer Oboedienz in einer gemischt-konfessionellen Stadt um 1800? Ganz offenbar hatte die im Zusammenhang mit der *Medicinischen Policey* eingeführte Gesundheitsnorm bereits relativ breite Akzeptanz gefunden. Sie war in Düsseldorf durch die von Brinckmann initiierte Diskussion in der Landesregierung sowie die durch Varnhagen angestoßene Debatte in der städtischen Öffentlichkeit, angesprochen durch Sendschreiben, das regionale Intelligenzblatt und die Philantropische Societät eingeführt worden.

Daneben ist auf der systematischen Ebene daran zu erinnern, dass „Medikalisierung" als Normbegriff auf der historiografischen Diskursebene verstanden werden sollte – und also weder mit dem historischen Diskurs über die *Medicinische Policey* noch gar mit dem vermeintlich von den Krankenhausprotagonisten Gewollten verwechselt werden darf. Die Behauptung einer gescheiterten Medikalisierung setzt die Medikalisierungshypothese immer voraus. In diesem Sinne kann die Nicht-Gründung von Krankenhäusern als außerordentlich erfolgreiche „normale Praxis" erzählt werden.

Umsetzung eines Repertoires an Vorschriften oder Techniken bestimmen ..." Bourdieu: Theorie der Praxis (wie Anm. 4), S. 203f.
45 Dross: Krankenhaus und lokale Politik (wie Anm. 9), S. 224–245.

VIERTELJAHRSCHRIFT FÜR SOZIAL- UND WIRTSCHAFTSGESCHICHTE (VSWG)
BEIHEFTE
Herausgegeben von **Günther Schulz, Christoph Buchheim, Gerhard Fouquet, Rainer Gömmel, Friedrich-Wilhelm Henning, Karl Heinrich Kaufhold, Hans Pohl**

63. **Hans Pohl: Die Portugiesen in Antwerpen (1567–1648).** Zur Geschichte einer Minderheit. 1977. X, 439 S., 2 Faltktn., kt., 2380-1; Ln.   2381-X

64. **Hannah Rabe: Das Problem Leibeigenschaft.** Eine Untersuchung über die Anfänge einer Ideologisierung und des verfassungsrechtlichen Wandels von Freiheit und Eigentum im deutschen Bauernkrieg. 1977. XII, 128 S., kt.   2678-9

65. **Franz Irsigler: Die wirtschaftliche Stellung der Stadt Köln im 14. und 15. Jahrhundert.** Strukturanalyse einer spätmittelalterlichen Exportgewerbe- und Fernhandelsstadt. 1979. VIII, 413 S. m. 7 Ktn. u. 15 Graphiken, kt.   2743-2

66. **Ludolf Kuchenbuch: Bäuerliche Gesellschaft und Klosterherrschaft im 9. Jahrhundert.** 1978. XVI, 443 S., 20 Ktn., 1 Abb., 4 Tab., kt.   2829-3

67. **Jörg Jarnut: Bergamo 568–1098.** Verfassungs-, Sozial- und Wirtschaftsgeschichte einer lombardischen Stadt im Mittelalter. 1979. X,330 S., 6 Ktn., kt.   2789-0

68. **Erich Maschke: Städte und Menschen.** Beiträge zur Geschichte der Stadt, der Wirtschaft und Gesellschaft 1959–1977. 1980. XX, 532 S., kt.   3329-7

69. **Helmut Grieser: Die ausgebliebene Radikalisierung.** Zur Sozialgeschichte der Kieler Flüchtlingslager im Spannungsfeld von sozialdemokratischer Landespolitik und Stadtverwaltung 1945–1950. 1980. XII, 185 S. m. 1 Taf., kt.   3110-3

70. **Reinhard Liehr: Sozialgeschichte spanischer Adelskorporationen.** Die Maestranzas de Caballería (1670–1808). 1981. X, 380 S. m. 4 Abb., 4 Ktn. u. 3 Schaubilder, kt.   2923-0

71. **Wilfried Reininghaus: Die Entstehung der Gesellengilden im Spätmittelalter.** 1981. X, 361 S., kt.   3428-5

72. **Wolfgang Hartung: Die Spielleute.** Eine Randgruppe in der Gesellschaft des Mittelalters. 1982. VIII, 112 S. m. 5 Abb., kt.   3690-3

73. **–: Süddeutschland in der frühen Merowingerzeit.** Studien zu Gesellschaft, Herrschaft, Stammesbildung bei Alamannen und Bajuwaren. 1983. X, 227 S., kt.   3418-8

74. **Marian Biskup / Klaus Zernack, Hg.: Schichtung und Entwicklung der Gesellschaft in Polen und Deutschland im 16. und 17. Jahrhundert.** Parallelen, Verknüpfungen, Vergleiche. 1983. VIII, 310 S., kt.   3805-1

75. **Rudolf A. Helling †: Socio-Economic History of German-Canadians.** They, too, founded Canada. A research report by Rudolf A. Helling, Jack Thiessen, Fritz Wieden, Elizabeth and Kurt Wangenheim, Karl Heeb. Edited and with a preface by **Bernd Hamm.** 1984. 156 S. m. 1 Abb. u. 2 Tab., kt.   4014-5

76. **Reinhard R. Doerries: Iren und Deutsche in der Neuen Welt.** Akkulturationsprozesse in der amerik. Gesellschaft im späten 19. Jh.. 1986. 363 S., kt.   4102-8

77. **Josef Rosen: Verwaltung und Ungeld in Basel 1360–1535.** Zwei Studien zu Stadtfinanzen im Mittelalter. 1986. 231 S. m. 12 Tab., kt.   3348-3

78. **Hans Pohl, Hg.: Gewerbe- und Industrielandschaften vom Spätmittelalter bis ins 20. Jahrhundert.** Referate der 10. Arbeitstagung der Gesellschaft für Sozial- und Wirtschaftsgeschichte vom 5.–9.April.1983 in Graz. 1986. 497 S. m. 73 Ktn., 7 Graph., 2 Diagr. u. zahlr. Tab., u. 6 Faltktn, kt.   4392-6

79. **Anselm Faust: Arbeitsmarktpolitik im Deutschen Kaiserreich.** Arbeitsvermittlung, Arbeitsbeschaffung und Arbeitslosenunterstützung 1890–1918. 1986. VIII, 338 S., kt.   4422-1

80. **Hans Pohl, Hg.: Die Auswirkungen von Zöllen und anderen Handelshemmnissen auf Wirtschaft und Gesellschaft vom Mittelalter bis zur Gegenwart.** Referate der 11. Arbeitstagung der Gesellschaft für Sozial- und Wirtschaftsgeschichte vom 9.–13. April. 1985 in Hohenheim. 1987. 397 S. m. 21 Abb. u. 14 Ktn., kt.   4739-5

81. **Werner Abelshauser, Hg.: Die Weimarer Republik als Wohlfahrtsstaat.** Zum Verhältnis von Wirtschafts- und Sozialpolitik in der Industriegesellschaft. 1987. 337 S., kt.   4738-7

82. **Toni Pierenkemper: Arbeitsmarkt und Angestellte im Deutschen Kaiserreich 1880–1913.** Interessen und Strategien als Elemente der Integration eines segmentierten Arbeitsmarktes. 1987. 391 S. m. 53 Tab. u. Schaubildern, kt.   4747-6

83. **Uta Lindgren, Hg.: Alpenübergänge vor 1850.** Landkarten – Straßen – Verkehr. Symposium vom 14. und 15. Februar 1986 in München. 1987. 188 S., 26 Abb., kt.   4847-2

84. **Hermann Kellenbenz / Hans Pohl, Hg.: Historia socialis et oeconomica.** Festschrift für Wolfgang Zorn zum 65. Geburtstag. 1987. 369 S., kt.   4959-2

85. **Renate Pieper: Die spanischen Kronfinanzen in der zweiten Hälfte des 18. Jahrhunderts.** Ökonomische und soziale Auswirkungen. 1988. 333 S., 27 Tab., 17 Abb., 144 Tab. i. Anh., kt.   5086-8

86. **Ulrich Kluge: Bauern, Agrarkrise und Volksernährung in der europäischen Zwischenkriegszeit.** Studien zur Agrargesellschaft und -wirtschaft der Republik Österreich 1918 bis 1938. 1988. 515 S., kt.   4802-2

87. **Hans Pohl, Hg.: Die Bedeutung der Kommunikation für Wirtschaft und Gesellschaft.** Referate der 12. Arbeitstagung der Gesellschaft für Sozial- und Wirtschaftsgeschichte vom 22.–25.April 1987 in Siegen. 1989. 485 S., kt.   5320-4

88. **Rüdiger vom Bruch / Rainer A. Müller, Hg.: Formen außerstaatlicher Wissenschaftsförderung im 19. und 20. Jahrhundert.** Deutschland im europäischen Vergleich. 1990. 304 S., kt.   5337-9

89. **Hans Pohl, Hg.: The European Discovery of the World and its Economic Effects on Pre-Industrial Society, 1500–1800.** Papers of the Tenth International Economic History Congress. Edited on Behalf of the International Economic History Association. 1990. X, 330 S., kt.   5546-0

90. **Peer Schmidt: Die Privatisierung des Besitzes der Toten Hand in Spanien.** Die Säkularisation unter König Karl IV. in Andalusien (1798–1808). 1990. 356 S. m. 22 Abbildungen, zahlreichen Tabellen und Karten., 1 Faltplan, kt.   5585-1

91. **Brigitte Maria Wübbeke: Das Militärwesen der Stadt Köln im 15. Jahrhundert.** 1991. 308 S., kt.   5702-1

92–94. **Hermann Kellenbenz †: Kleine Schriften**

92. **I. Europa, Raum wirtschaftlicher Begegnung.** 1991. 441 S., kt.   5805-2

93. **II. Dynamik in einer quasi-statischen Welt.** 1991. 300 S., kt.   5854-0

94. **III. Wirtschaftliche Leistung und gesellschaftlicher Wandel.** Aus dem Nachlaß hrsg. sowie mit einem Nachwort, einem Schriftenverzeichnis des Verfassers und einem Register für alle 3 Bände

versehen von **Rolf Walter**. 1991. VI, 534 S., kt.
5896-6
95. **Hans Pohl**, Hg.: **Staatliche, städtische, betriebliche und kirchliche Sozialpolitik vom Mittelalter bis zur Gegenwart.** Referate der 13. Arbeitstagung der Gesellschaft für Sozial- und Wirtschaftsgeschichte vom 28.3.–1.4.1989 in Heidelberg. 1991. 395 S., kt. 5824-9
96. **Ursula Beyenburg-Weidenfeld: Wettbewerbstheorie, Wirtschaftspolitik und Mittelstandsförderung 1948–1963.** Die Mittelstandspolitik im Spannungsfeld zwischen wettbewerbstheoretischem Anspruch und wirtschaftspolitischem Pragmatismus. 1992. 413 S. m. 25 Tab., kt. 5799-4
97. **Wolfram Pyta: Landwirtschaftliche Interessenpolitik im Deutschen Kaiserreich.** Der Einfluß agrarischer Interessen auf die Neuordnung der Finanz- und Wirtschaftspolitik am Ende der 1870er Jahre am Beispiel von Rheinland und Westfalen. 1991. 157 S., kt. 5883-4
98. **Ian Blanchard / Anthony Goodman / Jennifer Newman**, Ed.: **Industry and Finance in Early Modern History.** Essays presented to George Hammersley on the occasion of his 74th birthday. 1992. 272 S. m. 10 Abb., 18 Tab., 5 Ktn., kt.
5806-0
99. **Markus Bittmann: Kreditwirtschaft und Finanzierungsmethoden.** Studien zu den wirtschaftlichen Verhältnissen des Adels im westlichen Bodenseeraum 1300–1500. 1991. 303 S., kt. 5914-8
100. **Wolfgang Zorn: Wirtschaftlich-soziale Bewegung und Verflechtung.** Ausgewählte Aufsätze. 1992. 530 S. m. 2 Faltktn. u. 29 Abb., geb. 6135-5
101. **Dietrich Ebeling: Der Holländerholzhandel in den Rheinlanden.** Zu den Handelsbeziehungen zwischen den Niederlanden und dem westlichen Deutschland im 17. und 18. Jahrhundert. 1992. 241 S. m. 33 Abb., 3 Ktn., 2 Tab., kt. 5972-5
102. **Ruth M. Vornefeld: Spanische Geldpolitik in Hispanoamerika 1750–1808.** Konzepte und Maßnahmen im Rahmen der bourbonischen Reformpolitik. 1992. 300 S. m. 5 Abb., 14 Tab., kt. 6015-4
103. **Manfred Pix / Hans Pohl**, Hg.: **Invention – Innovation – Diffusion.** Die Entwicklung des Spar- und Sparkassengedankens in Europa. Zweites Europäisches Kolloquium für Sparkassengeschichte am 28./29. Mai 1990 in München. 1992. 236 S., kt.
6104-5
104. **Peter Lewek: Arbeitslosigkeit und Arbeitslosenversicherung in der Weimarer Republik 1918–1927.** 1992. 483 S. m. 23 Tab., kt. 6008-1
105. **Christian Windler: Lokale Eliten, seigneurialer Adel und Reformabsolutismus in Spanien (1760–1808).** Das Beispiel Niederandalusien. 1992. 577 S., kt. 6212-2
106. **Eckart Schremmer**, Hg.: **Geld und Währung in der Neuzeit vom 16. Jahrhundert bis zur Gegenwart.** Referate der 14. Arbeitstagung der Gesellschaft für Sozial- und Wirtschaftsgeschichte vom 9. bis 13. April 1991 in Dortmund. 1993. 343 S., kt.
6220-3
107. **Karlheinz Wiegmann: Textilindustrie und Staat in Westfalen 1914-1933.** 1993. 289 S., kt. 6194-0
108. **Hartmut Benz: Finanzen und Finanzpolitik des Heiligen Stuhls.** Römische Kurie und Vatikanstaat seit Papst Paul VI. 1993. 183 S., kt. 6204–1
109. **Siegfried Epperlein: Waldnutzung, Waldstreitigkeiten und Waldschutz in Deutschland im hohen Mittelalter.** 2. Hälfte 11. Jahrhundert bis ausgehendes 14. Jahrhundert. 1993. 108 S., kt.
6305–6
110. **Rudolf Holbach: Frühformen von Verlag und Großbetrieb in der gewerblichen Produktion (13.–16. Jahrhundert).** 1994. 764 S., geb. 5820-6

111. **Karl-Heinz Spieß: Familie und Verwandtschaft im deutschen Hochadel des Spätmittelalters** 13. bis Anfang des 16. Jahrhunderts. 1993. XIV, 627 S., kt. 6418-4
112. **Lambert F. Peters: Der Handel Nürnbergs am Anfang des Dreißgjährigen Krieges.** Strukturkomponenten, Unternehmen und Unternehmer. Eine quantitative Analyse. 1994. 694 S., geb.
6288-2
113. **Thomas Südbeck: Motorisierung, Verkehrsentwicklung und Verkehrspolitik in der Bundesrepublik Deutschland der 1950er Jahre.** Umrisse der allgemeinen Entwicklung und zwei Beispiele: Hamburg und das Emsland. 1994. 379 S. m. 14 Abb., 62 Tab., kt. 6488-5
114. **Eckart Schremmer**, Hg.: **Steuern, Abgaben und Dienste vom Mittelalter bis zur Gegenwart.** Referate der 15. Arbeitstagung der Gesellschaft für Sozial- und Wirtschaftsgeschichte vom 14. bis 17. April 1993 in Bamberg. 1994. 247 S. m. 8 Abb., kt.
6518-0
115. **Ekkehard Westermann**, Hg.: **Vom Bergbauzum Industrierevier.** Montandistrikte des 17./18. Jahrhunderts auf dem Wege zur industriellen Produktionsweise des 19. Jahrhunderts. III. Ettlinger Tagung zur europäischen Bergbaugeschichte, 19.–25. September 1993. 1995. 492 S., zahlr. Abb., kt., 6469-9
116. **Ian Blanchard**, Ed.: **Labour and Leisure in Historical Perspective, Thirteenth to Twentieth Centuries.** Papers presented at Session B-3a of the Eleventh International Economic History Congress, Milan 12th–17th September 1994. 1994. 198 S., kt. 6595-4
117. **Markus Schreiber: Marranen in Madrid 1600–1670.** 1994. 455 S. m. 2 Ktn., kt. 6559-8
118. **Paul Thomes: Kommunale Wirtschaft und Verwaltung zwischen Mittelalter und Moderne.** Bestandsaufnahme – Strukturen – Konjunkturen. Die Städte Saarbrücken und St. Johann im Rahmen der allgemeinen Entwicklung (1321–1768). 1995. 446 S., Kartenmappe m. 3 Faltktn., 17 Tab., kt. 6555-5
119. **Karl Christian Führer: Mieter, Hausbesitzer, Staat und Wohnungsmarkt.** Wohnungsmangel und Wohnungszwangswirtschaft in Deutschland 1914–1960. 1995. 463 S., kt. 6673-X
120a.**Wilfried Feldenkirchen, Frauke Schönert-Röhlk und Günther Schulz**, Hg.: **Wirtschaft – Gesellschaft – Unternehmen.** Festschrift für Hans Pohl zum 60. Geburtstag. 1. Teilband: Wirtschaft.
120b.**Wilfried Feldenkirchen, Frauke Schönert-Röhlk und Günther Schulz**, Hg.: **Wirtschaft – Gesellschaft – Unternehmen.** Festschrift für Hans Pohl zum 60. Geburtstag. 2. Teilband: Gesellschaft, Unternehmen. 1995. Zus. XIV, X, 1249 S., geb. 6646-2
121. **Albrecht Jockenhövel**, Hg.: **Die Arbeiten der Montani und Silvani – Auswirkungen auf Mensch und Umwelt.** Internationaler Workshop (Dillenburg, 11.–15. Mai 1994. Wirtschaftshistorisches Museum „Villa Grün"). 1996. 298 S., kt.
6644-6
122. **Rolf Straubel: Kaufleute und Manufakturunternehmer.** Eine empirische Untersuchung über die sozialen Träger von Handel und Großgewerbe in den mittleren preußischen Provinzen (1763 bis 1815). 1995. 588 S., kt. 6714-0
123. **Mark Spoerer: Von Scheingewinnen zum Rüstungsboom.** Die Eigenkapitalrentabilität der deutschen Industrieaktiengesellschaften 1925–1942. 1996. 236 S., kt. 6756-6
124. **Achim Knips: Deutsche Arbeitgeberverbände der Eisen- und Metallindustrie, 1888–1914.** 1996. 319 S., kt. 6748-5

125. **Natalie Fryde: Ein mittelalterlicher deutscher Großunternehmer.** Terricus Teutonicus de Colonia in England, 1217–1247. 1996. 246 S., kt.
6817-1

126. **Hildegard Adam: Das Zollwesen im fränkischen Reich und das spätkarolingische Wirtschaftsleben.** 1996. 270 S. m. 1 Kte., kt.
6806-6

127. **Dieter Ziegler: Eisenbahnen und Staat im Zeitalter der Industrialisierung.** 1996. 604 S. m. 21 Abb., kt.
6749-3

128. **Eckart Schremmer, Hg.: Wirtschaftliche und soziale Integration in historischer Sicht.** Arbeitstagung der Gesellschaft für Sozial- und Wirtschaftsgeschichte in Marburg 1995. 1996. 364 S., kt.
6924-0

129. **Hans-Liudger Dienel/Barbara Schmucki, Hrsg.: Mobilität für alle.** Geschichte des öffentlichen Nahverkehrs in der Stadt zwischen technischem Fortschritt und sozialer Pflicht. 1997. 267 S., kt.
6892-9

130. **Ekkehard Westermann, Hg.: Bergbaureviere als Verbrauchszentren.** Fallstudien zu Beschaffung und Verbrauch von Lebensmitteln sowie Rohund Hilfsstoffen in Montandistrikten des vorindustriellen Europa (13. bis 18. Jahrhundert). 1997. 494 S., kt.
7005-2

131. **Angela Verse-Herrmann: Die „Arisierungen" in der Land- und Forstwirtschaft 1938–1942.** 1997. 202 S., kt.
6895-3

132. **Hans-Jürgen Gerhard, Hg.: Struktur und Dimension.** Festschrift für **Karl Heinrich Kaufhold** zum 65. Geburtstag. Band 1: Mittelalter und Frühe Neuzeit. 1997. XXVI, 525 S., geb.
7065-6

133. **Hans-Jürgen Gerhard, Hg.: Struktur und Dimension.** Festschrift für **Karl Heinrich Kaufhold** zum 65. Geburtstag. Band 2: Neunzehntes und Zwanzigstes Jahrhundert. 1997. XVIII, 608 S., geb.
7066-4

134. **Cord Ulrichs: Vom Lehnhof zur Reichsritterschaft.** Strukturen des fränkischen Niederadels am Übergang vom späten Mittelalter zur frühen Neuzeit. 1997. 222 S., kt.
7109-1

135. **Dieter Schott, Hg.: Energie und Stadt in Europa.** Von der vorindustriellen ‚Holznot' bis zur Ölkrise der 1970er Jahre. 1997. 207 S., kt.
7155-5

136. **Hans Pohl, Ed.: Competition and Cooperation of Enterprises on National and International Markets (19th–20th Century).** 1997. 176 S., kt.
7142-3

137. **Sabine Lorenz-Schmidt: Vom Wert und Wandel weiblicher Arbeit.** Geschlechtsspezifische Arbeitsteilung in der Landwirtschaft in Bildern des Spätmittelalters und der Frühen Neuzeit. 1998. 310 S., 31 Taf., kt.
6988-7

138. **Marcel Boldorf: Sozialfürsorge in der SBZ/DDR 1945–1953.** Ursachen, Ausmaß und Bewältigung der Nachkriegsarmut. 1998. 254 S., kt.
7237-3

139. **Markus A. Denzel: Professionen und Professionisten.** Die Dachsbergsche Volksbeschreibung im Kurfürstentum Baiern (1771–1781). 1998. 517 S., kt.
7244-6

140. **Astrid Petersson: Zuckersiedergewerbe und Zuckerhandel in Hamburg im Zeitraum von 1814 bis 1834.** Entwicklung und Struktur zweier wichtiger Hamburger Wirtschaftszweige des vorindustriellen Zeitalters. 1998. 315 S., kt. 7265-9

141. **Andreas Otto Weber: Studien zum Weinbau der altbayerischen Klöster im Mittelalter.** Altbayern – Österreichischer Donauraum – Südtirol. 1999. 479 S. m. 20 Ktn., 7 Taf., kt.
7290-X

142. **Hans Cymorek: Georg von Below und die deutsche Geschichtswissenschaft um 1900.** 1998. 374 S., kt.
7314-0

143. **Oskar Schwarzer: Das ordnungspolitische Experiment der sozialistischen Zentralplanung am Beispiel der SBZ/DDR.** Eine Effizienz-Analyse (1945–1989). 1999. XII, 422 S., kt.
7379-5

144. **Birgit Buschmann: Unternehmenspolitik in der Kriegswirtschaft und in der Inflation.** Die Daimler-Motoren-Gesellschaft 1914–1923. 1998. 453 S., kt.
7318-3

145. **Eckart Schremmer, Hg.: Wirtschafts- und Sozialgeschichte. Gegenstand und Methode.** 17. Arbeitstagung der Gesellschaft für Sozial- und Wirtschaftsgeschichte in Jena 1997. 1998. 228 S., kt.
7385-X

146. **Michel Hubert: Deutschland im Wandel.** Geschichte der deutschen Bevölkerung seit 1815. 1998. 368 S., kt.
7392-2

147. **Hans-Jürgen Teuteberg und Cornelius Neutsch, Hg.: Vom Flügeltelegraphen zum Internet.** Geschichte der modernen Telekommunikation. 1998. 480 S., kt.
7414-7

148. **Karl Heinrich Kaufhold und Bernd Sösemann, Hg.: Wirtschaft, Wissenschaft und Bildung in Preußen.** Zur Wirtschafts- und Sozialgeschichte vom 18. bis zum 20. Jahrhundert. 1998. 233 S., kt.
7424-4

149. **Rolf Sprandel: Von Malvasia bis Kötzschenbroda.** Die Weinsorten auf den spätmittelalterlichen Märkten Deutschlands. 1998. 207 S., kt. 7425-2

150. **Anne Aengenvoort: Migration – Siedlungsbildung – Akkulturation.** Die Auswanderung Nordwestdeutscher nach Ohio, 1830–1914. 1999. 371 S., kt.
7423-6

151. **Reinhold Reith: Lohn und Leistung.** Lohnformen im Gewerbe 1450–1900. 1999. 476 S., kt.
7512-7

152. **Thomas Rhenisch: Europäische Integration und industrielles Interesse.** Die deutsche Industrie und die Gründung der Europäischen Wirtschaftsgemeinschaft. 1999. 276 S., kt. 7537-2

153. **Angela Schwarz: Der Schlüssel zur modernen Welt.** Wissenschaftspopularisierung in Großbritannien und Deutschland im Übergang zur Moderne (ca. 1870–1914). 1999. 423 S., kt. 7520-8

154. **Wolfgang König: Geschichte der Konsumgesellschaft.** 2000. 509 S., geb. 7650-6

155. **Christoph Bartels / Markus A. Denzel, Hg.: Konjunkturen im europäischen Bergbau in vorindustrieller Zeit.** Festschrift für Ekkehard Westermann zum 60. Geburtstag. 2000. 272 S., kt.
7684-0

156. **Jürgen Schneider, Hg.: Öffentliches und privates Wirtschaften in sich wandelnden Wirtschaftsordnungen.** Referate der 18. Arbeitstagung der Gesellschaft für Sozial- und Wirtschaftsgeschichte vom 7. bis 9. April 1999 in Innsbruck. 2001. II, 266 S., kt.
7868-1

157. **Elisabeth Weinberger: Waldnutzung und Waldgewerbe in Altbayern im 18. und beginnenden 19. Jahrhundert.** 2001. 315 S., kt.
7610-7

158. **Dagmar Bechtloff: Madagaskar und die Missionare.** Technisch-zivilisatorische Transfers in der Früh- und Endphase europäischer Expansionsbestrebungen. 2002. 258 S., geb. 7873-8

159. **Rainer Gömmel u. Markus A. Denzel, Hg.: Weltwirtschaft und Wirtschaftsordnung.** Festschrift für Jürgen Schneider zum 65. Geburtstag. 2002. XVI, 410 S., geb.
8043-0

160. **Kristina Winzen: Handwerk – Städte – Reich.** Die städtische Kurie des Immerwährenden Reichstags und die Anfänge der Reichshandwerksordnung. 2002. 206 S., kt.
7936-X

161. **Michael Pammer: Entwicklung und Ungleichheit.** Österreich im 19. Jahrhundert. 2002. 318 S., kt.
8064-3

162. **Bernhard Löffler: Soziale Marktwirtschaft und administrative Praxis.** Das Bundeswirtschaftsministerium unter Ludwig Erhard. 2002. 658 S., geb. 7940-8

163. **Markus A. Denzel / Jean Claude Hocquet / Harald Witthöft**, Hg.: **Kaufmannsbücher und Handelspraktiken vom Spätmittelalter bis zum 20. Jahrhundert / Merchant's Books and Mercantile Pratiche from the Late Middle Ages to the Beginning of the 20th Century.** 2002. 219 S., kt. 8187-9

164. **Manuel Schramm: Konsum und regionale Identität in Sachsen.** Die Regionalisierung von Konsumgütern im Spannungsfeld von Nationalisierung und Globalisierung. 2002. 329 S., kt. 8169-0

165. **Rainer Metz: Trend, Zyklus und Zufall.** Bestimmungsgründe und Verlaufsformen langfristiger Wachstumsschwankungen. 2002. XVIII, 533 S., geb. 8238-7

166. **Jürgen Schneider**, Hg.: **Natürliche und politische Grenzen als soziale und wirtschaftliche Herausforderung.** Referate der 19. Arbeitstagung der Gesellschaft für Sozial- und Wirtschaftsgeschichte vom 18. bis 20. April 2001 in Aachen. 2003. 299 S., kt. 8254-9

167. **Albert Fischer: Luftverkehr zwischen Markt und Macht (1919–1937).** Lufthansa, Verkehrsflug und der Kampf ums Monopol. 2003. 367 S., kt. 8277-8

168. **Bettina Emmerich: Geiz und Gerechtigkeit.** Ökonomisches Denken im frühen Mittelalter. 2004. 334 S., kt. 8041-4

169. **Günther Schulz, Christoph Buchheim, Gerhard Fouquet, Rainer Gömmel, Friedrich-Wilhelm Henning, Karl Heinrich Kaufhold, Hans Pohl**, Hg.: **Sozial- und Wirtschaftsgeschichte.** Arbeitsgebiete – Probleme – Perspektiven. 100 Jahre Vierteljahrschrift für Sozial- und Wirtschaftsgeschichte. 2003. 661 S., geb. 8435-5

170. **Christine Reinle: Bauernfehden.** Studien zur Fehdeführung Nichtadliger im spätmittelalterlichen römisch-deutschen Reich. 2003. 589 S., geb. 7840-1

171. **Bernd Fuhrmann: Konrad von Weinsberg.** Ein adliger Oikos zwischen Territorium und Reich. 2004. 388 S., kt. 8456-8

172. **Thomas Hill: Die Stadt und ihr Markt.** Bremens Umlands- und Außenbeziehungen im Mittelalter (12.–15. Jahrhundert). 2004. 423 S., 29 Abb., geb. 8068-6

173. **Susanne Hilger: „Amerikanisierung" deutscher Unternehmen.** Wettbewerbsstrategien und Unternehmenspolitik bei Henkel, Siemens und Daimler-Benz (1945/49–1975). 2004. 314 S. m. 16 Abb. u. 7 Grafiken, geb. 8283-2

174,I. **Gerd Höschle: Die deutsche Textilindustrie zwischen 1933 und 1939.** Staatsinterventionismus und ökonomische Rationalität. 2004. 369 S., kt. 8531-9

174,II **Michael Ebi: Export um jeden Preis.** Die deutsche Exportförderung von 1932 bis 1938 (Mannheimer Projekt zur Wirtschaftsgeschichte des Dritten Reiches). 2004. 268 S., kt. 8597-1

175. **Rolf Walter**, Hrsg.: **Geschichte des Konsums.** Erträge der 20. Arbeitstagung der Gesellschaft für Sozial- und Wirtschaftsgeschichte 23.–26. April 2003 in Greifswald. 2004. 452 S., kt. 8540-8

176. **Georg Altmann: Aktive Arbeitsmarktpolitik.** Entstehung und Wirkung eines Reformkonzepts in der Bundesrepublik Deutschland. 2004. VI, 289 S., kt. 8606-4

177. **Arnd Reitemeier: Pfarrkirchen in der Stadt des späten Mittelalters: Politik, Wirtschaft und Verwaltung.** 2005. 722 S., geb. 8548-3

178. **Hans Pohl: Wirtschaft, Unternehmen, Kreditwesen, soziale Probleme.** Ausgewählte Aufsätze. 2005. XII, 1–872 u. VIII, 873–1333 S., 2. Bde., geb. 8583-1

179. **Moritz Isenmann: Die Verwaltung der päpstlichen Staatsschuld in der Frühen Neuzeit.** Sekretariat, Computisterie und Depositerie der Monti vom 16. bis zum ausgehenden 18. Jahrhundert. 2005. 182 S., kt. 8523-8

180. **Carsten Jahnke: Netzwerke in Handel und Kommunikation an der Wende vom 15. zum 16. Jahrhundert am Beispiel zweier Revaler Kaufleute.** 2005. Ca. 512 S., kt. 8674-9

181. **Henning Trüper:** Die *Vierteljahrschrift für Sozial- und Wirtschaftsgeschichte* und ihr Herausgeber Hermann Aubin im Nationalsozialismus. 2005. 167 S., kt. 8670-6

182. **C. Bettina Schmidt: Jugendkriminalität und Gesellschaftskrisen.** Umbrüche, Denkmodelle und Lösungsstrategien im Frankreich der Dritten Republik (1900–1914). 2005. 589 S., kt. 8706-0

183. **Josef Matzerath: Adelsprobe an der Moderne.** Sächsischer Adel 1763–1866. Entkonkretisierung und nichtrationale Rededefinition einer traditionalen Sozialformation. 2006. Ca. 600 S., geb. 8596-3

184. **Brigitte Kasten**, Hg.: **Tätigkeitsfelder und Erfahrungshorizonte des ländlichen Menschen in der frühmittelalterlichen Grundherrschaft (bis ca. 1000).** Festschrift für Dieter Hägermann zum 65. Geburtstag. 2006. XX, 408 S., geb. 8788-5

185. **Jennifer Schevardo: Vom Wert des Notwendigen.** Preispolitik und Lebensstandard in der DDR der fünfziger Jahre. 2006. 320 S., kt. 8860-1

186. **Irmgard Zündorf: Der Preis der Marktwirtschaft.** Staatliche Preispolitik und Lebensstandard in Westdeutschland 1948 bis 1963. 2006. 333 S. m. 11 Grafiken, kt. 8861-X

187. **Torsten Fischer: "Y-a-t-il une fatalité d'hérédité dans le pauvreté?"** Dans l'Europe moderne: les cas d'Aberdeen et de Lyon. 2006. Ca. 350 S., kt. 8885-7

188. **Rolf Walter**, Hrsg.: **Innovationsgeschichte.** Erträge der 21. Arbeitstagung der Gesellschaft für Sozial- und Wirtschaftsgeschichte, 30. März bis 2. April 2005. 2006. Ca. 350 S., kt. 8928-4

189. **Sebastian Schmidt / Jens Aspelmeier**, Hrsg.: **Norm und Praxis der Armenfürsorge in Spätmittelalter und früher Neuzeit.** 2006. 233 S. m. 14 Grafiken und 1 Kte., kt. 8874-1

FRANZ STEINER VERLAG STUTTGART